생활 속의 심리이야기 VI

생활 속의 심리이야기 VI

펴낸곳/이문출판사 ‖ 변경등록:1994. 6. 3. 제7-20호
발행인/지경원 ‖ 지은이•최경희 ‖ 초판 발행/2024년 5월 30일 ‖
주소/704-306 대구 남구 중앙대로40길 11-14 ‖ 03728 서울 서대문구 모래내로24다길 15-5
전화/02) 359-8250, 053) 624-3113 ‖ 팩스/02) 359-8251

값 18,000 원
ISBN 978-89-7334-249-5 03180

생활 속의 심리이야기 Ⅵ

최 경 희 지음

이문출판사

이제, 그냥 산다…

옛날에는 늘 무엇을 위해서, 무엇을 하면서 살아가는 것이 너무 당연하였다. 마치 내가 이 세상의 주인인 양 '무엇'을 이루면서 생활하는 것이 전부이고, 건강한 사회인으로서 적당히 소유하고 베풀며 사는 것, 그것만이 내 존재의 근간인 것처럼 생각하며 의심 없이 살았다. 현실적인 자극이 들어오면 불안과 두려움 등의 감정 속에 자주 묶인 채, 그 너머의 세상을 보는 안목이 부족하였다. 확산된 관점이 약하여 우물 안 개구리처럼 허우적대며 투쟁-억압-도피적인 반응을 하며 살아왔다고나 할까! 분석과 통찰을 바탕으로 하는 심리적 현상을 합리화시켜 본마음을 인식하지 못한 채 외부 탓을 하고 살았다.

참회(懺悔)하는 마음이다.

살아온 세월들은 그 당시로서는 '당면한 현실'이었다. 생각해 보면 순간순간 지나가는 '가상(假像)현실'이었다. 오직 '지금 여기'만이 진실된 현실이고, 다른 그 무엇도 '없는 것'이다. 없는 것을 있는 것으로 착각하고 살아온 셈이다.

회심(回心)하는 마음이다.

이제, 그냥 산다…

정확하게는 '산다'가 아니라 '노력하는 중'이다. '이제 그냥 산다…'는 노년기의 길목에 선 화두다. '아직'이지만 '이루어진' 상태의 '있음'을 의식하며 기도한다.

발원(發願)하는 마음이다.

사람들이 오면 오는 대로, 가면 가는 대로… 내가 움직이고 정지하는 것들, 상대가 움직이고 정지하는 것들, 그냥 먼 산 보듯 바라보면서 살려고 의식한다. 모든 일상이 그냥 지나가는 과정으로서의 순간이다. 그 순간이 잔잔하고 담담하고 신비롭다. 찬탄할 수밖에 없는 전 우주의 작품이요, 하느님의 숨결이다. 이제, 그냥 살아도 행복할 것 같다. 내가 사는 것이 아니라, 우주의 숨결이 산다.

합일(合一)의 마음이다.

이제, 그냥 산다…

늘 해 오는 일과를 하듯, 참회(懺悔), 회심(回心), 발원(發願), 합일(合一)의 마음성장을 위한 '독서명상'의 자료로, 생속 I(생활 속의 심리이야기 1, 2002)부터 시작된 이야기가 어느덧 여섯 권째가 되었다. 책 속의 글들은 '상담 및 심리치료 활동'을 해 오면서 그때그때 느끼는 것들을 사람들, 특히 내면의 성장과 치료에 관심이 있거나, 직접 심리상담을 받고 싶거나, 누군가를 위해 돕는 이(helper)가 되고자 하는 분들을 위한 자료로 쓰였으면 하는 바람이 있다.

'무엇'을 얻거나 이루기 위한 것이 아니라, 그냥 사는 과정 속에서 나온 글이라 평범하기 그지없다. 어떤 인연으로 이 책을 누군가가 읽게 되어, '명상'하듯 '치료'하듯 자기를 있는 그대로 바라보고 머무르고 넘어서는 작은 도구 역할이 된다면 그저 감사할 따름이다.

작선(作善)의 마음이다.
이제, 그냥 산다…

한 권의 책이 나오기까지 감사한 분들과 상황이 얼마나 많은지 모른다! 육(肉)으로 내려온 천사처럼 느껴진다. 일일이 거론하기가 어렵지만 그들의 도움이 없다면 이 일은 가능하지 않을 만큼 손이 가는 작업들이 많다. 큰 대가 없이 그것을 흔쾌히 맡아 도와주신 분들, 일편단심 심리적 지지 세력이 되어주는 가족, 가족과 다름없는 주변 분들… 모두 '덕분에…'라고 고개 숙여 고마운 마음을 전한다. 특히 생사를 떠나 이 책의 영감을 준 선각자들께 감사한다(혹시, 책의 내용에서 인용 출처가 미처 표기되지 않았거나 재해석 지점을 원문의 의미와 달리했을 경우, 필자의 한계에서 온 것일 뿐 다른 의도는 없는 것이니 이해해 주시면 감사하겠습니다.). 마지막으로 이 세상이 작동되는 모든 현실에, 우주의 자연스런 흐름에, 하늘에 엎드려 두 손 모은다.

감사(感謝)하는 마음이다.

2024. 5.

최 경 희 (隨順)
울산, 동방(심리상담·부모교육) 연구소

목 차

1. 바쁘지 않아야 한다

마음 심(心)에 잊을 망(忘)이 바쁠 망(忙)이다. 즉 자기의 마음을 잃고 살아가는 생활을 뜻한다. 이 망(忙)은 바쁘다는 뜻도 있지만 조급하다, 두려워하다, 겨를이 없다는 의미도 있다. 말 그대로 바쁜 사람은 '자기 마음을 잃어버려서, 조급하고 산란하여, 드디어 두려워하는 모습'이라는 뜻을 가지고 있다. 마음을 챙길 겨를이 없어 '마음챙김'이 안 되고, '마음챙김'이 안 되니까 현실을 챙길 수 있는 안목이 부족해진다는 뜻으로 해석이 된다.

'바쁘지 않아야 한다.'라는 제목을 쓰고 나니, 피식 웃음이 나온다. "자네처럼 바쁘게 살아 온 사람이 그런 말을 하니 좀 무안하지 않은가?" 하며 옆에 있는 고양이가 "야옹 야옹" 말을 건네는 듯하다. "맞아! 그랬지! 하루하루 바쁜 일상이었지."라고 미소 지으며 응대해 본다. 아주 오래 전부터, 필자는 '나이 들어가는 것이 참 좋다.'는 생각을 많이 했다. '왜 사람들은 나이가 들어가는 것을 서글퍼하거나 안타까워할까!'라는 생각이 들 정도로, 나이 듦을 기다렸다고나 할까! 가만히 생각해 보면, 노년기는 바쁘지 않을 수 있다는 희망의 시간으로 보았던 것 같다. 그런데 바쁘지 않으면 좋겠다는 생각이 가슴에서는 진심이었을까? 바쁘게 살아가는 자신을 '자기'로 인정하듯 살아오지 않았을까 싶다. 누가 바쁘게 만들었겠는가! 아무도 바쁘게 살라고 다그친 사람이 없다. 현실적인 여건 때문에, 인정욕구 때문에, 성취할 것이 많아서, 벌어야 할 돈이 필요해서, 배움에 목말라서 등 바쁜 이유는 얼마든지 있고 그로 인한 결과로 얻은 것도 많다. 그러나 바쁨으로 인한 감정이 문제다. 안정감이 부족하고, 하루하루 부담을 느끼고, 여유가 없어서 버럭 성질을 내기도 하고, 힘들어 지치고, 아름다움을 느끼는 시간을 가지지 못하는 등, 바쁜 생활로 인하여 놓친 것이 많고, 그 당시에 기쁘게 추구해야 할 것을 하지 못했던 아쉬움이 있다. 지금도 가끔 '바쁘지 않니? 무리하지 말거라!'라고 스스로에게 자문자답하기도 한다. 다행히 '심리상담'이라는 학문과 인연을 맺어 차근차근 조금씩이라도 깨달아가는 시간을 가졌기에 망정이지, 그렇지 않았으면 감당할 수 없을 정도의 안타까운 일들이 계속되었으리라 느껴진다.

일단 바쁘면, 올바른 판단을 내리는 데 문제가 있을 수 있다. 마음 심(心)에 잊을 망(忘)이 바쁠 망(忙)이다. 즉 자기의 마음을 잃고 살아가는 생활을 뜻한다. 참 의미 있는 망(忙)이라는 글자다. 이 망(忙)은 바쁘다는 뜻도 있지만, 조급하다, 두려워하다, 겨를이 없다는 의미도 있다. 말 그대로 바쁜 사람은 '자기 마음을 잃어버려서, 조급하고 산란하며 두려워하는 모습'이라는 뜻을 가지고 있다. 마음을 챙길 겨를이 없어 '마음챙김'이 안 되고, '마음챙김'이 안 되니까 현실을 챙길 수 있는 안목이 부족해진다는 뜻으로 해석된다. 빌 게이츠 같은 사업가가 규칙적으로 마음챙김 명상을 했다는 사실은 의미 있는 정보이다. 어디 빌 게이츠 뿐이겠는가! 성공을 거둔 많은 사람들은 자신의 '마음챙김'을 위하여, 바쁜 일과 속에서 규칙적인 시간을 정하고 실천하고 있는 것 같다. 이는 '바쁨' 속에서 어떻게 살아야 하는가를 가늠하게 한다.

혹자는 이렇게 말한다. "바쁘게 살아야 열심히 사는 것 아닌가요? 바쁘지 않으면 먹고 살 수가 없잖아요. 현대는 바쁘게 살 수밖에 없어요. 나도 바쁘게 살고 싶지 않지만 현실이 그렇게 되지 않는다니까요." 필자도 늘 그렇게 읊조려 왔다. 오래 전, 필자가 내담자가 되었을 때 상담자께 혹은 주변 사람들에게 가끔 건넸던 말이다. "저는 남편과 1년에 한 달도 같이 못 살아요. 남편은 1년 중 반 이상 해외로 나가 있어요. 함께 하는 시간이 너무 적어서 저 혼자서 이리 뛰고 저리 뛰고 정말 바빠요. 육아 문제, 집안의 모든 대소사, 장손 며느리로서의 역할, 저의 공부, 경제적인 활동, 정말 제가 바빠요. 최근에는 집 매매와 같은 큰 상황이 있었는데, 남편은 "어, 우리 집 어디야?" 하며 출장 후에 이사 간 집에 주소로 찾아 들어왔어요. 이런 식으로 모든 것들을 혼자 처리해야 하는 상황이라 바쁘지 않을 수 없어요."라고 푸념하듯 늘어놓았다. "바쁘다, 바쁘다."라는 소리를 자랑하듯(?) 얼마나 많이 했는지, 지금 생각하면 민망하고 부끄럽다. 그때 상담자로부터 "남편과 그렇게 떨어져 살 때에는, 어쩔 수 없이 그렇게 된 것이 아니라, 두 사람 모두 그렇게 떨어져 사는 삶을 선택했겠죠. 바쁜 것도 두 사람이 선택했고, 떨어져 사는 것도 두 사람이 선택한 것이지 그냥 그렇게 살리는 없죠!"라는 말을 들은 적이 있다. 처음에는 무슨 소리인가 하는 당혹감으로 그냥 아무런 응답을 하지 않았다. "본래 바쁜 사람은 항상 바쁘게 일을 만들고, 떨어져 사는 사람은 떨어져 있는 일들을 만든다."라는 말을 덧붙였다. 말하자면 바쁘게 살기 때문에 계속 바빠지는 거라는 뜻이다. 세월이 지나면 지날수록 난 이 말의 의미에 100% 동감한다. 그 속에 담겨있는 깊은 뜻을 체험적으로 이해하고 있다. 나 역시 바쁘다고 외치는 내담자들에게 똑같이 느끼고, 가끔 그 말을 그대로 돌려주기도 한다.

바쁘게 산다는 것, 이건 정말 마음의 작은 차이이다. '어쩔 수 없이 바쁘게 산다.'는 것은 중요한 경고등인 것 같다. 그런 사람은 바쁘게 안 살 수가 없다. 습관적으로 바쁘게 사는 삶으로 자신을 이끌어가기 때문이다. 바쁘게 산다고 식사를 아무거나 먹고 대충 때우고, 몸을 크게 생각하지 않고, 허덕허덕 사는 습관적인 삶… 이것을 누가 선택했단 말인가! 몸은 거짓말을 하지 않은 채 모든 것을 생생히 의식한다. 특히 몸을 초토화시키고 바쁘게 살아간다는 것은 정말 문제가 많다. "젊었을 때 열심히 돈 벌어 늙어서 병원에 돈을 가져다주는 셈이다."라는 어떤 분의 우스갯소리를 들은 적이 있다. 공감되는 이야기이다. 자기 스스로가 자신의 삶을 바쁘게 휘몰아치면서, 마치 남 탓인 것 마냥 "바쁘다, 바쁘다."라고 화를 내듯 외치는 것은 사실 좀 미성숙한 태도가 아닐까! 그냥 혼자서 '내가 오늘 하루 수고가 많았구나! 이런 저런 일들로….' 정도면 몰라도, 마치 누가 자신을 바쁘게 한 것 마냥 외치고 다니는 상황, 한두 번 듣는 것은 괜찮지만 늘 그런 말을 들어야 하는 입장에서는 거슬리는 말이기도 하다.

바쁘게 자신을 몰고 가는 데는 이유가 있다. 그렇게 해야만 마치 살아있는 듯이, 자신의 생존을 영위한다고 합리화하며 생각한다. 그리고 그 자체가 완전히 습관화되어 있는 데 더 큰 어려움이 있다. 나이 들어 자연스럽게 바쁠 일이 없어질 때쯤 되면, 서서히 몸이 아픈 사람들이 많다. 오히려 바쁠 때가 더 몸이 건강하고, 바쁘지 않으면 몸이 무력해지고 우울해지고 온 몸이 쑤시는 듯 힘겨운 사람들이다. 바쁜 상태로 습관화되어 있는 몸이 아무것도 하지 않으니까 오히려 몸살을 하는 것이다. 여유로움이 몸에 붙지 않은 것이다. 이럴 때, 스스로는 우울하고 무기력하다고 느낄지는 모르지만, 자기 내면을 가만히 느껴보라! 습관화된 몸이 '날 좀 바쁘게 만들어 줘!' 하고 아우성치는 것인지, 본마음은 외롭고 허전한 감정인데 습관적인 움직임으로 마음을 느끼지 못하는 것인지, 일이 있을 때는 그런 마음조차 느끼지 못하고 모두 억압하고 살다가 이제 여유가 있으니까 본마음이 올라오는 것을 견디지 못하는 것인지… 등, 자기 마음을 한번 조사해 보라. 아무런 평가 없이 그냥 있는 그대로 살펴보라. 어느 것이 좋은 것이다 안 좋은 것이다 하는 편견을 버리고 솔직하게 감지해 보라. 바쁘다고 느끼는 것은 자신의 '어떤 상황에 대한 인식'이다. 바빠도 '그냥 그런 거지 뭐.'라고 생각하며 마음에 여유가 있는 사람이 있고, 안 바빠도 '아, 왜 이렇게 난 바쁜 거야!'라고 말하며 늘 조급하게 뭔가를 서두르는 사람이 있다. 우리 모두 이런 현실적인 바쁨에서 마음을 잃어버리고 산다는 점을 느껴보아야 할 것이다.

바빠야 살아있다고 느끼면, 그냥 바쁜 것을 자신이 선택한 것이다. 사실 바쁘게 살아간다는 것의 가장 근본적인 개념은, 앞의 한자 의미에서도 나왔듯이 자신을 돌아볼 여유가 없다는 것이 핵심이 아닐까 싶다. 그러니까 남들 보기에 바쁘게 사는 것 같아도 자신을 돌아보고 산다면 스스로는 여유 있게 사는 것이고, 남들 보기에 여유 있게 사는 것 같아도 자신을 돌아보고 살지 못하고 이런저런 복잡한 생각 속에 휘둘려 산다면 바쁘게 사는 것이라는 뜻이다. 마음이 바쁘고 복잡하니까 말이다.

자기 마음을 돌보지 않고 바쁘게 살아가는 사람들이, 아무리 노력해도 해결할 수 없는 어려운 상황을 맞이했다고 하자. 상담 장면에서 가만히 보면, 내담자들이 어떤 고통에 빠져서 힘든 것이 아니라, 그 고통스런 상황을 어떻게 해결해 나가야 하는지 길을 찾지 못한 데서, 혹은 고통스런 상황에 대한 길이 없다고 할지라도 스스로를 어떻게 위로해야 할지 몰라서 일어나는 마음, 이러한 상황들을 가장 힘들고 괴로워한다. 즉, 마음이 복잡하고 정신이 없어서 길을 잃은 것이다. 해결책이 없는 정도의 어려운 상황에 봉착하였더라도, 자기 마음에 대해 연민이나 격려 같은 것을 느낀다면 현실이 달라지기 시작한다. 어느 누가 힘들 때 진실한 도움을 주려면 우선 연민의 마음이 있어야 하듯, 자신이 힘들 때 스스로를 돌보려면 자기연민이 있어야 한다. 자신을 불쌍히 여겨 동정하거나, 자기를 자책하며 괴로워하는 것은 '자기연민'이 아니다. 그건 다시 고통을 안기는 일이다. 스스로를 위로하고 친절을 건네는 마음이 '자기연민'이다. 이것은 평소 자신을 돌보는 여유가 있는, 즉 바쁘지 않게 사는 사람들의 특징이다. 이는 다른 사람과의 연결을 촉진하고, 고통을 돌보고, 치유하는 힘으로 이어진다.

사람들은 힘들 때 무엇을 하는가! 대체로 자신을 바쁘게 만든다. 자기 마음을 잊어버리려고 술을 마시거나, 맛있는 음식을 먹거나, 다른 관심거리를 위하여 어디로 가거나, TV 프로그램이나 재미있는 동영상을 보는 것 등을 한다. 그렇지만 잊어버리려고 하기 때문에 그것이 끝나면 곧바로 다시 떠오른다. 그리 오래가지 않는다. 오히려 시간이 지날수록 기분이 안 좋아진다. 마치 술에 취하면 기분이 임시로는 좋아지지만 술이 깨면 기분이 더 가라앉는 것과 같다.

사람은 바쁘지 않아야 자기연민을 가질 수 있고, 타인에 대한 관심과 연민도 느낀다. 고통스러운 일이 있더라도 평소 바쁘지 않게 마음챙김을 한 사람들은 생각보다 고통에서 빨리 벗어날 수 있다. 일상 자체는 바쁘게 돌아가더라도 마음 자체는 늘 '지금 이 순간'에 집중하며, 한결같이 바쁘지 않은 마음가짐이 매우 중요하다. 독서, 차 마시기, 멍 때리고 하늘 보는 명상, 음악 감상, 꽃 가꾸기, 요리 등… 다양한 자기만의 방법으로 바쁘지 않는 생활관리를 해야 할 것이다.

사람들에게 많이 알려진, 틱낫한 스님의 프랑스 자두마을(Plum Village)이 있다고 한다. 수행이라는 표현은 쓰지만, 사실 아무것도 터치하지 않는 자유의 시간을 위한 장소인 것 같다. 템플 스테이(temple stay)처럼 어떤 수행을 체험하는 프로그램이 있고, 완전히 휴식하는 레이지 데이(Lazy day) 프로그램이 있는데, 이곳은 느긋하고 여유로운 날을 의식적으로 만드는 레이지 데이 같은 곳이라고 보인다. 일삼아서 그냥 아무것도 안하고 설렁설렁 노는 시간을 만드는 것도 때론 필요하다는 의미가 있을 것이다. 늘 바쁜 생활을 해 왔던 사람들은 노는 것이나 휴가를 내는 것도 의지적인 행동이 필요하다. 아무 것도 하지 않는 것, 그것 자체가 훈련이 되어야 한다. '난 바쁘게 살지 않겠다.' '난 지금은 논다!'라고 선언하고, 또는 일을 해야 할 상황이라면 '난 일하는 것을 노는 것처럼 즐기겠다!'라고 의식하고, 스스로 하루의 일과를 바쁘지 않게 프로그램화시키는 실천이 요구된다. 그 안에서 결과적으로는 여유롭게 살게 될 것이다.

상담 및 심리치료에 종사하는 분들, 부모나 교사 같이 사람을 대하여야 하는 분들, 기타 대인관계에 관심을 가진 분들, 그들 스스로가 늘 바쁜 마음으로 쫓긴다면 어떨까! 그들이 과연 차분하게 자신과 내담자 혹은 자녀나 학생을 바라볼 수 있을까 하는 생각이 든다. 바쁜 상담자는 바쁜 것 자체에 가치를 두고 있으므로, 차분하게 깊이 느끼는 내담자를 제대로 진단해 낼 수 없을 것 같다. 오히려 여유를 가지는 내담자를 못마땅하게 여길 정도가 될 수도 있다. 늘 바쁘게 살아가는 부모가 잘 노는 자녀를 걱정하고 불안해하는 것과 마찬가지이다. 가끔 상상한다. 실컷 노는 심리치료 프로그램이 필요하다는 생각이다. '노는 것이 재미있다.'의 반대말은 '놀 수 없을 정도로 불안하고 우울하다.'라는 말이 아닐까! 말하자면 불안이 고조된 강박증이나 우울증을 치료하는 중요한 요인은 '삶을 놀이처럼 느낄 수 있는 것, 노는 것의 즐거움을 아는 것'이라 느껴진다.

'바쁘지 않은, 놀이처럼 사는 삶'을 살아가면 그때그때의 정서를 느끼고, 지혜로운 사고와 판단을 고심하고, 순간순간의 자유와 재미를 느낀다. 놀 때는 대부분 마음이 지금 여기에 있다. 마음이 과거나 미래에 가 있으면 놀 수가 없다. 놀이 자체가 되지 않는다. '이 다음 놀이는 무엇을 해야 할까?' 하고 걱정하지 않는다. 예전 일을 반추하고 후회하지 않는다. 즉 마음이 현재에 있는 것이 중요하다. 우울하고 불안한 마음은 대체로 과거의 어떤 일에서 벗어나지 못하고, 미래에 대한 걱정으로 온통 일상이 회색빛으로 바쁘게 되어 있는 상태라고 볼 수 있다.

놀이라고 해서 꼭 무슨 운동을 해야 하거나, 재미있는 격렬한 게임을 하며 움직이는 것만을 의미하지는 않는다. 그건 어떤 통제나 집착 속에 들어가므로 또다시 자동으로 과거나 미래에 사로잡힌다. 놀이의 기준은 자기 자신이 정한다. 놀이란 누군가에게는 즐겁게 대화하는 것, 고요히 벤치에 앉아서 바람을 느끼는 것도 놀이가 될 수 있다. 요즘, 우울증 환자들에게 '걷기'를 추천하는 병원이 많다고 한다. 햇볕을 쬐며 몸을 움직이면 몸에서 세로토닌(serotonin)이라는 호르몬이 분비되는데, 이 호르몬이 긴장을 풀고 기분을 좋게 하기 때문이라고 한다. 하루에 5분이건 10분이건 걷고 싶은 만큼 걷는 게 자신이 스스로의 몸을 존중하며 움직이는 것이고 자신을 현재에 두는 것이다. 또, 어떤 사람이 스트레스 탓에 습관적으로 음식을 먹어 살이 쪘다고 하자. 날씬해 보이기 위해 무작정 음식에 손을 대지 않는다면 밖에서 자신을 바라보는 것이 목표가 되는 셈이다. 반면에 내면으로부터 몸을 바라보면 적절한 선에서 음식을 조절하고, 어떤 심리적인 요인이 작동하는지를 직면할 수 있다. 자신 스스로가 자기 몸에 대하여 어떻게 느끼느냐의 문제이므로 타인의 시선에 그다지 방해받지 않는다. 내면으로부터 바라봐야 몸이 보내는 신호를 알아차릴 수 있다. 이 신호를 무시하면 어느 순간 무기력해지거나, 우울감에 빠지거나, 너무 불안하여 에너지가 소진된다. 바쁜 사람들은 늘 밖으로 도는 에너지 때문에 내면을 보기가 쉽지 않다.

바쁜 마음은 여러 가지 마음의 병을 무의식적으로 담게 된다. 한 번씩 실컷 놀고, 여행도 가며, 무심코 멍하게 앉아서 먼 산을 보고, 하늘을 보고, 크게 호흡을 하며 숨을 의식하기도 하고, 사소한 요리활동도 하고, 땀 흘리며 춤을 추거나, 운동을 하는 등 일상에서 놀 것은 너무나 많이 널려 있다. 바쁘지 않은 마음으로, 자기 내면을 챙겨보는 여유로움을 가진다면, 우리는 자유롭고 편안한 삶을 가지게 될 것 같다. 마음 대신 몸은 가끔 말을 한다. 아프면서 말을 하고, 에너지를 내면서도 말을 한다. "이렇게 바쁘게 사니까 내가 이렇게 아프잖아!", "이렇게 휴식을 취해주고 여유를 주니까 내가 이렇게 건강하구나. 고마워!"라고…. 너무 바쁘게 동동거리지 말자! 마음챙김을 할 수 있을 정도의 시간은 확보하면서 살아가 보자!

2. 깨어있는 행동의 세 가지 방식

깨어있는 행동의 세 가지 방식은 받아들임, 즐거움, 열정이다. 이들은 인간의 깨어있는 의식의 특정한 진동 주파수를 대표하는 방식이라고 볼 수 있다. 가장 단순한 일에서부터 매우 복잡한 일에 이르기까지 어떤 행동을 할 때마다 그 셋 중 하나가 작동하도록 특별히 깨어있어야 한다.

우리가 일상을 살아가면서 '깨어있기 상태'가 된다는 것은 구체적으로 무엇을 어떻게 하는 상태일까! 에크하르트 톨레(Eckhart Tolle, 2005)는 이에 대하여 아래에 언급될 세 가지 길을 제시하였다. 여기서 깨어있다는 의미는 우리의 삶을 우주의 창조적 힘과 연결시키는 삶이다. 쉽게 말하면 일상에서 우리가 하는 다양한 상황과 일들이 있는데, 이것들이 순조롭게 잘 이루어지기 위해서는 주변의 '좋은' 에너지가 함께 협조를 해야 한다는 의미이다. 이런 에너지를 '우주의 힘', '창조의 힘'이라고 생각하면 좋다. 우주의 에너지가 흘러들어오게 하기 위해서는, 우리 자신이 의식적으로 깨어있는 '질 좋은 주파수'가 되어야 한다. 기기(器機)의 주파수가 맞지 않으면 이 세상에 널려있는 좋은 음악이나 프로그램을 감상할 수 없듯이, 주파수가 정확하게 맞아야 모든 일들이 협조적으로 순조롭게 풀려나간다. 그러기 위해서는 깨어있는 행동이 필요하고, 그를 위한 구체적인 방식이 요구된다. 여기서 제시하는 세 가지 방식 중 어느 하나라도 일어나지 않는다면 '기능장애'라고 톨레는 표현하였다. 물론 이 세 방식은 그때그때마다 변할 수 있고, 어떤 특정한 상황에서는 셋 중 한 가지가 더 중요할 수 있으며, 한두 가지로 집중되는 상태일 수도 있다.

깨어있는 행동의 세 가지 방식은 받아들임, 즐거움, 열정이다. 이들은 인간의 깨어있는 의식의 특정한 진동 주파수를 대표하는 방식이라고 볼 수 있다. 가장 단순한 일에서부터 매우 복잡한 일에 이르기까지 어떤 행동을 할 때마다 그 셋 중 하나가 작동하도록 특별히 의식해야 한다. 만약 우리가 이 세 가지 즉 받아들임, 즐거움, 열정의 어느 상태에도 있지 않다면, 우리는 스스로와 다른 사람들에게 고통을 안겨주고 있음을 발견할 것이다.

첫째, 받아들임이다.

받아들임이란 지금 이 상황, 이 순간의 현실이 나에게 그 일을 하라고 요구하므로 기꺼이 그것을 하겠다는 것이다. 이익이 되거나 즐거워서 당연히 받아들이는 것도 있겠지만, 이익이 된다거나 별로 즐겁지도 않은데 내가 하지 않으면 안 되는 일을 받아들이는 것도 포함된다. 예컨대, 늘 해야 할 것이 많은 잡다한 집안 살림을 어느 누구의 도움 없이 하루도 빠짐없이 해야 하는 상황이라면 즐겁게 하기 어려울 것이다. 하지만 그 일을 받아들일 수는 있다. 받아들임의 상태에서 집안일을 해보라! 놀랍게도 그 일을 평화로운 마음으로 할 수 있다. 그 평화로움은 미묘한 에너지 파동으로 우리가 하는 일 속으로 흘러든다. 걱정과 불안이 많은 사람은 얼른 이렇게 질문한다. "세상에 좋은 것도 많은데, 왜 하기 싫은 일까지 받아들여서 해야 하나요?", "그건 적극적으로 사는 것이 아니잖아요. 어쩔 수 없이 하는 것은 수동적인 삶이잖아요!"라고 말이다. 부정적인 관점으로 받아들임을 해석하는 순간이다. 겉으로 볼 때, 받아들임은 매우 수동적인 상태처럼 보일 수 있다. 하지만 실제로는 적극적이고 창조적이다. 어쩔 수 없이 하는 일이 아니라, 그냥 해야 할 일을 마땅히 하는 적극적인 자세이다. 받아들이고 난 뒤 오는 평화, 그 미묘한 에너지는 살아 숨쉬는 '그냥 하는 것, 그냥 있는 것', '저항하지 않고 현실을 수용하는 것'이 되어, 처음에는 싫은 것처럼 느껴졌으나 왠지 모를 뿌듯함이 다가온다. 하기 싫었으나 해야 할 일을 책임 있게 하고 난 뒤의 안정감과 성취감을 한번 느껴보라! 이렇게 현실에 대한 기꺼운 수용은 받아들임의 한 측면이다.

만약 우리가 하는 일을 즐길 수도 없고, 받아들일 수도 없다면 중단하는 것이 좋다. 그렇지 않으면 자신이 정말로 책임져야 할 유일한 것, 또한 진정으로 중요한 유일한 것에 책임을 지지 않고 있는 것이다. 나에게 닥친 현실의 상태, 우리의 의식 상태에 책임을 지지 않는 것은 삶에 책임을 지지 않는 것이다. 자신 스스로에게 물어보라! '나는 나에게 닥친 현실을 받아들이며 살고 있는가!'라고.

둘째, 즐거움이다.

우리가 하는 일을 실제로 즐겁게 할 때, 저항하지 않고 수용함으로써 오는 평화는 '살아있음'의 느낌으로 바뀐다. 즐거움은, 우리 내면의 결핍감을 채워나가는 소중한 과정이다. 결핍감은, 자신의 존재가 전체적인 우주의 힘으로부터 단절되고 분리된 조각이라는 에고의 망상으로부터 일어난다. 즐거움을 통해 우리는 우주의 창조적인 힘과 연결되므로 즐거움은 흐뭇함, 만족감과 더불어 결핍감을 극복하는 가장 중요한 요소이다.

과거나 미래 대신 현재의 순간을 삶의 중심점으로 삼을 때, 자신의 하는 일을 즐겁게 하는 능력은 극대화된다. 삶의 질도 높아진다. 즐거움은 '순수한 있음'의 역동적인 측면이다. 스스로가 우주의 한 축으로서 움직이고 있다는 것을 의식할 때, 그것은 완전한 기쁨이요 즐거움이 된다. 많은 사람들은 '의미 있는 일'이 스스로에게 다가오기를 기다린다. 기다린다! 늘 기다린다! 더 나은 삶을 위하여 '기다리는' 것은 보통 사람들의 가장 공통된 망상 중의 하나이다. '기다리기'보다는 지금 이 순간을 즐겁게 하는 것이 우리 삶 속에서 긍정적인 측면이 훨씬 많다. '앞으로 즐거워야 할 텐데, 앞으로 잘 살아야 할 텐데.'라는 마음을 가지고 있다면, 지금 즐기면 안 되는 이유를 산더미처럼 얻게 될 것이다. '지금은 안 돼. 할 일이 많아서….', '지금은 바빠서요. 다음에 할게요.'라고 하면 결코 그 내일은 오지 않을 것이다.

그렇다. 즐거움은 바로 이 순간을 사는 것이다. 그리고 또 한 가지 중요한 점을 살펴보자. "무엇 때문에 내가 즐겁지?"라고 자문해 보라. 누군가가 "나는 이것 또는 저것을 하기 때문에 사는 것이 즐겁다."라고 말한다고 하자. 이 말 자체는 잘못된 것이다. 사실 그렇지 않다. 기쁨은 우리가 하는 일로부터 오지 않는다. 기쁨은 우리 내면 깊은 곳으로부터 우리가 하는 일 속으로 흘러 들어간다. 오해를 하고 있는 것이다. 말하자면, 기쁨은 일로부터 오는 것이 아니라, 내면이 기쁘기 때문에 하는 일이 기쁜 것이다. 기쁨이 자신이 하는 일로부터 온다는 생각은 정상적인 것 같지만 오해이다. 기쁨이 어떤 행위나 사물로부터 오는 것이라는 믿음은, 결국 이 세상이 우리에게 기쁨과 행복을 가져다주기를 기대한다는 뜻이다. 결코 세상은 그렇게 해 줄 수 없다. 많은 사람들이 끝없는 좌절 속에서 살아가는 이유가 바로 여기에 있다. 그렇다. 우리 내면이 기뻐야 한다. 즐거워야 한다. 세상이 나를 채워주어서 기쁘고 즐거우면, 우리 자신은 결국 세상의 눈치를 보고 세상살이 자체가 우리의 행불행(幸不幸)을 가져다주게 되므로 늘 노심초사하고 불안하며 두렵다.

결국 우리는 현재의 순간에 온전히 존재하면서 그 행위를 할 때, 그리고 그 행위가 단지 목적을 위한 수단이 아닐 때, 그것이 어떤 일이든 즐거울 것이다. 그냥 이 순간 살아있음의 느낌이면 충분하다. 그냥 그 순간의 일이 내 자신이고, 그냥 내 삶이 그 일인 것이다. '순수한 있음' 자체가 바로 삶이다. 우리의 하루 일과를 하나하나 체크해 보라. 좋은 일이건 싫은 일이건 모든 일들을 할 때마다, 그 모든 것을 '깨어있음'의 도구로 삼아보라. 온전히 '지금 이 순간 살아있음'이라는 자각으로 일을 하고 있는지를 느껴보라. 순수한 '있음'을 어떤 이는 '하느님'이라고 부르고, '신'이라고 부르고, '무(無)'라고 부르기도 하고, '우주'라고 부르기도 하고, '해탈한 부처님'이라고 부르기도 한다. '지금 이 순간 살아있음'으로 살고 있다면, 지루하지도 짜증스럽지도 않으며, 실제로 모든 것들이 즐거워할 만한 일이 된다는 것을 알게 될 것이다. 더 정확히 말하면, 우리가 즐거워하고 있는 것은 실제로 외부적인 행위가 아니라, 그 행위 속으로 흘러들어 오는 내면의 의식 차원이다. 이것은 우리가 행하고 있는 일 속에서 순수한 '있음'의 기쁨을 발견하는 일이다. 순수한 있음의 기쁨은 의식이 깨어있는 기쁨이다. 이 의식은 에고로부터 움직이는 복잡한 것들을 통제하는, 우리의 삶을 운영하는 좋은 도구가 되어, 전 인생을 확장시키는 데 도움을 줄 것이다.

이런 행위를 통해 많은 이들의 삶을 풍요롭게 하는 사람들은 그 행위를 통해 무엇인가를 달성하거나 무엇인가 되려는 바람 없이, 단순히 자신들이 가장 즐겁게 하는 일을 할 뿐이다. 이들이 이 세상에 미치는 영향은 언뜻 보아서는 미미한 것처럼 보일지 모르지만, 서서히 혹은 갑자기 강력한 창조적인 힘의 물결이 그들이 하는 일 속으로 흘러들어 마침내는 그들이 상상할 수 있었던 것 이상으로 넓어지고, 무수히 많은 사람들에게 가 닿을 것이다. 그때 그들이 하는 일에는 즐거움에 강렬함이 더해져서 일반 사람들이 성취할 수 있는 것을 훨씬 뛰어넘는 창조성이 따라온다. 자만하지 않고, 어딘가에 숨어있는 에고의 잔재를 의식하려는 겸손함을 가지기만 한다면, 우리 모두는 특별한 사람이 될 수 있다.

셋째, 열정이다.

열정은 자신이 하고 있는 일에 즐거움을 느끼면서, 동시에 목표와 비전의 요소가 더해지는 것을 의미한다. 하는 일의 즐거움에 목표가 더해지면 에너지 장(場) 또는 진동 주파수가 변화한다. 어떤 일을 할 때 즐겁다 못해 열정적으로 하여도 전혀 피곤하지 않는 상태를 느껴본 적이 있는가! 열정에 의해 연료를 공급하는 셈이다. 내면의 창조적인 활동이 절정에 이르렀을 때는 엄청난 강도의 에너지가 내면에서 흘러나온다. 집중형 집단 심리치료인 마라톤 같은 '집단' 상담 장면에서 흔히 일어나는 에너지이기도 하다. 장면 하나하나에 몰입되어 내 일처럼 열정을 가지게 되면 시간이 어떻게 가는지 모르고, 피곤하지도 않고, 내면의 통찰력이 강화되기 시작한다. 잠자고 있던 창조적 활동이 개시되는 것이다.

곁에서 보는 사람은 '너무 많이 일하는 것 아냐? 너무 힘든 게 아닐까?'라고 생각할지 모르나, 사실 열정의 강렬함은 스트레스와는 아무런 관계가 없다. 스트레스라는 것은 '지금 하는 일을 하고 싶어서 하는 것'보다 '목표에 도달하는 것'을 더 많이 원할 때 일어나는 현상이다. 일반적으로 스트레스는 에고가 돌아와 우리를 우주의 창조적 힘으로부터 단절시키고 있다는 신호이다. 자연스러운 힘 대신 에고의 욕망이 주는 압박감과 긴장감이다. 스트레스와 같은 부정적인 감정, 불안과 분노 등에는 강한 상관관계가 있다. 스트레스를 느끼면서 하는 일은 반드시 질과 효율성이 떨어진다. 신체에 독이 되고, 모든 퇴행성 질환과 암, 심장병 등의 주된 원인으로도 인식된다.

스트레스와 달리 열정은 에너지 진동 주파수의 질이 높기 때문에 우주의 창조적 힘과 공명한다. 열정(enthusiasm)이라는 단어는 고대 희랍어의 '안'을 뜻하는 엔(en)과 '신'을 의미하는 테오스(theos)에서 유래된 말이다. 즉 내재하는 신, 내 안에 신을 둔다는 뜻이다. 엔토우시아제인(enthousiazein, 신적 영감상태)은 '신에 사로잡힌'이라는 의미이다. 말하자면 열정에 불타고 있을 때는 자기 혼자서 모든 것을 해야만 할 필요가 없음을 발견하게 된다. 열정은 창조적 에너지의 물결을 불러들이기 때문에 그는 다만 그 물결에 올라타기만 하면 된다. 신과 자신이 합일되어 힘을 낸다는 뜻이라고나 할까. "나 자신의 힘만으로는 나는 아무것도 할 수 없다.", "내가 하는 것이 아니라, 내 안의 어떤 힘이 한다."(너는 내가 아버지 안에 있고 아버지께서 내 안에 계시다는 것을 믿지 않느냐? 내가 너희에게 하는 말도 나 스스로 하는 말이 아니라 아버지께서 내 안에 계시면서 몸소 하시는 일이다-요한 14,10)라는 예수님의 말씀과 동일하다.

열정은 아무것도 원하지 않는다. 왜냐하면 아무것도 부족하지 않기 때문이다. 열정은 삶(생명)과 하나이며, 열정에 의해 움직이는 행동이 아무리 역동적이어도 우리는 그 행동 속에서 자신을 잃지 않는다. 회전하는 바퀴의 중심에는 늘 고요하면서 강렬하게 살아있는 공간이 있으며, 모든 활동 한가운데에 평화로운 중심부가 있기 때문이다.

정리하자면 지금 하고 있는 일을 그대로 받아들이고, 즐겁게 하고, 그것이 목표와 비전과 결합하면 열정이 생겨난다. 목표가 있다 해도 관심의 초점은 현재 하고 있는 일에 머물러야 한다. 그렇지 않으면 우주적 목적과의 연결에서 이탈하게 된다. 받아들임과 즐거움 그리고 열정은 마음속 청사진을 물질 차원으로 옮기는 힘이다. 이것이야말로 마음을 창조적으로 사용하는 방법이다. "무엇이든 기도하고 구하는 것은 받은 줄로 믿으라. 그대로 되리라."(그러므로 내가 너희에게 말한다. 너희가 기도하며 청하는 것이 무엇이든 그것을 이미 받은 줄로 믿어라. 그러면 너희에게 그대로 이루어질 것이다-마르코 11,24)라는 성경구절을 생각해 볼 수 있다. 마음을 창조적으로 사용하는 열쇠를 표현하는 글이다.

- 이 글은 에크하르트 톨레(2005)의 글을 기본으로 하여 인용 혹은 재해석하였음을 밝힙니다 -

3. 쉽게 전달하는, 참된 이야기

달라이 라마는 "영속적이고 실체적인 자아나 영혼은 존재하지 않는다."고 말한다. 우리 눈앞의 삼라만상이 존재하지 않는 것이 아니라, 그 존재들의 고유한 본질이나 독립적인 본성이라 할 만한 것이 없다는 것이다. 모든 존재들은 연기적 존재이며 인과적 존재일 뿐 고정불변하지 않는다는 것, 다시 말하면 우리 눈앞에 펼쳐지는 모든 피조물들이 분명히 눈으로 볼 때는 존재하고 있으나, 그 본질은 허공에서 출발했다는 것이다. 근본은 '공(空)'이다.

부처님의 10대 제자 중에 설명을 잘하는 사람이 있었던 모양이다. 그 이름은 '가전연 존자'였다. 부처님은 '가전연 존자'를 일컬어 '어려운 법문을 명쾌하게 설명하기로 으뜸가는 이'라고 말씀하시며 '논의제일(論議第一)'이라고 칭찬하셨다고 한다. '논의제일'이란 뜻은, 어려운 교리를 쉽고 세밀하게 펼쳐 보이는 부분에서 최고라는 것이다. 다음의 일화를 통해서, 그 제자가 쉽고도 참되게 설교하는 내용을 읽어보는 것이 도움이 될 것 같아 소개한다. 즉, 그 제자는 인도의 천한 신분에 해당하는 한 노파와의 대화를 통하여, '이 세상의 모든 존재는 귀하다. 단지 자신이 지닌 모든 것, 그것이 재물이나 명예뿐만 아니라 병이나 가난일지라도 버릴 것은 버리고, 조용히 앉아서 관(觀)하라!'는, 천국을 향해 나아갈 수 있는 핵심 내용을 평범한 한 노파에게 펼친다. 인도의 가난하고 불쌍한 어떤 한 노파가 천국으로의 죽음을 맞이한 이야기인데, '자기를 버리고, 나를 따르라.'는 성경 속의 예수님 말씀을 떠올리게 한다.

가전연 존자가 길을 걸어가고 있을 때, 어느 한 노파가 그 동안의 설움을 다 쏟아내려는 듯 흐느끼면서 신세한탄을 늘어놓았습니다. 얼마간의 시간이 지나고 난 뒤, 노파의 울음도 가라앉고 넋두리도 잠잠해지자 가전연 존자가 물었습니다.

"할머니, 그렇게 가난하신데, 왜 그 가난을 팔아버리지 않으셨나요?"

노파는 무슨 말인지 도통 이해할 수가 없었습니다.

"예, 스님? 가난을 팔지 않았냐고요? 아니, 어떤 정신 나간 사람이 가난을 사겠습니까?"

"할머니, 가난은 팔 수 있습니다. 제 말대로 한번 해보십시오."

노파는 세 번이나 거듭 물었고 가전연 존자의 대답은 한결같았습니다.

'설마 수행을 오랫동안 해온 분 같은데 나 같은 사람에게 거짓말을 할 리야 없겠지.' 노파는 결심했습니다.

"좋습니다. 스님. 스님 말씀대로 가난을 팔겠습니다." 그러자 가전연 존자가 말했습니다.

"잘 생각하셨습니다. 그럼, 먼저 저 강물에 들어가서 깨끗하게 목욕을 하고 나오시지요."

노파가 존자의 말을 따라 목욕을 하고 나오자 존자는 다시 이렇게 일렀습니다.

"자, 이제 보시를 하시는 겁니다."

노파는 자기 귀를 의심했습니다.

"스님, 보시를 하라고요? 제가 보시할 게 있으면 이렇게 힘들게 살아왔겠습니까? 제가 남을 도와줄 것이 어디 있습니까? 보시다시피 저는 가진 게 정말 하나도 없습니다."

아닌 게 아니라 입고 있는 다 떨어진 넝마 말고는 그녀의 것이라고는 하나도 없었습니다. 그러자 가전연 존자는 자신의 발우(鉢盂)를 건네주며 물을 떠오라고 일렀습니다. 노파가 물을 떠오자 존자는 발우를 받아들더니 가만가만 축원의 주문을 외웠습니다. 그리고 노파에게 계(戒)를 주었고, 이어서 부처님을 생각하는 염불을 일러주면서 그것이 얼마나 커다란 복을 불러오는지 들려주었습니다. 태어나서 지금까지 온갖 험한 소리와 거친 명령만들어오던 노파였습니다. 그런 만큼 자신을 위한 축원을 듣는 것도 처음이요, 천한 신분이었던 자신이 다섯 가지 계를 지키겠다고 맹세하는 일도 처음이요, 부처님이란 존재를 그리며 진심을 다해 성자의 이름을 외는 일도 처음이었습니다. 노파는 귀를 기울이며 새기고 또 새겼습니다. 가전연 존자 앞에 선 지금, 자신은 한 끼의 거친 밥을 위해 학대와 노동에 자신을 팔아야 했던 천한 노예가 아니었습니다. 그저 오롯하게 마음을 기울여 선하고 밝고 바른 것을 생각하는 한 사람의 구도자일 뿐입니다.

"할머니, 집은 어디입니까? 어디에서 주무십니까?"

"스님, 집이랄 곳이 제게는 없습니다. 그저 주인집에서 일하다 피곤해서 쓰러져 자는 곳이 제 집입니다. 맷돌을 돌리다가 맷돌 밑에서 잠들면 그곳이 제 집이고, 방아를 찧거나 불을 때다 잠들면 그곳이 제 방이지요. 정 잘 곳이 없으면 쓰레기 더미 속에 들어가 자기도 합니다."

이보다 더 비참한 신세가 있을까요? 전생에 무슨 죄를 지어 이렇게 살아가나 싶은 생각이 절로 들 정도입니다. 하지만 지금 노파에게 '전생의 죄'를 말하는 것은 무의미합니다. 그저 지금 현재 그녀가 할 수 있는 최선의 일을 권하면 되는 것이지요. 가전연 존자는 이렇게 일러주었습니다.

"지금부터 제가 일러주는 대로 하셔야 합니다. 속으로 나쁜 생각을 하지 말고 할머니 스스로를 한탄하는 생각도 하지 마십시오. 주인집 식구가 모두 잠든 때를 기다렸다가 부엌 한 구석에 깨끗한 풀을 가져다 자리를 만드십시오. 그리고 그 풀 자리 위에 앉아서 부처님을 떠올리고 부처님 모습을 상상해보십시오. 이러는 동안 조금이라도 세상을 비난하거나 할머니 신세를 탓하는 생각을 절대로 하지 마십시오."

부처님 모습을 상상한다는 것은 관(觀)하라는 말입니다. 다시 말하면 염불 즉, 부처님을 간절하게 생각하는 것이지요. 그저 부처님 이름만 되뇌는 것이 아니라 세상에서 가장 바르고 완전한 부처님을 마음 가득 품는 것입니다. 노파는 스님의 말을 잘 기억했다가 주인집으로 돌아가서는 그대로 따랐습니다. 그날 밤 노파는 세속에서의 한 많은 삶을 마쳤습니다. 숨이 끊어지는 순간까지 부처님을 생각한 노파는 곧장 천상세계인 도리천에 새롭게 태어났습니다.

이런 사연을 알 리가 없는 인색한 주인은 다음 날 아침 노파의 시신을 발견하고 소리쳤습니다.

"천하디 천한 것이 어떻게 내 집 안에서 죽느냔 말이야! 뭣들 하고 있어? 빨리 시체를 끌어내!"

사람들은 노파의 다리 한쪽을 새끼줄로 묶어서 집 밖 공터에 내다버렸습니다. 아무리 천한 신분이었다 해도 생을 마친 이에게 너무나 가혹한 짓입니다.

가전연 존자는 노파가 그날 목숨을 마칠 것을 알았습니다. 그래서 서둘러 달려가 생애 처음이자 마지막으로 무엇을 해야 하는지를 일러주었던 것이지요. 가전연 존자가 아니었다면, 노파의 삶은 어떻게 막을 내렸을까요? 서럽게 신세를 한탄하며 울부짖다가 끝냈을지도 모릅니다. 집주인에게 맞설 수는 없었습니다. 인도 사회에서 신분제도는 너무나 굳건했기 때문입니다. 하지만 신분제도가 설령 그렇더라도 자기 자신, 스스로를 천하게 여겨서는 안 되는 것 아닐까요?

천상에 하늘사람으로 태어난 전생의 노파는 며칠 뒤 한적한 빈터에 버려진 자신의 시신을 찾아 내려갑니다. 그리고 천상의 향을 공양 올리자 시신은 눈부시게 빛을 냈다고 경전에서는 말합니다. 그런 모습을 인색하고 사납기 짝이 없는 주인이 목격하게 되었다는 후일담도 전해집니다.

<현우경(賢愚經) 중에서>

여기까지의 내용이 그 제자가 평범한 할머니랑 나누었던 이야기이다. 가만히 이 내용의 속을 살펴보자. 제일 처음, 가난에 지친 이 노파에게 존자는 가난을 팔아버리라고 제안을 하면서, 그러기 위한 몇 가지 절차를 알려준다.

첫 번째는, 강물에 들어가서 목욕을 하라고 한다. 몸을 우선 단정하게 관리하고 마음의 준비를 하라는 뜻인 것 같다. 준비기도라고나 할까! 목욕재계하고 난 뒤 차분하게 간절한 마음으로 기도하는 우리 조상들의 겸허함을 엿볼 수 있다. 목욕을 한다는 것 자체가, 심신의 겉 때를 벗기고 본연의 자세로 돌아가야 한다는 것을 상징적으로 말해주고 있는 듯하다.

두 번째는, 보시를 하라고 한다. 아무것도 가진 것 없는 이 노파에게 측은지심을 느끼면서 보시하라는 이야기는, '아무 것도 가진 것 없음'이라는 그 자체로써도 우리는 '모든 것을 나눌 수 있는 삶'을 살아낼 수 있다는 것을 뜻한다. 보시를 물질적인 것으로만 생각한다면 이런 생각을 할 수 없을 것이다. 물질과 마음, 정신적 측면 등, 다양한 상황에서 우리는 남을 도와줄 수 있는 보시의 항아리를 이미 지니고 있다. 물질이라는 한계에서 벗어나, 좋은 마음과 지혜로운 설법 등으로 얼마든지 정신적인 보시를 할 수 있음을 뜻한다. 심지어 '가난', '부족한 모습', '무가치하게 보이는' 것 자체가 남에게 심리적 보시를 한다.

세 번째는, 자기를 한탄하거나 세상을 비난하는 나쁜 생각을 버리라고 한다. 자기 탓 혹은 남 탓을 하면서 살아가는 허무한 삶을 청산하라는 뜻이다. 자기식의 기준과 가치관, 인생관 등에 비추어 남과 자신을 비교하여 성공, 실패를 재단하는 인간세상의 행태를 단번에 청산하라는 의미로 느껴진다. 아마도 여기까지가 제대로 되었다면, 누구라도 '가난을 강물에 버렸다.'라는 의미를 몸으로 혹은 마음으로 체득하리라 느껴진다. '가난'으로 인한 고통은, '가난'하여 비참하다거나, 가진 것이 없어 아무것도 남을 위해 줄 것이 없다고 생각하는 데서 비롯된 것이다. 사실 '가난'하여도 적절히 살아가면 비참할 것 없고, 더욱이 가난하여서 남에게 베풀 것이 없다고 생각하는 것은 '무지'일 뿐이다. 이렇게 '가난'이라는 것, 가난하다는 처지 자체를 다른 방향으로 생각하며, 그것을 '강물에 내던지듯이' 자유로워지고 난 후, '관(觀)'하는 자세를 가르친다.

네 번째는, 조용히 앉으라고 한다. 방석을 대신하는 조용한 숲속, 풀

위에 앉아서 일단 마음을 가라앉히라는 뜻이다. 조용히 앉는다는 것! 이 얼마나 위대한 몸짓인가! 그냥 조용히 어디에서나 앉아서 아무 생각 없이 가만히 있어본다는 것은 어쩌면 각종 세상 것을 생각하고 또 생각하고, 연구하고 또 연구하는 일상을 살아가는 보통 사람들에게는 사실 쉬운 일이 아니다. 그러나 이것은 정말 필요한 일인 것 같다. 그냥 조용히 앉아있는 것, 조용히 있는 그대로 바라보기 위하여 숨을 고르는 것, 이것은 모든 것을 비워내기 위한 기본적인 행위가 아니겠는가!

다섯 번째는, 숨이 끊어지는 순간까지 부처님 혹은 예수님 같은 성자를 상상하며, 그와 내가 함께 마주하며 '깊은 바라보기'를 하라는 이야기이다. '관'한다는 것! 조용히 깊이 바라본다는 것…. 상상으로 어떤 위대한 대상만을 느끼며 깊이 관한다는 것은, 그 성자와 내가 합일되는 위대한 시간이 될 것이다. 상상력을 발휘한 영적 성장을 위한 수련을 느끼게 한다.

정말이지 이렇게 기도하는 태도는, 가난을 팔라는 스님의 뜻밖의 제안을 받아들인 겸손한 노파를 평생 가난에 짓눌리던 삶에서 뚜벅 뚜벅 걸어 나오게 만든다.

사실 '가난', '부'라는 것 자체가 실체가 없다. 달라이 라마는 "영속적이고 실체적인 자아나 영혼은 존재하지 않는다."고 말한다. 우리 눈앞의 삼라만상이 존재하지 않는 것이 아니라, 그 존재들의 고유한 본질이나 독립적인 본성이라 할 만한 것이 없다는 것이다. 모든 존재들은 연기적 존재이며 인과적 존재일 뿐 고정불변하지 않는다는 것, 다시 말하면 우리 눈앞에 펼쳐지는 모든 피조물들이 분명히 눈으로 볼 때는 존재하고 있으나, 그 본질은 허공에서 출발했다는 것이다. 근본은 '공(空)'이다. 즉, 이 세상의 모든 피조물들은 변하지 않는 것이 하나도 없다. 순간순간 변화하고 있으므로, 고정된 것들은 일체 없으며, 모든 것은 근본적으로 '무(無)'라는 것이다.

우리가 생각하는 불행이니 행복이니 하는 것들이 '공'일 뿐인데도 불구하고, 명칭이 그렇게 붙여진 것일 뿐이다. 가난이라는 것은 인연에 따라서 불행이 될 수도 있고, 도약의 계기도 될 수 있다. 도약의 계기로 삼으려는 의도로 생각하고 말하고 행동하는 것, 이것은 선업(善業)이다. 불행이라는 생각과 명칭 없이 그냥 그것과 직면하는 것, 그것은 더 차원 높은 선업이다.

노파의 가난하고 비참하다는 신세한탄, 그리고 죽음을 비참하게 맞이할 뻔 했던 그 노파가 자신의 생활에 대한 부정적 개념을 버리고, 즉 가난을 강물에 버리고, 자신이 바로 귀한 존재임을 밤새도록 관하게 함으로써, 스스로를 천상의 위치에 올려놓은 참되고 귀한 내용을, 어려운 문자를 쓰지 않고 매우 쉽게 노파에게 전달한 제자가 슬기롭게 느껴진다. 천한 노예의 신분에서 천상의 신으로 신분을 완전히 바꾸어 놓은 것이다.

사실 우리의 생활에서, 대부분의 사람들은 노예의 신분처럼 살아가기 쉽다. 의식주는 결코 거지같지는 않을지 모르나 우리의 내면으로 들어가면 많은 것을 갈구하고, 매달리고, 괴로워하며 사는, 무엇인가를 늘 원하는 노예처럼 살아간다고나 할까. 이런 노예의 사슬이 무엇인가를 정확하게 알아차리고, 그것을 강물에 버린다는 것, 바로 자신을 놓아버린다는 뜻이기도 하다. '자아(ego)'라고 불리는 자기 내면의 노예를 벗어던진다는 것은 '자유'의 문으로 들어가게 됨을 의미한다. 이런 것이 가능하기 위해서는, 참된 어떤 모습(하느님, 예수님, 부처님의 명호 등 어떤 것이라도)을 상상하며, '깊이 바라보는', '깊이 관하는', '깊이 머무는' 시간을 가져볼 수 있다면 좋을 것이다.

4. 하늘은 안타까워 우리에게 천사를 보낸다.

> 우리는 있는 그대로 지켜보고 있는 하늘님을 두고, 끝없이 다른 것을 향해서 몸부림치듯, 전쟁하듯, 피해서 살아가고 있다고나 할까! 늘 괴로워하고 불안해하고 심란해하고 우울해하며 살아가는 그 한가운데에, 바로 하늘님의 바라봄을 느끼지 못하는 문제점이 있는 것 같다. 이럴 때 하늘님은 보다 못해서 마치 긴급구조요원을 보내듯, 주변인 중에 천사 같은 대상이나 예기치 않은 상황을 안겨준다. "내가 너희를 보니 안쓰럽고 안타까워 그냥 이대로 둘 수가 없구나."라는 연민의 마음으로 우리에게 친히 천사를 보낼 수 있다.

잠깐 하는 일을 멈추고 하늘을 바라보자! 하늘을 우리가 상상할 수 없는 정도의 최상의 인격체라고 우선 상상해 보자. 그 무엇이라는 고정적 호칭보다는 그냥 '하늘'이라고 부르고 있으니까 '하늘님'이라는 별칭으로 생각하자. 하늘님은 이 지구를 내려다보며 무슨 생각을 할까! 정말이지 수없이 많은 인종과 다양한 일들이 연속적으로 일어남을 볼 것인데, 하늘님은 그들을 보면서 과연 어떤 느낌을 가질까! 순간순간 생명의 탄생과 죽음을 반복적으로 보기도 할 것이며, 평화와 갈등의 한 가운데 있는 사람도 볼 것이며, 기쁨과 행복 속에서 환한 미소를 지으며 생활하는 사람도 볼 것이다. 슬픔과 괴로움으로 숨 막히는 어려움 속에 있는 사람도 볼 것이며, 삶의 질곡 속에서 차라리 죽고 싶어 하는 안타까운 사람들도 볼 것이다.

하늘님이 하루하루의 나의 일상을 세밀하게 바라보고 있다고 상상해 보자. 어떤 생각을 하며 나의 행동 하나하나를 보고 있을까! 우리는 스스로를 한발 떨어져서 보는 '바라보기 작업'이 쉽지 않기 때문에, 하늘을 인격화시켜 관찰해보는 것이 익숙하게 여겨지지 않을 수 있다. 개인의 종교적인 입장에 따라서 '하늘님' 대신에 '하느님', '주님', '부처님' '우주여!', '신이여!', '참 나(眞我)!', '현실이여!' 등의 호칭도 가능할 것이다. 그 호칭 자체에 연연할 필요 없이, 자신을 객관화시켜보는 작업은 상당히 의미 있는 심리적, 영적 작업일 수 있다. 심리학에서는 이렇게 한 발짝 분리해서 바라보는 자아를 '관찰적 자아'라고 하고, 의식하고 행동하는 각종 일상의 자아를 '경험적 자아'라고 한다. 경험적 자아는 자신을 때론 통제할 수 없어, 느껴지는 대로 생각나는 대로 그냥 행동하기도 한다. 스스로 통제하기가 힘들 수도 있고, 올바르다고 판단될 때는 흐뭇해하고 자랑스럽게 여길 수도 있다. 관찰적 자아는 이렇게 행동하는 자아를 마치 한발 떨어져서 관찰하듯, 바라보듯, 객관적으로 느끼는 또 다른 자아를 말한다. 관찰적 자아의 발달은 자신의 행위를 조정하고 통제하는 좋은 역할을 하기도 한다.

하늘님이 늘 나와 함께 밥 먹고, 일하고, 마음을 수양하기 위한 '동반자'라고 상상해 보자. 우리의 '경험적 자아'는 때론 아수라장 같은 혼란스러움에 빠져있을 때가 있다. 그럴 때 하늘님이 나에게 어떤 이야기를 건넬 것인지 생각해 보면, 아마도 우리는 스스로를 객관적으로 바라보는 힘이 생길 것이다. 예컨대, 엉뚱한 일에 마음을 쓰고 괴로워하는 것을 보면, "제발, 정신 좀 차리거라. 그건 네가 그렇게 마음 쓰지 않아도 잘 굴러갈 수 있는 것이야."라고 격려어린 충고를 할까! 잘하고 인정받을 만한 일을 했을 경우에는 "아! 너 대단하구나. 정말 축하해! 나도 이미 다 보았는데 충분히 칭찬해 주고 싶고, 인정받을 만했어. 정말 수고 했어."라고 할까! 한치 앞도 내다보이지 않는 어려운 상황 앞에서도 "그래, 조금 기다려보자. 이건 네가 어떻게 할 수 없는 것이잖니! 그냥 가만히 있어보자. 너의 불안하고 초조한 마음은 내가 충분히 보고 있어."라고 할까! 명백하게 잘못한 일을 했을 때는 "그래, 잘못했구나. 깊이 반성하고 지금부터 제대로 하면 되니까 괜찮아!"라고 할까! 각자 마음에 울려 퍼지는 메시지를 한번 느껴보자.

그리고 하늘님이 늘 우리와 함께 지낸다고 상상해 보자. 사실, 하늘님은 항상 우리와 함께 동거한다! 끊임없이 바라보고 계신다. 별로 의식하지 않지만 당연히 곁에 있는 나무처럼 모든 것을 함께 하고 계신다. 정말 모든 것을… 어쩌면 나 혼자만 살짝 숨기면서 느끼는 것까지도 낱낱이 다 보고 있을 것이다. 감사하고 사랑받는 느낌일 수도 있지만, 두렵고 수치스러운 느낌이 들 수도 있을 것이다. 감추고 싶고 숨기고 싶은 것까지도 다 알고 있는 누군가가 있다는 것, 이것은 때론 불편할 수도 있다. 하지만, 그런 것에 대한 느낌은 당사자의 마음일 뿐, 사실 하늘님은 그저 바라볼 뿐이다. 피조물의 자유의지를 충분히 존중한다. 어쩌면 하고 싶은 대로 그냥 둔다. 무심하다 할 정도로 자유의지에 맡긴다. 그러면서 보이지 않는 것 같은 우리 내면의 양심, 도덕, 정의, 참됨을 건드리며 지켜보고 있을 것이다. 잘못된 길로 가고 있을 경우에는, 양심이 느끼도록 이렇게 말하는 것 같다. "그러면 안 되는데! 알면서도 못하지만, 모르고 못하는 것도 있지. 어쨌든 뭐가 뭔지는 몰라도 왠지 찝찝하고 혼란스럽지. 아직은 행동을 하지 말고 조금 지켜보자. 언젠가는 스스로도 느낄 거야. 그때까지 나는 네 곁에 있으면서 너의 모든 것들을 함께 하고 있어."

그렇다. 하늘님은 우리의 모든 것들을 조용히 지켜보고 있다. 심판하고 벌주기 위하여 지켜보는 것이 아니라, 있는 그대로 바라보고 있을 뿐이다. 겉으로 드러나는 것만 보는 것이 아니라 그 양심과 느낌, 생각, 의식, 무의식의 모든 것들을 강한 빛으로 다 보고 있다. 일체의 것들을 바라보는 힘이 있다. 우리를 억지로 조종하려고 하지 않고, 이래라저래라 요구하지도 않고, 그냥 조용히 '바라보고' 있을 뿐이다. 우리의 자유의지를 충분히 존중한다. 있는 그대로 보고 있을 뿐이다. 사실 이것은 엄청난 '사랑'이다. 있는 그대로 바라보아 주는 것만큼 큰 사랑이 있을까! 일체의 평가나, 심판이나, 벌이나, 과도한 칭찬이나, 보상 없이 그냥 가만히 지켜보아 주는 것, 그리고 모든 것을 함께 해 주는 것, 이것만큼 큰 사랑이 있을까!

우리는 있는 그대로 지켜보고 있는 하늘님을 두고 끝없이 다른 것을 향해서 몸부림치듯, 전쟁하듯, 투쟁하거나 도피하면서 살아가고 있다고나 할까! 늘 괴로워하고, 불안해하고, 심란해하고, 우울해하며 살아가는 그 한가운데에 바로 하늘님의 바라봄을 느끼지 못하는 문제점이 있는 것 같다. 이럴 때 하늘님은 보다보다 못해서 마치 긴급 구조요원을 보내듯, 주변인 중에 천사 같은 사람이나 예기치 않는 상황을 안겨준다. "내가 너희를 보니 안쓰럽고 안타까워 그냥 이대로 둘 수가 없구나."라는 연민의 마음으로 우리에게 친히 천사를 보내는 것 같다.

우리에게 다가온 천사는 누구인가? 비정규직 심부름꾼인 천사는 하늘님의 일꾼이라고 생각할 수 있다. 자! 나의 주변에 있는 천사는 누구인가? 이 점을 잘 깨닫는 것이 우리의 일생에 정말 중요할 것 같다. 하늘님은 하늘에서만 내려다보려니, 도저히 가만히 눈뜨고 볼 수 없을 정도의 안타까운 현실을 참다못해, 인간의 눈으로 볼 수 있는 육체적인 사람을 우리 곁에 두게 한다. 때로는 물리적인 현실적 상황을 내 앞에 닥치게 한다. 자신의 에고에 사로잡혀 지금 자기가 어디로 가는 줄도 모르고 방황하며 행동하는 사람들, 무슨 말을 하는 줄도 모르고 정신없이 떠드는 사람들, 앞뒤 모르고 잘못을 저지르는 사람들, 겉은 착한 것 같지만 속은 썩어 문드러지듯 힘겨운 사람들… 그들을 그냥 지나칠 수가 없기 때문이다. 가만히 두고 보기에는 더 이상은 곤란하다는 생각이 들어 긴급 구조요원을 파견하기 시작한다. 그는 바로 하늘님이 보낸 천사이다! 그 천사는 나의 배우자일까! 부모일까! 자식일까! 지금 바로 옆에 머무는 사람일까! 나를 가장 힘들게 만드는 A일까! 나를 한없이 사랑해주는 B일까! 어떤 기관이나 단체일까! 나에게 닥친 고통과 어려움일까! 천사의 옷은 다양하다. 생각하기 나름으로는 내 주변의 모든 것들이 나를 위하여 일꾼처럼 수고하시는 천사들이다. 그것을 알아보기 위해서 조용히 침묵 속에서 느껴보자.

하늘님은 무엇을 위해서 먼지보다 더 미소한 한 인간에게 이렇게 천사를 파견할까! 어쩌면 어느 누구도 소중하지 않은 존재는 없으며, 그 하나하나에게 참된 삶에 대한 깨달음을 안겨주고 싶은 것이 아닐까 싶다. 어떻게든 인간 세상을 구원해 보려는 하늘님의 연민은, 결국 우리를 향한 사랑이다. 사람들은 그것이 구원인지 사랑인지 그런 것은 전혀 관심이 없을 수 있다. 오직 나에게 이익이 되느냐 되지 않느냐 하는 자기중심적 사고에 젖어 있을 수도 있다. 그래서 내게 도움이 되면 행복한 것 같았으나 또 다시 불안하고, 내게 도움이 되지 않는 일들이 닥치면 화가 나고 또 불안하고, 이래저래 힘든 일들이 발생하기도 한다. '이거 참, 사는 것이 힘들구나.' 하는 마음이 들 때 서서히 하늘님이 파견한 주변의 천사 같은 대상, 진리를 말하는 사람과 연구하는 장소, 보물 같은 글귀나 선각자들의 말씀 등이 눈과 귀에 들어오기 시작한다. 즉, 힘들 때만 우리는 그 천사를 만날 수 있다는 뜻이다. 조용히 명상이나 기도를 하며 하늘의 사랑을 느꼈던 사람들은 어려움이 닥치든 그렇지 않든 상관없이 평화로움을 유지할 수 있으나, 하늘의 사랑을 느끼지 못했던 사람들은 어려움이 닥칠 때에야 그 천사들에게 눈을 돌린다. 사람이나 상황의 형태를 띠고 나의 주변에 공존하고 있는 천사들, 우리는 이 천사들이 누구(무엇)인지를 알아보는 안목을 길러야 할 것이다.

하늘님은 우리에게 무엇을 이야기하며, 한 개인의 삶에 어떻게 관심을 드러내는지 묵상해 보자. 하늘님이 나에게 내려 보낸 천사는 누구(무엇)일까를 눈을 감고 조용히 한번 느껴보자. 정말이지, 하늘님은 안타까워 우리에게 천사를 보낸다! 이것을 믿어보자. 믿음은 '이 산을 들어 바다로 던지게 하는 힘이 있다.'(마태오 11,23)고 하지 않았던가!

5. 높은 수준의 의식 단계는 어떤 것일까!

> 상호 건강한 의존관계를 유지하고 사랑하며 살아가는, 평범하기 그지없는 것 같이 보이지만 실로 쉽지 않은, 하지만 너무나 일상적인 생활 한 가운데서의 관계, 이것이 최상의 건강한 의식 수준의 단계이다.

우리는 삶의 여정을 오래 걸은 사람일수록 성숙해 보이는 듯하지만, 사실 생물학적인 나이보다는 정신적·영적 나이가 성숙의 나이가 될 것이니, 진정 제대로 된 나잇값(!)을 한다는 것이 그리 녹록하지 않음을 느끼게 된다. 세상을 성숙한 눈으로 보는 사람은 고도로 자기 성찰적이다. 그것을 뭐라고 이름을 붙일 수 있을지는 모르겠으나, '높은 수준의 의식 단계'를 지닌 것은 확실하다. 이들은 자기 초월의 과정에 참여해 왔고, 자율과 친교 사이를 자유롭게 오가며 '자기 해체'의 경험을 건강하게 다룰 수 있다. 꼭 높은 수준이 아니라 할지라도 우리 주변에는 성실하고 반듯한 사람들이 많다. 이들은 좀 더 높은 수준으로 인격을 성숙시키고 싶은 열망도 가지고 있다. 높은 의식단계에 있는 사람들의 특징들을 찾아봄으로써, '성실과 반듯함'이 나아가야 할 방향이 무엇인지를 생각해 보는 데 도움이 되었으면 한다.

쿡 그로이터(2015)가 제시한 '구조에 대한 자각(Constructive-Aware)'이라 부르는 것을 살펴보자. '어떤 상황이 닥치더라도 그 상황에 대한 내부구조를 알아차린다면 어떨까!'라는 것인데, '목격자(Witness)'로 알려진 자세로 삶을 살아가는 것을 말한다. 스스로의 생각과 행위를 거리를 두고 관찰하는 것이라고나 할까. 즉, '구조에 대한 자각' 단계에 있는 사람은 자신의 자아가 가진 한계를 보기 시작하고 자아를 만들어진 것(Constructs), 즉 우리의 자아가 어떻게 '구조화'되었는가를 있는 그대로 인식한다는 뜻이다.

이 자각 단계에 있는 사람들은 자아가 지닌 자기 보전의 성향이 영리하고 방심하지 않는 교묘한 장치임을 깨닫는다. 초기 단계에서 이들은 자아를 투명하게 체험하는데, 이 체험에는 자신이 가진 근본적 자아 중심성에 대한 깨달음이 함께한다. '쿡'은 "모든 의식적 사고, 모든 인지는 만들어진 것으로, 바탕에 깔린 일관되고 비이원적인 진실에서 갈라져 나온 것으로 인식하기 때문에, 이성과 노력을 통하여 어떤 것을 하는 것은 환상이며 최종적으로 이룰 수 없는 것으로 보인다."고 말한다. 말하자면 우리의 모든 생각과 알고 있다고 생각하는 모든 것이 환상이라는 점을, 자아가 만든 실재라는 것을, '구조에 대한 자각' 단계에 있는 사람들은 알게 된다. 대부분의 우리는 스스로의 생각 자체에 함몰되어, 자신의 이성적 노력을 통하여 모든 것을 할 수 있다고 생각하지만, 자신의 생각이나 이성적 사고 자체가 '자아'의 굴레에서 나오는 것이므로 최종적으로는 한계를 맞이하지 않을 수 없다는 말인 듯하다.

'구조에 대한 자각' 단계에 있는 성인은 내면으로 눈을 돌려, 스스로가 나름의 가치 또는 의미를 만들기 위해 어떤 노력을 하는지, 스스로를 목격하기 시작한다. 마치 자신을 보되 남을 바라보듯… 풍경을 감상하듯… 비켜서서 자기를 바라보는 입장이 된다. 그러면 자아가 자기식의 의미를 만드는 과정을 보게 된다. 말하자면, 그 과정 자체를 자신의 현실로 믿고 평생 살아가고 있고, 그것이 삶의 가치나 의미라고 정의해 온 것들, 이것들이 모두 환상에 기초한 것임을 인식한다.

보통의 수준으로는 이해되지 않는 부분이다. 나름대로 평생을 바쳐 살아온 가치와 의미가 '환상'에 기초했다는 사실을 인식한다는 것이… 자아가 만들어 낸 모든 것들이 그 자체로 의미 있는 것은 아무것도 없으며, '가치나 의미'란 한 개인이 선택을 통하여 부여하는 것이라는 점을 인정한다는 것이… 자기를 규정할 때에 바깥에 있는 것이 내면에 있는 것에 비할 바가 아니라는 것을… 심지어 "내가 내 나름의 의미를 만든다."는 말을 이해하기도 쉽지 않다.

이는 세상적인 것과 완전히 다른 세계관이다. 이성적 사고의 한계를 깨닫게 된 '구조에 대한 자각' 단계의 사람들은, 자아가 단순히 현실의 '지도'라는 것을 알고 '지도는 영토가 아니다.'라는 점을 발견한다. 이로 인해 완전히 새롭게 자기(Self)에 대해 생각하고. 이 세상의 그 어떤 것과도 상호 작용할 수 있는 마음을 연다. 자기가 만들어 놓은 '부분적' 지도를 '전체적' 영토로서 생각하며 살기 쉬운 우리네가, 새롭게 인식해야 하는 부분이다.

이와 같이 높은 수준의 의식 단계에 있는 사람들의 세계관은 포괄적이다. 어떤 면에서 이들은 두 개의 세상에 발을 딛고 있다. 한 발은 자기를 세상으로부터 분리해 다르다고 인식하는 세계에 두고, 다른 발은 분리는 없으며 삶은 끝없는 오르막과 내리막, 탄생과 죽음, 환희와 슬픔의 변화무쌍한 공동체적 흐름이라는 곳에 내딛고 있다. 이들은 그때까지 의미 있고 진실하다고 생각한 많은 것이 환상에 근거한 것임을 깨닫는다 할지라도, 현실을 있는 그대로 인식함에 따라 지금-현재를 살아간다. 그러면서 그 환상을 서서히 성찰하고 녹여낸다. 아울러 정확한 논리적 사고로 자연이나 사람을 분석하거나 판단하는 습관을 관찰하여, 그것이 헛된 시도라는 것을 인식한다.

높은 수준의 의식 단계에 있는 이들은 자신들의 이성적인 과정과 행위, 감정적 패턴에 대하여 거리를 두고 지켜볼 수 있다. 이들은 무엇인가를 정확하게 알아내려고 끊임없이 분석하고 되돌아보는 것과 같은 마음의 습관뿐 아니라, 자동적으로 판단하는 관성에 주의를 기울인다. 이들은 '객관적으로 자기를 확인하려 하고 우주 세계를 과학에 근거한 어떤 이론으로 설명하려는 것은 헛된 시도이며, 그런 노력은 결국 끊임없이 변화하는 무형의 것을 영구적 실체가 있는 것으로 만들려는 산물'이라는 것을 깨닫는다. 그렇다고 이들이 자신의 내면을 보지 않는다는 뜻은 아니다.

이 단계의 개인은 내면으로 방향을 돌려 자기를 지켜보는 데 익숙하다. 이들은 경험적으로 존재하는 모든 것들이 연결되어 있다는 깨달음 안에서 살아가려는 시도를 한다. 한때 자신의 일부로 경험하던 분리감은 이제 허상이었음을 알아차린다. 이 발달 단계에서 평생에 걸쳐 노력한 결과로 얻게 된, 즉 자기가 분리되었다고 보는 시각을 버린다. 그리고 개인은 자신을 분리된 존재로 보려는 것에 스스로가 얼마나 집착하고 있는지 깨닫는다. 쿡 그로이터는 아래와 같이 말한다.

> "대상에 대한 집착을 내려놓으면 익숙한 종류의 고통에서 자유로워진다. 이를 이해하더라도 그렇게 하려는 시도들은 효과가 없고 때로 아주 다루기 힘든 역설로 우리를 이끈다. 집착하지 않는다는 생각에 집착할수록 우리는 더 견고하게 구속당한다. 자신의 정신력과 자아를 초월하려는 탐색 과정을 자랑스러워할수록 개인의 자아는 분명, 여전히 왕좌를 차지한다."

사실 우리는 '자아'의 속임수에 놀랄 정도로 잘 속아 넘어가는데, 이것을 인식하면 삶 자체가 역설로 가득하다는 자각이 생긴다. 그리고 서서히 그러한 역설 자체도 현실의 진정한 표현으로 바라보고, 포용하며, 통합해야 할 대상으로 여긴다.

높은 수준의 의식단계에 있는 사람들은 세상과 관계를 맺는 방식이

다르기 때문에 인습 단계나 그 아래 단계에 있는 사람들의 입장에서 보면 이들은 꽤 초연하고 냉담해 보일 수 있다. 지켜보는 자리에 서 있으며, 세상에서 벌어지고 있는 일들에 대해 다른 인식을 갖고 있고, 두려움에 휘둘리지 않기 때문에 오히려 이해 혹은 공감하지 못하는 사람으로 비춰질 수도 있다. 사실은 삶을 끝없는 오르막과 내리막의 흐름으로 보는 세계관을 가지고, 겁에 질리지 않고 평화롭게 벌어지는 일들을 품을 수 있는데 말이다. 그러므로 이들은 세상과 관계를 맺지 않는다고 오해받을 수도 있다. 사실 이들은 세상을 바꿔 놓는 사람이 될 힘이 있다. 자기 성장과 변모에 방해가 되는 것에서 자유롭다.

따라서 이 의식 상태로 진화한 사람은 흔히 외로움을 직면하게 되는데, 이는 삶 자체를 진화적 관점에서 바라보는 그 지점에 도달한 사람이 많지 않기 때문이다. 즉 자신과 같은 사람이 많지 않고, 또 이들의 관점을 이해하는 사람이 많지 않다. 동시에 이들은 인간의 본성에 대해 더욱 성숙한 통찰을 갖고 있기 때문에, 겉으로는 남다른 생각과 삶에 대한 통찰로 오히려 보통 사람들을 공감하지 못한다고 느낄지 모르나, 진정 그들은 공감 능력이 뛰어나고 뛰어난 통찰력으로 다른 사람들을 변화로 이끌기도 한다. 스스로 자아중심성과 환상들을 다룰 수 있기 때문에 큰 그림을 이해하는 겸손한 사람인 경향이 있다. 그들은 숨은 의도 없이 행동하고, 공감하며 상대의 말을 듣고, 주변 사람에게 민감하게 응답할 수 있다. 즉 대인관계 능력이 아주 뛰어나고, 사람들의 복잡하고 역동적인 성격과 사람들 사이에서 벌어지는 일들에 대한 통찰이 뛰어나므로, 오히려 그와 함께 하고 싶은 사람들이 많다.

지금까지의 내용(쿡)을 요약하면 높은 수준의 의식 단계에 있는 사람들은 '구조에 대한 자각', 즉 자기(Self)를 관찰할 수 있는 목격자의 자리에서 삶을 살아간다. 이 단계의 사람은 자신의 정서와 정신의 습관들을 바라보고, 외부 세상에 대한 자기식의 객관적 설명이 쓸모없다는 것을 깨닫는다. 언어가 유용하기는 하지만, 이 세상에는 언어로 표현하는 것이 한계가 많은 것들이 쌓여있다는 것을 이해한다. 또한 세상을 바라보는 관점을 내면으로 돌려 내면에서 일어나는 움직임을 상대적으로 명확하게 관찰하는 데 익숙하다. 내면으로 관심을 돌리면 분리된 자아라는 감각이 사라지면서 인식하는 주체와 대상이 하나가 되는 것을 체험한다.

또 다른 관점에서 높은 수준의 의식 단계는 '합일의식'이라는 단어로도 설명 가능하다. 전체와 부분을 동시에 품을 수 있는 합일의식, 이 단계의 사람들은 스스로를 세상과 자연 그 자체에 내포되어 있다고 느낀다. 탄생과 죽음, 환희와 고통은 모두 자연스럽게 발생하는 것으로, '시간이란 끊임없는 변화 속에 있는 패턴들'로 받아들인다. '합일 단계에 있는 사람들은 모래 한 알에서 온 세상을 볼 수 있다. 이들은 한 존재의 구체적이고 제한된 일시적인 면들을 그것의 외부적이고 상징적인 의미와 더불어 동시에 볼 수 있다.' 이들은 다른 사람들과의 차이점을 자기 자신 외에 다른 사람이 되어야 할 필요 없이, 더 높은 단계를 낮은 단계보다 더 낫다고 보지 않고 존중할 수 있다. 모두가 진화의 과정 안에 있고 서로 연결된 실재에서 필요한 부분들이기 때문이다. 즉, 합일의식을 가진 사람들은 자기 자신과 다른 사람들을 합일된 하나의 세계, 서로 서로 '있는 그대로' 받아들이면서 통합된 거대한 공동체로 여긴다고나 할까!

위의 관점은 '도덕경'에서 제시한 '무(無)'와 '유(有)'의 개념을 이해하는 의식 수준의 단계에서도 생각해 볼 수 있다. 즉 무는 허무가 아니라 이 세상의 근원적인 탈 근거로서의 근거이므로 무는 유의 뿌리와 같다. 말하자면 죽음은 허무의 심연으로 되돌아가는 것이 아니라, 이 세상의 뿌리로 귀환하는 것이다. 죽음을 두려워해야 할 하등의 이유가 없게 된다. 그런 점에서 무(無)는 휴지(休止, 하던 것을 멈춤, 정지 상태)의 세계와 같다. 말하자면 은적(隱迹, 종적을 감추고 사라지다)은 휴식의 세상과 다르지 않으므로 휴식과 안정과 고요의 세계는 외계로 통하는 모든 통로가 다 닫힌 의미를 띨 수밖에 없다. 잠잘 때에 우리는 외계로 통하는 모든 감각기관을 닫아놓고 쉬지 않는가! 그렇기 때문에 우리는 지치지 않게 된다. 무(無)와 밤의 휴식이 없다고 보면, 모든 유와 만물은 지쳐서 생존하기가 불가능할 것이다. 무(無)가 무욕(無慾)과 고요의 휴식이라면, 유(有)는 활동이고 유욕(有慾)의 생동감이다.

자연의 유욕(有慾)은 모든 존재론적 욕망의 통로를 놓음으로써 만물이 서로 의타기적(依他起的)인 상관관계에 있게 한다. 즉, 씨줄과 날줄이 서로 엉켜야 천이 만들어지는 활동을 말한다. 그래서 동물은 식물에게 필요한 탄산가스를 주고 식물로부터 산소를 공급받으며, 또 동물은 식물에게 거름을 제공하고 식물은 동물의 먹이로서 몸을 바친다. 이처럼 대자연은 서로의 차이 속에서 동행하기 위해 통로를 이용한다. 이 세상 만물과 만물이, 세상과 인간이, 인간관계 속의 서로서로가, 무와 유가, 밤과 낮이, 빛과 어둠이 공존한다. 이렇게 상호 건강한 의존관계를 유지하며, 사랑하며 살아가는, 평범하기 그지없는 것 같이 보이지만 실로 쉽지 않은, 하지만 너무나 일상적인 생활 한 가운데서의 관계, 이것이 최상의 건강한 의식 수준의 단계이다.

- 이 글의 일부는 자비로움(2015)과 도덕경(2011)에서 인용, 재해석되었음을 밝힙니다 -

6. '의식 성찰'을 통한 욕구 다스림

욕구는 늘 우리 안에 잠재되어 있고, 때로는 드러나기도 한다. 사고를 치기도 한다. 하지만, 우리가 어떻게 선택하느냐에 따라 그 욕구로부터 자유로울 수 있다. 욕구를 없애는 것이 아니라, 욕구를 다스린다는 차원에서, 다스림의 주인이 바로 나의 의식 성찰을 통한 '힘'이다.

인간 내면의 차원을 구분할 때, 심리적 차원과 영적 차원으로 우선 구분해 볼 수 있는 것 같다. 물론 감각적인 차원에서 살아가는 '몸 차원'의 사람들도 꽤 있을 것이지만, 대체로 사람들은 이성적인 사고를 통하여 나름대로 잘 살아가려는 '마음의 차원'에 관심을 가지고 있다. 종교를 가진 분들 중에는 무조건 '기도'만 열심히 하면 된다고 생각하는 경우도 있다. 물론 그러한 반복적인 기도도 안하는 것보다는 훨씬 나으리라고 보기 때문에 의견 자체에는 동의한다. 하지만, 인간의 심리적인 차원에서 벌어지는 일들이 우리의 영혼에 얼마나 큰 영향을 미치는가를 생각해 본다면 심리적 욕구의 성찰을 바탕으로 한 기도의 중요성을 느끼게 된다.

어느 신부님이 말씀하신 것처럼 "우리가 이르고자 하는 곳은 결국에는 영의 차원에서의 삶입니다. 하지만 심리적인 부분, 곧 정신과 마음 차원을 거치지 않고서는 영의 차원으로 온전히 나아갈 수 없다는 것이 우리 대부분의 현실입니다. 정말로 드물게 일어나는, 하느님께서 직접 개입하시는 기적 체험이 아니라면 말이죠. 그리고 우리의 심리적인 삶에서 가장 크게 영향을 미치는 요소 중의 하나가 바로 '욕구'인 것입니다."라는 말에 주목해 볼 만하다.

사실 이 심리적 욕구라는 것이 우리 안에서 잘 포장되어 있기 때문에, 나의 생각과 말과 행동 안에 숨어 있는 욕구가 무엇인지를 찾는 것이 그리 쉽지만은 않다. 하지만 이 욕구를 알아채는 작업은 삶에서 정말 필요하다. 그렇다면 숨어있는 욕구를 어떻게 찾을 수 있을까? 바로 '의식 성찰'이다. '의식 성찰'이라는 것이 좀 서툰 느낌이라면, '양심 성찰'이라는 말은 좀 더 쉽게 다가올 것이다. 하루의 일과를 마치고 일기를 쓰듯, 하루 동안의 일들을 차근차근 성찰해 보는, 그리고 그것들이 스스로의 양심에 걸맞는지 어긋났는지를 숙고해 보는 태도라고나 할까. 더 나아가 '내가 이러이러한 생각을 하면서 지냈구나. 무슨 생각을 하면서 이런 행동을 했는지를 그 당시에는 몰랐지만, 지금 생각해보니 이런 사고방식이나 욕구에서 나온 행동이었구나.' 즉, 이런 행동의 이면에는 이런 의식적인 마음이 있었구나 하는 것을 '관찰자적인 입장'으로 돌아보는 것이다. 이는 한발 떨어져서 '바라보는 입장'이다.

양심 성찰이라고 하여, 꼭 어떤 일이 양심에 떳떳한지 그렇지 못한지를 판단하기 위하여 하루 일과를 다시금 돌려서 느껴보는 것만은 아니다. 물론 그러한 측면이 때로는 도움이 되기도 한다. 하지만 그런 도덕적, 윤리적 잣대로 나의 하루 일과를 반성하고 참회한다는 뜻만은 아니다. 이 부분에 대하여 어떤 분은 묘사한다. "의식 성찰을 하기 위해서는 먼저 일상의 소음으로부터 떨어진 조용한 장소와 시간을 찾습니다. 그리고 그 안에 고요히 머물면서 지나간 시간들, 예를 들어 하루 동안 있었던 일들을 마치 영화를 거꾸로 돌려보는 것처럼 회상합니다. 그 과정에서 마음에 깊이 남아있는 어떤 사건이나 체험, 느낌 등을 발견하게 되면 이제는 그에 주의를 기울이면서 관찰을 합니다. 어떻게 진행된 체험이었는지, 그에 대해 어떠한 느낌이 남아있는지, 그러한 느낌은 어디에서 오는지, 이에 대한 내 자신의 반응은 어떠했는지 등을 구체적으로 살피는 것이죠. 이와 비슷한 느낌을 또 언제 받았었는지도 생각해 볼 수 있습니다. 이러한 의식 성찰은 당연히 성스러운 영(靈)의 이끄심 안에서 이루어지는 기도라고 볼 수 있죠."

의식 성찰은 이렇게 자신 스스로의 의식 차원, 각종 생각과 느낌과 행위들에 대하여 차근차근 바라보는 입장에서 짚어감으로써 자신 안에 있는 욕구를 발견해 내고 결론적으로 '어떤 욕구가 있었는가!'를 찾아내는 것이다.

예컨대, 일상에서 충분히 겪을 수 있는 사소한 경우를 생각해 보자.

나는 오늘 아침 식사라고 하지만 제대로 하는 둥 마는 둥 뭔가를 입에 넣고 사무실에 나왔지. 커피를 한잔 손에 들고 사무실에서 여느 때와 다름없는 일과를 하였는데, 그 중에서 가장 기억에 남는 강력한 일은 누군가로부터 온 전화 한 통이었지. 업무와 관련된 일이었는데, 그 사람의 태도가 어쩐지 하인을 부리듯 함부로 나를 대한다는 기분이 들었어. 좀 고압적인 자세라고나 할까. 내가 무엇을 특히 잘못했거나 낮은 자세로 임해야 하는 대상도 아닌데, 그 사람의 성격 때문인지 뭔지는 모르지만 뭔가 눌리는 기분이었지. 지금 내게 남아있는 감정은 '눌려졌다.'는 기분, 지배당한 기분이라고나 할까! '아니, 자기가 뭔데 나에게 형사 심문하듯 따지는 듯한 말투로 내려찍느냐 말이야!' 하고 생각하니 다시금 '화'가 스멀스멀 올라온다. 아… 잠깐만, 화의 일차적 감정은 내 존재가 '눌려졌다.'는 것이었지. 가만 가만히, 가만히 있어 봐! 그래, 이건 내게 자주 일어나는 감정이기도 하지. 난 이런 감정들이 제법 자주 드는 편이었어. 전화를 건 상대방과 같은 스타일에 내가 늘 느꼈던 감정이었지. 그 사람의 태도는 분명 나에게 어떤 자극이 되고 있어. 어떤 사람에게 묻는다면, 나처럼 느꼈다는 사람도 있겠지만, 내가 좀 예민한 측면도 있을 거야. 어쨌든 좋고 나쁘고를 떠나서 난 불편해.

다른 감정들은 쉽게 사라지는데, 이 감정은 꽤 오래 가는 편이지. 그럴 때 나는 어떻게 행동을 했지? 우물쭈물… 약간 멍해지면서 혼돈에 빠졌다가 그냥 전화를 대충 끊어버렸지. 다른 사람이라면 어떻게 했을까! 생각이 잘 나질 않는다. 잠시 멈추자…. 다시금 나를 조용히 느껴보자. 나는 무슨 욕구를 가지고 있었기에 이렇게 감정적으로 멘붕이 왔을까! 존중받고 싶은 욕구. 내 존재를 제대로 취급받고 싶은 욕구가 있었던 것일까! 자존감이 있고 편안한 사람이었다면 어떻게 대처했을까! "아…, 이러이러한 것을 바란다는 말씀인가요?", "아… 그랬군요. 이런 것을 원하셨는데, 제대로 안되어서 지금 말씀하시는 거죠!"라고 했다면 상대방은 아마도 흔쾌히 "아, 바로 그거죠. 부탁합니다."라고 간단하게 끊었을 것 같다. 상대방은 그럴 수 있는 이성적인 사람이잖아. 내가 무엇인가를 바라는 마음 때문에 상대방이 현실적으로 원하는 것들을 짚어주기만 하면 끝나는 것을 하지 못했던 것이구나. 결국, 나의 욕구 때문에 상대방에게 적절하게 대처하지 못했구나.

이 사례에서 의식 성찰을 통해서 깨닫기 시작하는 과정이 드러난다. 상대방이 직면한 사실 그 자체만으로 대화해야 하는 업무적인 이야기일 뿐인데 감정적으로 즉시 내면이 침범당하면서 어려움을 겪는다는 점, 존재의 존중감을 느끼고 싶다는 욕구를 알아차리게 되었다. 이렇게 진행되는 것이 의식성찰을 통하여 발견되는 '나', '나의 욕구'인 것이다. 이처럼 의식 성찰 안에서 나의 의식과 생각, 감정의 흐름을 따라가다 보면, 평소에 알지 못하고 있었던 내 마음 깊은 곳에 있는 욕구를 바라볼 수 있게 된다. 이는 겉으로 보이는 행동만으로는 알아차리기 어려운 내면의 참된 욕구이다. 이런 의식 성찰은 과거의 어떤 것에 집착하여 생각하는 것이 아니라, 지금-현재의 나의 욕구, 반복되는 조건화된 욕구를 알아차리는 것, 그리고 그 욕구의 미성숙한 처리를 극복하기 위하여 '지금 해야 할 일'에 초점을 맞추고 있다.

그렇다면, 이렇게 의식 성찰을 통해서 내 안에 있는 욕구가 무엇이었는지를 보게 될 때, 다음으로 우리가 할 수 있는 것은 무엇일까?

우리 안의 욕구는 없어질 수 있는 것이 아니다. 식욕이나 성욕 같은 몸 차원에서의 욕구는 말할 것도 없고, 마음 차원에서의 욕구도 마찬가지이다. 억지로 그 욕구를 밀어 넣으려고 하면 더욱 더 차고 올라온다. 즉 내면의 욕구는 없애려고 노력해야 되는 것이 아니라 다스려야 할 대상이다. 이를 인정하고 다스린다는 것, 나의 분신이라고 받아들이는 것, 한 집에서 데리고 살아야 할 대상이라는 것, 그리고 잘 훈련시켜 승화시켜 나가는 것, 그리고 지금 현재의 내 마음을 읽어주면서 '잘 다스렸구나. 잘했어!'라는 마음으로 욕구를 품는 것이 우리가 할 수 있는 일이다.

욕구를 한 집에 데리고 살면서 다스려야 한다고 하면, 결국 그 욕구를 그대로 따라주어야 한다는 의미로 생각한다면 곤란하다. 한 집에 데리고 사는 사람이라고 하여 그 사람 말을 다 들어주지는 않는다. 들어줄 만한 것은 들어주고, 현실적으로 곤란한 것은 타협을 해 나가야 하고, 통제되어야 할 것은 통제해야 한다. 욕구를 받아들이고 다스려야 한다는 측면에서, 결국 우리는 그 욕구에 대하여 어떤 행동을 해야 할지 선택해야 하는 몫이 나온다. 앞의 예에서, 전화를 한 대상에게 서운한 마음을 꾹 억누르면서 계속 관계를 해야 하는 것인가! 가볍게 상대방의 원함을 물어보면서 마음이 편해짐을 느낄 것인가! 한번 따져볼 것인가! 등이다. 스스로가 어떻게 하는 것이 가장 지혜로울지를 선택하는 것이야말로 주체성 있는 태도이다. 물론 그런 주체성 있는 태도가 나오기까지는 지금부터라도 자유의지를 통해서 스스로가 선택하는 연습을 해야 한다.

욕구는 늘 우리 안에 잠재되어 있고, 때로는 드러나기도 한다. 사고를 치기도 한다. 하지만, 지금-여기에서 무엇을 선택하느냐에 따라 그 욕구로부터 자유로울 수 있다. 욕구를 없애는 것이 아니라, 욕구를 다스린다는 차원을 명심해야 할 것이다. 다스림의 주인은 바로 '나'이다. 스스로의 의식 성찰을 통해 얻는 '힘'은 일종의 성스러운 에너지이다. 이 에너지는 우리의 진정한 주인이 될 만큼, 커다란 힘으로 작용할 것이다. 그런 의미에서 이러한 의식 성찰의 힘은 결국 영적인 성장을 일구어낼 것이며, 그것이 스스로를 정화시키는 '참된 길'이 되지 않을까 싶다.

- 가톨릭신문(2017. 10.) 일부 내용이 인용, 재해석되었음을 밝힙니다. -

7. 아픈 영혼 (sick soul)

> 위대한 성인뿐만 아니라, 우리 모두에게 부여된 필연적 운명은 어떤 의미가 있을까! 참으로 놀라운 아이러니가 있다는 사실…. 예컨대, 상실과 결핍은 고통을 수반하는 원인이 된다. 그리고 그곳에는 늘 예민함이 공존한다. 그 예민함은 깊은 통찰이라는 감수성과 연결된다. 감수성이 발달되면 마음에 대한 안목을 키워 사람을 깨달음으로 인도하는 경우가 많다.

건강한 사람은 몸을 크게 신경 쓰지 않고 고민하지 않으며 약을 먹을 필요가 없듯이, 건강한 정신을 소유한 사람은 마음 수행에 신경 쓰지 않고 마음 때문에 고민하지 않으며, 수행할 필요성을 못 느낀다. 다소 아이러니하게 들리겠지만, 대체로 정신이 건강하지 못한 사람들이 수행의 길에 들어선다고 한다. 예로부터 깊은 깨달음을 얻은 수행자나 종교 지도자들은 정신적 결핍과 삶에 대한 비판을 계기로 수행을 시작했다고 한다. 정신적으로 충족을 느끼고 삶을 낙관하는 상태에서 수행을 시작하는 경우는 매우 드물다. 이미 행복하고 만족스러운 삶이라면 애초에 수행할 동기가 약하기 때문일 것이다. 모든 수행을 통달한 부처님도 사성제(四聖諦)에서 고성제(苦聖諦)를 첫 번째로 천명하셨다. 그만큼 고(苦)는 보편적 진리이면서 수행의 출발점이라는 뜻이리라.

우리가 성인이라 여기는 분들은 대부분 어려서부터 고(苦)의 크기나 정황을 파악하고, 그에 대해 사색하는 수준이 남달랐을 것이다. 석가모니 부처님은 태어난 지 일주일 만에 어머니가 돌아가셨고, 인도 사회

전통에 따라 이모인 마하파자파티가 그를 키웠다. 태어날 때부터 어머니가 부재한 상황은 부처님을 삶에 대한 질문과 사색으로 이끌었을 것이다. 동정녀 마리아로부터 태어난 예수님도 아버지가 없었다. 물론 예수님의 진정한 아버지는 천상 세계에 있는 하느님이지만 현실 세계에서 예수님은 아버지 없는 자식이었고, 요셉이라는 아버지는 예수가 태어나기 전 파혼을 생각할 만큼 심각한 고민을 하였다고 전해진다. 아마도 예수님은 진정한 아버지가 누구인지에 대해 남달리 고민했을 것이다. 공자 역시 마찬가지이다. 공자는 노나라 하급 무관이었던 공흘의 아들이었는데, 공흘은 공자가 태어난 지 3년 만에 죽었다. 홀어머니 밑에서 자란 공자는 아비 없는 자식이라는 편견을 온몸으로 받으며 평탄치 않은 유년기를 보냈을 것이다.

석가모니 부처님이나 예수님, 공자 모두 부모의 부재라는 공통된 결핍 상황을 겪었다. 살아가면서 여러 가지의 아픔들이 있지만, 부모의 결핍이라는 상황만큼 환경적, 심리적, 정신적으로 큰 트라우마가 있을까! 근본을 뒤흔드는 아픔이 '존재' 자체로 스며들어 있을 것이다. 자신 스스로가 조금도 선택의 여지가 없는 필연적 운명이라고나 할까! 존재의 아픔이라고나 할까!

모든 인간은 '핵심역동(core-psychodynamic)'이라고 일컫는, 심리적으로 내면에 잠재되어 있는 주요한 감정적 세력들, 정서적 프로그램과 같은 에너지, 아주 어릴 때의 감정 항아리를 지니고 있다. 그 항아리 속에는 박탈, 지배, 경시 같은 아픔의 트라우마든 인정, 사랑, 존중과 같은 충족감이든… 긍정적, 부정적 작용들이 동전의 양면처럼 존재한다. 그로 인하여 너무 아프기도 하고 너무 행복하기도 하다. 그 모두가 선택의 여지가 없는 필연적인 운명과 다를 바가 무엇이 있을까! 혹자는 사랑, 인정, 존중을 받은 사람에게 어떻게 고통이 있을까라고 생각할지 모르나, 그건 그 영향으로 인하여 얼마나 많은 부담감과 죄책감, 강박증적인 불안감을 가지는지 그것을 경험해보지 않으면 쉽게 언급할 수 없다는 점에서 이해해야 할 것이다. 어쨌든 이 모든 것들은 운명 같은 인연, 하늘의 뜻으로 우리에게 왔다는 점에서 받아들여야 한다.

위대한 성인뿐만 아니라, 우리 모두에게 부여된 이와 같은 필연적 운명은 어떤 의미가 있을까! 거기에 참으로 놀라운 아이러니가 있다. 예컨대, 상실과 결핍은 고통을 수반하는 원인이 된다. 그리고 그곳에는 늘 예민함이 공존한다. 그 예민함은 깊은 통찰이라는 감수성과 연결된다. 감수성이 발달되면 마음에 대한 안목을 키워 사람을 깨달음으로 인도하는 경우가 많다. 아이에게 부모는 세상에서 가장 큰 버팀목이자 보호자이다. 그런데 부모의 부재라는 숙명과도 같은 결핍을 겪은 세 명의 성인들은 유년기 때부터 사색의 깊이가 남달랐고, 정신적 성숙이 빠를 수밖에 없었지 않았을까라고 추측해 본다.

항상 행복을 느끼는 건강한 사람은 고통에 대해 성찰할 필요를 못 느껴 삶의 본질에 관해 참구(參究)하거나 수행하는 데 관심이 적다. 삶을 즐기며 누리는 여유가 있을지는 몰라도 '참으로 어떻게 사는 것이 행복일까!'라는 깊은 탐구가 약할 수밖에 없다. 즐길 것이 이 세상에 얼마나 많은데 그런 고민을 하고 있겠는가!

누군가가 이런 말을 하는 것을 들었다. 나름 열심히 산다고 살지만, 너무너무 돈이 없어서 궁색하게 사는 자신이 미칠 것 같아, 도저히 이렇게는 살 수가 없겠다는 생각이 들었단다. 너무 절박한 어느 날, 그냥 죽기 살기로 밤새 무릎 꿇고 "제발 저에게 돈 좀 주세요. 제가 돈 좀 벌게 해 주세요. 저는 아무 재주도 없고, 받은 유산도 없고, 이렇게 찌질하게 못살고 있습니다. 아, 제발 부탁입니다. 우주여, 하느님이여, 부처님이여, 저는 종교도 없습니다. 그냥 간절함밖에 없습니다."라고 허공에 대고 울부짖었단다. 그저 밤새 울면서 누군가 혹은 무엇인가도 모르게 그냥 엎드렸단다. 결론만 이야기하자면, 그 처절한 경험 후, 자신이 무엇을 해야 돈을 벌 수 있는가를 알게 되었단다. 학벌도 재산도 없는 참으로 평범한 사람이 xx일을 하면서 넘치도록 많은 돈을 벌게 되었다고 한다. 그리고 스스로에게 한 약속대로 그 돈은 쓸 만큼 충분히 쓰면서 정기적으로 기부를 하는 것으로 결정했다는 말을 전했다. 이건 실화이다. 사실 돈의 결핍으로 시작되었지만, 더 중요한 것은 '삶을 살아가는 중요한 깨달음'을 경험적으로 얻었다는 것이다. 특별한 사람의 예가 아니라, 우리 모두는 고통 끝에 엄청난 깨달음이 온다는 사실을 말하고자 함이다. '자신이 무엇을 할 수 있는가! 하늘이 내게 준 특별함이 무엇인가?'를 깨닫게 되는 것이 핵심이다. 괴롭고 불행한 사람은 이렇게 삶을 사색하고 진리를 찾아 나선다. 구도의 여정에서 몇몇 사람들은 고통으로부터 해방되거나 깨달음을 얻지만, 대부분의 사람들은 그냥 포기하고 회피하며 '사는 것이 다 그렇지 뭐.'라고 적당히 넘기며, 사실상 별로 의미 없는 삶으로 마무리한다.

고결한 성인들에게 비할 바는 못 되지만 심리치료 현장에서 많이 느끼는 것은, 유년기부터 고통을 경험한 사람들이 성숙의 갈망이 크다는 사실이다. 부모님이 건재했고 나름대로 행복한 가정에서 자랐다고 느낄지라도, '나'라는 존재가 세상 속으로 들어가면서 어느 정도의 고통은 모두에게 찾아온다. 특히 이 세상이 나를 완전히 받쳐주지만은 않는다는 사실을 알게 되면서, 내 욕구가 무조건 통하지 않고 자신이 원하는 대로 세상은 호락호락하지 않다는 것을 알게 되면서, 우리는 고통을 느끼기 시작한다. '나'라는 존재가 어색하고 불편해지고, 자신이 없어지고 점점 자존감이 약화된다. 겉으로는 나름의 구실을 하며 그런대로 살아가는 것처럼 보이지만, 마치 세상과 나는 떨어져서, 세상은 세상대로 돌아가는데 나는 나대로 이상한 세상에서 사는 것처럼 격리된 느낌을 가지기도 한다. 차차 '나'라는 존재에 대한 의구심도 생기면서, 자존감이 슬슬 손상되기 시작한다. 심리적으로는 반항심과 저항감이 가슴에 불붙기 시작할 수도 있고, 자책감과 열등감에 시달려 남들과 거리를 두고 살기도 한다. 사람이나 세상에 대한 미움도 커져 간다.

어떤 분이 이런 이야기를 했다. "도대체 왜 세상은 이렇게 돌아가는 걸까! 사람들은 왜 저러는 걸까! 정말 마음에 안 들어. 다 꼴 보기 싫어!" 이 분은 고통 속에서 점점 세상에 나가기도 싫어하며, 불평 속에서 살아가고 있는 분이다. 그 때 가까운 친구가 이렇게 질문했다고 한다.

"이봐! 너는 아픈 영혼(Sick Soul)이군! Sick Soul!! 1902년, 미국의 심리학자이자 철학자 윌리엄 제임스(William James)는 『종교적 경험의 다양성(*The Varieties of Religious Experience*)』 이란 책을 출간했는데, 이 책에서 사람을 두 종류로 분류했어! 한 종류는 이 세상을 단 한 번 사는 사람들이고, 나머지 한 종류는 거듭남이 필요한 사람들이라고. 전자에 해당하는 사람들은 '건강한 마음의 소유자들(Healthy-minded)'이지. 이들은 낙천적인 성품을 지니고 세상에 잘 적응하며 살아가는 사람들이야. 반면 후자에 해당하는 사람들은 '아픈 영혼들(Sick Soul)'이라 하는데, 정신적인 고통에 시달리며 세상에 잘 적응하지 못하지. 너는 어떤 종류에 해당한다고 생각하니?"

건강한 마음의 소유자는 나라는 존재는 유일하며, 이 세상에 단 한 번 태어난 소중한 유기체라고 느낀다. 이 세상에 이렇게 귀한 걸음을 하여 한 번 왔다 다시 돌아가는 인생에서, 세상에서 나를 부른 이유는 꼭 있을 거라는 생각을 하는 것이다. 이런 이는 반드시 자신의 존재 이유가 있음을 깨닫고 적극적으로 삶을 개척해나간다. 그렇다. 우린 누구나 아플 수 있다. 누구나 힘들 수 있다. 그 아픔도 고통도 이유가 있을 것이다. 그 어떤 이유이든 상관없이, 지금 이 자리에서 하늘이 내린 나의 존재 이유를 느껴보는 사람이 건강한 마음의 소유자이다.

재미있는 이야기이지만, 종교 수행자의 경우 후자에 해당되는 사람이 훨씬 많다고 한다. 그만큼 후자처럼 사는 경우가 많다는 뜻이다. 그렇기 때문에 스스로 너무 힘겨워서 '마음공부'의 길을 찾았을 것이며, 그래서 수도자가 되었을 거라는 이야기이다. 고통에 대한 아픔이 그들을 수행으로 이끌었기 때문이다. 'Sick Soul'이라는 것은, 우리를 마음수양으로 이끄는 중요한 이유일 수 있다. 어쩌면 그것은 삶에 대한 위안이자 희망처럼 느껴진다.

선문(禪門)에 언급되는 "대사각활(大死却活)"이라는 말이 있다. '크게 죽어야 깨어난다.'라는 뜻이다. '크게 죽어야지만, 도리어 제대로 깨어난다.'는 의미이다. 고통이나 의심은 언뜻 삶의 부정적 요소처럼 보인다. 하지만 이 부정적 요소를 깊이 체화할수록 오히려 삶에 대한 깊은 안목과 깨달음이 재탄생한다는 것을 여러 성인의 삶을 통해 확인할 수 있다. 그렇기에 삶의 진리이기도 한 이 고통을 꼭 부정적인 것으로 치부하거나 피할 필요는 없다. 실패와 좌절, 결핍과 상실이라는 고통이 동시에 그 고통에서 벗어날 기회를 열어줄 자양분이 되기 때문이다. 고통이란 그런 것이다. 고통을 깊이 감지하고 경험하고 받아들이는 사람이 수행을 통해 그 고통으로부터 해방되기도 한다. 영혼이 처하게 된 고통은 그 영혼이 자유로 나아가는 관문이다. 고통이 있으면 그 뒤에 자유도 있다.

수행이란 고통으로부터 해방되기 위한 몸부림이다. 수행자란 이 고통에 대한 감지 능력이 남달라 괴롭고 힘겨운 사람들이다. 수행이나 마음공부 같은 것을 제법 오랫동안 그럭저럭 해나가고 있는 듯한데도, 왜 이렇게 여전히 힘겨운 삶을 살아가고 있는지 의심하는 분들도 있다. 그들은 어쩌면 아직 '아, 이대로는 살 수 없다.'는 분기점을 통과하지 못한 건지도 모른다. 그 분기점을 그대로 피하지 않고, 자꾸자꾸 느끼면서 '진짜 내가 원하는 삶이 무엇인가?'에 대한 참구를 하다 보면, 오히려 더 나은 인격으로 나아가지 않을까 생각된다.

고통은 사람을 괴롭히기 위해 있는 것이 아니다. 자유가 있음을 암시하기 위해 조금 앞서 있을 뿐이다. 고통을 상대하거나 피하려는 데에서는 절대로 자유를 알 수 없다. 오히려 고통을 향해 강한 마음으로 들어가야만, 강한 열망을 가져야만, 즉 직면하여 수용하고 통찰하면서 자유가 펼쳐진다. 고통을 온전히 받아들여, 고통의 조건이 있더라도 마음이 완전히 충만해지는 순간, 그 어떤 고통이라도 자유와 평화로 변하는 놀라운 체험이 있을 것이다.

- 이 내용은 원제스님(2020)을 글에서 일부 인용, 재해석되었음을 밝힙니다 -

8. "잘 나가는 사람 보면, 샘이 나고 미워요"

'내가 느끼는 시기심과 불행의 원인은 당신이 잘 나가기 때문이며, 당신의 가진 것 때문이다.'라는 생각으로는 결코 자신의 시기심을 해결하기 곤란할 것이다. 나의 시기심은 '남들의 잘나가는 것'이 자극이 될 수는 있지만, 그것 자체가 원인은 아니며, 결국은 나의 '결핍감'이 올라오는 것이 핵심이라는 사실에 눈길을 돌려야 할 것이다. 남들의 가진 것에 초점을 맞추기보다는 내가 어떻게 하면 행복할 수 있는가, 내가 어떻게 하면 만족감을 느끼고 살 것인가에 초점을 맞추어야 하지 않을까 싶다.

노골적으로 말을 할 수는 없으나, 주변에 '잘 나가는' 사람을 보면, 괜히 샘이 나고 시기심이 올라오면서, 자괴감이 드는 경우가 있을 것이다. 특히 그 주변인이 친척 관계이거나 아주 친한 관계의 사람이라면 더욱 더 그런 마음이 올라올 수 있으며, 심지어 형제자매간에도 이런 경쟁심과 시기심, 질투심은 얼마든지 일어날 수 있을 것이다. 어쩌면 인간적인 마음이라는 생각이 든다. 어떤 한 '잘 나가는'사람의 이야기이다. "저는 대학 때까지 그냥 별 탈 없이 남들이 보기에도 그렇고 제 스스로도 이 정도면 되었다 할 정도로 잘 나갔어요. 그러다가 취직의 문턱에서 다른 사람들이 앞서 나가면서, 내가 바랐던 자리가 마련되지 않고 뭔가 모르게 처지는 경험을 하였어요. 한 번도 시기심이나 질투심 같은 것을 느껴본 적도 없었고, 그렇다고 스스로 뽐내거나 우쭐한 느낌을 가져본 적도 없었는데 정말 이상하더라고요. 그저 열심히 생활하며 약간의 좌절과 성공 경험 등 그런대로 괜찮았는데, 그때 놀랍게도 친구들에 대한 시기심과 질투심으로 잠을 이루지 못하는 자신을 느꼈어요. 취직이 안 된 사실 그 자체보다도, 내 마음속의 이런 감정들이 못 견디도록 힘들더라고요. 참 많이 괴로웠어요. 그 일이 다른 사람의 마음을 더 이해하게 되는 계기가 되었어요." 50대 어느 부인도 "애들 사촌이 좋은 대학을 가고, 우리 아이들이 그렇지 못했을 때 진짜 그 조카들이 보기 싫고, 밉기까지 했어요. 물론 우리 아이도 미웠어요. 왜 바보같이 제대로 하지 못하는가 싶어서요. 더 괴로운 것은 내가 그러고 있다는 못난 느낌 때문이었어요." 하고 술회했다.

정말 그렇다. 경쟁심이나 시기심 등은 상대방이 가진 여러 가지 재능, 부, 외모 등과 비교해 볼 때, 내 자신이 부족하다고 느낄 때 드는 결핍감 같은 것이다. 이러한 감정들의 본마음은, 인정욕구와 깊이 관련되어 있는데, 그 '인정'이라는 것이 대체로 무엇인가를 획득하고 성취해야만 하는, '지금-현재의 나는 무엇인가가 부족하다.'고 느끼는 것에서부터 출발된다. 사실 대부분의 사람들이 그렇지 않은가! 나의 능력과 가치를 대상으로부터 인정받고 존중받고 싶은 욕구를 누구나 가지고 있지 않은가! 그러므로 이러한 시기심이 올라올 때는 우선 그러한 감정을 자책하거나 비난하지 않고, 누구라도 인간적으로 느낄 수 있는 감정이라는 것을 수용하는 작업부터 해야 할 것이다. 그리고 난 후 이성적인 사고를 통하여 '내가 무엇을 얻고 싶어 하는가!'에 초점을 맞추어야 할 것이다. 자책감을 바탕으로 한 사고능력과 자책감 없이 있는 그대로의 사실을 바탕으로 한 사고능력에는 차이가 클 것으로 본다.

"나는 무엇이 부족하여 채우고 싶어 하는가!"에 대한 진지한 자기 물음이 필요하리라 본다. 채우고 싶은 것들이 남들 보기에 유치한 것이든,

생산적으로 필요한 것이든 상관없이 무엇이라도 결국은 '얻기' 위한, '채우기' 위한, 즉 결핍감을 느끼지 않기 위한 작업이라는 것에 초점을 맞추어야 할 것이다. 이 점을 있는 그대로 숙고하면서, "나는 무엇을 채우기를 바라는가!"에 대한 현실적이고 구체적인 답변이 나온다면 그 다음 차례는 매우 현실적으로 접근된다. 그리고 구체적인 해결책 모색으로 이어진다. 그때 이런저런 생각들이 이어진다. 말하자면 스스로 노력해서 채울 수 있는 것인가! 아니면 다른 사람의 도움을 받아야만 채울 수 있는 것인가! 혹은 노력해서 채울 수 있는 것이 아니라 하늘의 도움을 좀 받아야 하는(운 같은 것에 맡겨야 하는) 것인가! 이도저도 모르겠는데, 하여간 나는 일단 노력부터 해 봐야겠구나! 등을 구분해 보아야 할 것이다.

많은 사람들이 하늘은 스스로 돕는 자를 돕기 때문에, 끝까지 노력해 보면 무엇인가를 얻을 수 있을 것이라는 말을 할 수도 있다. 사실 그런 측면이 상당히 많을 것이라 본다. 특히 노력의 방법이 효율적이고 현실적인가를 잘 분별하여 슬기로운 방향을 찾게 된다면 더욱 더 좋을 것이다. 하지만 때로는 내게 필요하지 않은 것을, 내 길이 아닌 것을, 나의 뜻대로 하지 않는 것이 더 소중한 길임을 하늘은 감지하고, 아무리 노력해도 되지 않는 측면도 있을 것 같다. 그러한 경우에도 좌절감 없이, '또 다른 길이 있구나!' 하고 생각하며 새로운 길을 모색해 보는 기회를 가지면 좋을 것이다.

말하자면 시기심이나 경쟁심 같은 감정 자체를 나쁘다, 좋다 하는 평가를 하지 않고, 그냥 충분히 있을 수 있는 비례적인 감정이라고 생각하고, 그것을 어떻게 해결해 나갈 것인가에 초점을 맞추는 것이 중요할 것이다. 롤프 하우블(Rolf Haubl. 2002)은 『시기심』이라는 책에서 개인이 시기심을 드러내는 방식을 크게 '우울해하기', 부단히 노력하는 '야심가 되기', 그리고 좀 더 파괴적인 방식인 '분노하기'로 구분지어 설명하였다. 남과의 관계에서 시기심이나 열등감이 올라올 때 아무런 노력을 하지 않으면서 그저 우울하여 쓰러져 있거나, 아니면 무수하게 어떤 대상에게 화를 내며 자기의 실패가 상대방(세상) 탓인 것처럼 분노하거나, 현명하지 못할 정도로 과도한 노력을 하는 야심가 혹은 도전가가 되는 방식을 말하는데, 그 어느 것도 합리적이지 못한, 문제가 되는 방식임을 지적하고 있다.

삼국지에도 군주의 시기심으로 인해 사리분별을 못하고 분노한 나머지 유능한 장수들을 죽음으로 내몬 예화들이 나온다. 조조는 한중 땅을 놓고 유비와 전쟁을 벌이는 중에 점점 전세가 불리해지자 군사를 철수해야 할지 고민하고 있었던 때가 있었다. 그때 양수는 조조의 의중을 미리 간파하고 군대를 철수시킬 준비를 하고 있었다. 그러나 조조는 자신의 의중을 미리 알아차린 양수의 능력을 두려워하고 그를 시기한 나머지 양수의 목을 베어버렸다. 오나라 손권도 백전백승의 명장 육손을 시기한 나머지 죽여 버리고 말았다. 육손은 '삼국지'에 나오는 장수 중에서 유일하게 전쟁에서 패전하지 않은 뛰어난 장수임에도 불구하고, 다른 나라를 한 번도 먼저 공격하지 않은 '덕'스러운 장수였다고 전해진다. 세상은 '군주'의 덕으로써 평정해야 한다고 생각하고, 권력을 가진 군주가 자신보다 덕과 능력이 뛰어난 신하를 시기하고, 이에 분노하는 마음을 가지게 되면서 가장 파괴적인 방법으로 죽음에 이르게 한 것이다. 전쟁 상황이 아니라도, 일반적인 관계에서 얼마나 비일비재하게 일어나는 문제일까!

맹자가 이르기를, "시기와 질투는 항상 타인을 쏘려다가 자신을 쏘는 것과 같다."고 했다. 무엇보다도 시기심의 가장 부정적인 면은 그 대상이 가족이나 친한 친구에게 더 많이 느껴지는 감정이라는 점이다. 가까이에 있는 사람일수록 상대가 가진 능력이나 외모, 재물 등을 쉽게 알 수 있고, 그러다 보니 늘 비교하면서 상대적인 열등감을 가지게 되는 것 같다. 이렇게 생각해 보면, 사실 우리의 내면 상처는 가족이나 가까운 대상으로부터 오는 것이 더욱 더 많을 것이다.

흔히 우리의 주변에서 자신이 가진 것보다는 남이 가진 것에만 집착하여 끊임없이 시기하고 질투하다, 인간관계를 파괴적으로 단절시키고 고립되는 사람들을 볼 수 있다. 어쩌면 이 사회의 속성상, 그런 여러 가지 좋은 것들을 공평하게 나눠 가질 수가 없는 것인지도 모른다. 나름대로 은근히 개인적인 이익을 위한 기준을 가지고 있기 때문에 한 사람의 입장을 기준으로 '공평함'을 평가하기도 쉽지 않을 수 있다. "나는 이런 세상이 너무 싫어. 그래서 나는 이런 곳에서 살고 싶지 않아. 내가 이 세상을 바꾸든지, 아님 이 세상을 떠나든지 해야지."라는 태도는 자칫 매우 합리적인 것 같이 보이지만, 사실은 분노하고 우울한 반응양식이라는 느낌이 든다. 그리고 절망감과 낙담 때문에 또 다시 화가 나고 무기력하게 될 수도 있다. 차라리 이 세상이 한정된 물질을 소유하고 있다면, 어쩔 수 없이 많이 가진 자, 적게 가진 자로 어느 정도까지는 나누어질 수밖에 없다는 사실을 인정하는 것부터 시작해야 할 것이다. 그리고 과연 한정된 물질에 의지할 것인가 아니면, 눈에 보이지 않는 무한한 것들에 의지해야 할 것인가를 고려해 보는 것도 좋은 방향일 것이다. 말하자면 눈에 보이는 물질적인 풍요보다는 사실 마음의 결핍감과 부족감 때문에 오는 것들이라는 통찰을 하면서, 결핍감을 덜 느끼면서 행복하게 살 수 있는 다른 영역의 연구가 필요하리라 느껴진다.

'내가 느끼는 시기심과 불행의 원인은 당신이 잘 나가기 때문이며, 당신의 가진 것 때문이다.'라는 생각으로는, 결코 자신의 시기심을 해결하기 곤란할 것이다. 나의 시기심은 '남들의 잘나가는 것'이 자극이 될 수는 있지만, 그것 자체가 원인은 아니며, 결국은 스스로의 '결핍감'이 올라오는 것이 핵심이라는 사실에 눈길을 돌려야 할 것이다. 남들의 가진 것에 초점을 맞추기보다는, 내가 어떻게 하면 행복할 수 있는가, 내가 어떻게 하면 만족감을 느끼고 살 것인가에 초점을 맞추어야 하지 않을까 싶다. 자신 스스로가 가진 '빛' 같은 것, 특성, 특기, 멋진 것, 장점들을 찾아야 할 것이다. 똑같은 식으로 남들도 나를 시기하면서 괴로워할지도 모른다. 어쩌면 우리 모두가 서로에 대한 결핍감으로 서로서로 힘들게 살지도 모른다. 그러므로 우리는 나도 만족하고 너도 만족하는 상생의 길을 늘 염두에 두어야 할 것이다.

9. 시기심

> 자녀는 부모의 유산을 그대로 받는다고 볼 때, 포도송이로 보이는 나의 존재는 바로 포도나무 그 자체가 아니겠는가! 유기체의 근원적인 존재를 제대로 느낄 수 있을 때, 우리는 그 깊은 시기심에서 벗어날 수 있을 것 같다.

일상을 살아가는 착한(!) 사람들 중 일부는 시기심과 질투심 같은 감정을 느끼는 자신을 알아차릴 때, '내가 정말 이것밖에 안되는구나.', '내가 남이 잘되는 것을 배 아파하는구나!', '내가 열등감이 많은 걸까!' 하는 마음이 올라올 수 있다. 자신의 감정에 대한 자책감으로 마음이 괴로워진다면, 그 사람은 자신의 상태를 알아차릴 수 있는 것만으로도 '꽤 괜찮은 인성'을 지닌 사람이라고 느껴진다. 즉, '내가 저 친구가 잘 된 것을 보면서 시기심을 느끼는 것을 보니, 난 아직 멀었구나.'라고 생각하는 사람일수록, 자신에 대한 성찰의 문턱에 들어섰다고나 할까. 오히려 "난 시기심 같은 것은 느끼지 않아. 이건 그냥 불합리한 것에 대한 정당한 나의 불평이야."라고 항변할 수도 있다. 상대에 대한 경쟁심, 열등감, 시기심, 질투심 같은 것을 끊임없이 느끼고 있으나 그런 자신의 감정을 인정하지 않고 상대의 문제점에만 초점을 맞추는 것이 심리적 어려움이 더 크다는 생각이 든다. 다시 말하면, 그런 태도는 아예 자신은 그런 감정을 느끼지 않는다고 하면서도 잘난 사람을 보면 꼬투리를 잡고 일일이 남의 단점을 찾아내어 비판하며 너그럽지 못한 태도로 간섭하는 각종 형태의 행동양식으로서, 사실상 자신의 복잡한 감정을 방어하는 경우가 더 많을 것이다. 한편 모든 것이 뜻대로 잘 되어 사회적 성취를 일궈 내고 누가 보아도 그럴 듯한 명예나 지위를 가진 사람들은 이런 감정들을 느끼지 않을 것으로 생각할지 모르나, 인간의 욕망은 '바벨탑'을 쌓아도 더 높이 올라가고 싶은 뿌리 깊은 것이기에, 어느 누구라도 시기심을 느끼지 않기가 그리 녹록지는 않을 것이다.

시기심이라는 것은 인간관계를 하는 데 있어서 사실 큰 걸림돌이 된다. 심지어 자식이나 배우자에게도 시기, 질투심을 가지는 상황도 종종 있으니('자기만 잘난 게 아냐! 나도 아이 키우는 입장만 아니었다면 당신보다 더 잘났어.' 혹은 '왜 아이에게는 이런 반찬을 해 주는데 남편인 나에게는 신경도 안 쓰느냐.' 등), 시기심은 인간적으로는 이해되는 감정이지만 남과 더불어 살아가기 힘든 감정이라고나 할까! 겉으로 드러내지는 않는다 하더라도 늘 남이 얼마나 못 되는가 잘되는가에 촉을 세우고 있어야 하고, 상대방과 모든 것을 비교하면서 경쟁해야 하는 느낌 때문에 한시도 편할 날이 없는 생활이 될 수 있다. 비록 내가 가진 것이 많다고 하더라도 내 것을 뺏길까 봐, 없어질까 봐, 유지시키지 못할까 봐 전전긍긍하며 산다. 그 마음이 자식세대에 까지 이어지기 때문에 사실 한시도 편할 날이 없을 것이다. 가만히 돌이켜 보면 이런 마음을 가지지 않을 사람이 과연 몇이나 될까 싶을 정도로 대부분의 사람들은 시기심의 소용돌이 속에 살든지, 아니면 그것을 피하기 위하여 아예 사람들과 단절하고 살기도 할 것이다. 환경적으로 단절도 있지만 심리적으로 단절하는 형태도 있다. 예컨대 같은 공간에 있어도 투명인간 취급하기, 말 안 걸기, 눈 마주치지 않기, 속마음을 절대 열지 않기 등이다. 그러므로 '단절'도 소용돌이의 일종이다. 어쨌든 이 시기심은 참으로 우리의 생활에 많은 어려움을 야기한다고 볼 수 있다.

성경에는 좁은 안목으로는 이해할 수 없는 것이 가끔 나오는데, 포도밭 일꾼에 대한 예수님의 비유 말씀도 여기에 속한다. 내용인즉, 포도밭 임자가 일꾼들을 포도밭에서 일하게 하고, 하루의 품삯을 시간에 관계없이 동일하게 준다는 것이다(마태오 20.1-16 참고). 요즘과 같이 일꾼들이 일거리를 찾기 위하여 모인 장터가 있었던 모양인데, 주인은 아침 9시경에 일없이 장터에 서 있는 사람들에게 하루 품삯(1데나리온)을 줄 테니 일하러 나가라고 한다. 물론 그들은 일하러 갔다. 다시 12시경에도 마찬가지로 장터에 모인 일꾼들을 일하러 보냈고, 오후 3시경에 장터에 나가 똑같이 포도밭으로 일하러 보냈다. 그리고 오후 5시경에 또 다시 장터에 서 있는 사람에게 "당신들은 왜 온종일 하는 일 없이 여기 서 있소?" 하고 묻고 난 뒤, 역시 마찬가지로 포도밭으로 일하러 보냈다. 문제는 여기서부터이다.

저녁때 그 주인은 자기 관리인을 시켜서 "맨 나중에 온 이들부터 시작하여 맨 먼저 온 이들에게까지 품삯을 내 주시오."라고 하였다. 그런데 그들의 품삯은 모두 동일하였다. 오후 5시에 일하기 시작한 사람이나 오전 9시에 일하기 시작한 사람이나 똑같이 품삯을 주었던 것이다. 그래서 맨 먼저 온 사람들이 투덜거리기 시작하였다. "아니 맨 나중에 온 저 자들은 한 시간만 일했는데도, 뙤약볕 아래에서 온종일 고생한 우리와 똑같이 대우하시는군요.", "이것 너무한 것이 아닌가!" 하는 불평이었다.

일반적으로 생각할 때 이런 불평은 당연한 것이 아니겠는가! 부당한 것이 아닌가 하는 생각이 드는 것이다. 그렇다. 우리의 인간적인 사고로는 이런 것들을 불합리하게 느낄 수 있다. 이런 불합리한 처사로 보이는 일들에 대해서, 우리의 일상과 관련하여 느껴보자! 일꾼들은 다 각자의 사정이 있어서 시간이 다르듯, 우리들도 각각 다른 사정이 있다. '똑같이 최선을 다하여 살았는데, 왜 저 사람은 저렇게 잘 사는데(?) 나는 이 모양 이 꼴인지!' 하며 한탄하는 사람도 있겠지만, 다양한 상황에 의해서 조금씩의 차이를 지닌 채로 불평하지 않고 나름대로 최선을 다하며 살아가는 사람들도 있다. 각자 다른 입장으로 보고 스스로가 최선을 다하였으므로 그에 대한 정당한 몫을 받았다거나 '내 할 일을 했으니 충만하다.'고 생각하면 좋다. 하지만 어느새 우리는 다른 사람과 비교하여 시기 질투하는 마음이 생긴다. '내 것이 더 작지 않나, 내가 더 손해 보지 않나, 내가 부당한 대우를 받지 않나.' 하는, 남과 나를 비교하는 상황이다. 예컨대, 우리가 흔히 하는 말들이 있다. "자기나 나나 다를 건 없는데, 아니 내가 더 열심히 살아왔는데… 왜 자기가 나보다 더 돈을 잘 버는가!" 혹은 "내가 학교 다닐 때 공부를 사실 더 잘했는데, 더 열심히 새벽부터 밤까지 했는데, 저 친구는 나보다 훨씬 덜 했는데, 왜 저 친구와 나랑 같은 학교에 다닌단 말인가." 등이다. 조금 속된 말로 "지나 나나 뭐 다를 게 없었는데, 쟤는 신랑 잘 만나서… 사람 팔자 시간문제네." 등의 강한 질투심을 드러내기도 한다. 가족관계에서도 마찬가지이다. "내가 장녀로서 훨씬 고생을 많이 했는데, 재산을 더 얻는 것은 남동생이라니….", "먼저 태어난 사람은 이렇게 고생하는데, 동생들은 공짜로 사는 것 같으니….", "남편과 나는 똑같이 직장생활을 하는데 왜 내가 더 많이 집안일을 해야 하지?", "맏며느리로서 고생은 내가 다 하고, 아랫동서는 한 일도 없는데 어머님께 사랑받는 것 같고…." 등 수없이 많은 관계에서 나타나는 말들이 있다. 인간적으로 이해될 만한 심정이며, 속에 감추거나 직접 표현하는 정도만 다를 뿐 실제적으로는 누구에게라도 일어날 수 있는 감정으로 이해된다.

계속하여 포도밭 주인의 이야기를 해 보자. 그 주인은 자신이 잘못한 것이 없다는 이야기였다. 그는 "당신은 나와 1데나리온으로 합의하지 않았소. 당신 품삯이나 받아서 돌아가시오. 나는 맨 나중에 온 이 사람에게도 당신에게처럼 품삯을 주고 싶소. 내 것을 가지고 내가 하고 싶은 대로 할 수 없다는 말이오? 아니면 내가 후하다고 해서 시기하는 것이오?"라고 했다. 참으로 야박한 대답이다. 단순하게 보면 "내 돈 가지고 내가 주겠다는데, 당신들이 무슨 권리로 나에게 그런 말을 하는 거요?"라고 느껴지기도 하고 "당신에게 약속한 것은 그대로 줄 것이니, 다른 것은 신경 쓰지 말고 당신 돈이나 받아서 가시오."라는 말이기도 하다. "시기심을 가지지 마시오."라는 말이 핵심이다.

이 비유는 하느님의 나라에 관한 것인데 하늘은 어떤 사람에게도, 무슨 행동을 했건, 무슨 태도를 보이건, 똑같은 사랑을 베푼다는 비유로 느껴진다. 어떤 사람이 기도를 열심히 하여 자신은 많은 복을 받을 것으로 생각할지 모르나, 하늘은 기도를 어떻게 할 줄도 모르지만 간절한 마음으로 침대에서 두 손 모으는 어린아이의 하룻밤 기도를 더 잘 들어줄 수도 있다. 하늘은 잘 차려입은 사람을 더 대우해 줄 것 같지만, 허름한 옷을 입어도 아무 상관없이 하늘의 사랑은 동일하게 내린다. 오랜 기간에 걸쳐 비로소 깨달음을 얻었다고 느끼는 사람도 있지만, 한 순간에 핵심적인 것을 깨달아 무엇인가를 변화시킨 사람도 있다. 이 비유에는 인간의 잣대로는 생각할 수 없는, 그 사람에게 알맞은 하느님의 은총이 내리고, 근본적으로 매우 평등하게 사랑이 내린다는 의미가 담겨있는 것 같다.

만약 이른 아침에 일터로 나간 사람이 그냥 기쁘게 하루 일과를 마치고, 하루의 품삯으로 행복하게 산다면 그는 '현재의 삶', '주어진 있는 그대로의 현실', 말하자면 '하느님'의 사랑을 기쁘게 받은 셈이 된다. 그러나 그는 그 기쁨을 시기심으로 잃어버리게 되었다. 말하자면 시기심으로 인하여 그는 자기가 마땅히 누릴 수 있는 기쁨을 상실한 셈이다. 즉, 첫째가 꼴찌가 된 셈이다. 맨 마지막에 나온 일꾼은 생각하지도 못했지만, 주인의 베풂에 의하여 꼴찌가 첫째가 된 듯 기쁘게 된 것이다.

참으로 쉬운 이야기가 아닌 것 같다. 불합리하고 부당한 듯한 이 대우를, 하늘이 내려준 것으로 기쁘게 받아서 행복하게 살면 된다는 말이지 않은가! 동생이 더 사랑을 받든, 고생한 나보다 장남이 재산을 더 받든, 오랫동안 열심히 살아온 나보다 친구가 더 잘 살든, 그냥 내가 받은 품삯으로 만족하며 기쁘게 사는 것이 '자족(自足)하는 자(者)의 삶'이라고 해석되기도 한다. 이렇게 느껴질 때 우리는 야속하고 서러운 마음까지 생길 수 있다. 내게 내린 몫을 잘 받아 기쁘게 사용했으면 그대로 첫째가 되는데, 그것을 가지고 시기심을 가진 채 마음을 앓고 괴로워하는 순간, 꼴찌 같은 인생을 산다는 말로 느껴진다. 혹시 이 같은 내용이 인간적으로 너무 야속한 이야기라고 느껴지는가! 아니면 외부에 휘둘리지 않는, 오직 하늘의 뜻을 섬기는 소중한 표현이라고 느껴지는가!

그렇다. 결국 첫째가 꼴찌가 되는 이유는 '시기심'에 의한 것이다. 시기심은 나를 남과 비교하고 나와 남을 분리하여 보는 것 즉, 남과 나를 다른 사람으로 보는 것이 그 핵심 원인일 것이다. 우리는 같은 포도나무에 맺혀있는 포도송이와 같은 존재들인데, 포도송이들이 서로 다르다고 경쟁하고 시기하는 셈이다. 같은 하늘의 뿌리 위에서, 서로 가지만 다를 뿐인데 서로 조금 더 가지려고, 더 인정받으려고, 더 사랑받으려고 몸부림치는 군상들의 전쟁이라고나 할까! 하늘에서 내린 모든 것들은 한 개인의 것이 아니고 우리 모두의 것이건만, 우리는 쪼갤 수 없는 것을 쪼개어서 생각하기 때문에 고통이 따르는 것이다.

인간적으로 생각하면 내 몫을 작게 받았다고 느껴질지는 몰라도 '나는 내 몫을 받아서 기쁘고, 부족한 상대방에게도 좋은 몫이 갔으니 참으로 다행스럽고 고마운 일이구나.'라고 느낀다면, 기쁜 일이 될 것인데 시기심이 작동할 때는 완전히 다르게 되는 것이다. 즉 첫째가 될 뻔한 상황이었는데, 바로 꼴찌가 되어 버린 것이다. 다르게 느꼈다면 꼴찌가 될 뻔한 상황이었는데 바로 첫째가 되는 셈이 된다.

이와 같이 시기심이라는 것은 '나의 것'은 '너의 것'과 다르다는 것을 전제로 하기 때문에 생긴다. 괴롭지 않을 수가 없다. 시기심의 대상이 되는 상대방도 불편하기 짝이 없고, 시기심을 가진 당사자도 힘들기는 마찬가지이다. 진리에 어긋난 모든 것들은 우리에게 고통을 안기는 것 같다.

다른 사람과 비교하지 말고 오직 나와 하느님의 관계를 생각하는 것이 기쁨을 유지시키는 핵심이라고 선각자들은 이야기한다. 포도송이끼리 아웅다웅할 것은 전혀 없을 것이다. '나'로 비유되는 포도송이는 '하느님'으로 비유되는 포도나무의 자녀들이라고 생각할 수 있다. 그러므로 자녀는 부모의 유산을 그대로 받는다고 볼 때, 포도송이로 보이는 나의 존재는 포도나무 그 자체가 아니겠는가! 우리의 근원적인 존재를 제대로 느낄 수 있을 때, 우리는 그 깊은 시기심에서 벗어날 수 있을 것 같다.

10. 기적이 일어난다는 것…

기적을 일으키는 원리들은 일상에서 무엇을 의식하고 행동하며 살아야 할지를 제시한다. 즉, '내려놓는 마음'과 '감사하는 마음'을 가져야 할 것 같다. 그리고 간절히 원하는 것이 있다면 '간곡한 간청'과 '하늘의 뜻'이 닿도록 꾸준히 마음을 모으는 자세가 필요하리라 느껴진다.

보통 때와 다름없는 일요일 아침, 새벽에 일어나 집을 나서서 태화강변(울산)을 약 1시간쯤 걸은 후 새벽 미사에 참석했다. '내 집'으로 가듯 익숙하게 가는 성당이다 보니 자연스럽게 발걸음이 옮겨졌다. 평소처럼 참석한 미사였는데, 오늘은 유달리 복음 말씀 '기적, 오병이어(五甁二漁)'에 대한 신부님의 강론이 귀에 잘 들어온다. 연세가 많은 분들이 참여하는 시골 성당 상황을 배려하여 평범한 언어로 알아듣기 쉽고 재미있게 말씀하시는 모습이 정성스럽게 준비하셨다는 것을 느끼게 한다. '오병이어'에 대한 내용은 성경을 접해 본 사람이라면 누구나 다 들어서 알고 있는 이야기이다.

'빵 다섯 개와 물고기 두 마리를 손에 들고 하늘을 우러러 찬미를 드리신 다음 빵을 떼어 제자들에게 주시니, 제자들이 그것을 군중에게 나누어 주었다. 사람들은 모두 배불리 먹었다. 그리고 남은 조각을 모으니 열두 광주리에 가득 찼다. 먹은 사람들은 여자들과 아이들 외에 남자만도 오천 명 가량이었다(마태오 14.18-20).'

물고기 두 마리와 빵 다섯 조각으로 어린아이를 제외한 장정만도 오천 명 가량이나 되는 사람들을 모두 먹이게 한 기적 이야기이다. 너무나 유명하여 특별할 것도 없다고 느껴질 만큼 다양한 해설이 있었는데, 신부님의 소박한 강론 말씀은 오늘의 내 마음이 달라서인지 좀 더 와 닿아 소개한다. 강론 내용의 일부를 인용하며(2020. 6. 언양성당) '기적이 일어난다는 것'에 대한 의미를 느껴보자.

과연 기적이라는 것이 무엇인가? '기적'이라고 번역하기 쉬운 미라클(miracle)을 정확하게 번역하면 '경이로움, 놀람, 경탄'의 의미라고 한다. 좀 더 정확하게 보면 케미컬(chemical)이 '기적'에 가까운 말이다. 여기서의 기적은 사실 케미컬이라고 보는 것이 좀 더 와 닿는 말인 것 같다. 흔히 '케미가 좋다.' 할 때의 '케미'는 이 케미컬에서 나온 말인데, 그것은 화학반응을 말한다. 화학반응이란, 두 가지 이상의 물질이 결합하여 신비한 새로운 물체가 만들어지는 현상을 일컫는다. 그렇다면 성경에서 말하는 기적, 즉 화학반응은 무엇과 무엇이 결합하여 두 가지 이상의 새로운 물체가 만들어졌는가?

기적을 일으키는 두 가지 원리 중, 첫 번째 기적의 원리를 살펴보자. 앞서 언급하였듯이 빵 다섯 개와 생선 두 마리를 어떤 꼬마가 예수님께 내어놓았더니, '예수님은 하늘에 감사를 드린 후 여자와 어린아이들 외에도 장정 오천 명을 먹이시는 기적을 이루었다.' 이 간단한 이야기에서 무엇과 무엇이 결합되었는가?

아이가 예수님께 드린 것은 자신이 '가지고 있는 모든 것을 내어놓음'이다. 예수님의 행위는 하늘에 아이가 준 빵을 들고 '감사함'이다. 이 두 가지 즉 자신의 모든 것을 내어놓는 행위, 그리고 하느님께 감사하는 행위가 무궁무진한 기적을 일으킨다는 것이다.

'내어놓는다.'는 것은 무엇을 의미할까! 그것은 바로 내 것에 대한 소유를 멀리하고, 아니 나의 모든 소유 자체를 '무(無)'로 만드는 것을 뜻하는 것 같다. 물론 내어놓을 때, 아무런 의도나 목적 없이 무소유로 만드는 것을 말한다. 이것은 말은 쉬운데 그리 간단한 것은 아니다. 보통 사람들이 흔히 '내려놓는다.'는 말을 쉽게 하지만, 자본이 없으면 살아갈 수 없는 현대사회에서 현실적으로 거의 불가능한 일처럼 느껴진다. 내어놓는다는 마음을 가진다는 것 자체가 나와 너의 것들이 분리되어 있지 않고, 이 세상 전체를 하나의 차원으로 보게 되는 마음가짐이라고나 할까!

감사하는 행위는, 너무 흔하디 흔한 말이라서 모두가 알고 있는 듯하다. 하지만 우리가 내 주변 모든 것을, 심지어 내게 닥친 어려움조차도 감사하는 마음으로 받아들인다는 것은 그리 쉽지 않은 마음 차원이다. 한참 세월이 흘러 고통과 어려움에 감사하게 될지는 몰라도 그 당시에는 아무도 그런 고통을 당하기를 원치 않으며, 누군가가 그런 것에 감사하라고 하면 '남의 속도 모르고 감사하라니… 남의 일이라고 자기 마음대로 말을 한다. 자기에게 이런 일이 닥쳐온다면 저런 말이 나올지….' 하는 반항심을 가지기가 더 쉽다. 그만큼 우리는 그 흔한 '감사'라는 것을 하기도 쉽지 않다.

정리하면, 우선적인 기적의 첫 번째 원리는 무형의 두 요소의 결합이다. 즉, 하나의 요소는 '모든 것을 내어놓음' 혹은 '모든 것을 내려놓음' 혹은 '모든 것을 하늘에 맡김'의 행위이다. 다른 하나의 요소는 '그 어떤 것에도 감사함', '조건 없는 감사함'이다. 이 둘이 결합되는 케미컬, 이 두 요소의 화합이 바로 기적을 일으키는 핵심 원리이다.

두 번째 기적의 원리를 살펴보도록 한다. 우선 어느 어머니가 너무나 간곡한 마음으로 예수님께 부탁하는 장면을 보자(마르코 5,21-43, 루카 8,40-56). 죽은 자식을 살려달라고 간곡히 애원하는 어느 어머님이 예수님께 간청을 하는 상황이다. 그 때 열두 해 동안 혈루증을 앓은 여자가, 예수님 뒤로 다가가 그분의 옷자락 술에 손을 대었다. 그는 속으로 '내가 저 분의 옷에 손을 대기만 하여도 구원을 받겠지.'라고 생각하였던 것이다. 예수님이 그 여자를 보시며 "딸아, 용기를 내어라. 네 믿음이 너를 구원하였다." 바로 그 때 그 부인은 구원을 받았다. 그리고 죽은 여자아이를 살려달라는 애끓는 부인을 향하여 "물러들 가거라. 저 소녀는 죽은 것이 아니라 자고 있다." 하고 말씀하셨다. 그들은 예수님을 비웃었다. 군중이 쫓겨난 뒤에 예수님께서 안으로 들어가시어 소녀의 손을 잡으셨다. 그러자 소녀가 일어났다. 말하자면 다른 분의 간곡한 절규에 덧붙여 십이 년 동안 병든 자신을 낫게 해 줄 사람이 바로 저 사람이라는 믿음으로, 그의 옷자락이라도 잡고 싶어 하는 마음에 무조건 손을 뻗었다. 제자들은 "저 여인이 왜 저렇게 함부로 하는가?" 하고 쫓아내어 버리려 하지만, 그 여인은 아랑곳하지 않고 자신을 고쳐줄 사람은 오직 예수님이라는 믿음 하나로, 그의 옷자락이라도 잡으려고 손을 뻗친 것이 아니겠는가! 너무나 놀랍게도 그 순간에 그 병이 나았다.

자 그렇다면, 이러한 기적은 무엇과 무엇이 결합되었는가!

하나는 간곡한 간청이다. 또 다른 하나는 하늘의 뜻이다. 즉 우선은 갈구하는 마음으로 온 몸과 마음, 온 정신을 다하여 간청하는 자세이다. '진심'과 '열심'이 결합되어야 한다. 꾸준하게… 정말 꾸준하게… 그것이 하늘에 닿아야 한다. 즉 이러한 간청은 하늘의 뜻과 주파수가 맞지 않으면 결합되지 않는다. 남을 해치더라도 내 이익을 보게 해 달라고 간곡하게 간청을 한다고 하자. 타인에게 복수하기 위하여 하늘에 간청한다고 하자. 그것이 하늘의 뜻과 일치하겠는가! 결코 그 뜻은 이루어지지 않는다. 심지어 좋은 의미의 간청을 하여도, 하늘의 뜻이 때와 시기에 적절히 맞지 않으면 열매를 맺기가 어려운데 말이다.

아무리 좋은 TV 프로그램이 있어도, 내가 그 프로그램에 주파수를 맞추어 채널을 돌려야 한다. 즉, 우선은 자신이 좋은 프로그램을 찾겠다는 의지가 생기고, 행동을 하여야 하고, 그 다음은 원하는 프로그램이 때와 시기가 맞게 제작되어 있고, 전파되고 있어야 한다는 것이다. 아무리 간청하여도 하느님의 뜻이 결합되지 않으면 열매를 맺지 못한다는 것, 이것은 많은 것을 숙고하게 한다. '그렇다면 내 간청을 그토록 열심히, 꾸준히 기도했는데 이루어질 수 없다는 말인가!' 하는 허탈감을 가질 수도 있다. 당연하다. 만약 무엇이든 내 뜻대로만 이루어진다면, 전체가 어떻게 질서와 조화를 이루겠는가! '전체'를 생각하지 않는 '개인'의 이익은 '개인'의 집착일 뿐이다. 뜻대로 모든 것을 이루어내기 위해서 평생을 집착하며 살고 있는 우리의 생활들, 그것이 이루어지면 행복해 하고, 뜻대로 이루어지지 않으면 불행하다고 느끼는 우리의 삶을 자주 관찰하듯 바라보는 작업이 필요하리라 느껴진다. 물론 집착의 에너지는 때로는 성공이라는 이름의 그 무엇으로 우리를 데려가 주기도 한다. 그러나 역으로 그것은 '평화로움과 순수한 사랑'이라는 참된 나를 밀어내고 '집착 대상'이 주인인 것 마냥 유혹한다. '참 나'를 사랑하지 못하고 집착하는 대상을 사랑하도록 만드는 '주객전도'의 삶이 되어 불행으로 다가가게 만든다. 그러므로 어쩌면 내 뜻대로 이루어지지 않는다는 것 자체가 행운일 수 있다. 먼 훗날 생각해 보면… 하늘에 맡기고 기다려야 한다. 그리고 현재에 주어진 삶을 그냥 살아가면 된다. 지금 여기에서 만난 모든 것들에 감사하며 사랑하도록 마음을 모아야 한다. 때와 시기는 하느님이 정하는 것이지, 사람이 정하는 것이 아니다.

두 번째의 원리를 정리하자면, '간절한 마음을 가지고 엎드려 인내하며 간청하는 자세'와 '하늘의 뜻대로 이루어질 것이라는 절대적 믿음'이다.

심리치료의 장면에서 첫 번째 원리처럼, '이것이 기적이 아닐까!(첫 번째 기적의 원리)'라고 느껴지는 일들이 있다. 가끔 내담자의 호소 문제를 듣고 있노라면 환경적으로, 인간적으로, 상황적으로 어떻게 해 볼 수 없는 막다른 골목 같은 경우가 있다. 그저 손 놓고 기다리며, 마음을 달래는 것밖에 없는…. 그러나 어느 누구라도 그 마음으로 달래기가 쉽지 않은…. 그냥 고통을 감내할 수밖에 없는…. 하지만 당사자가 되어보지 않고 고통을 감내하라고 쉽게 말을 건네기도 쉽지 않은… 절박한 상황이 도래될 때가 있다. 이때, 조용히 마음을 가라앉히며 마음속으로 '주님(혹은, 우주의 좋은 에너지여!), 저희에게 자비를 베푸소서!' 혹은 '저희의 부족한 지혜로는 아무것도 할 수 없습니다. 당신의 힘으로 이 상황을 운전하시길!' 하는 '내려놓는 마음'이 생길 때가 있다. '인간적인 힘의 내려놓음'과, 이렇게 기도할 수 있는 것에, 이런 표현이라도 할 수 있는 자리가 있음에, 저렇게 힘든 상황 속에서도 엇나가지 않고 노력하며 살아가는 모습에, '감사하는 마음'이 동시에 발생된다. 잠시 침묵이 흐른다. 조용히 기다린다. 그럴 때 정말 놀랍도록 차분해지면서 고요함이 찾아오고, 아무것도 변한 것 없는 상황이지만, 상담자와 내담자 모두의 마음에 평화로움을 안겨줄 때가 있다. 약간의 시간이 지난 후(매우 짧은 시간일 경우가 대부분이다) 그는 기적처럼, "아, 이건 이렇게 하면 될 것 같습니다."라며, 스스로 자신의 의견을 펼치기도 하고, 아무런 해답은 없지만 "아, 지금 마음이 참 편안합니다. 시간을 가지고 천천히 생각해보면 될 것 같네요."라고 말하기도 한다. 고통의 나락에서 벗어난 듯 편안한 마음가짐으로 에너지가 바뀌는 느낌을 보인다.

마찬가지로 '심리치료' 장면에서 두 번째 기적의 원리처럼 느껴지는 일들이 있다. 집단 구성원 중 한 주인공이 간곡한 간청으로 어떤 어려움을 표현한다. 너무나 간곡하여 '집단 구성원' 모두가 처음에는 당황하고, 그 문제가 매우 난감한 상황이면 어쩔 줄 몰라 이쪽저쪽 눈치를 보기도 한다. 하지만 그 간곡함이 마치 하늘에 닿듯, 구성원 모두가 머리를 맞대고 이런저런 궁리를 한다. 딱히 해답을 내는 것은 아니나 실마리를 찾아가기 위하여 나름대로의 생각을 표현하기도 하고, 문제점과 전혀 다른 이야기를 나누기도 한다. 어떤 내용이든 결국 도우려는 마음이 발판이 되므로 서로 이해하며 경청한다. 나눔을 계속하다 보면 생각지도 못한 이런저런 대안들이 쏟아져 나오기도 한다. 차차 현재의 상황에 집중하여 대화하다 보면 결국은 어려움이라는 막다른 골목에서 작은 불꽃을 피우기 시작한다. 이런 경우에는 구성원 모두의 '도와주고 싶은 마음'이 마치 '하늘의 기운의 집합체' 같다. 처음에는 중구난방같이 보이던 조언, 충고들이 나중에는 가장 지혜로운 결론으로 도출된다. '간곡한 간청'과 '하늘의 뜻' 즉, '지금 여기에서의 집중'이 서로 상호작용하여 처음에는 생각지도 못했던 놀라운 어떤 무엇인가가 나타난 것이다. 전혀 답이 없을 것만 같았던 상황이 길지 않은 시간 안에 중요한 실마리를 찾아가는 상황으로 변한다. '아, 이런 것이 바로 기적이구나!'라고 느낀다.

평범한 삶을 살아가는 우리네가 고도의 수행을 한다던가, 별도의 장소나 시간을 내기가 쉽지는 않으므로, 보통의 생활 한 가운데서 위와 같은 기적의 두 원리를 새겨보면 도움이 될 것 같다. 기적을 일으키는 위와 같은 원리들은 일상에서 무엇을 의식하고 행동하며 살아야 할지를 제시한다. '내려놓는 마음'과 '감사하는 마음'을 늘 가져야 할 것 같다. 그리고 간절히 원하는 것이 있다면 '간곡한 간청'과 '하늘의 뜻'이 닿도록 꾸준히 마음을 모으는 자세가 필요하리라 느껴진다.

11. 머리와 가슴이 대화하며…
(시기와 질투심이 올라올 때)

나의 감정은 나의 현실이다. 지금-여기에서 느끼는 것이, 나에게 가장 소중한 현실이다. 그건 온전히 하늘이 내린 '완전'이다.

이 글은 가상으로 처리된 A님의 속마음이다. 올해 2월 중순, 절친한 친구 B님이 소식을 전했다. 둘째 아들이 사람들의 선망의 대상인 ㅅ대학에 합격했다는 이야기였다. 그것도 어떤 말끝에 겸손하게 건넨 말이지, 막 대놓고 자랑하는 내용도 아니었다. 그 집의 큰아이는 3년 전 변호사시험에 합격하여 어렵게 로펌에 입사했다는 소식도 전했었다. 이 이야기를 들은 A님은 B님을 아주 괜찮은 친구로 늘 생각하고 있던 대상이라, 진정 축하했고 쿨하게 인사를 건넸다. 참고로 A님 역시 큰아이, 작은아이 모두 인정할 만한 대학을 나왔고, 큰아이도 좋은 직장에 취직하는 등, 사회적 자식농사로 치면 남들이 부러워할 만한 대상이다. 그런데 A님은 B님의 소식을 들었을 때 어쩐지 마음이 편치 않다는 것을 느꼈다. 뭔가 모르는 불편함이 느껴졌다.

'이거 참 무슨 마음일까! 내가 설마 질투? 시기? 아니 말도 안 되는 소리… 진정 축하할 일이 아닌가! 내 자식들도 이만하면 만족할 만한데 질투할 리는 없지. 도대체 내 마음이… 내가 질투하거나 부러워한다는 것은 인정할 수 없는 마음이야. 이건 아냐! 그런데 왜 이렇게 불편하지? 도대체 이건 무엇일까! 이거 참, 은근히 불편하네. 누구에게 말하기도

곤란하고!'

스스로도 인정하긴 싫고 민망하기 이를 데 없지만 그래도 남편에게 슬쩍 이런 마음을 이야기했더니 짐작한 대로 한마디 한다. "당신, 말도 안 되는 소리를 하네! 축하할 일인데 왜 그런 마음을 쯧쯧. 그렇게 어려운 대학을 들어가다니 대단하다 여기진 못할망정 당신이 불편한 마음을 가진다는 것이 이해가 되지 않아. 참! 당신, 마음 수양 더 해야겠어!"라며 응답한다. 예상한 대답이라 아무렇지도 않다. A님은 조금씩 스스로 계속 느껴갔다. 일단 머리와 가슴이 따로 노는 것은 분명했다. 머리는 마땅한 정답을 제시하고 있었다. 계속 우물우물 이런저런 이야기를 하였다.

"존재와 학벌, 존재와 명예, 존재와 외부를 동일시하는 것이 문제야. 외부의 것과 네 존재는 동일한 것이 아니야. 물론 사회인으로 살아가면서 동일하게 취급당하는 경우가 비일비재하지. 하지만 사실 아무도 뭐라고 하지 않아. 별로 남의 일에 관심도 없고. 네 마음이 그렇게 난리법석을 떠는 거지. 분리해서 생각해 봐." 가슴이 바로 받아서 이야기하였다. "그런 말은 이미 너무 잘 알고 있어. 쓸데없는 소리… 그래서 자책이 되는 거야. 나도 싫어. 이런 마음이 들고 싶어서 드는 것은 아니잖아. 내 마음이 왜 이렇게 불편하고 질투? 시기? 등의 복잡한 심정이 되는지 모르겠어. 나도 질투 안 하고 싶어…. 말도 안 되는 소리인줄 알아. 아닌 것 알아."

머리는 집요하게 말했다. "시간이 지나면 저절로 괜찮아 질 거야. 네 감정은 이해는 돼! 그렇지만 사실 별것 아닌 것 가지고 지나치게 예민하지 않았으면 해!"라고 비판과 판단 비슷한 이야기를 꺼냈다. 가슴은 "나도 알아, 며칠 지나면 씻은 듯이 괜찮아진다는 것. 그런데 비슷한 상황이 되면 재발하니까 문제지. 이런 내 마음이 못마땅해! 정말 지겨워!"라고 말했다. 머리는 질책도 했다. "너는 제법 책도 많이 보고 뭘 좀 안다고 남에게 말도 하는 사람이, 그 정도 가지고 그렇게 고민을 하니? 그냥 털어버려. 별것 아닌 것 가지고. 사실 너도 남들에 비해서는 많은 것을 가지고 살잖아. 뭐가 부족해서!" 가슴은 이렇게 말했다. "나라고 이런 마음이 드는 것을 좋아하겠어? 자꾸 자책이 되잖아. 그러니까 이렇게 고민을 하는 거야. 머리로 아는 답과 내 마음의 상태는 따로 놀 때가 많아."

머리와 가슴이 이런저런 대화를 하다 보니, A님은 일단 문제의 핵심은 잡았다. 자기 마음을 수용해주지 못하는 것이 제일 문제였다. 감정 자체를 인정하기 싫어한다는 것! 그리고 마음의 현실을 수용하지 않는다는 것이 우선적인 과제다. 솔직한 자신의 마음을 받아주지 못하고, 이성적인 잣대로 감정 자체를 인정해 주지 않는 것에 걸리다 보니, 마음을 극복해 내기가 어렵다는 것을 알게 되었다.

이성적인 측면에서는 질투심이나 부러움 같은 감정이 올라 올 이유가 없지만, 감정적인 측면에서는 이유가 있다! 그렇다! 감정적인 이유가 있다. 지금 이 순간의 감정은 나의 현실이다. 현실을 인정하지 못하고 저항할 때, 항상 그 다음으로 넘어갈 수 없었다. 이성적으로는 이유가 타당하지 않다는 것은 알겠으나, 감정적인 이유는 그 나름대로는 마땅히 그럴 수 있다는 점에 주목하자. 이렇게 진행되니, 약간 마음을 쓰다듬어 주고 싶은 생각도 들었다. 감정 자체에 대한 거부감이 조금씩 나아져 갔다.

첫 번째의 핵심은, 감정 자체를 평가하지 않고 있는 그대로 인정하고 수용해야 한다는 것이었다. 즉 '지금 상황의 감정, 감정의 현실'을 있는 그대로 받아들이는 것이 핵심이었다. 내부에서 일어나는 생각과 느낌 간의 대화를 마치 타인과 이야기하듯 주고받다 보니, '자연스럽게 부는 바람과 같은' 감정을 비판 질책 평가한 것이 문제였다는 것을 깨달았다. 점점 이런 상황을 느껴보니 스스로가 이해되고 수용되어, 마음이 한결 안정됨을 느꼈다. 이것만으로도 큰 수확이었다.

마음이 다소 안정되었다고는 하나, 이런 감정들이 저 깊은 내부에서 다 사라진 것은 아니었다. 단지 현재 좀 편해졌을 뿐… 그렇게 쉽게 사라질 것이 아니라는 것은 알고 있었다. 오랫동안 반복되었던 감정이니까 말이다. 하지만 A님은 두 번째 과제를 생각하면서, 어느덧 B님에 대한 생각은 멀리 가 있는 자신을 발견했다. 그냥 A님 자신 스스로에 대한 탐구를 할 뿐이었다. 남의 일을 생각하지 않는다는 것, 내 일만을 느낀다는 것, 이 점이 바로 마음을 한결 안정되게 만든다는 것을 다시 한 번 깨닫게 되었다.

생각해 보니, 바로 이 시점에서 대략 더 이상의 탐구가 이어지지 않았다는 것을 느꼈다. 다른 외부 일로 신경 쓸 일이 많거나, 그냥 잊어버릴 만큼 시간도 조금 흘렀고, 따로 B님 혹은 비슷한 대상을 만나지도 않으니 추가적인 외부 자극도 별로 없는 셈이었다. 보통 외부 자극이 없으면 더 이상의 탐구는 대충 접었던 것 같다. 외부 상황이 해결 혹은 안정되면 자신 내부의 것이 사라진 줄 알고, 거의 자아 탐구를 접는 경우가 허다하니까 말이다. 이쯤에서 편해졌으니 그냥 접을 것인가, 아님 반복적으로 충분히 일어날 수 있는 일이니 좀 더 세심하게 탐구할 것인가를 선택해야 한다. 어느 쪽이든 자책하지 말자. 현실적인 상황에 따라서 달라질 수 있을 뿐이다. A님은 조금 고민하다 지금까지 살아오면서 강도만 틀렸지 반복된 일이니 이번 기회에 조금 더 탐구해 보는 것을 선택했다.

이제 두 번째의 과제로 넘어갔다.

'솔직해지자. 있는 그대로의 나를 바라보기 위하여 용기를 내자.'라는 말이 내부에서 올라왔다.

감정이란 남들이 범접할 수 있는 것이 아니다. 내 마음 안에서 부는 바람일 뿐, 누구라도 내 마음을 탓할 수는 없다. 탓할 수 있는 것도 아니다. 좋아! 그렇다면 용기를 내자. 나의 솔직한 마음을 보자고 의지를 내어 보았다.

A님은 스스로에게 말해 주었다.

"A님! 정말… 정말… 노골적으로, 여기 아무도 없는 곳이라고 생각하고 스스로에게 한번 말을 해 봐. 너의 솔직한 마음을 그냥 아무렇게나 말해 봐. 바닥을 치면 올라가는 것밖에 없으니 그냥 바닥을 친다는 기분으로 꾸밈없이 말해 봐. 누가 뭐라 하든 전혀 상관할 필요 없어. 그건 A님 마음이니까 괜찮아!"

그렇게 말하자 조금 용기가 났다. 드디어 마음 안에서 이렇게 외쳤다.

"아, 쪽팔려. 부끄러워. 아무도 안 듣는다고 해도 노골적으로 말을 한다는 것은 너무 힘들어. 요즘 편해졌는데 이렇게 굳이 표현해야 할 필요가 있을까."라는 생각이 많이 올라온다. 하지만 마음을 가다듬어 다시 외치는 소리를 듣는다.

"사실 너무 쪽팔려, 그래도 말할게! 난 사실 남 잘되는 것은 싫어. 나만 잘나고 싶어. 나만…! 나 혼자만 잘나고 싶어. 내가, 오직 내가 최고 잘나고 싶어."라는 목소리였다. 이런 말을 내뱉고 나니 얼굴이 화끈거렸다. 누가 이런 말을 듣는다면 완전 재수 없다고 할 것이다. 남이 이렇게 말하면 난 그 사람을 좋게 보지 않는다. '자기가 뭘 잘났다고? 체!' 하는 식으로 무시되기까지 한다. 틀림없이 남들도 나를 그렇게 보지 않을까라는 생각이 들었다. 그러나 또 스스로를 달랬다. "괜찮아, 맞고 틀리고를 따지지 말고, 판단하지 말고 있는 그대로 내부의 목소리를 내어 보는 거야. 그것이 바로 자신에게 솔직해지는 것이고, 바로 그것이 땅에 엎드려 자신과 진짜 만나는 거야. 무엇이든, 감정적인 부분에는 늘 그곳엔 나름의 이유가 있는 거 알잖아. 사실 인간적으로 이해되는 감정이 아닌가. 어떤 감정이라도!"라고 머리가 달래주었다.

다시 가슴이 뱉었다. "내가 잘나지 못한 상황이 되면, 그 관계 속으로 들어가기 싫어. 모든 관계를 단절하고 싶어. '당신이 제일 잘났어.'라고 말해주는 곳만 가고 싶어. 이게 솔직한 마음이야." 살짝 이런 기분을 의식하고 나니, B님을 보면 늘 잘났다는 느낌을 지울 수가 없었고, 그 분이 A님을 좋게 보고 있는데도 불구하고, 그 친구가 잘났다는 생각 자체가 자동적으로 트라우마 속으로 들어가게 하는 이유라는 것이 더 분명해졌다. '나 혼자 잘나고 싶다.'라는 외침. 이 마음 자체를 인정하기가 너무 수치스럽고, 유치하고, 말도 안 되는 것 같아 꼭꼭 숨겼다.

문득 옛날 생각도 났다. 잘난 오빠만 집에서 대장 취급을 받으며 인정받았는데, 내가 약간 똑똑해지고 공부를 잘 하니까 그때부터 내가 집에서 우선순위가 되었던 기억들. 학교에서 제대로 된 성적이 나오지 않았을 때, 절대 그것을 인정하기 싫어서 남 탓을 많이 했던 기억들. 잘한다는 소리를 들으려고 자랑을 많이 했던 기억. 공부를 좀 잘하고부터는 인정을 엄청 받았던 기억. 성적이 떨어졌을 때 추락했던 기분들. 솔직해지기 시작하니 거침없이 연결해서 이런 숨겨놓은 이야기들이 스쳐 지나갔다.

'인정 욕구가 허물어질 듯하면 '나'라는 존재 자체가 허물어지는 느낌이야. 인정 욕구가 날 삼키고 있어. 그것을 통해서 살아왔고, 성취해 왔고, 존재해 왔어. 그 인정이 무너지면 내 존재가 무너지는 듯한 느낌이니까. 그럴 수밖에 없었구나. 인정이 내 존재가 되어 있다! 입고 있는 옷처럼 되어 있다. 그 안에서만 안심하고 살 수 있다. 그러고 보니 인정받지 못했을 때 우울해져 있었던 나, 침통하게 쓰러져 괴로워하고 있었던 나, 죽고 싶을 만큼 힘들었던 나. 미칠 것 같은 고통, 어떤 상황에서라도 다시금 인정받기 위하여 최선을 다해서 일어서려던 나. 용 꼬리는 싫어, 자존심 완전 상해. 하위집단이라도 내가 제일 잘난 곳에 소속되어야 했어. 상위 집단에는 내가 못난 것이 들통날까봐, 도저히 들어갈 수 없었어.'

두 번째의 과제였던 '솔직해지기'가 계속되니, A님 자신 스스로에 대해서 많은 것이 조사되기 시작되면서 스스로를 또다시 이해하게 되고, 자신이 느끼고 있는 감정이 수용되었다. 사실 가슴이 먹먹해지기도 하였다. 그러면서 자연스럽게 세 번째의 과제로 넘어가게 되었다. 즉 현실적인 부분과 관련된 통찰로 이어지며, 현재 발생되는 감정 혹은 반응양식 등이 있는 그대로 느껴지기 시작하였다.

'B님을 만나면 자동으로 용 꼬리가 되는 기분이라는 것. B님은 전혀 나를 그렇게 생각하지 않는데. 있는 그대로 인정해 주는 대상인데…. 그래도 난 자동으로 내 존재감이 내려가는 기분. 도저히 최고가 될 수 없는 그 무엇들에 기가 죽어 순간적으로 불편해지기 시작하지! 트라우마… 어쩌면 존재가 죽지 않기 위해 거부감이나 저항감을 느끼는 것이겠지. 도저히 입에도 올리기 싫은, 결코 직면하기 싫은 마음이었는데… 지금까지 피하고 살아왔는데… 이런 기회에 직면되었다는 게…. C, D님도 생각나는군, 자기가 제법 잘난 사람이라고 끊임없는 떠드는 사람. 이런저런 말로 포장하여도 계속 스스로의 잘남이 묻어나오는 사람. 난 그 사람 앞에서는 한마디도 하지 않지. 잘나고 싶어 하는 마음이 생기지 않고, 적개심과 무시감이 올라오는 상태. 이것도 사실 트라우마지. E님 앞에서도 마찬가지… E님은 자신을 크게 드러내지를 않아. 그런데도 자동으로 잘난 사람이야. 아는 것이 많고, 머리가 비상해. 그 앞에서도 자동으로 난 작아져. 그 사람이 날 인정하든 안하든 중요하지 않아. F님은 날 인정하지 않는다는 느낌이 있어. 그 사람이 날 인정하지 않는다는 느낌만으로, F님 앞에서는 자동적인 거부감과 불편함 두려움이 올라오지.'

꼬리에 꼬리를 물고, 정신역동과 관련된 현실적 문제점들이 내면에서 올라왔다. '어쩌면 이렇게 직면하게 되었다는 것은 직면할 만큼은 중심을 잡고 있다는 말이겠지. 옛날에는 아예 말도 못 꺼내고 피하는 상황이었는데, 그래도 지금은 테마가 된다는 정도! 이것만으로도 많이 좋아졌다는 뜻이겠지. 물론 아직은 남아있지만….' 이렇게 머무르는 과정 후에, A님은 스스로를 좀 더 객관적으로 바라볼 수 있게 되었다. 그 다음 세 번째의 과제, 즉 머리로든 마음으로든 통찰이 이어져 나가는 것이 중요하였다. 바로 여기에도 함정이 있다. 통찰을 한답시고 너무 깊이 들어가서 자책하거나 괴로워하는 것은 금물이다. 인과관계를 알게 되었다고 정당화시키는 것도 금물이다. 그냥 자연스럽게 모든 상황을 전반적으로 바라볼 뿐이다. 알아차리게 된 것이다. 큰 수확이다.

그리고 다음 과제로 들어가게 되었는데, 마음의 머무름이 위와 같이 진행되니 다음 단계는 비교적 부드럽고 편안하게 이어졌다. 이 정도로 멈출 수도 있었으나 좀 더 깊이 탐색하기로 한 선택이 중요했다. 앞의 단계에서와 마찬가지로. 네 번째의 과제는 자연스런 의문으로부터 시작되었다. 예컨대, '그렇다면 솔직해진다는 것의 목적은 무엇일까! 현재에 그대로 재생되는 이 감정들은 과거 감정인데, 현재에 솔직하게 드러내어야 하는 이유는 무엇일까! 대상에게 드러내면 서로 상처 받을 수도 있는데! 물론 이런 것은 정말 주의해야 한다는 것은 알고 있지만….' 등의 의문이다. 결국, 지금까지의 작업은 자신을 있는 그대로 바라보고 이해하는 것이었다. 그리고 이제 스스로의 그런 모습을 인정하고 수용하는가, 즉 네 번째의 과제는 '진정, 현재의 자신을 있는 그대로 사랑해

줄 수 있는가?' 하는 문제였다. '있는 그대로', '있는 모습 그대로', '느끼는 감정 그대로' 수용해 줄 수 있는가!

즉 지금까지 경험했던 것 느꼈던 것들이, 과거의 것이든 현재에서 재생되는 것이든 상관없이, 그것 자체를 온전히 은총으로 사랑으로 용서하고 품어주는 시간을 가지는 것이다. 비유로 하자면 마치 천사가 내려와 아팠던 나를 감싸 안듯, 조용히 지나온 그 과정들을 정리하는 시간이라고나 할까! 어쩌면 진정한 치유였다. 갑자기 눈물이 났다. 이런 저런 아픔들이 어느 누구에게인가 안기는 느낌으로 드러낼 수 있다는 점! 그 아픔을 그대로 안아주시겠다는 은총의 빛이 나타난 느낌이라 할까! 학교 다닐 때 원하던 학교에 불합격했다는 소식에 침울한 마음으로 울면서 걸어오던 자신, 나보다 공부를 더 잘한 친한 친구를 시샘하여 괴로워하던 자신, 자존심 때문에 누구에게도 드러내 보이지 않았던 실패 사건 등등, 토닥토닥… 실패한 것은 그냥 실패라고 이름 붙인 거지, 네 존재에는 아무런 이상 없음! 네 존재는 그런 결과와 상관없이, 존재 자체로서 괜찮아. 괜찮아. 괜찮아! 토닥토닥… 그랬구나! 현재에 과거의 아픔이 재생된다는 표징은, B님에 대한 '불편함'이라는 현실이었구나. 불편함을 통해서 오는 아픔의 표징은 나의 내면 현실에 필요해서, 지금-여기에서 꼭 필요해서 온 거겠지. 이 현실이 '거짓 나'에서 '참 나'로 가는 길, 어쩜 이것이 '진정한 최고'가 되기 위한 과정이 아닌가. 최고라는 철 가면에 갇혀있는 '참 나', 에고의 부서짐! 신호가 왔구나. 조용히 '거짓 나'를 안아주거라. 그 존재가 없다면 '참된 나'를 느낄 수가 없잖아. 고마운 아이지. 어느 누구도 그 아이를 건드릴 권한은 없어. 얼마나 두려웠니! 얼마나 가슴 졸였니! 얼마나 힘들었니! 그 내면의 아이를 보지 않으려고, 그 진짜 마음을 인정하지 않으려고 얼마나 애썼니! 마치 천사가 내려와 깊이 안고 위로하듯, 마음이 평화로워졌다.

그리고는 천사가 그 내면의 아이에게 "이제, 너에게 최고가 되기를 바라는 어른이 있다면 뭐라고 하고 싶니?"라고 되물어 주는 듯하다. "잘났다. 잘해야 한다. 잘 되어야 한다. 결과가 좋아야 제대로 된 거야…. 이런 말 제발 하지 마세요. 난 있는 그대로의 나를 사랑하고 싶어요. 특별해지고 싶진 않아요. 그런 것 필요 없어요. 모두가 특별할 뿐 우주가 창조한 그대로, 그대로 저는 괜찮아요. 있는 그대로의 저를 사랑해 주세요. 정말!"이라고 외치고 있었다.

다섯 번째 과정으로 들어가면서 정말 마음이 편해져 갔다. 조용히 나를 바라보는 평온한 시간을 가져보았다. 그냥 내 모습 그대로 '최고'였다. 그냥 그대로 하늘이 내린 '완전'이었다. 즉, 마지막의 과제는 '지금 현재가 가장 완전한 최고라는 인식'이었다. 나의 감정은 나의 현실이다. 지금-여기에서 느끼는 것이, 나에게 가장 소중한 현실이다. 그건 온전히 하늘이 내린 '완전'이다. 옳고 그르고는 에고의 기준이다. 지금-현재 느끼는 감정, 어린아이같이 솔직하게 꾸미지 않고 있는 그대로의 감정을 비례적이든 비례적이지 않든 나의 현실에 드러나는 감정 자체가 바로 진실이다. 하느님이 내린 길이다.

감정을 평가하지 않고 인정하는 것부터가 모든 것의 시작이었다. 감정을 인정하고 수용한다는 것이, 바로 내 존재를 인정하고 수용하고 사랑하는 것. 지금-여기 내게 주어진 사실적 현상이든 마음이든, 그 무엇도 그냥 '완전'의 또 다른 이름이었다.

12. 인간 내면의 두 개의 깃발

> 이 두 전략들은 그 목적이 사뭇 다르다. 한쪽은 '자아'를 최대한 배불려서 결국 인간 영혼을 파멸로 이끄는 쪽, 다른 하나는 '자아'를 가난하게 만들어서 참된 영혼을 풍요롭게 만드는 쪽이다. 자아를 가난하게 만드는 최종점은 '무아'라고 볼 수 있다. 어느 쪽의 진영에 깃발을 꽂을 것인가가 우리의 인생 색깔이 될 것이다. 이 양쪽의 깃발 싸움은 세상을 살아가는 데 있어서 중요한 가치관, 인생관 등이 될 것임은 두말할 나위 없다. 그런데 그 깃발을 어디에다 꽂아야 할지는 각 개인의 '자유'이며, 각 개인의 인생살이일 것이다.

우리 마음 안에는 두 개의 깃발이 나부낀다! 나의 욕구를 마음껏 채우고 싶은 '자아(自我, ego)'를 위한 깃발과 자아의 구속에서 자유롭고 평화롭고 싶은 '무아(無我)'의 깃발이다.

물론 이러한 것들을 꿈에도 생각하지 않고, '자아'의 구속 상태에서 평생을 살면서 무엇인가 원하는 것이 채워졌을 때는 행복하기 그지없고, 원하는 것이 이루어지지 않았을 때는 허망하고 괴로운 날들을 보내는 사람들도 많을 것이다. 한편, 살아가면서 어떤 어려움에 봉착하거나, 특수한 상황을 경험하게 되었거나, 우연하게 어떤 뜻하지 않는 기회를 맞이하게 되었을 때 등, 다양한 상황에서 이 두 깃발에 대해서 생각해 본 적이 있는 사람들도 있을 것이다. 한 개인의 삶에서 어떤 깃발을 휘날리며 살 것인가에 대한 묵상이 필요하리라 느껴진다.

한 신부님(유시찬, 2015)은 이 두 깃발에 대해서 이렇게 표현하였다.

"두 개의 깃발이란 예수님의 깃발과 악마의 괴수인 루치펠의 깃발입니다. 성령인 예수님 진영과 악령인 루치펠 진영의 전쟁을 느껴보는 것이죠. 두 깃발을 들여다보는 이유는 예수님 당신 자신의 전 생애가 두 깃발의 싸움이었을 뿐만 아니라, 우리 자신의 전 삶도 역시 두 깃발의 싸움임을 알아듣고 그에 잘 대처해 나가고자 하는 것입니다. 말하자면 우리들 안에 있는 성령과 악령, 두 영들 전쟁이 끊임없이 일어나고 있음을 보며 싸워 이겨나가야 하는 문제입니다."

두 깃발을 휘날리는 양쪽 진영을 이야기하고 있다. 그 두 진영은 예수님 진영과 루치펠 진영, 즉 성스러운 진영과 악마의 진영을 표현하고 있다. 이것은 매우 상징적인 우리 내면을 마치 영화처럼 드러내는 것 같다. 우리의 내면에는 두 개의 항아리가 들어있다고 생각해 보면 좋다. 한쪽은 과거의 '나'의 각종 가치관이나 생각, 감정이 점철된 '정신역동'의 항아리, 다른 한쪽은 하늘이 내린 소중하고 존귀한 '신성'의 항아리다. 어쩌면 매일매일 모든 사람은 성스러운 영과 악한 영이 동시에 공존하며 끝없이 갈등하면서 하루하루를 살아가고 있다. 특히 '악령'이라고 하여 무조건 사회적으로 문제가 되고, 남을 해롭게 하는 등의 반사회적이고 비도덕적인 것만을 의미하지는 않는다. 지극히 사회가 인정하고, 기대하며, 자신을 옥죄어 구속하는 각종 인정과 사랑, 존중에 대한 욕구도 해당된다. 즉 이 악령은 사회적 가치와 인정과 잘남을 더 지니도록 부추기고 있어, 이를 채우지 않으면 마치 사회적 낙오자가 된다고 착각할 만큼 강인한 유혹을 가지고 있다. "넌 더 잘나야 해. 잘 해야만 해. 아직 부족해. 대단해!" 등이다. 이와 같이 우리 내부는 두 깃발의 전쟁, '성령과 악령이라는 영들의 전쟁'이 일어나는 과정이다. 좀 더 구체적으로 살펴보자.

> “루치펠의 전략을 보면 이들은 약한 인간의 영혼을 부추겨 부와 명예와 오만을 추구함으로써 결국엔 자기 영혼을 파멸의 길로 이끌도록 합니다. 먼저 물질적인 부를 추구하게 만들고 이어서 정신적인 명예에 집착하게 만듦으로써 총체적으로 오만에 떨어지게 만드는 것입니다. 이에 반해 예수님의 전략은 부 대신 가난을, 명예 대신 모욕과 업신여김을, 오만 대신 겸손을 추구하게끔 영혼을 이끕니다.”

두 전략은 그 목적이 사뭇 다르다는 것을 알 수 있다. 한쪽은 ‘자아’를 최대한 배불려서 결국 인간 영혼을 파멸로 이끄는 쪽, 다른 하나는 ‘자아’를 가난하게 만들어서 참된 영혼을 풍요롭게 만드는 쪽이다. 자아를 가난하게 만드는 최종점은 ‘무아’라고 볼 수 있다. 어느 쪽의 진영에 깃발을 꽂을 것인가가 우리의 인생 색깔이 될 것이다. 이 양쪽의 깃발 싸움은 세상을 살아가는 데 있어서 중요한 가치관, 인생관 등이 될 것임은 두말할 나위 없다. 그런데 그 깃발을 어디에다 꽂아야 할지는 각 개인의 자유이며 각자의 인생살이가 될 것이다. 이런 내용을 접하면 혹자는 이런 생각이 들 수 있다. ‘나는 부(富)는 이 정도면 괜찮은 편이니까 그렇게 추구하지 않아. 오만한 편도 아니지. 그런대로 겸손함을 유지하는 편이지. 그런데 명예 대신 모욕과 업신여김을 당하라니! 이건 곤란하지! 남에게 무시당하고 모욕을 당하는 것이 선한 영이 추구해야 하는 것이라니… 글쎄!’라는 마음이다. 많은 사람들이 이런 생각을 할 수 있지 않을까!

특히 심리상담 장면에서 ‘남에게 무시를 당하면 곤란하지. 자신을 당당히 세워야지! 이렇게 자신감 없는 태도로는 인생을 살아갈 수 없지!’라는 맥락의 이야기를 듣기도 했는데 말이다. 그렇다. 우리는 불명예보다는 명예를, 불건강보다는 건강을, 모욕보다는 존중을 추구하는 것을 너무나 중요한 인생 목표로 살아왔고, 대단한 명예까지는 바라지 않더라도 최소한 불명예스럽게는 살 수 없다는 확고한 신념을 가지고 살아가지 않는가! 어떻게 살아야 한다는 말인가라는 생각까지 들 정도이다. 계속하여 내용을 살펴보자.

> "두 개의 깃발 싸움이라는 프리즘을 통해 이 사회 내지 세상을 들여다보면 과연 이 세상이 얼마나 사탄의 전략에 휘말려 들어 있는지 온몸으로 실감할 수 있습니다. 오직 '경제, 경제' 하면서 모든 것을 돈 중심으로, 물질 중심으로 움직이고 있는 것이 단적인 모습입니다. 거기다 끊임없는 경쟁의 판위에서 자기만을 최고로 우뚝 세우고자 하는 명예를 향한 움직임이 더해집니다. 그 결과는 자명합니다. 옆에 있는 사람을 돌보며 함께 걸어가고자 하지 않고 자기만이 특수하고 우월하다는 오만에 떨어지며 자기보다 약한 이들을 무시하고 짓밟습니다. 이러한 사탄의 깃발이 바로 '에고 시스템(ego system)'입니다. 타인과는 상관하지 않는, 그것이 서로에게 마땅히 좋다는 합리적 근거를 내세우며, 오직 자기만을 중심으로 삼고 자기만을 목적으로 하며 다른 이들은 수단으로 삼아 해석하고 작동하는 시스템 말입니다."

사탄의 깃발이 바로 '에고' 시스템이라는 것이다. '에고(ego)' 즉, 자아를 뚜렷이 내세우는 깃발을 어떻게 볼 것인가! '자아' 기능을 최대한 발휘하고, 정상적으로 가동하게 하는 것이 심리치료적인 접근에서 중요하게 다루는 것인데, 이것이 바로 사탄의 깃발이라니! 이는 많은 것을 생각하게 하는 대목이다. '자아'가 건강하고 성숙하지 못하여 '자아 붕괴'가 일어난 많은 사람들이 현실 생활을 할 수 없을 때, 바로 정신적인 장애를 안고 평생토록 살아갈 수 있으므로, 사실 이 '자아'의 기능은 매우 소중한 것이다. 어린아이가 '자아 정체성'을 확립할 때까지가 얼마나 중요한 시기인지는 모든 사람들이 다 인식하고 있다. '자아'가 마치 사탄처럼 잘못된 것이라는 이분법적인 인식은 이런 내용들에 대한 오해의 소지를 크게 만들 수 있다. 사실, 자아의 기능이 어느 정도까지는 충분히 개발되고 기능해야 하며, 사회화되어야 한다고 본다. 그런데 이 기능이 팽창되어 자기중심적이 되고, 자기만 살아남아야 한다고 생각하게 되면 바로 타인과 함께 살아가야 하는 공동선을 잃어버리는 문제를 야기한다.

그러므로 어리면 어릴수록 '자기중심적'인 자아가 팽배하여 청소년기를 거치면서 자기 능력과 기능을 나름대로 발휘하다가, 어른이 되어 그런 자아가 건강한 방향으로 승화되면서 점차 '자아'로부터 자유로워지고, '자아'에 휘둘리지 않는 성숙되고 통합된 인격이 되어가야 한다. 어떤 기회가 되어 '관상적' 태도로 기도를 할 수 있게 된다면 자아를 넘어선 '절대적 자기 존재를 인식하는' 경지에 이르게 되리라 본다. 자아의 힘이 무력하여도 아무 걸림이 없는, 모욕과 업신여김을 받아도 아무런 손상을 입지 않는, 사회적 명예를 가져도 되고 불명예를 가져도 되는, 건강을 잃어도 얻어도 되는, 그 어떤 것도 주어진 대로 살아가는 상태가 된다는 것이다. '절대적 자아', '하느님의 영이 주인이 되는 자아', '참된 자아', '무아' 등, 그 어떤 표현이라 하더라도 결국 이분법적으로 생각하는 것이 아닌, 폭넓게 어느 쪽에도 치우침이 없는 '노자의 병작(竝作)'을 떠올리게 하는 대목이다. 이 부분을 좀 더 살펴보자.

"여기서 우리가 한 가지 유념하지 않으면 안 될 것은, 예수님의 깃발과 루치펠의 깃발이 전쟁을 벌인다 해서 '악'을 완전히 박멸해 없애 버리고 '선'만이 살아남는 승리를 이뤄내는 것이 목적은 아니라는 점입니다. 성령인 예수님과 악령인 루치펠이 공존하지 않으면 안 된다는 사실이 무엇보다 중요합니다. 성령과 악령이 평형을 이루며 대치하고 있는 그 한가운데서 우리는 균형을 잡으며 자유를 이루는 것입니다. 자유의지를 바탕으로 해서 비로소 우리는 하늘이 원하고 바라는 참된 사랑과 진리와 생명을 향해 걸어갈 수 있고 참된 세상을 일궈낼 수 있게 됩니다."

이 세상의 어떤 것도 앞뒤가 있고, 양면이 공존한다는 원리를 잘 기억해야 할 것이다. 그 둘이 공존하지 않으면, 균형을 잡지 않으면 참되게 살아갈 수 없다. 양면이 모두 공존하면서 조화를 이루어나가야 한다. 즉 이 두 깃발의 전쟁은 서로 싸워서 한쪽을 없애야 하는 싸움이 아니라, 그 둘을 어떻게 화해하고 조화를 이루게 할 것인가 하는 것이다. 이를 위하여 '노자의 도덕경(4장 해석)'을 잠깐 빌려보자. 해설서에는 '화광동진(和光同塵)의 도(道)'라는 대목에서 이런 내용이 언급되어 있다(김형효, 2004).

"일반적인 택일 논리에서 보면, 빛은 좋은 것이고 먼지는 더럽고 싫은 것으로서 빛과 먼지에 대해 애증(愛憎)의 심리를 발산한다. 그러나 노자는 이런 애증의 심리가 자연의 본질과 합치할 수 없다고 여긴다. 왜냐하면 좋음에 대한 사랑은 싫음에 대한 미움처럼 그 독성을 지니고 집착을 낳게 하기 때문이다. 집착은 여유와 여백의 마음과 같이 가지 않는다. 노자가 말하는 빛과 화합하고 동시에 먼지와도 동거하는 도의 여백은 중도의 위상을 설파한 것이다. 사랑도 미움도 다 같이 집착이기는 마찬가지이다. 절대적 진리의 설파도 절대적 오류의 배척도 자기의 선택에 절대성을 부여하는 편협과 아집을 낳을 뿐이다."

그렇다. 빛과도 화합해야 하지만, 먼지와도 동거해야 하는 '화광동진의 도'는 우리에게 어떻게 화합하며 살아야 하는가를 가르친다. 항상 어느 쪽이 맞는가 틀리는가를 가늠하여 한쪽의 깃발을 잡으려고 하는 우리 자신을 새롭게 생각하게 한다. 이는 양쪽의 차이, 이중성의 차이를 있는 그대로 유지하면서, 그 중 한곳에 동거하는 입장을 말한다. 두 깃발 모두가 하느님이 주신 것이기에 어느 깃발도 내치지 않으면서도, 내가 잡아야 하는 깃발은 그대로 잡는다는 입장이다. '여길보(吉報甫)의 주해서'에는 화광동진의 도를 이렇게 정리하고 있다.

> "빛은 먼지의 반사가 없다면 그 빛의 밝음이 나타나지 않고, 먼지 또한 빛 안에서는 어둡지 않다. 빛의 밝음과 먼지의 어둠이 서로 별개의 이질성으로써 독립적으로 존재하지 않고 상호 '차연(差延)의 관계' 즉, 서로의 차이점이 마땅히 존재하면서도 서로가 연결되어 있는 통합적 관계를 이루고 있다. 빛의 밝음은 먼지의 어둠과 화합하고, 먼지의 어둠은 빛의 밝음과 동거한다."

얼마나 포용적인 말인가! 빛은 먼지의 반사가 없이는 그 밝음이 드러나지 않을 것이고, 먼지 역시 빛 안에서는 어둡지 않게 있는 그대로 드러난다는 말들! 서로의 이질성을 인정하면서도, 서로의 독립성을 유지하는 것! 진정한 화합이란 무엇인가를 생각하게 된다.

두 깃발을 언급한 앞의 글을 계속해서 살펴보자.

> "같은 맥락에서 천국과 지옥이 함께 있음도 알아들을 수 있게 됩니다. 지옥 또한 하느님 안에서 지옥인 것이지 하느님과 분리된 별도의 세상으로서 지옥이 따로 존재할 수는 없는 것입니다. 완전하신 하느님 안에 천국과 지옥이 있으면서 예수님 진영과 루치펠의 진영의 끊이지 않는 싸움이 있는 것이며, 하느님 안에서 지옥이 통제되는 가운데 천국의 선과 진리가 뿜어내는 기쁨과 평화와 행복이 넘쳐나는 것입니다."

선이든 악이든, 그 무엇이든 간에 모든 것은 하늘 아래 존재하는 '있는 그대로의 모습'이라는 것이다. 그 모든 것들을 하느님 아래에서 생성된 존재로 보는 것이다. 하나의 주인 아래 형성된 형제자매 같은 존재라는 뜻인 것 같다. 그러므로 그 둘은 마치 음과 양이 하나로 결합되기 위한 싸움이라는 것, 즉 조화를 이루어내기 위한 과정으로 해석되어진다. 그 가운데서 우리는 자유의지를 통해서 헛된 길은 잘 관찰하고 포용하면서 참된 길을 너그럽게 찾아가야 하는 수행자적인 자세를 요구하고 있다.

그렇다. 우리는 다음의 인용문을 기억하면 좋을 것 같다.

> "우리 삶의 모든 장면들은 단순한 이성과 감성 차원이 아닌 영들의 전쟁임을. 우리 안에 성령과 악령이 함께 있으며 끊임없이 우리의 자유의지로 선을 선택해야 함을. 우리의 마음 안에 천국과 지옥이 함께 있으므로, '자신만이 주인'이 되는 에고(ego)의 지옥 대신, 모든 피조물이 '함께 진정한 주인'이 되는 천국에로 눈을 돌려야 함을."

- 위 내용은 유시찬(2015), 도덕경(김형효, 2004)의 글에서 일부 인용, 재해석되었음을 밝힙니다 -

13. 혼란스러운 에고

> 사실, 우리가 영적 차원에 대한 깊은 관상을 할 수 있다면, 그 얼마나 놀라운 평화로움을 지닐 수 있을까! 영적 차원에서의 '나'란, 에고의 '나'가 아니라 에고를 벗어난 전체적인, 우주적 '나'일 것이다. 만약 전체로서의 나를 느낄 수 있다면 걸리지 않는 삶을 살 수 있는 엄청난 힘이 있으리라. 이것이 예수님과 부처님 같은 분들이 보통 사람들에게 가르침을 주고자 했던 핵심적인 내용이 아닐까 느껴진다.

우리의 일상을 하나하나 제대로 살펴보면 허무의 늪에 빠질 수밖에 없는 인생살이가 많은 것 같다. 늘 하는 대로 일어나서 아침식사를 하고, 일하러 가고, 퇴근하고 잠을 자고… 왜 사는가를 생각할 시간도 없이 하루하루를 살아내는, 즉 시간을 죽이는 듯한 생활을 한다고나 할까! 그러다가 여행이라도 가게 되면 혹은 맛있는 것을 먹게 되면 뭔가 숨통이 트이는 것 같은 기분을 느끼며 맑은 바람을 쏘인다고나 할까! 그러나 그것도 잠시! 일상으로 돌아오면 뭔가 허무해지는 느낌을 또다시 가지게 된다.

그렇다면 왜 그렇게 허무의 늪에 빠질 수밖에 없는지 그 원인을 좀 더 자세히 더듬어 보고, 혼란스럽고 불쌍하게(!) 살고 있는 우리 자신들을 되돌아보았으면 하는 마음으로, 우선 어느 신부님의 글(유시찬, 가톨릭신문, 2015)을 인용한다. 도대체 우리 마음 깊은 곳에서는 무슨 움직임이 일어나고 있는가!

"허무에 떨어질 수밖에 없는 근본적인 원인은 한마디로 한다면 하느님으로부터의 분리라는 망상에 빠져 있다는 사실 때문입니다. 사람이 자기 존재의 근원으로부터 분리되어 떨어져 나와 있다는 환상으로부터 모든 고통과 죽음을 동반한 허무의 올가미에 걸려드는 것입니다. 사람이 자기 존재의 근원(창조주 하느님)으로부터 떨어져 나오면서 이루 다 말할 수 없는 죄책감과 두려움에 사로잡혀 버리고 맙니다. 한편으론 자기, 즉 에고(ego)를 주장하며 '근본적 존재(하느님)'로부터 독립해 자기 나름의 살림을 차리고 싶은 마음도 강하게 일지만, 동시에 한편으론 그럼으로써 하느님의 사랑을 배신하고 떠났다는 의식이 극렬한 죄의식과 공포를 불러일으킨 것입니다."

신부님은 인간이 허무에 빠질 수밖에 없는 근본 원인은 결국 스스로의 근원적인 존재 이유를 잃어버리는 데서 출발한다는 점을 강조하고 있다. 존재의 근본을 놓쳤다는 것은 자신이 누구인지에 대한 존재 자체에 대한 혼란, 삶의 존재 이유를 잃어버렸다는 것으로도 해석된다. 어쩌면 뭔가를 열심히는 하고 있는데, 어디로 가기 위하여 열심히 살고 있는가를 모르고 열심히 산다고나 할까! 바쁘게 바쁘게 살아가는 듯 보이지만 무엇 때문에 이렇게 바쁘게 살고 있는지를 모르고 산다고나 할까! 어디서부터 왔는가는 두고라도, 어디로 가고 있는가를 모르는 채로 어디로 가고 있다고나 할까! 참 많은 것을 생각해 보게 하는 말이다.

그러므로 인간이 근본적으로 허무해질 수밖에 없는 이유는 자기 마음이 만들어낸 '에고(ego, 중심 항아리, 핵심역동)'가 주인공이 되어, 그 에고가 나름대로의 살림을 차려서(!), 마치 자기가 주인인양 우리 내부를 이리저리 흔들어 대며 혼란스럽게 만든다는 뜻이리라. 이 에고는 누군가에게 무시를 당하면 미친 듯이 괴로워하고, 누군가에게 사랑을 받으면 아기마냥 좋아하고, 원하는 것을 소유하게 되면 기뻐하다 손해를 보게 되면 의기소침해하는…. 한마디로 아주 어린아이 같은 정신기능일 때가 자주 있다. 어린아이같이 보이지 않기 위하여 마치 어른처럼 잘 방어하고 살 뿐이다. 사실이지, 이 에고는 하루도 빠짐없이 우리의 정신을 사납게 만드는 주범이 되기 일쑤다.

한편 그 에고의 기능으로 모든 사람들은 현실을 살아가므로, 에고 기능을 발휘하지 않으면 현실을 살아갈 수 없게 만든다. 심리학에서는 건강한 에고 기능을 가졌는가, 병리적인 에고 기능을 가졌는가를 정신건강의 척도로 삼는 것이 일반적이다. 그런데 어느 쪽이든 에고 그 자체는 우리를 허무의 늪에 빠지게 만든다는 것은 한 번쯤 생각해 볼 묵상거리이다. 말하자면, 에고는 현실을 살아가게 만들면서도 현실을 매우 힘들게 만드는 요인으로 작용하고 있으므로, '에고'의 기능에 대한 객관적인 인식과 아울러 깊이 있는 성찰이 요구되는 것이다.

그렇다. 에고 그 자체가 옳다 그르다, 나쁘다 좋다의 문제가 아니라 에고가 주인이 되면 존재의 근본을 잃어버린다는 것이 가장 큰 문제이다. 근본 주인('주님', '하느님'이라고 불러도 좋고, '참 자아', '참 나'라고 불러도 좋고, 그 이름을 무엇이라고 하여도 상관없지 않을까!)을 버리고, 에고가 주인인양 살림을 차리다 보니 '뭔가 이건 아닌데… 이건 아닌데… 이상하게 편치 않아. 잘못 돌아가고 있다.'는 두려움과 공포감을 느끼고, 때로는 '제대로 잘 하지 못하고 있다. 도대체 어디서부터 잘못된 것일까! 내가 무엇을 잘못했지?'라는 죄책감에도 사로잡히면서 혼란에 빠져들 때가 많은 것이다. 말하자면, 수레바퀴의 중심을 이탈한 채 바깥의 수레는 정신없이 돌아가고 있을 뿐이다. 중심은 그대로 끄떡 않는데 외부는 매우 휘몰아치는 듯 느껴진다. 외부만 바라보고 사는 사람들이 거의 제정신이 아닌 것처럼 보이는 것은 바로 이 때문이다. 중심을 바라보고 있는 사람들은 대체로 정신이 맑다. 차분하고 단순한 듯 보인다. 걸림 없는 태도가 있다. 중심을 근원적 존재로 인식하는 사람들은 외부가 아무리 휘몰아쳐도 끄떡하지 않는다. 그러나 웬만큼 정신을 차리지 않고는 이것이 쉽지 않다.

대체로 많은 사람들은 이 죄책감과 두려움을 극복하기 힘들기 때문에 그것을 느끼지 않기 위하여, 외부의 감각적인 것들을 끊임없이 추구하거나 아니면 두려움의 탓을 전부 외부로 돌리기 시작한다. 자신이 한 것이 아니라 다른 사람이 혹은 외부가 이러이러했기 때문에 발생된 일이라고 한다. 부모나 환경이 좋지 않아서 이렇게 되었다고 끊임없이 울부짖기도 한다. 그래서 외부를 이렇게 고쳐야 하고 환경을 저렇게 변화시켜야 한다고 외부의 변화를 위한 노력에 총력전을 펼치기도 한다.

조금 더 심하게 되면, 자기 존재의 근원으로부터 떨어져 나온 사람은 문제를 일으킨 외부 대상이 책임져서 모든 것을 떠안아야 한다고 분노의 화살을 쏘아대기도 한다. 아울러 자기 스스로 생명을 지키며 살아갈 방도를 강구해 내기 위해, 철저히 '자기'라고 굳게 믿는 에고를 지키려는 방어 태세를 취하게 된다. 다른 사람들을 비롯한 외부에 대해서는 투쟁적으로 공격적 태세를 갖추게 되고, 그렇게도 할 힘이 없거나 더 이상 외부의 탓을 할 수 없는 경우에는 자해하고 싶을 만큼 수동적 공격으로 일삼아 자신을 괴롭히게 된다. 이런 험악하고 불행한 사태를 초래한 외부 사람과 상황에게 비난을 퍼부음과 동시에 공격의 칼날을 자신에게 겨누어 '더 이상 살아보았자 답이 없다. 도저히 살아갈 이유를 모르겠다. 너무 괴로워 그냥 조용히 죽고 싶다.'는 생각으로 자살시도를 하기도 한다.

이와 같이 사람이 자신의 존재를 제대로 알지 못할 때 발생되는 문제점은 이루 다 말할 수 없다. 특히 어려운 문제는, 의식할 수 없는 무의식의 차원에서 일어나는 것들이 대부분이라는 점이다. 이건 참으로 중대한 '의식 성장'을 해야 하는 핵심적 이유이기도 하다. 신부님 글을 조금 더 인용해 보자.

> "그런데 우리에게 중요하고 어려운 문제는, 지금까지 말씀드린 분리니 죄책감과 두려움이니 분노니 공격이니 하는 것들이 모두 마음의 가장 깊은 속 부분 즉 무의식 내지 영의 차원에서 일어나고 있는 일들이란 것입니다. 이 말은 마음의 의식 차원에선 자각하기도 쉽지 않고 통제하긴 더더욱 어렵다는 것입니다. 깊은 무의식 속에서 꿈틀거리고 있는 이러한 마음의 움직임 내지 힘들은 의식 차원으로 올라올 때는 사뭇 다른 모습을 띠게 됩니다."

심리학적인 측면에서 보편적으로 많이 인용되는 글이기도 하지만, 요점은 '의식은 무의식의 빙산의 일각이다.'라는 것이다. 무의식의 측면은 대단히 깊은 골짜기로서, 한없는 힘들이 저장되어 있는 항아리와 같은 것이다. 이 한쪽의 항아리 속에는 어마어마한 생각과 감정들이 숨어있고, 그것은 언제 어디서나 출격할 준비가 되어있는 자동화된 프로그램이다. 이 프로그램은 조건화된 하나의 패턴으로서, 흔히 정신역동(psychodymanic)이라고 부르는 감정적 세력이다. 이 세력은 정말 놀라운 태풍 전야처럼 대기하고 있는 '정서적 에너지'의 일종이다. 사실 의식적 차원에서 우리는 점잖고 예의 바르고 태연한 척 한다. 의식적 차원의 '척…' 하는 범위를 벗어나면 대개는 무의식에 잠겨있는 감정들의 소용돌이에 들어가서 '어린아이와 다름없는' 분노, 두려움, 짜증, 애착 등을 드러내며 가면을 벗어던진 본연의 상태가 나오기 시작한다. 가장 간단한 예로, 친근한 가족관계나 반복적인 인간관계를 해야 하는 상황을 '척…' 해야 하는 타인과의 관계와 비교해보면 금방 느낄 수 있다. 에고의 가면을 쓴 채로, 정상이라는 평균치를 유지하며 위태로운 공동의 삶, 겨우 유지하는 삶, 혹은 그렇고 그런 하루하루의 삶을 이어가고 있다고나 할까. 그러다가 누군가가 에고로 잘 무장되어 있는 우리 자신을 건드린다 싶으면, 특히 스스로의 이해관계에 걸린다 싶으면, 예상치도 못한 강한 저항과 분노와 파괴력이 그 사람의 온 인격을 사로잡아 버린다. 위태롭게 유지된 '에고의 가면'은 무의식 차원의 힘에 한순간 무너지는 것을 느끼게 된다. 바로 이때 다음의 방향을 어떻게 잡는가가 중요하다. "내가 왜 이러는지 모르겠다!"라며 한숨을 쉬면서도 이를 자기 탐구의 길로 들어가려는 신호로 받아들이는 사람도 있고, "더 이상은 용서할 수 없어. 그것이 상대이든 나 자신이든." 하면서 강한 투쟁적인 형태를 띠는 사람도 있고, 혹은 극단적 도피로 삶을 더 이상 용납하지 않는 사람도 있다.

그러므로 우리 모두가 일상의 말이나 행동을 '가만히 바라보는 작업'을 하며, 나의 무의식을 조용히 관찰하는 연습이 얼마나 필요한가를 알 수 있다. 대부분의 사람들이 어떤 감정 혹은 상황의 소용돌이에 휘말리게 되면, 나름대로 이성적으로 생각하여 바로잡으려고 애쓰지만, '내면을 바라보는 작업'을 하지 않고는, 번지수를 잘못 잡고 애를 쓰는 셈이 되기 쉽다. 즉 우리의 감각 세계가 파악하는 외적으로 드러난 말과 행동들이란, 실은 의식으로 통제되지 않는 무의식이라는 깊은 마음에 뿌리박고 있기 때문이다.

자, 그렇다면 이 혼란스러운 에고를 다스릴 것은 없는가! 길이 없다면 지금까지의 내용들은 허무에 빠지게 만들 수 있다. 우리 내면에는 또 다른 항아리가 있다! 바로 그것은 영성이 깃든 항아리이다. 즉 영적 차원에 대한 깊은 관상을 할 수 있다면, 영성의 항아리를 깨어나게 하는 훈련을 한다면, 흔히 '수행'이라고 이름하는 이 항아리의 뚜껑을 열어 볼 수 있다면, 그 얼마나 놀라운 평화로움을 지닐 수 있을까! 영적 차원에서의 '나'란 에고의 '나'가 아니라, 에고를 벗어난 전체적인 우주적 '나'일 것이다. 만약 전체로서의 나를 느낄 수 있다면, 걸리지 않는 삶을 살 수 있는 엄청난 힘이 있으리라.

영적 항아리의 깨어남이 예수님과 부처님 같은 분들이 보통 사람들에게 가르침을 주고자 했던 핵심적인 내용이 아닐까 느껴진다. 수행의 삶을 살아가는 수도자 수준은 아니라 할지라도, 일상을 살아가는 보통 사람들이 해야 할 우선적인 것들은, 바로 '에고'의 움직임을 잘 관찰하고, 그것이 나의 무의식과 어떻게 접촉되고 있는가를 '바라보는' 작업이 필요하리라 본다. 구체적으로 정리해 보자.

첫째는 존재의 근본에서 떨어져 나온 에고의 움직임을 바라보게 될 때,

둘째는 그 움직임이 전체적 상황과 어떻게 조화를 이루어내고 있는지를 느끼게 될 때,

셋째는 혼란스러운 에고로 한정된 자신으로부터 벗어나 참된 존재의 식을 지니게 될 때,

넷째는 이러한 작업을 끊임없이 의식적으로 일상처럼 습관화시킬 때,

우리들의 마음은 진정한 평화를 서서히 회복해 나가리라 본다. 바로 이런 과정들이 '의식 성장'의 길이지 않을까 싶다.

14. 폭풍우 치는 마음을 두 항아리 대화로
(담배 피우다 들킨 딸아이…)

성: 자식의 일을 앞에 두고 자식의 일은 자식에게 맡기고, 부모는 자기일 하라는 말이 얼마나 황당한지를….

에: 황당하긴 해요. 그런데 담배 끊는 것이 당신의 일인가 라는 말을 들으니, 왠지 한 대 얻어맞은 기분이네요. 그런데 이상하게 마음이 가라앉네요. 흥분되었던 마음이요.

성: 아… 그렇나요! [둘 다 침묵]

에: 부모가 자식과 너무 붙어있는 것 같네요, 부부도…. 내 스스로를 느껴보아도 내 할일을 부모가 애태운다고 해결될 일은 아니었는데.

어제 종일, 청천벽력과 같은 시간이었다. 밤새 화가 머리끝까지 올라오고, 오늘 아침까지 속이 시끌시끌…. 인상을 쓴 채로 겨우 아침밥 차려주고 애들을 학교에 보냈다. 누구에게 전화라도 할까 하다 창피하기도 하고, 해봤자 뾰족한 수도 없는 것 같아 혼자서 부글부글하며 뜬눈으로 보냈다. 남편에게 말했더니, 당신 마음이 편해졌으면 좋겠다는 공자 같은(?) 말만 하는 통에 더 이상의 이야기는 접었다. 하여간 극적인 상황에서는 도움이 안 되는 사람! 정작 당사자인 둘째 아이는 멀쩡하게 잠 잘 자고 아침밥도 먹는다! 무슨 일이냐고요?

고2 첫째 딸의 가방 속에서 담배가 나왔다! 이미 피워오고 있었다는 흔적도 나왔다. 제법 공부도 하는 편이고, 인간관계도 적당히, 학교생활도 적당히 하는 편이라 이렇게 배신당하는(?) 일이 일어날 줄 몰랐다. 폭풍우치는 마음을 달랠 길 없어, 평소 심리교육 연구소에 다니며 배웠던 것을 실습해 보기로 했다. 일단 눈을 감았다.

왼쪽의 에고 항아리와 오른쪽의 성령 항아리가 있다고 상상하고 서로 대화를 나누는 상황이다. 현실에서의 고통스런 상황, 바로 이 순간, 실전에 적용시켜 보아야겠다. 내 안에 모두 존재하는 두 항아리라고 하니, 폭풍우치는 이 마음을 과연 달랠 수 있을 것인가 이번 기회에 한번 적용시켜 보려고 한다. 처음 해 본다! 하여간 무엇이라도 해야 할 것 같아서 밑져야 본전이라는 심정으로 해 본다. (왼쪽의 에고항아리는 '에', 오른쪽의 성령항아리는 '성'으로 표기함.)

에: 정말 힘드네요. 미치겠어요. 어젯밤 카톡으로 엄청 혼을 내긴 했으나, 조금도 마음이 편치 않아요. 자기 속은 어떤지는 몰라도 보통 때처럼 일어나서 학교 가는 것 보니 제 속이 말이 아니에요. 폭풍우도 이런 폭풍우가 없어요. 정말이지 미치겠어요. 카톡 내용 보셨지요?

성: 네. 읽고 잘 느꼈어요. 충분히 이해했어요. 어느 부모인들….

에: 어떻게 그럴 수 있나요! 세상에. 담배라니… 학생이… 가슴이 너무 두근거려 밤새 잠도 못자고, 때려서 고치겠어요? 혼을 낸다고 고치겠어요? 우리 집 아이가 미친 거 아닌가요? 뭐라 하면 '다음부터는 안 그럴게요.' 정도는 하겠죠. 막 나가는 애는 아니니까요. 그런데 담배가 쉽게 끊어지나요! 임시방편적인 사과는 하는 편이니까 잘못했다고는 하겠지만, 도저히 안심할 수 없어요! 이게 말이 되나요?

성: 부모로서 그런 심정 당연하구말구요. [침묵]

에: 어떻게 하면 좋을까요! 답이 없어요.

성: 막막하죠. 지금 상태에서는… 어떻게 하면 좋을지가 정말 궁금한가요? 하소연을 그냥 하고 싶은가요?

에: 모르겠어요…. 그냥 너무 괴로워요.

성: 그렇죠. 어떻게 하면 좋을지는, 당신의 괴로운 마음부터… 달래고, 그 다음에….

에: 정말 너무 힘들어요. [침묵] 진정 어떻게 제가 해야 할지, 당신과 이야기 나누고 싶군요.

성: 네, 이제는 저랑 이야기를 나누고 싶군요. 그렇다면 당신은 저와 대화하면서 무엇을 원하나요? 지금 당신이 바라는 것은 무엇인가요? 저와 대화하는 이 순간에요.

에: 애가 담배를 다시는 안 피우기를 원해요.

성: 그건 애가 할 일이구요. 담배 피우고 안 피우고는 아이가 선택해야 하니까요. 저는 지금, 바로 지금 저와의 관계에서 당신이 원하는 걸 묻고 있어요.

에: 제가 원하는 것이 그건데요.

성: 담배 안 피우는 것은 둘째 아이의 일이고, 지금 당신 일은 무엇인가요?

에: 아, 무슨 말씀! 지금 애 일은 애에게 돌리고, 저의 일은 제가 생각하라는 말씀인가요?

성: 네. [침묵] '일을 돌린다.'는 말보다는 자식의 일을 자식에게 돌리라고 했는데, 담배를 안 피워야 되는 것은 아이가 해야 하는 행동이니까, 부모인 내가 해야 하는 것이 무엇인가를 생각해보자는 뜻이죠.

에: 네?

성: 네, 그 반응은 너무 이해됩니다. 자식의 일을 앞에 두고, 자식의 일은 자식에게 맡기고, 부모는 자기일 하라는 말이 얼마나 황당한지를….

에: 황당하네요. 정말. [침묵] 그런데 담배 끊는 것이 당신의 일인가라는 말을 들으니, 왠지 한 대 얻어맞은 기분이네요. 그렇지만 이상하게 마음이 가라앉네요. 흥분되었던 마음이요.

성: 아… 그렇나요!

[둘 다 침묵]

에: 부모가 자식과 너무 붙어있는 것 같네요, 부부도…. 지금까지의 나 자신을 느껴보아도, 내 할 일을 부모가 애태운다고 해결될 일은 아니었는데….

성: 그렇죠. 부모가 애태운다고 자식의 일이 달라진 것은 아니었죠. 물론 영향은 있겠죠. 하지만, 궁극적으로는 자기 스스로가 인생을 선택하며 사는 것이니까요. [침묵] 방금 전, 당신이 한 말 '내 할 일을 부모가 애태운다고 해결될 일은 아니었는데….'라는 말, 바로 그 말은 당신이 마치 나처럼 말하고 있다는 걸 느꼈나요?

에: 네?

성: 당신은 자연스럽게 에고 항아리에서 저의 항아리 쪽으로 오고 있네요.

에: 수업 중에 들었던 말이 우연히 생각났어요. 어떤 일이 생길 때는 나의 일, 너의 일, 신의 일로 구분하라는….

성: 그렇죠. 이것이 엉켜서 혼돈 속에서 살죠. 애를 믿어 봐요. 부모로서 혼을 낼 수 있죠. 부모가 그렇게 혼 안내면 누가 내겠어요. 하지만 자식의 내면에도 성령의 항아리가 있으니까 믿어보세요. 당신 속에 제가 있듯이…. 이 '믿어라!'는 말이 얼마나 힘든가는 너무나 이해됩니다.

에: 그렇겠죠. 애도 마음이 안 편할 거예요. 반성할 거예요.

성: 당연하죠.

에: 애를 진실로 믿는다는 것이 머리로는 알겠지만 참 쉽지 않네요.

성: 그럼요.

에: 참 사랑스런 딸이었는데… 왜 그렇게 담배를 접하게 되었는지! 좀 차분히 대화를 해야겠어요. 이대로 넘어갈 수는 없으니까요

성: 그렇게 하세요. 분노에 사로잡힌 대화와 있는 그대로 확인해 보겠다는 대화는 다르니까 조심하구요. 오히려 물어주며 대답하도록 기회를 주는 것이 애가 편할 거예요.

에: 네, 고마워요. 남편이 나와 같이 부화뇌동하여 난리를 피웠다면 더 문제가 커질 수 있었을 건데 그냥 당신 마음을 편히 가지라는 말, 처음에는 서운했는데 지금 생각해보니 더 현명한 것 같아요.

성: 그럼요. 이 세상에 일어나는 모든 일들은 인격 성장을 위한 필수불가결한 경험이라는 사실을 믿어보세요. 일상은 '깨달음의 장'이죠. 나의 항아리가 작동되는….

에: 네. 애에게 혼내고 성질낸 것은 자책할 필요 없겠죠?

성: 당연하죠. 애도 어른의 느낌에 의해서 자기 행동의 판단 기준이 서기 때문에 전혀 자책할 필요는 없죠. 오히려 혼을 안내는 부모가 더 이상하죠. 너무 성급히 다가갈 필요도 없지만 혼낼 때는 혼내고, 다독거릴 때는 다독거리고, 이야기 나눌 일은 나누고 해야겠죠.

에: 부르르 화가 났다, 부르르 사과하고 그랬었는데… 이제는 좀 느긋하게 해 봐야겠어요.

성: 부모도 인간입니다! 이렇게 자식 때문에 아프고 괴로운 마음은 사랑이 있기 때문이죠. 그 사랑이 건강하고 지혜롭게 되기 위한 과정을 겪는 거죠.

에: 휴~~~ 힘들지만 한고비 넘긴 느낌이네요.

성: 마음고생 많았어요. 당신을 늘 응원합니다. 사랑하는 마음으로 당신을 지켜보고 있다는 것을 잊지 마세요.

정말 짧은 대화였던 것 같지만, 긴 터널을 지난 기분이다. 약 50분 정도 눈을 감고 두 항아리가 대화를 했다. 나도 모르게 큰 숨이 쉬어진다. 어제 밤부터 숨을 잘 못 쉬었는데, 이제야 숨을 쉬는 느낌이다. 입술로는 "당신께 제 아이들을 맡깁니다."라고 자주 기도했건만, 정작 중요한 일들이 생기면, 온통 내 일로 껴안아서 속 시끄럽게 혼돈에 빠져있던 시간들이 생각난다.

입술로 좋은 말을 백 번 천 번 하는 것보다, 내 마음속의 대화가 필요하다는 것을 실감했다. 나의 내면에서 일어나는 마음들을 있는 그대로 바라보는 소중한 시간이었다. 왼쪽 항아리인 에고를 바라보는, 오른쪽 항아리인 성령의 힘을 더욱 더 인식하여야겠다. 이것이 둘 다 내 안에서 움직이는 힘이라는 사실이 매우 신비롭다.

"그 뒤 상황이 궁금하지 않으세요?"라고 누군가가 묻는다. 두 항아리의 대화를 마친 3일 후, 아이와 대화를 시도했다. 담배를 피운 지 3개월쯤 되었다는 이야기, 친구랑 정말 우연히 피우게 되었는데, 지금 속이 안 좋아서 끊으려고 했다는 이야기, 들킬까 봐 무척 조심했고, 너무 두려웠다는 이야기, 엄마에게 엄청 혼나고 자기도 괴로웠다는 이야기, 그 뒤는 안 피우려고 노력하고 있다는 이야기, 끊을 수 있다는 이야기, 자기를 믿어달라고 하는 등 각종 이야기들이 오고 갔다. 폭풍우 치는 마음을 두 항아리가 대화하며, 즉 내 안의 나와 대화하며 지혜롭게 마음을 다스려 나간 '나'가 대견스럽다.

15. 정신역동의 한 증상, 감기(感氣)몸살

> 무리하게 살아오면서 이렇게 산 것이 무조건 나쁜 것이기만 할까! 그렇지 않은 것 같다. 그렇게 살아온 것이 바로 나의 삶의 의도였고, 과정이었고, 필요했던 것이었다. 하늘은 '무리'라는 하나의 현상을 축복처럼 내렸다. 단지 지금-여기에서는 '지금 여기'에 맞추어야 할 뿐이다. 이제는 다른 인생을 살면 되는 것이다. 삶에 필요해서 그 역동이 왔고, 필요에 따라서 그 역동이 쓰여 졌고, 필요 없을 때는 알아서 지나가도록 놓아주는 것이다.

어느 날, 감기몸살 증세가 슬슬 오더니 주말에는 절정에 이르러, 주말 수업에는 참가자들에게 많은 피해를 입힌 것이 아닐까라는 생각이 들 정도로 가래를 동반한 심한 기침을 하였다. 특히 최악의 상태였던 수업은 '집단 심리치료'반이었다. 그런데 참 놀라웠다. 몸은 그렇게 힘든데, 내 입에서 나오는 설명은 너무 깊은 이야기를 뱉어내고 있었다. 이미 몇 번 읽었던 강의 레포트를 보는 데도 다른 내용을 전달하는 듯 깊은 울림마저 있었다. 가끔 이렇게 몸이 아플 때마다 느껴지는 것인데, 몸이 쇠약해질 때는 오히려 정신이 훨씬 맑아져서 내 입에서 나오는 말이 '내'가 하는 것이 아니라 '어디'에서 내려오는 메시지처럼 느껴질 정도이다. 몸이 정정할 때는 '자아(ego)'의 힘이 득세하여 머리가 반짝거리며 나오는 말들이고, 몸이 쓰러질 때는 '자아(ego)'의 힘이 약해지며, 가슴 밑바닥에 있는 영혼의 말들이 쏟아져 나오는 것일까! 몸이 고단할 때 한 번씩 느껴졌던 것이라 좀 더 깊이 생각하게 된다. 그래서 몸이 이렇게 한 번씩 아픈 것도 그리 나쁘지만은 않고, 몸이 건강할 때는 건강해서 감사하다. 몸이 아픈 것도 때론 축복의 신호요, 몸이 건강한 것도 때론 교만의 신호인 것 같다. 그런 의미에서 특히 몸이 멀쩡할 때 입에서 나오는 이야기들, 바로 이 말들이 너무 강하거나 교묘하게 꾸며지거나 포장되지 않고, 힘을 빼고 진솔하도록 의식해야 함을 한 번 더 깨닫게 된다.

이 이야기를 하고자 함은 아니다. 우리 모두가 사소한 감기몸살을 앓을 수 있는데, 이럴 때 한 번쯤 깊이 몸을 통하여 자신의 내면을 탐색해 보는 것도 좋은 공부거리가 될 것 같아 이 글을 쓴다. 특히 개인의 정신역동이 감기몸살에 영향을 미치는 구체적인 이야기는 누구에게라도 응용될 수 있을 것 같아서이다.

우선, 정신역동을 살펴보기 전에 보편적으로 생각해 볼 거리를 살펴보자. 대부분의 사람들은 현실적으로 몸의 상태가 매우 좋지 않을 때는 그 상태 자체에 함몰되어 버리기 쉽다. 불안이나 우울이 많은 사람들은 그 늪에 빠져, 현실을 제대로 살 수 없을 정도로 감정에 빠지는 것과 마찬가지이다. 심신을 같은 영역으로서 생각해보면 충분히 이해된다. 열이 많이 오르거나 연속으로 가래·기침을 하는 등 몸이 정말 안 좋을 때, 우리는 몸과 정신이 동일시되어 거의 쓰러져버린다. 그 상태가 영혼을 휘감아버리는 듯하다. 다른 것은 생각할 겨를도 없을 지경이다.

바로 이 시점에는, '바라보기'가 얼마나 중요한지! 육체와 정신을 구분하는, 그냥 그런 몸을 바라보는 입장이 되는 상태, 이건 참 중요한 경험을 하게 되는 것 같다. 이번에 나는 이런 상황에서 수업과 일상을 하면서 가래·기침과 콧물, 소화 장애, 설사 등 육체의 불편한 상태를 받아들이면서 지켜보았다. 나의 정신은 그냥 그대로 멀쩡하게 있는 것이니,

'영혼'이 '육체'를 '바라보기'가 가능하였다. 그렇게 가닥이 잡히게 되니, 불편한 것은 불편한 것이고 내가 해야 할 일은 무리하지 않는 범위 안에서 일상처럼 하는 것이 자연스럽게 되었다. 가만히 느껴보니 '아픈 느낌'이 아니라, 몸이 보통 때와 다르게 반응하니 '불편하고 익숙하지 않은 느낌'이었다. 가족에게 폐를 끼칠까 봐, 잠자리가 설쳐지니까, 마음대로 몸이 움직여지지 않으니까 등의 이유였다. 불편한 것을 있는 그대로 느끼고 의식하니, 일상을 보통 때처럼 하는 것이 아무렇지가 않았다. 물론 몸을 좀 더 신경 쓰고, 관심가지며, 사랑하면서 말이다. 2주일쯤 지난 지금도 몸이 완전히 회복된 것 같지는 않으나, 평소와 똑같이 현실적인 일들을 차분히 다 하면서, 조용히 지나가는 중이다. 그리고 곰곰이 왜 이렇게 감기몸살이 오게 되었는가에 대한 원인을 한번 되짚어 본다. 현실은, 일상적 삶은, 하루하루의 상황은, 깨달음을 가져다주는 신호이기 때문이다.

감기몸살이 시작된 초기 상황을 느껴보니, 떠오르는 단어는 '무리'이다. 무리했었다. 지난 주말 6살, 8살 외손자 손녀가 울산에 많이 가보고 싶어 한다는 이야기를 딸에게 전해 들었다. 서울에 사는 딸과 사위는 둘 다 금토 일 빡빡한 일정을 이미 가지고 있었다. 그래서 애들이 울산에 가면 고마운 상황이었지만, 우리 부부는 '다소 무리다.'라는 생각으로 처음에는 조심스레 망설였고, 흔쾌히 딸도 '무리하지 마세요!'라며 다른 방책을 찾는 듯 했다. 하지만 나는 그쪽의 사정이 너무나 이해되고, 애들이 조금 컸으니 데리고 가면 저희들끼리 잘 먹고, 잘 노니까 그런대로 지내도 되지 않을까라는 배려의 마음을 우선시하였다. 결국 나는 나의 심신의 상태를 무시(!)하고, 혼자서 둘을 데리고 서울에서 울산으로 향했고, 예정된 수업을 하면서 주말 일정을 보냈다. 수업 중간중간 애들을 신경 쓰며 챙기고, 그 사이 가족 결혼식이 있어 중간에 대구까지

왔다 갔다 하는 일정을 소화해 냈었다. 생각해 보면 '무엇을 해야 한다.', '상대방에게 이것이 이로울 것이다.', '이 상황에서 이건 필요하다.' 등의 마음이 들어가면, 무리를 해서라도 그것을 꼭 이루어내려는 '욕망'의 바람이 살살 분다. 그리고 욕망은 현실로 다가간다. 욕망이라는 지배자가 확장되기 시작하면 몸이 비명을 지르든, 현실이 잘 안 풀리든, 후유증이 있든, 어떤 애로사항이 다가온다.

기질적인 측면의 원인도 있다. 강력한 힘, 즉 욕망을 현실화시키려고 도전적인 힘을 쓰고(에니어그램 8번), 어떤 합리화된 이유를 끌어당겨 그것을 달성하는 것이 옳은 것으로 정당화시키는(MBTI의 NT) 에너지가 작동한다. 환경적인 측면에서도 과거 가족들은 나의 작은(!) 성취를 비례적이지 않을 정도로 치하(致賀)하며, '네가 그렇게 이루어낼 줄 알았다. 너는 반드시 그런 사람이야!'라는 메시지를 은근히 던지며 기대했었다. 어린 자아는 그들의 기대감에 실망을 안겨주지 않고 싶었다. 실패하거나 잘못된 것들은 아예 말하지 않고 숨기고, 아무 일도 없는 척하며, 잘된 것이나 좋은 것만 이야기했다. 현실적인 실패가 얼마나 큰 트라우마로 다가왔는지 상상조차 할 수 없을 정도로 고통스러운 일도 있었다. 지금도 친정에 가면 항상 '나는 아무런 일이 없는 사람이다!'라는 것을 보여줘야 하는 입장이다. 그렇게 된 배경의 핵심은 '인정'이며, 그것을 유지하기 위하여 다른 모든 것은 덮어야 하는 입장이다. 그러다보니 힘들고 어려움이 있다는 것 자체를 발설하지 않는다. 습관이 되어 말을 하지 않는 것이 더 익숙하고, 그런 말을 조금 비치려고 하면 '너는 그래도 가진 것이 많잖아. 잘 하잖아.'라는 주변의 말이나 태도가 있으므로, 모든 부정적인 것들을 덮어버려야 한다. 함께 거주한 부모와 많은 친척들은 나를 오직 '자랑거리'로만 내세웠지, 구체적이고 현실적으로 나의 앞날을 위하여 도와줄 수 있는 역량이 '전혀' 없는 분들이셨다. 존중과 인정은 받아서 힘은 있으나 의존할 수 있는 것들이 없는, 오직 혼자서 애쓰며 꾸역꾸역 달려온 인생이라고나 할까!

이런 역동 속에서 늘 무리하게 살았다. 힘이 빠져서, 능력이 없어서, 어쩔 수 없어서 못하게 될 시점에서만 안 하는 것이지, 끝까지 해 보는 집념이 대단하다. 무리하는 것이다. 난 남편에게 자주 쓰는 말이 있다. "여보, 무리하지 마세요." 늘 나에게 하고 싶은 말을 투사시켜서 하는 말이다. 서로 '무리하지 말자!' 면서도, '할 일'이라 생각하면 무리해서 '무리수'를 두고, '우리 이제 그렇게 살지 말자!' 하며 서로 다독인다. 손자 손녀를 위해서 최선을 다하여 도와주고 싶은 마음은 아름다운 것이지만, 나의 몸을 돌보지 않는 무리는 '무리수'였던 것이다. 몸은 아우성쳤던 것이다.

몸은 참으로 참을성이 많고 대단하다. 지금까지 그렇게 무리를 했는데도 견뎌주고, 참아내고, 인내하며 가능한 한 작은 신호를 보내며 깨닫도록 도와주었다. 적당히 쉬고 적당히 움직이며 살아왔지만, 가끔 인간의 욕망은 어디에 꽂히면 이 신호를 무시한다. 구체적인 고통이 올 때까지 몸에 귀 기울이지 않는다. 욕망이 앞을 가려 신호에 예민하지 못한 것이다. 특히 사랑하는 대상을 앞에 두면 '좀 무리가 되지 않을까!?'라고 분명 생각하지만, 그 순간 상대방의 필요를 채워주고 싶은 욕구가 앞선다. 사랑이 집착으로 변하는 순간이다. 여기서부터 '거짓 자아(ego)'는 '참 나'를 조금씩 무시한다. '욕구' 속에 '존재'는 묻힌다.

이번 경우, 나의 몸의 힘듦과 피로감이라는 감정을 무시했던 것이다. 욕구가 존재의 가장 최전선인 '느낌'을 내쳐버리고 강행했다. 몸살이란, 온 몸이 '날 살려줘!' 하면서 아우성치는 것 아니겠는가! '존재'의 소리 없는 외침이었다. 하룻밤의 고열과 심한 기침과 콧물… 거기다가 이러다 낫겠지 하며, 웬만하면 병원에도 잘 가지 않고 약도 잘 먹지 않고 버티려고 했던 것들… 이것 역시 '정신역동'의 한 증상이다. 핵심은 병원에 대한 어릴 적 트라우마로 인한 불안이 근거 없는(?) 불신을 정당화시켜 병원 문턱을 넘기 싫어하는 편이다. 이번에는 "지금까지 감기몸살을 거의 안하신 것 보니 건강하신 편이네요!"라는 의사의 말을 들으며 영양제도 맞고 병원진료를 마치고 나왔다. 약국 문을 나서며 '참 이렇게 생활 곳곳이 과거의 방식으로 현실을 살고 있구나!', '이렇게 몸이 힘든데도 병원에 의존하지 않으려 하다니! 미련스럽게…. 이렇게 다녀오니 좋잖아! 병원이나 약국 등 의지할 수 있는 곳들이 있으니, 얼마나 고마워!'라고 생각했다. 사실 이 글을 쓰게 된 계기는, 아침식사를 함께 하다가 며느리가 '어머님! 지난 주, 다른 무엇보다도 무리하신 것이 원인인 것 같아요! 생각해 보세요. 사실 얼마나 힘든 일정을 소화하셨는지….' 하는 말 중, '무리'라는 단어였다. '무리'한 인생, '무리'하게 잘하고 싶은 마음, '무리'하게 욕망하는 것들, 긴장하며 힘겹게 애쓰며 달려온 하루하루들…. 참 수고했구나 싶다. 위로해 주고 싶다.

비가 부슬부슬 오는, 한결 가벼워지고 나아진 듯한 2주쯤 지난 후의 아침에, 만 5살 생일을 맞이한 손녀에게 미리 사 놓은 원피스를 주고 싶어 '오늘 갈게, 많이 나아졌어.'라고 문자를 보내니, 가족 모두가 '무리하지 마세요!'라고 답이 오고, 사위는 전화까지 해서 나의 상태를 꼼꼼히 체크하며 '어머님, 오늘은 그냥 쉬세요! 무리하지 마세요!'라고 한다. 무리라는 내 역동의 핵을 모두 짚어낸다. 상대를 위하거나 상대를 생각하기에 앞서, 내 몸이 느끼는 감정, 상태를 존중하고 사랑한다는 것이 생각보다 쉽지 않다는 것을 생활 곳곳에서 느낀다.

자… 그렇다고 '무리'하게 살아온 인생이 모두 '거짓'되고, '문제'투성이였기만 했을까!

우리가 이러한 탐색 끝에 자칫 자책하고, 자괴감을 느끼고, 탐색 자체가 반성 내지는 부정적인 결론을 내는 쪽으로 되기 쉬우니 조심해야 하는 것들이라 생각된다. 아픈 후 3주째가 되는 오늘, '독서 내용'을 묵상했다. 오늘은 교회력으로는 안드레아 사도 축일이다. 안드레아라는 분은 예수님의 열두제자 가운데 한 사람으로 베드로 사도의 동생이다. 갈릴래아에서 태어난 그는 형과 함께 고기잡이를 하던 어부였다. 세례자 요한의 제자였으나 예수님의 제자로 전향했다. 그가 호수에 있는 두 형제를 보고 "나를 따라오너라. 내가 너희를 사람 낚는 어부로 만들겠다."(요한 1,40-42) 하시자 그들은 곧바로 그물을 버리고 예수님을 따랐다. 더 가시다가 예수님께서 다른 두 형제, 제베대오의 아들 야고보와 그의 동생 요한이 배에서 아버지 제베대오와 함께 그물을 손질하는 것을 보시고 그들도 부르셨다. 그들은 곧바로 배와 아버지를 버려두고 그분을 따랐다.(마태오 4.18-22)

부처님과 아울러 위대한 성인으로 일컫는 예수라는 사람의 제자 중 몇 사람은 바로 이렇게 '어부'들이다. 완전함과 훌륭함을 겸비한 사람들이 아니라 평범하고 성격이 급하고 덤벙대는, 때론 너무 경솔하기조차 하고, 때론 쉽게 배반하기도 하는, 시기·질투도 하는, 너무나 흠이 많은 보통 사람들이었다. 그런데 그들은 무엇에 끌렸는지 '그분을 따랐다.' 위대한 성인은 이렇게 흠이 많은 그들을 거짓되고 문제투성이로 보는 것이 아니다. 전혀 다른 관점으로 본다. 어쩌면 바로 그러한 '흠', '가난함', '약함', '부족함' 때문에 진리를 따르고, 영성적인 삶을 따르는, 더 좋은 것을 열망하는, 새로운 인생의 막을 열게 되는 것 같다.

우리 개개인이 가진 역동에는 모두 긍정과 부정이 있다. 굳이 따지자면 긍정·부정이라고 일컫는 것은 인간적인 평가이지, 역동 자체는 그냥 중성적인 하나의 현상이다. 정신역동은 현재의 상황에 따라서 흠으로도 작용되고 어떤 중요한 쓰임새가 있기도 한다. 그것이 어떻게 쓰이느냐 혹은 어떻게 작용하게 하는가 하는 문제는 별도이며, 그러한 역동 자체는 하늘이 내린 하나의 현상으로 보아야 할 것이다. 하늘이 내린 '모든 것'은 하나의 상황일 뿐! 그냥 '그 무엇'이다. 때론 은총이요, 때론 재난처럼 보이지만, 그것 자체는 '있는 그대로의 그 무엇'일 뿐이리라 생각된다.

무리하게 살아오면서 이렇게 산 것이 무조건 나쁜 것이기만 할까! 그렇지 않을 것 같다. 그렇게 살아온 것이 하늘이 내린 나의 삶이었고, 과정이었고, 필요했던 것이었다. 하늘은 '무리'라는 하나의 현상을 축복처럼 내렸다. 단지 지금-여기에서는 '지금 여기'에 맞추어야 할 뿐이다. 이제는 다른 인생을 살면 되는 것이다. 삶에 필요해서 그 역동이 왔고, 필요에 따라서 그 역동이 쓰여졌고, 필요 없을 때는 알아서 지나가야 하는 것이다. 감기몸살 등과 같은 사소한 일들을 통하여, 깨달음의 씨앗을 제공하며 새로운 방향으로 사는 것이다. 모든 것이 왔다가 갈 것인데, 과거의 방향들을 붙잡을 필요는 없다. 이제부터 무리하지 않으며 심신에 알맞게 살면 된다. 의식하며 깨어있으면 된다. "나를 따르라."라고 하는 말은 "진리를 따르라.", "진실을 깨닫고 그 길을 걸어라!"라고 해석된다. '왔다가 본래의 자리로 되돌아가는 모든 현상에 있는 그대로 따르라.'고 말씀하시는 것 같다.

이 글을 쓰면서 내 몸을 위로하고, 내 자신을 깊이 이해하는 시간을 가져본다. 오랜만에 옛날에 즐겨 들었던 음악을 많이 들었다. 정신역동의 한 현상으로 작용되는 사소한 육체적 현상을 통하여 다시 한 번 여러 가지를 깨닫고, 살아 온 세월에 대한 위로의 시간을 가진다.

16. 표층 종교와 심층 종교

심층 종교는 바로 신과 나, 하늘과 인간인 내가, 시공을 초월한 지금 이 순간에서 함께 한다는 측면을 이야기하고 있다. 모든 것들이 인연이 되어 연결되어 있을 뿐만 아니라, 서로 의존해 있다는 것이다. 상즉상입(相卽相入), 즉 서로가 서로에게 깊이 들어가 있어, 의지하지 않으면 살아갈 수 없다는 점을 이야기하고 있다.

상담의 초기면접 설문지에는 종교를 적는 칸이 있다. 종교를 지니고 있다는 것은, 성찰 수준에 따른 차이는 있겠으나 내담자의 가치관, 인생관, 내세관 등 삶의 방향을 엿볼 수 있는 부분이다. 물론 종교의 믿음 정도가 어느 정도인가에 따라서 그 기준은 달리할 것이다. 가벼운 종교생활을 하는 분들도 있고, 일상의 많은 시간을 할애하여 깊이 몰입해 있는 분들도 있다. 어느 쪽이든, 한 개인의 생활 터전에 은근히 중요한 역할을 담당하는 것이 종교라는 느낌은 지울 수 없다. 따라서 종교를 어떻게 믿고 사느냐 하는 것은, 그들에게는 중요한 인생관 혹은 생활관이기도 하다. 그러므로 종교를 표면적으로 믿는가, 아니면 참되게 믿는가 하는 것은, 신앙생활을 하시는 분들이라면 한 번쯤 숙고해 보아야 할 점이 아닌가 여겨진다. 굳이 표현한다면, 표층 종교의 수준인가, 심층 종교의 수준인가를 가늠해 볼 수 있다. 이에 대한 차이점을 언급한 내용(불광. 2019. 5)을 인용하면서, 두 종교의 관점을 새롭게 이해하고 알아차리며, 표층 종교에서 심층 종교로 심화되어야 하는 '참된 종교인'의 자세로 나아가기 위한 지혜를 얻어 보고자 한다.

첫째, 표층 종교는 현실에서 내가 잘되려 하는 종교다. 내가 건강해지고, 부자가 되고, 성공하고, 이기적인 느낌이 들 만큼 '나', '나의 가족', '내 것'에 집중되어 있는 것이 특징이다. 이에 비해 심층 종교는 '생각 속의 나'가 아니라 내 속의 '참 나', 내 속의 '하느님'을 찾으려고 하는 것이 특징이다. 이런 가르침은 어느 종교나 거의 마찬가지다. 예수님이 나를 따라오려면 자기를 내려놓고 자기 십자가를 지라고 했다. 불교에서 가장 강조하는 것도 '무아(無我)' 사상이다. 유교도 '지공무사(至公無私)'라 하여 '사(私)'라는 이기적인 나를 없애고 하늘을 찾으라 한다.

그런데, 보통 사람들의 종교 생활은 어떠한가! '나', '나의 가족', 특히 '내 자식'이 잘되기를 바라면서 얼마나 종교에 매달리는지를 생각해본다면, 표층 종교의 수준에서 벗어나기가 그리 녹록지 않다는 것을 느낄 것이다. 그러나 심층 종교에서는 '자기'라고 이름하는 '자아를 내려놓음'을 강조하고 있다. 표층 종교와 심층 종교의 다름, 즉 '나'를 더 내세우느냐, '나'를 내려놓느냐 하는 문제는 사실 핵심 중의 핵심이라고 느껴진다. 종교생활을 하는 많은 분들이 '나', '나의 소유물'이 잘되기를 애원하듯 청원하며 기도하는 마음이 얼마나 간절한가! 이것을 벗어나서 나를 내려놓는 '무아(無我)'가 심층 종교라는 것, 이것은 참된 종교생활을 하는 이가 얼마나 될까를 생각하게 하는 대목이다.

다른 측면에서 본다면, 처음에는 '자식 잘 되게 해 달라.', '사업이 번창하게 도와달라!', '가족의 건강을 기도한다.' 등 무언가를 원하는 표층 종교의 수준에서 시작하지만 차차 참된 가르침을 이해하게 되고, 새기면서 깊이 깨달으며, 현실 속에서 그 깨달음을 접목시키다 보면 자연스럽게 심층 종교의 지혜 속으로 들어가는 경우도 많을 것이다. 처음부터 바로 깊은 종교심으로 들어가는 것은 특별한 영적 수준에 있지 않은 보통 사람에게는 쉽지 않다. 현실적인 고통과 어려움 속에서 간절한 청원으로부터 시작되어, 점점 깊은 수준으로 들어가는 사람들이 많을 것으로 여겨진다. 즉, 표층 종교는 그런 의미에서는 참된 길로 들어가는 하나의 방편이 되어 심층 종교로 진입하는 중요한 역할을 담당하지 않을까 여겨진다.

둘째, 표층 종교는 무조건적인 믿음을 강조하지만, 심층 종교는 이해와 깨달음을 강조한다. 불교는 '붓다(깨달은 이)의 가르침'이란 말이다. 불교는 깨달은 이의 종교, 깨달음을 위한 종교라 볼 수 있다. 기독교는 어떤가? 예수님은 "회개하라, 하느님 나라가 가까웠느니라."고 했는데, '회개'의 헬라어 원문 '메타노이아(metanoia)'는 우리가 가진 일상의 의식을 변화시키라는 말이다. 의식의 변화는 말하자면 '깨달으라!'는 것이다. 유교도 마찬가지다. 유교의 가장 중요한 가르침 중 하나는 대학에 나오는 '격물치지 성의정심 수신제가 치국평천하(格物致知 誠意正心 修身齊家 治國平天下)'인데, 격물치지는 사물을 끝까지 궁구(窮究)하여 '밝음(明)'에 이르라는 것이다.

사실 '믿음'에 대한 많은 논의들이 있다. 단지 여기에서는 스스로 자신의 각종 생각이나 감정, 욕구 등 자아(ego)가 일으키는 각종 망상을 알아차리지 못하고, 무엇이 참된 것인지 깨닫지 못한 채, 무조건 종교를 믿고 의지하면서 지내기만 한다면 '모든 것은 잘 될 것이다.' 하는 태도를 표층 종교라고 보고 있다. 조금 더 심층적으로 종교를 믿는 사람이라면, 어떤 상황이 닥쳤을 때 그 상황에 대하여 깊이 느끼고 또 느끼면서, '내가 이 상황에서 깨달아야 할 것은 무엇인가!'를 끝까지 잘 탐구하여(궁구, 窮究), 하늘의 빛이 내면에 다가온 것 마냥 마음이 편안해지는, 즉 밝음(명, 明)에 이르게 된다. 한마디로 '깨달음', '회개'의 길에 들어서게 된다는 것이다. 다시 말하면 이해와 깨달음을 통하여 참된 믿음을 지니게 되는 것이 심층 종교이고, 참된 이해나 깨달음 없이 무조건적인 믿음을 지닌 것이 표층 종교인 것이다.

다른 측면에서 생각해 본다면, 일상을 살아가는 우리가 대체로 종교를 깊이 믿고 싶을 때가 언젠가를 느껴보자. 대부분의 사람들이 고통과 어려움을 겪을 때가 아닌가 생각된다. 인간의 힘으로 한계를 느끼고 답이 없는 것 같은 암담하고 무기력한 어둠 속에서 무의식적으로나 의식적으로 빛을 갈구하는 시점이다. 그러므로 처음에는 아무것도 이해하거나 깨닫거나 하는 개념 없이 그냥 '이 고통만 지나간다면… 무엇이라도 하겠습니다.', '내 힘으로는 어떻게 해야 할지 모르겠으니, 당신께 모든 것을 맡깁니다.', '무조건 귀의합니다. 믿습니다. 저에게 자비를 베푸소서.'라는 심정으로 접근하지 않을까 싶다. 이것이 표층 종교의 수준이다. 그 후, 시간이 흘러 닥쳐왔던 어려움이 해결되었건 해결되지 않았건 조금 정신을 차리고 나면, '과연 참된 종교란 무엇인가! 알고 싶다!', '부처님 혹은 예수님의 비유 말씀이 이런 뜻이었구나. 아하!!', '이렇게 내용을 이해하고 나니, 인간의 고통에 대한 의미가 조금씩 깨달아지는구나.' 하는 등의 마음이 생긴다. 즉 심층 종교 속으로 들어갈 수 있다. 말하자면 어느 것이 더 좋다 나쁘다고 볼 것이 아니라, 표층 종교는 심층 종교로 나아가는 중요한 발판이요, 심층 종교는 표층 종교를 통하여 문을 열게 된 것이라고 여겨진다. 그 어떤 수준의 모습도 필요한 것이었기에 '지금-여기'에 온 것이 아닐까 싶다.

셋째, 표층 종교는 대체로 신의 초월만을 강조하지만 심층 종교는 절대와 나와 우주가 하나임을 강조한다. 예수님은 "내가 아버지 안에 있고, 아버지와 나는 하나다."고 했다. 이슬람 수피파에서는 하느님이 내 몸의 동맥(핏줄)보다도 더 가까이 계신다고 한다. 이렇게 초월과 내재를 함께 강조하는 신관을 '범재신론(汎在神論, panenthesim)'이라고 하는데 동학의 가르침이 대표적이다. 다시 말하면 동학에서는 '시천주(侍天主)'라고 하여 신을 내 속에 모시고 있다! 따라서 인내천(人乃天), 내가 곧 하늘이고 하늘이 곧 나라는 것이다. 신유학(新儒學)에서는 만유일체(萬有一體), 혼연동체(渾然同體), 동체대비(同體大悲)라고 이름하고, 원불교와 천도교에서는 동귀일체(同歸一體)라 하며, 불교 중 화엄 불교는 이사무애(理事無碍), 사사무애(事事無碍), 상입(相入), 상즉(相卽), 즉 모든 것이 다 서로 연관되어 있고 서로 의존되어 있고 서로 들어가 있다고 한다.

어쩌면 이것이 '다양한 종교의 핵심 가르침'으로 오랜 세월동안 끊임없이 전달되어 내려왔다고 느껴진다. 조금 쉽게 이야기하면 표층 종교와 심층 종교의 차이는 절대자를 저 멀리 있는 대상으로 볼 것인가, 바로 나와 함께 하는, 내 속에 있는, 지금-여기에서 나와 하나가 되는 대상으로 볼 것인가 하는 것이다.

신을, 인간세상을 초월한 저 높은 곳의 존재로 보는 표층 종교는, 신이 현실과 너무 동떨어져 저 멀리 있는 것처럼 보여 막연한 종교생활을 하기가 쉽다. 심지어 나의 생각이나 상상 속에서 만든 신의 모습을 신이라고 망상하기도 한다. 너무나 많은 고통과 번민, 풀리지 않는 어려움에 싸여 있을 때는, 내 안에 신이 함께 현존한다는 이런 말이 전혀 와 닿지 않는다. 오히려 저 멀리 떨어져 있는 신의 모습을 그리워하고 갈구하며 간곡한 자비를 구하는 측면이 더 와 닿을 수 있다. 이런 측면에서 표층 종교가 이해된다.

심층 종교는 바로 신과 나, 하늘과 인간인 내가, 시공을 초월한 지금 이 순간에서 함께 한다는 측면을 이야기하고 있다. 모든 것들이 인연이 되어 연결되어 있을 뿐만 아니라, 서로 의존해 있다는 것이다. 상즉 상입, 즉 서로가 서로에게 깊이 들어가 있어 의지하지 않으면 살아갈 수 없는 점을 이야기하고 있다. 나의 주인을 '나'라고 보지 않고 바로 나의 주인을 '주님'이라고 부르며, '아버지'라고 친근하게 표현한 예수님의 말씀의 핵심이 이것이 아닐까 생각된다.

가족관계나 기타 공동체의 관계에서도 서로가 분리되어 있는 것처럼 보이지만, 상대의 어려움이 사실 내 문제점이기도 하고, 나의 문제점이 사실 상대의 어려움이기도 하다. 각자가 서로 분리되어 있다는 인식은 우리를 매우 힘들게 하고, 경쟁 속으로 들어가게 하고, 평생 불안하게 살 수밖에 없는 한계를 보이게 된다. 이러한 심층 종교의 핵심 내용을 잘 이해하고 그것이 일상 속에서 이루어지는 수준이라면 정말이지 깊은 영적생활로 인하여 현실을 잘 살아가지 않을까 여겨진다.

넷째, 표층 종교는 문자주의에 얽매이는 데 반해 심층 종교는 문자를 넘어 문자가 말해주려고 하는 속내, 진정한 의미를 보려고 한다. 종교적 체험은 말로 다 표현할 수 없기에 말을 진리 자체라 보지 않고, 마치 달을 가리키는 손가락으로 본다. 종교를 문자로, 말로 많은 설명을 하기는 쉬우나, 참된 종교는 말이나 문자로 다 표현할 수 없는 '관상'적 태도만이 가능하다는 것을 암시한다.

평범하게 독서를 즐기는 사람이 있다고 하자. 독서를 통하여 묵상을 하다보면, 책에서 눈을 떼고 조용히 그 내용을 음미하고 싶을 때가 있다. 문자가 주는 의미가 너무 깊어 가슴속으로 쑥쑥 들어와 저절로 눈이 감겨진다. 책을 손에서 놓는다. 손가락이 아니라, 손가락이 가리키는 달을 만나고 싶은 느낌이 들 때가 있다. 반면, 이렇게 독서를 하는 경우도 있다. 책의 좋은 글이나 강의 내용을 새기려고 노트에 빼곡하게 쓰는 상황이다. 마치 그 내용을 모두 다 암기라도 할 듯 문자를 열심히 보고, 베끼고, 다시 쓴다. 경전의 글들이나 좋은 강의는 정말 황금같이 좋은 내용들이 많아서 그런 욕심(!)이 생기기도 한다. 하지만 가슴까지 내려가기도 전에 머리에서 마무리되고, 노트를 접는 순간 조금 전과 다름없는 그 모습 그대로인 경우가 많다. 그런데 아무 것도 적지 않고 딱 한

단어, 한 줄, 하나의 내용에 깊이 몰입되어, 말로나 문자로 표현할 수 없는 '관상'의 태도가 지속된다면, 그 내용은 바로 자기 몸(!) 속으로 합일되어, 그 순간 '자기 자신'이 되는 경험을 하게 된다. 표층과 심층적인 종교 수준도 이와 같을 것으로 생각된다.

'그렇다면 문자주의는 무조건 좋지 않다는 말인가?'라는 의문이 들 수 있다. 무엇이든 그 보폭이 있고 단계가 있어, 지식 그 자체가 중요한 역할을 하는 사람도 많을 것이다. 당분간 충분히 지식을 습득한 후, 그 축적된 지식을 통하여 지혜를 증득하는 계기로 삼는다면 문자 위주의 학습이 얼마나 중요한 계기가 될까 하는 느낌이 든다. 지식이 지식으로 끝나지 않고, 모르는 것을 새롭게 알게 되는, 내면의 깊이를 더해주는 역할도 중요하리라 보기 때문이다. 또한 아무 생각 없이 오직 '필사' 그 자체에만 몰입하여 쓰다보면, 문자를 넘어서 새로운 힘이 나올 것이다. '문자'가 무조건 나쁘다고 볼 것이 아니라, 문자 자체를 스스로를 깊이 깨닫게 하는 거름으로 쓴다면 좀 더 심층적인 인격으로 발돋움하는 데 도움이 될 것이다.

다섯째, 표층 종교는 자기들의 견해나 교설을 절대화하지만 심층 종교에 속한 사람들은 절대적이란 말을 쓰지 않는다. 따라서 심층 종교에서의 신앙생활은 다른 사람과 서로 대화하고, 교제하면서 더 깊은 진리를 찾아가는 길벗으로 살아가고자 한다. 군맹무상(群盲撫象) 경우처럼 같이 앉아서 서로의 경험을 나눔으로 코끼리의 실상에 가까이 갈 수 있다.

우리의 주변을 가만히 보면 사회의 큰 문제점으로 대두되는 것 중의 하나가, '자신이 옹호하는 집단의 이야기 늪'에 빠져있는 것이 아닐까 생각된다. 이는 내가 믿는 종교, 정치적 단체, 이론, 사람 등을 절대화시켜 다른 입장은 일말의 고려도 하지 않겠다는 단호한 자세를 말한다. 조금도 열려있지 않은 틀 안에서, 자기의 마음이 가는 극으로만 절대화시키는 문제점이 얼마나 큰 '사회의 악'이 되는지는 충분히 짐작할 것이다. 하지만, 다른 입장을 잘 새겨서 나의 입장을 이해하는 데 도움을 받고, 어떤 부분에서 서로 다른가, 혹은 같은 내용을 다르게 표현하는가 등을 나눌 수 있는, 다른 집단의 견해를 '길벗'으로 여기면서 귀를 기울이는 자세라면 어떨까! 표층 종교적인 입장, '내가 믿는 종교'만이 절대적이라는 입장이 된다면, 이것이야말로 종교가 바로 '이기적인 집착'을 위한 합리화된 도구의 하나가 될 수 있지 않을까 여겨진다. 이것은 너무나 중요한 일이다.

예컨대 심리치료 현장에서, 누가 보아도 객관적으로 심리적인 문제점을 가지고, 약간의 교육적 혹은 치료적 도움을 받으면 좋아질 수 있는 내담자에게 이런 말을 한다고 하자. "xx종교만 믿으면 되지, 그런 것들을 하면 안 된다. 절대 발을 담그지 마라.", "기도 외에 다른 길은 없다. 다른 곳은 이단이니 가지 마라. 그런 곳은 믿지 마라. 그렇게 되면 당신에게 큰 화가 일어날 것이다." 등의 '절대화'시키는 표현을 하는 누군가가 있다고 하자. 물론 가끔 이렇게 통제하는 것은 자아기능이 명백하게 약한 누군가에게는 부분적으로 필요할지 모르나, 또 다른 측면에서는 정말 주의해야 하는 말이다. "여기서는 이러이러한 입장인데, 다른 곳에서는 어떤 입장인지 한번 들어보고, 주변과 의논한 후 잘 판단하시길 바랍니다."라거나, 판단능력이 부족하다고 느낄 경우에는 "제 생각에 당신에게는 이러이러한 것이 필요하다고 판단되지만, 가족과 함께 혹시 다른 쪽의 전문가들도 만나서, 여러 가지 경험을 한 후, 다시 한 번 이야기해보는 것은 어떨지요." 등의 여지를 남겨야 할 것이다.

어쩌면 다른 종교에서 추구하는 진리를 열린 마음으로 느껴볼 때 오히려 내가 믿는 종교에 대해 합리적이고 이성적인 입장으로 믿음도 가고, 그로 인하여 더 깊은 차원, 종교가 추구하는 참된 진리로 나아가게 되지 않을까 생각된다.

여섯째, 마지막으로 표층 종교는 현세에 관심을 갖지 말고 내세를 생각하라고 하는데, 심층 종교는 십우도(十牛圖)의 10개 그림 중 마지막 그림 입전수수(入廛垂手)처럼 저자(시장)에 나가서 자기의 깨달음을 실천에 옮겨 남을 도와줘야 한다고 생각한다. 따라서 자연스레 인권, 성 평등, 인종차별, 정의, 환경문제 등에 관심을 가지게 된다. 이는 심리치료의 장면에서 늘 제시하는 것인데 '지금-여기'에서, '나의 현실'에서, '삶', '일상'에서 과연 우리는 무엇을 깨닫고 살고 있는가의 문제와 관련이 있다. 먼 미래, 앞으로 다가올 것에 대한 우려와 내세의 행복에 초점을 맞추는 것이 아니라, 바로 여기에서 우리는 무엇을 깨닫고 실천에 옮겨야 하는가, '바로 지금, 우리는 공동체로서 잘 살아가고 있는가! 함께 편안한가! 다 같이 행복한가!'를 생각하는 대목이다. 내 가족, 내 주변을 멀리하고, 현실적인 상황을 도외시하고, 내세를 위한 종교에 몰입하는 경우라면 정말 한번 생각해 보아야 할 것이다. 현재를 도피하기 위한 하나의 수단으로서 종교를 믿고 있다면, 그건 바로 '현실 도피의 합법적인 단체' 역할이 될 가능성이 높다. 자신에게 닥친 현실이 너무 고달프고 힘들다면, 우리는 누구나 이 현실에서 도망가고 싶어 한다. 그러다보면 종교가 그 품이 될 수 있다. 심정은 이해할 수 있다. 하지만 우리의 내면에 있는 어려움을 해결해 나가는 방법을 연구하고, 깨닫고, 실천하는 길을 택하여야지 무조건 그것을 피하는 방향은 결국 그 짐을 평생 가져가는 또 다른 어려움이 생기지 않을까! 그리고 그 짐은 다음 세대까지 넘어가는 경우도 있다. 이런 것을 잘 깨닫고, 좀 더 참된 깨달음의 길로 접어드는 기회를 가진다면, '나, 너'가 분리되지 않는 '우리'를 위한 참된 종교로 진입하지 않을까 싶다.

가톨릭 신학자 칼 라너(Karl Rahner)는 21세기 종교는 심층 종교가 되지 않으면 아무 의미가 없다는 말을 했다. 또 독일의 여성 신학자인 도르테 죌레(Dorthee Soelle)도 옛날에는 심층 종교란 것이 몇 사람에게만 가능했던 특권에 해당되었는데, 지금은 누구에게나 가능한 것이 되었다고 보고 '심층 종교의 민주화'란 말을 쓴다. 참된 종교를 믿을 때, 그에 따른 부작용이 줄고, 종교가 줄 수 있는 본래의 참됨, 의연함 그런 것이 우리에게 올 수 있을 것이다. 심지어 현재의 탈종교화가 어느 의미에서 종교의 심층을 접하게 하는 계기가 될 수도 있을 것이라 믿는 학자들도 많다고 한다. 어쩌면 심층 종교의 수준보다는 표층 종교의 수준이 훨씬 더 만연되고 있기 때문에 이러한 관점이 생겨났다고 짐작된다. 종교가 주는 선물이 너무나 크기에, 좀 더 합리적이면서도 깊이 있는 종교생활로 들어가, 행복함과 기쁨이 서린 일상을 해 나가기를 바라는 마음으로 마무리한다.

- 이 내용은 불광(2019)의 글 일부가 인용, 재해석되었음을 밝힙니다 -

17. 도울 수 있는데 돕지 않는 것도 죄다

도울 수 있는데 돕지 않는 것도 죄라고 한다. 남에게 무엇인가를 잘못하고, 해를 입히고, 상처를 주는 것만이 아니라, 도울 수 있는 것을 모른 척하고 귀찮아하며 돕지 않는 것도 죄라는 것! 바쁜 현대를 살아가면서, 이런 것까지 죄라면 이 세상에 죄 아닌 것이 어디 있겠느냐고 생각할지도 모른다. 하지만, 인간이 서로 의지하면서 살아가야 하는 존재라는 것, 서로 사랑하며 살아가야 하는 존재라는 것, 이것은 하늘이 내린 진실이 아니겠는가. 이런 뜻을 저버리는 것이 바로 죄라는 뜻이 아닐까 싶다.

어느 한 청년이 버스 정류장에서 꽤 오랜 시간 버스를 기다렸다. 워낙 외딴 곳이어서 매우 드물게 다니는 버스라는 것은 알고 있었으므로, 느긋하게 이런저런 풍경을 음미하며 기다리고 있었다. 약 1시간 30분쯤 후에 드디어 그 청년이 타고자 했던 버스가 도착하였다. 그 지방에는 흔히 있는 여성 운전기사가 운전하는 버스였다. 버스에 올라 목적지로 가고 있는 중, 몇 정거장 지나서 어느 두 남성이 버스에 올랐다. 그런데 돌연 그 두 남성은 칼로 승객들을 위협하며 그 여성 운전기사에게 차를 세우라고 명령하였다. 그리고 그 운전기사를 버스에서 내리라고 하였고, 내리기를 주저하자 위협적인 무기를 든 손으로 가슴팍을 밀치며 끌어내렸다. 버스에 탑승한 승객들은 어느 누구 한 사람도 괴한에게 대들지를 못하고 벌벌 떨며 이 광경을 지켜보고 있었다.

그 괴한은 승객들에게 누구라도 버스에서 내리면 가만 두지 않겠다고 으름장을 놓았다. 버스 안에 모두 꼼짝 말고 있으라고 하며, 그 운전기사만 내리게 하였다. 그리고는 정말 있을 수 없는 일이 벌어졌다. 한 사람은 지켜보고, 다른 한 사람은 여성 운전기사를 성폭행을 하였으며, 한 사람이 마친 후에 또 다른 한 사람이 마찬가지로 성폭행을 하였던 것이다. 이 광경은 버스 안 승객들이 지켜 볼 수 있는 가까운 곳에서 일어났다. 이것을 지켜본 버스 승객들은 모두들 치를 떨면서도 꼼짝을 할 수 없었다.

바로 그때 오랜 시간 기다린 후에 탑승했던 그 청년은 참을 수 없어서, 버스에서 뛰어내렸다. 그리고는 달려들었으나, 칼을 지니고 있는 그 괴한은 무참히도 이 청년을 공격하며, 폭력을 휘두르기 시작했다. 결국 이 청년은 상처를 입으며 밀려서 버스에 다시 오를 수밖에 없었다. 어느 누구 한 사람 말릴 수도 없는 상황인 채로 성폭력이 행해졌고, 조금 후 상황은 종료되었다. 이 두 괴한은 그 자리에서 바로 사라졌고, 넋을 잃고 망연자실 앉아있던 여성 운전기사는 시간이 지난 후 차에 올랐다. 그리고 그 청년에게 소리쳤다. "당신은 이 차에 타지 말아요! 내려요!"라고. 그 청년은 어리벙벙한 채로 버스에서 내리게 되었고, 그대로 그 기사는 버스를 운전하여 가 버렸다.

청년은 너무 어이가 없었다. 아니 그렇게 오래 기다려서 탄 버스이기도 하고, 그 기사를 도우려고 목숨까지 잃을 뻔 했는데 이럴 수가 있단 말인가! 다른 모든 승객이 모른 척 했는데도, 자기 혼자서 용기를 내어 도우려고 했는데, 이렇게 버스를 확하고 운전해 가 버리다니… 정말 기가 찰 노릇이었다. 버스가 떠난 후, 정말 이건 아니다 싶어서 뒤 따라 오던 택시를 타고 그 버스가 가는 쪽으로 따라 잡았다. 그런데 정말 놀라운 일이 벌어졌다. 그 버스가 낭떠러지로 그대로 굴러 떨어진 것이다. 기사를 비롯한 모든 승객이 사망할 수 있는 깊은 낭떠러지였다. 모든 승객은 사망하였다. 천 길 낭떠러지로 그 버스는 각오라도 한 듯 전속력으로 달렸기 때문이었다.

그 날 그 청년은 정말 정신을 차릴 수가 없었다. 평소에 신 같은 것은 믿지도 않는 사람이지만 그냥 저절로, "오, 하느님! 이게 도대체 무슨 일입니까!"라는 외마디가 입에서 흘러나왔다. "도대체 왜 이런 일이 저에게 벌어졌습니까!"라고 물었다. 놀랍게도 그 청년의 귀에 이런 대답이 들리는 것 같았다. "그 기사는 자신을 더럽힌 두 괴한도 괴한이지만, 당신 외에 아무도 도우려고 마음먹지 않았던, 겁에 질리기만 했지 비겁하기 짝이 없었던 그 승객들에 대한 용서할 수 없는 분노의 마음이 있었다. 스스로도 이런 일을 당하고 도저히 견딜 수 없었지만, 그 승객들에 대한 화난 마음을 억제할 길이 없어서, 모두 다 같이 죽기로 각오한 것이다. 하지만 아무리 생각해도 당신에게는 너무나 고마웠던 것이다. 당신을 그렇게라도 소리쳐 내팽개치지 않으면, 내릴 것 같지 않아서 고함을 지른 것이었다. 당신은 살리고 싶었기 때문에, 당신을 그냥 길가에 두고 운전을 한 것이었다." 그리고는 이어졌다. "도울 수 있는데 돕지 않는 것도 죄다."라는 우렁찬 소리와 함께….

이 내용은 어느 나이 지긋한 신부님이 "도울 수 있는데도 돕지 않는 것도 죄다."라는 한 심리학자의 말을 인용하며, 어느 책에 실린 내용을 각색하여 들려주시는 이야기라고 말씀하셨다(2019.3.1).

인간은 서로 의지할 대상을 필요로 하는 존재이며, 같이 살 수밖에 없는 존재이다. 큰 사건 앞에서 누구와도 도움을 주고받을 수 없는, 의지할 곳 없는, 함께 할 대상이 없는, 이런 삶이야말로 얼마나 큰 불행이며 슬픔이겠는가! 정말이지, 우리는 가능하면 한 몸처럼 성실하게 서로를 도와줄 수 있는 대상을 가지는 것이 너무나 인생에서 중요하리라 본다.

지혜의 보고(寶庫)라고 일컬어지는 집회서(6,14-16)에는 이런 내용이 있다. "성실한 친구는 든든한 피난처로서 그를 얻으면 보물을 얻은 셈이다. 성실한 친구는 값으로 따질 수 없으니 어떤 저울로도 그의 가치를 달 수 없다. 성실한 친구는 생명을 살리는 명약이니 하느님을 경외하는 이들은 그런 친구를 얻으리라." 여기서 '하느님을 경외하는 이들'이라는 의미는 아마도 '하늘의 뜻에 따라 사는 사람들'이라는 말로 바꾸어도 좋을 것 같다. 나와 남을 구분하지 않고, 전체로서의 삶을 이해하고, 공동체적인 삶을 생각하는 사람이라면 아마도 성실한 친구를 만나기 쉬울 것이다.

그런데, 이 성실한 친구가 바로 가정 안으로 들어가서 '부부의 연'을 맺은 남녀가 되면 어떨까! 하늘이 맺은 부부가 가장 가까운 친구이자 동료로서 선택되었다면, 이보다 더 큰 성실한 친구가 어디에 있을까 싶다. 서로를 든든한 피난처, 보물로 여길 수 있다면 얼마나 아름다운 일이겠는가! 목숨을 바쳐서라도 상대방을 도와주고 싶을 정도로 사랑하는 사이, 조건 없이 내 편이 되어주는 사이, 모든 것을 다 주어도 아깝지 않는 사이, 아마도 그런 관계의 친구라면, 친구 같은 부부라면, 그보다 더 좋은 보물은 없을 것이다.

여러 가지 사정에 의하여, 혹은 뜻한 바가 있어서 부부의 연을 맺지 않은 사람이라 하더라도 그의 인생살이가 하늘의 뜻에 따라 사는, 즉 본질지향적인 삶이라면, 그 또한 부부와 다름없지 않을까 싶다. 그런 삶의 주변에서는, 자연스럽게 진정한 성실한 친구는 다가올 것이다. 친구란 구체적인 어떤 대상이 될 수도 있겠지만, '부처님'이 될 수도 있고, '예수님'이 될 수도 있으며, 성인들이 수천 년 동안 전해왔던 '진리'가 될 수도 있고, '자연'이 될 수도 있고, 같은 뜻을 가지고 사는 '도반'이 될 수도 있을 것이다. '누구인가!'라는 것보다는 '참된 뜻을 지니고 사는 진실한 관계인가!'가 더 중요할지도 모른다.

진실한 관계의 핵심에는 도울 수 있는데도 돕지 않는 관계인가, 도움 주고받기를 그냥 일상처럼 하는 관계인가에 따라서, 우리는 성실한 친구와 함께 하고 있는가, 그렇지 않는가를 가늠할 수 있을 것이다. 부부라도, 마치 남남처럼 서로 돕지 않고 서로 자기 욕구를 더 내세우며 살아가는 사람도 많다. 이웃과의 관계도 마찬가지이다. 가만히 주변을 둘러보면 도울 수 있는데도 돕지 않는 경우가 허다하다. 부모-자식 관계도 정말이지 남남보다 못한 경우도 제법 있다. 차라리 피 한 방울 섞이지 않은 남이 훨씬 나를 도와주는 경우도 심심찮게 있다. 가족이라는 울타리 안에서 벌어지는 상처는 외부보다 더 많다는 사실을, 우리는 애써 숨기려고 할 필요가 없다. 있는 그대로 그 상처를 치유하고, 수정하며, 새로운 관계로서 살아가야 하는 노력이 필요할 뿐이다.

서로를 도와야 한다는 것, 이것은 인간 개개인으로서는 완전하지 않다는 것을 전제로 하고 있다. 우리는 전체적인 에너지가 흐르는, 커다란 공동체에 속한 개개의 유기체이다. 전체적인 것을 도외시한 채, 개체로서만 살아간다는 것은 스스로가 자멸할 뿐이다. 자신이 도움을 받아야 할 때, 아무에게도 어떤 외부에게도 도움을 받을 수 없다고 상상해 보라. 아마도 우리는 일어난 어떤 사건보다, 아무에게도 도움을 받을 수 없다는 자기의 신세가 더 큰 비통함을 안기게 할 것이다. '아 내가 잘못 살았구나!'라고 반성하는 사람도 있겠지만, '어떻게 사람들이 그럴 수 있을까. 정말 너무하다.'라며 불특정 다수에게 불평을 하는 사람도 있을 것이다.

이렇게 한번 생각해 보라. '나는 과연 남의 어려움에 대해서 솔선수범하여 성실한 친구가 되어 도와주었는가!' 아마도 스스로에게 그 답은 있을 것이다. 남에게 바라는 바가 있다면, 내가 남에게 바라는 대로 해주었는가를 생각해 볼 수 있다. 주는 손으로 받는다는 말이 있듯이, 받고 싶다면 주었는가에 대한 성찰부터 시작해야 할 것이다. 살다보면, 생각지도 못하게 뜻밖의 사람 혹은 외부로부터 큰 도움을 받는 일도 있다. 아마도 우리는 저절로 '오, 감사합니다.' 하면서 세상이 아름답게 느껴질 것이다. 하지만, 그렇게 뜻하지 않게 받는 그 이면에는 받을 수밖에 없는 선한 인연을 맺지 않았을까도 생각해 보게 된다.

그렇다. 도울 수 있는데 돕지 않는 것도 죄라고 한다. 남에게 무엇인가를 잘못하고, 해를 입히고, 상처를 주는 것만이 아니라, 도울 수 있는 것을 모른 척하고 귀찮아하며 돕지 않는 것도 죄라는 것! 바쁜 현대를 살아가면서, 이런 것까지 죄라면 이 세상에 죄 아닌 것이 어디 있겠는가 하고 생각할지도 모른다. 하지만, 인간은 서로 의지하면서 살아가야 하는 존재라는 것, 서로 사랑하며 살아가야 하는 존재라는 것, 이것은 하늘이 내린 진실이 아니겠는가. 이런 뜻을 저버리는 것이 바로 죄라는 뜻이 아닐까 싶다. 가장 큰 죄는 하늘의 뜻을 저버리는 죄….

하늘의 뜻을 저버리는 것이 죄라는 말! 이것은 참 많은 것을 생각하게 한다. 비교적 착하고 성실하게 살아가는 보통 사람들인 우리의 생활들…. 그냥 예사롭게 열심히 돈 벌어, 내 입에 무엇인가를 들어가게 하고, 내 몸에 무엇인가를 걸치고, 내 가족을 위하여 무엇인가를 제공하는, '나의 무엇'을 위하여 살아가는 우리의 생활들…. 이런 일상적인 생활을 하는 우리가 자신도 모르게 죄를 짓고 살고 있지는 않은지 생각해 볼 거리이다. 하루의 일상을 마치고 잠자리에 들면서, 오늘의 생활 가운데서 하늘의 뜻을 저버리는 것은 없었는가를 묵상하는 시간을 가져야 하지 않을까 여겨진다.

18. 노년기로 접어들수록, 자기관리는 중요하다!

- 노인상담을 위한 제언 (1) -

우리도 가슴속에 뭔가 걸리는 것이 있다고 치자. 그 일이 풀리기 전까지는 몇 날 며칠이고 그것에 매달리게 되고 골똘하게 떠올린다. 할 일이 있으면 일은 하지만, 조금의 여유 시간만 있어도 그 일이 가슴에 남아 곱씹게 되지 않던가! 그렇다. 우리 모두는 노인과 다름없이 가슴 속에 있는 것들이 가벼워져야 한다. 그래야 지금 현재를 살 수 있다. 지금 현재를 살아야 한다! 만약 그것이 가능하다면 얼마나 즐겁고 기쁘게 느낄 수 있는 일들이 많겠는가!

오전 10시 평일미사를 마치고 성당을 나오는 길이었다. 바로 앞에 허리를 거의 90도 각도로 굽혀 걸어가시는 할머니가 보였다. 8월 말 후덥지근한 날씨, 꽃무늬 분홍색 긴 윗옷과 흰 머플러로 목을 두르고 검은색 천 가방을 들고, 갈색 바지를 입은 차림새다. 횡단보도 직전, 넘어질 것 같은 걸음걸이라 팔을 살짝 부축하며 "집이 어디세요?"라고 말을 건넸다. 내 말은 들리지 않는 듯, 다른 말씀을 하신다. 잘 알아듣지 못하여 "네? 네?" 하니까 "비행기 비행기…"라는 단어를 반복적으로 말씀하신다. 일단 횡단보도에 초록불이 들어와서 건너가실 거냐고 여쭈었더니 대답은 없으시다. 우선 건너자는 시늉을 하니 아랑곳하지 않고 옆에 있는 큰 플라타너스 나무 둥지에 기대어 당신 말씀을 들으라는 시늉을 손으로 하신다. 약간 난감했지만, 잠깐 들어보니 계속 비행기 이야기다.

스토리를 도저히 알아듣기가 어려웠으나, 대략 "네— 네—"라고 해 드렸다. 연세가 어떻게 되시냐고 물어도 비행기 이야기이다. 집이 어디시냐고 하니까 저 쪽 산위를 가리키며 큰 교회가 있는 근처라고 하셨다. 길거리라 안 되겠다 싶어서, 어디로 가실 거냐 하니까 건너편 마트에 들러 무엇을 사야 한다고 비로소 묻는 말에 대답을 하셨다. 그러면 일단 횡단보도를 건너자고 해서 같이 건넜다. 따뜻한 차를 한잔 사 드리고 싶어 바로 앞에 보이는 찻집에 가서 생강차를 드시겠냐 하니까 뭐라도 좋다고 해서 사 드렸다.

차가 미처 나오기도 전에 할머니가 앉으신 바로 옆 자리 아가씨 손님에게 또 비행기 이야기를 시작하셨다. 차를 가지러 간 사이, 그 아가씨에게 비행기 이야기를 하니 무척 난감한 표정으로 고개를 푹 숙이고 듣고 있는 척인지, 듣고 있는 건지는 모르지만 앉아 있었다. 차를 따뜻할 때 드시라고 권하니, 그 아가씨에게 본격적으로 비행기 이야기를 하셨다. 그 아가씨에게 다른 자리로 옮겨도 된다고 눈짓 하니 급히 옮겼다. 마주 앉은 나에게 비행기 폭격 때 고개를 얼마나 숙였으며 지금도 고개가 아프고, 그때 아팠던 무릎이 아프고, 그때 다쳤던 발가락이 아프다고 하신다. 그리고 찻집에서 양말을 벗으셨다. 그 발가락을 보여주시기 위하여…. 언제 적 이야기냐고 물으니, 6·25(1950년) 때 비행기 폭격이 지금도 바로 머리 위에서 내리꽂듯 생생하게 느껴지신다는 맥락이었다.

나는 아무 말도, 아무 것도 할 필요가 없었다. 그저 가만히 응시해서 들어주는 것밖에는 할 것이 없었다. 이런 이야기를 누군가에게 얼마나 하고 싶었겠으며, 얼마나 제대로 들어주는 대상이 필요했을까 하는 마음으로 들었다. 계속 같은 이야기가 반복되었다. 30분쯤 지나고 "제가 볼 일이 좀 있는데, 일단 찻집에서 나갑시다."라며 팔을 잡고 나왔다. 내 볼일도 있어서 헤어져야 하기 때문이었다. 내가 이렇게 물었다. "할머니 지금 연세가 어떻게 되셨나요?" 잘 모른다고 하시고, "누구랑 살고 있으세요?"라고 하니까 큰오빠 누구누구를 이야기했는데 정확하지 않았다. 혼자 살고 계시는 듯 했다. 자제분이 어떻게 되시냐 물으니 그 어떤 질문보다 선명하게 6명이라며 금방 말씀하신다. 그리고는 장남이 춘천 어떤 회사에서 1등을 했다고 몇 번이나 반복하신다. 갈림길에서 이쪽으로 가야 한다 하니 조금 더 듣고 가라며, 큰아들이 1등 했다고 엄지척하며 반복해서 이야기하기 시작했다. 계속 같은 이야기를 반복 또 반복하셨다. 그렇게 한 시간 정도 함께 지낸 후 헤어졌다.

그 후 많은 생각을 하게 되었다. 우리 누구에게나 이렇게 가슴속에 간직한 아픈 상처, 충격적인 사건과 고통은 치유되지 않으면 반복 또 반복해서 말을 하지 않을 수 없고, 축하받고 기뻐할 것도 충분히 축하를 나누고 기쁨을 나누지 않으면 그것 또한 반복 또 반복하지 않을 수 없다는 사실…. 가슴 속에 간직된 노인들의 아픔과 한, 즐거움과 환희, 기쁨… 이 모든 것들은 감정이다. 사건은 다 과거의 것들이다. 하지만 감정이 현재에 그대로 남아 있으므로 그것이 마치 현재처럼 가슴 속에 느껴진다. 모든 질문에 대한 대답이 본인의 감정 항아리에서 나오는 셈이다. 그 항아리의 각종 기억과 감정, 사고방식 등….

노인이든 젊은이든 인간은 현재를 살기가 이렇게 쉽지 않다. 일부러 그러는 것은 아니다. 우리도 가슴속에 뭔가 걸리는 것이 있다고 치자. 그 일이 풀리기 전까지는 몇 날 며칠이고 그것에 매달리게 되고 골똘하게 떠올린다. 할 일이 있으면 일은 하지만, 조금의 여유 시간만 있어도 그 일이 가슴에 남아 곱씹게 되지 않던가! 그렇다. 우리 모두는 노인과 다름없이 가슴 속에 있는 것들이 가벼워져야 한다. 그래야 지금 현재를 살 수 있다. 지금 현재를 살아야 한다! 만약 그것이 가능하다면 얼마나 즐겁고 기쁘게 느낄 수 있는 일들이 많겠는가!

노인들의 육체뿐만 아니라 감정 관리능력, 즉 자기관리 능력을 도와주는 학습프로그램 혹은 상담자가 있으면 어떨까. 꼭 전문가가 아니더라도 누군가가 노인들에게(우리 모두에게) 상담자 같은 역할을 해 드릴 수 있다면 어떨까! 귀 기울여주고, 맞장구쳐주고, 내용을 정확하게 이해해주고, 공감해주고, 지금의 상황에서 필요한 것을 알려주는 등, 굉장히 사소한 것일 수 있는 이런 반응들을 누군가가 일정한 시간을 내어 해줄 수 있는 관계가 되어 있다면 좋을 것이다. 공식적인 기관이나 단체의 노인 전문 상담자가 이런 역할을 해 줄 수 있다면 더할 나위 없이 좋을 것이다.

어떤 이는 이렇게 말할 것이다. "어르신들의 이야기를 들어주고 공감해주면 좋은데, 끝도 없었다. 어느 정도 한계가 있지, 계속 매달리다시피 하면 어느 누가 그 말을 들을 수 있을 것인가! 좋은 마음으로 도와주었다가 오히려 지쳐서 다시는 보고, 듣고 싶지 않았다. 조금 죄송한 마음도 들었지만 아마 누구라도 나와 비슷할 것이다."라는 이야기이다. 충분히 공감되는 내용이다. 사적인 관계의 경청과 공감은 주도성이 없는, 의탁하는 임시방편적인 기분 좋음 정도로 끝나므로 결국 다시 반복된다. 공식적인 상담자 역할의 필요성을 생각해 보게 된다. 단순히 경청의 자세만으로는 정말 많은 한계가 있다. 노인들이 스스로 자신의 현재 삶을 얼마나 긍정적으로 수용하고, 만족하고 기쁘게 살아갈 수 있느냐 하는 것이 큰 과제이다. 즉 과거의 방식을 완고하게 고수하지 않고 열린 마음으로 현재의 삶을 받아들일 것인가 하는 것이다. 핵심은 자신 내부의 편안함이다.

이런 것들은 상담자의 전문성이 뒷받침되어질 때 훨씬 도움이 됨은 두말 할 나위 없다. 그냥 이웃사람과 나누는 사적인 관계가 아닌 심리상태를 차근차근 레벨 업 시켜나가는 공식적인 관계가 있으면 좋을 듯하다. '왜 공식적인 관계가 필요한가!'를 생각해보면 많은 점에서 고려해 볼 거리가 있겠지만, 우선 몇 가지만 언급한다면 다음과 같다.

첫 번째는, 노인들도 이제 몸을 관리하기 위하여 스스로의 노력이 필요하듯, 마음 관리를 위한 노력이 필요함을 인식해야 한다. 그리고 바로 이런 것들이 교육되어져야 한다. 인식의 문제라고 본다. 소위 말하는 '개념'이 잡혀야 한다. 주변의 사람들은 '노인들은 어쩔 수 없어. 나이 들어 변하지도 않아! 그냥 두는 수밖에!'라고 방치 혹은 포기하기 쉽다. 하지만 오랜 습이 누구에게나 쉽게 바뀌어 질 수 있는 것은 아니라는 점을 이해하고 수용하며, '지금까지 애써 살아온다고 수고 많으셨는데, 이제는 편안하고 가치 있게 생을 마감하기 위하여 이러이러하게 생각해 보시면 좋다.'는 식의 부드러운 이야기들을 건네야 한다. 즉, 자기 삶의 주인으로서 죽음을 맞이하기 위하여 교육되어져야 한다는 인식을 가져야 하고, 이런 이야기를 자주 접해야 한다. 주변인은 구체적인 정보나 공식적인 관련 기관을 소개해주어야 한다.

두 번째, 노인들의 가장 큰 문제는 의존적이 되어가는 것이다. 경제적인 독립을 이루었는가가 우선되어야 할 것이고, 심리적인 독립을 일구었는가하는 것이 핵심이다. 예컨대 남아있는 경제력이 있다면, 자식을 위하여 혹은 손자 손녀를 위하여 지출되는 자금도 비례적인지 점검되면 좋다. 자신의 심신관리를 위해서도 투자해야한다. 특히 건강한 정신 상태의 유지는 매우 요구된다. 과연 진정한 유산이 어떤 것인지를 생각해 보도록 도와드려야 한다. 정신적인 것은 돈으로나 기타 물질로 환산할 수 없는 유산이다. 독립적으로 스스로가 스스로를 위하여 죽을 때까지 투자하여, 그 아름다운 죽음이 자식세대에 얼마나 큰 유산이 될 것인지를 깊이 느껴야 한다. 물론 변화하는 현대사회의 새로운 문명은 필요하다면 최소한의 것이라도 배워야 한다. 젊은이에게 의지해야 한다. 새롭게 배워나가는 건강한 의지는 당연히 필요하다. 이런 것들은 자연스럽게 의탁하되, 스스로의 내면을 주도적으로 관리해야 한다. 자신의 내면의 것들은 어느 누구에게도 맡길 수가 없다. 노년기 심리발달의 한 단계로써 '통합성'을 실현할 수 있도록 전문가의 도움을 받으면 좋다.

세 번째는, 나이가 들수록 기대하지 말고, 조건 없는 사랑만이 전부라는 것을 인식해야 한다. 관계에서 보면, 사랑하는 쪽이 약자다! 예컨대 부모가 자식에게는 약자다! 왜 사랑하는 쪽이 약자가 되었을까? 기대하지 않고 사랑할 수는 없었을까! 정말 극복하기 쉽지 않은 것이 집착이다. 기대하지 않은 채, 순수한 사랑을 했다면 약자가 되지는 않았을 것이다. 이 거대한 우주는 그냥 조건 없는, 순수한 사랑을 하며, 다음 세대로 조건 없이 모든 것을 똑같이 제공한다. 즉 본질은 조건 없는 사랑이다. 태양은 모든 유기체에게 아무런 조건 없이 있는 그대로 빛을 내려쪼인다. 우주는 조건 없이 우리 인간에게 별빛과 달빛을 비추고 있고, 지구의 공기도 조건 없이 존재한다. 즉 하늘은 조건 없는 사랑이 가능하지만, 인간은 기대하지 않는 사랑을 하기가 쉽지 않다. 이제 노년기에 접어드는 노인은 기대를 접고, 하늘에서 제공하는 조건 없는 사랑을 닮으려는 노력을 해야 한다.

네 번째는, 자신이 우주의 한 일원임을 깨닫는 시간이 필요하다. 없는 곳에서 와서 없는 곳으로 돌아가는 것을 허무하고 허망하게 느낄 것이 아니라, 우주와 한 몸이 되어 우주의 먼지로 되돌아가는 것을 기꺼이 수용하고, 자연스런 순리로 받아들여야 한다. 이러한 이치에 수순(隨順)할 때, 비로소 이 세상과 저 세상의 경계를 무난하게 맞이하고, 넘어가게 되지 않을까! 바로 그것이 우주와 하나 되는 진정한 '사랑'이다. 내 안에 우주가 있고, 우주 안에 내가 있는, 일치되는 진정한 응답이요, 완전한 사랑이다. 살아오면서 어떤 고통을 받았거나 사고를 당했더라도 그건 완성으로 향하는 변화 과정일 뿐이었다. 내가 숨을 쉬는 것이 아니라, 우주가 숨을 쉬고 있다. 즉 '나의 주인은 우주다. 나의 주인은 하느님이다.'라고 하여도 무방하지 않겠는가! 말하자면 행복도 불행도 모두 우주의 몸짓이다. 이러한 개념들을 젊은 시절부터 학습해 왔으면 좋겠지만, 그렇지 못할 경우에는 바로 이 순간부터라도 조금씩 알아가는 교육이 필요할 것이다.

다섯 번째는, 삶과 죽음의 경계를 편안하게 받아들이는 시간을 만들어야 한다. 사실 죽음도 지극히 자연으로 회귀하는 축복과 같은 순리이다. 갑자기 아무 준비 없이 들이닥친 죽음보다는, 마치 내일 죽을 것처럼 오늘을 사는 지혜를 가져야 할 것이다. 만약 그렇게 산다면 하루하루가 얼마나 소중하겠는가! 그러한 일상은 마치 신의 부르심을 느끼며 살아가는 듯 알차게 될 것이다. 죽음을 삶의 연장으로 느끼고 축복하는 마음으로 맞이해야 한다는 중대한 원리를 '죽음 교육'을 통해 배워야 한다. 그리고 깊이 느껴야 한다.

일일이 다 언급하기는 한계가 있으나, 노인에 대한 다양한 교육을 위하여 구체적이고 현실적인 연구가 훨씬 더 많이 이루어져야 할 것이다. 특수한 상황에서뿐만 아니라 일반적인 노년기를 맞이한 모든 분들을 위하여 실질적인 도움을 줄 수 있는 프로그램이 개발되어야 한다고 본다. 주먹구구식의 도움보다는 좀 더 체계적으로 짜여진 프로그램을 통하여, 자연스럽게 위와 같은 교육과 치료, 그리고 마음 수행의 길을 갈 수 있도록 전문적인 학습이 필요하리라 본다.

19. 초고령화 시대, 지금부터 준비하는 마음으로…
- 노인상담을 위한 제언 (2) -

> 나이 들어가면서 고독하고 외로워지는 것은 너무나 당연하다. 굳이 그것을 슬퍼하거나 괴로워할 것이 없다. 사람들은 받아들여야 할 것을 받아들이지 못할 때, 즉 자연적인 순리에 저항할 때 오는 고통이 꽤 크다는 사실을 인식해야 한다. 너무나 당연한 것을 '우울증'이니 '무기력증'이니 하면서 병으로 취급하지 말고, 고독과 외로움을 어떻게 즐길 것인가를 연구해야 한다.

몇 달 전의 할머니 이야기를 시작하며 이 글을 쓴다. 그 찻집은 아주 작은 곳이지만, 은근히 정이 가는 편안한 곳이다. 보통 때는 차를 가지고 공원 벤치에 앉아서 조용히 한잔 마시는 편인데, 그 가게는 평범한 바깥 벤치에 앉아 아름다운 길을 느낄 수 있는 차분한 곳이다. 어제 다시 들렀더니 찻집 주인 아주머님이 그 할머니가 여기를 기웃거리며, 그때 생강차를 한잔 드셨던 느낌이 좋으셨던지 지나가면서 슬쩍 보고 가신다는 이야기를 전한다. 그 할머니를 떠올리며, 슬기로운 노년생활을 위한 생각들이 이어진다. '상담자'라는 입장을 던지고, 바로 나 스스로가 노년을 맞이한 사람으로서 생각해 보면 훨씬 현실감 있게 다가온다. 아주 평범하고 일상적으로 중요한 것들을 고려해 보아야 하기 때문이다. 그리고 이론적이고 개념적인 것을 전혀 배제할 수는 없겠지만 가능하면 그런 것들이 드러나지 않게 피부에 와 닿는 내용들을 살펴보아야 함이, 자연스러운 상담자의 역할이 아닐까라고 여겨지기 때문이다.

노인 관련, 건강하게 오래 사는 법이나 나이 들어 주변에 폐를 끼치지 않고 살아가는 방법, 돈을 저축하는 법, 재미있게 노는 법 등… 제법 많은 책들이 나와 있는 것 같다. 노인들의 3대 바보 모습도 누군가가 알려준다. '손자·손녀를 봐주기 위하여 약속을 변경하는 조부모, 미리 재산 물려주고 용돈 받고 살겠다는 부모, 손자·손녀가 놀러오면 어떡하나 싶어 집을 늘리는 부모'라고 한다. 글쎄! 바보인지, 사랑인지…. 그때그때의 현명한 자아기능에 의한 판단이 요구되는 것일 뿐, 딱히 어느 것이 좋다 나쁘다고 판단하며 말할 수 없을 것 같다. 문제는, 슬기롭고 지혜로운 노년을 맞이하기 위하여 모든 것들, 어쩌면 지극히 소박한 바람들이 노력 없이는 얻어지지 않는 데 있다고 본다. 중장년기에 들어선 분들도 더 나이가 들기 전에 노년의 자기 모습을 스스로 만들어가는 노력이나 수련이 필요하지 않을까 싶다. 지금까지는 먹고 산다고 바빴고, 자식 키운다고 정신없었고, 자아실현을 위하여 밤낮으로 힘썼고, 성취나 성공을 위하여 심신이 늘 뛰어 다녔고, 자식의 앞날을 위하여 혹은 가족의 건강을 위하여 신경 쓰고 사는 등 특수한 상황에 처하셨던 분들 이외는 대체로 이러한 수고를 하고 살았을 것이다. 혼자 살게 되는 경우의 노년기도 몇몇 가지만 제외하고는 거의 마찬가지라고 본다. 좋다! 그렇게 살아 온 세월들이었다. 나름대로 다들 수고를 많이 했다! 자랑스럽고 칭찬받을 만한 것도 있고, 자책되고 후회되는 것도 있을 것이지만, 문제는 지금부터이다. 노년기에 이른 분들은 지나친 과거 회상이나 집착보다는, 지금 바로 여기에서부터 어떤 노력이나 수련을 해야 할까를 숙고해 보는 사람이 현명하리라 느껴진다. 노인들뿐만 아니라 노년에 접어드는 사람들이나 젊은이들도 한 번쯤 고려해보면 도움이 될 만한, 심리교육적인 측면을 살펴보자.

첫째, 자신의 감정을 다스리는 훈련의 필요성이다. 많은 사람들이 젊은 시절부터 필요한 '화', '분노', '억울함', '슬픔' 등 내면의 감정들을 어떻게 다스려왔는가를 생각해 볼 때, 나이 들어가면서 가장 필요한 것은 스스로 감정을 다스리는 능력이다. 특히 '분노'와 '우울'의 감정이다. '난 최선을 다하여 살았는데, 이런 대접을 받고 살다니! 너희들을 위하여 흘린 피와 땀이 얼마나 많은데, 자식들인 너희가 나에게 이런 대접을 하다니!'라는 분노어린 태도, '사는 게 허무하다. 내 인생은 실패했다. 헛살았다. 빨리 죽고 싶다. 누굴 탓하랴! 다 내가 잘못 살아온 건데…' 등 우울에 젖은 비통함이다. 당사자는 정말 힘든 감정적 싸움을 내면에서 하고 있는데, 이런 감정으로 사람을 접촉하면 자식들이나 주변인들을 떠나게 만들고, 그냥 자연스럽게 내쳐지게 만드는 '감정'이다.

마음이 병든 사람들의 특징이 있다. 이는 감정 다스림의 문제와 직결된다. 그들은 자신의 부정적 감정을 인정하지 않고, 감정을 표현하는 것이 서툴다는 점이 특징이다. 자신의 감정을 인정하면 속 좁은 사람으로 비춰질까, 비난 받을까 두려워한다. 심지어 그런 감정이 있다는 것도 알아차리지 못하며, 알아차린다 해도 그런 감정 자체를 불편하게 느낀다. 이미 주변 사람들은 다 아는데도 끝까지 자기감정을 감추려고 한다, 자신이 지금 이러는 것은 화가 나서가 아니라 다른 이유 때문이라고 변명하기 급급하다. "이게 다 너를 사랑해서 하는 말이야."라는 식으로 자기 분노를 합리화하기도 한다. 대체로 이런 분들은 자기 내부의 부정적 감정을 바라보지 못하고 술이나 담배로 달래거나 감정회피를 위하여 남을 탓하거나 팔자타령도 한다. '뒤끝'도 매우 세다. 뒤끝이 안 좋은 사람은 대체로 자기감정을 회피하는 사람들이다. '속과 겉이 다른 사람, 끝이 좋지 않은 사람'이란 악평을 듣기도 한다. 아무리 순하고 착한 얼굴을 하여도, 겉과 속이 다른 사람과의 관계는 지속적일 수 없다.

자기감정을 정직하게 들여다보는 것과 내 마음 안, 특히 무의식 안의 시궁창 혹은 보물 같은 상태를 직면하는 것은 건강한 사람이다. 종교생활을 하는 사람들 중에는 감정회피의 달인들이 많다! 늘 성인·성녀나 깨달은 자에 대한 경전을 접하다보니, 그와 같은 인격이 되어야 제대로 사는 사람이라고 생각하기 쉽다. 그러다보니 그런 사람이 되기를 바라고, 미성숙한 자기를 자책하고 있으므로 있는 그대로의 모습을 직면하지 못한다. 자기 모습에 대한 직면을 거부하면 결벽증, 강박증을 비롯한 여러 가지 신경증에 시달리게 된다. '짝퉁 종교인'이 되는 것이다. 만약 노년기에 집안 어르신이 젊은이에게 자신의 불안과 두려움이 투사된 종교를 '절대적 가치'로 강요 할 경우 가족은 매우 부담스러울 수 있다. 아무리 훌륭한 '인생관'이 묻어 있는 종교라 할지라도 스스로 참된 모델을 보여주지 않으면 거부감만 생길 것이다.

단언컨대, 노년에 접어들수록 감정을 다스릴 줄 아느냐 그렇지 못하느냐가 중요한 관건이 될 것이다. 구체적으로 부정적이라고 느껴지는 허무함, 우울감, 분노, 억울함과 같은 감정을 감사하고, 행복해하고, 기뻐하는 자비스런 감정으로 바꿀 수 있느냐의 문제이다. 상담자는 노인의 감정 다스림에 대한 실질적인 치료 작업을 할 수 있어야 할 것이다. 구체적으로 다루는 전문적인 기술과 인성을 갖추어야 함은 두말할 필요 없지 않을까!

둘째, 주변 사람들과 소통할 수 있느냐의 문제이다. 대화가 되지 않는 노인은 자연스럽게 주변과 멀어져 간다. 자기 하고 싶은 말만 되풀이하는 노인과 누가 관계할 수 있겠는가. 특히 최근의 정보들은 남의 나라 말처럼 알아듣기 어려운 것들이 많다. 심지어 단어 자체도 신조어다. 다양한 새로운 것들이 쏟아져 나오는 이 시대에, 소외되지 말고 "그게 무엇인지 나에게 좀 가르쳐 다오!"라며 물어보기도 하고 알려고 하여도 좋다. 물론 잘할 수 없는 것들은 흔쾌히 도움도 청하며, '모른다.'라는 것 자체를 이상하게 여길 필요가 없다. 당연히 모르는 것이 많은 것이 자연스럽지 않은가! 있는 그대로 인정하고 살면 된다. 새로운 것들을 습득하는 것은 두뇌의 노화 억제에도 도움이 될 것이므로, 할 수 있는 한 배워보고 안 되면 도움을 받으면 된다.

누구나 다 잘 아는 것 같지만 사실 잘 안 되는 소통, 이에 대하여 조금 더 구체적으로 살펴보자. 소통을 하는 데 있어서 가장 큰 문제는 경청의 한계이다. 자기 할 말만 하는 것이다. 물론 이해는 된다. 그러나 나이 들수록 고집을 피우고, 자기 생각을 주장하고 내세우는 자세, 피해 의식에 젖어 남의 이야기를 제대로 듣지 않고 왜곡해서 듣는 태도 등, 이런 상태는 모든 사람을 절레절레 고개를 만든다. 정말 노인들의 가장 큰 장애물은 경청하지 않는 자세라는 것을 다시 한 번 상기해야 한다. 부모가 함께 하는 상담 장면에서 아빠의 이야기에 자식이 너무 답답해서 미칠 것 같은 표정을 짓길래, 아버님께 "애의 말에 귀를 좀 열어보시면 어떨까요?"라고 했더니 60대 후반인 그 분이 얼른 "제가 귀가 먹어서 잘 안 들려요!"라고 했다. 그래서 "눈도 운동하면 좋아지듯이 귀도 운동한다고 생각하고 남의 말을 듣는 훈련을 하면 다시 귀가 잘 돌아올 거예요."라고 유머스럽게 말을 건넸다. "제 이야기는 잘 들으시는데요!"라고 덧붙이면서… "귀를 훈련한다는 것은 처음 들어보는 말인데요! 그게 진짜인가요?"라고 했다. "눈도 훈련하면 더 좋아진다는 글을 읽은 적이 있어요. 하루에 일정 시간 나무나 하늘을 보고, 이리저리 규칙적으로 운동하듯 굴리고 하면 좋대요."라고 했더니 "아, 그래요? 처음 듣는 소리인데요!"라고 한다. "그렇죠. 귀도 훈련하면 좋아진다는 것은 제 생각이에요. '아, 네가 말하는 것이 이런저런 말이니? 이런 뜻이니?' 하면서 상대방의 말 내용을 요약해서 다시 되돌려주는 식으로 말씀하시는 거예요! 처음에는 어색하지만 자꾸만 신경을 쓰다보면 귀가 쫑긋해지면서 상대방 말을 좀 더 잘 듣게 되죠!"라고 '명료화 반응'이라는 의사소통 방법을 쉽게 설명해 드리니 웃으신다. 뇌도 계속 쓰면 좋을 것 같고, 모든 신체 감각도 계속 사용해 주고 훈련해 주면 좋아지지 않을까 싶다. 귀를 기울여 보는 훈련, 이것도 노년기의 필수 훈련 중의 하나라고 본다. 기본 중의 '기본'인 이러한 경청 훈련을 상담자 역할자들은 반복적으로 시키면 좋을 것이다.

셋째, 나이 들어가면서 고독하고 외로워지는 것은 너무 당연하다. 굳이 그것을 슬퍼하거나 괴로워할 것이 없다. 사람들은 받아들여야 할 것을 받아들이지 못할 때, 즉 자연적인 순리에 저항할 때 오는 고통이 꽤 크다는 사실을 인식해야 한다. 너무나 당연한 것을 '우울증'이니 '무기력증'이니 하면서 병으로 취급하지 말고, 그냥 당연한 고독과 외로움을 어떻게 즐길 것인가를 연구해야 한다. 독서습관이나 음악 감상, 산책, 그림 그리기, 글씨쓰기, 기도하기 등 얼마나 혼자서 즐길 수 있는 일들이 많은지 모른다. 외로울 때마다 자식을 부르고 누군가에게 연락하여 독백하듯 반복적인 말을 할 것이 아니라, 자연친화적인 생활 안에서 혹은 좋아하는 어떤 것들과 즐기며 외로움과 함께하는 시간을 가져야 할 것이다. 외로움도 친구다. 고독감도 친구다. 외로움이나 고독감 같은 것도 감정적인 에너지이다. 우리의 몸도 에너지의 일종이 아닌가! 이제 서로 그 에너지들과 친구가 되어 즐기면서 사는 법을 배워야 한다. 상담자들의 이렇게 당연한 친구 같은 감정을 너무 특별하고 이상한 감정처럼 여겨서 치료를 꼭 받아야 되거나, 이상한 사람 취급하는 태도는 오히려 불안을 더 야기할 수도 있지 않을까 싶다. 노년기의 정서 발달 과정을 숙지하면서 오히려 지극히 정상적인, 그 나이라면 누구라도 느낄 수 있는 감정이라고 바라보는, 그런 입장이면 어떨까 싶다.

넷째, 손수 음식을 만들고 혼자 어디를 가는 등, 스스로 무엇인가를 하는 생활을 하려고 의식해야 한다. 누군가가 꼭 옆에 있어야 하고 도와줘야 하는 것으로만 생각한다면 서럽고 외로워서 심리적으로 무너질 수 있다. 물론 건강한 의존은 필요하고, 또 적당한 의지처를 미리 물색해 놓으면 좋을 것이다. 혼자서 무엇인가를 집에서 해 먹거나 움직이다가, 필요에 따라서는 멋있는 곳으로 외식도 가고 좋은 곳을 찾아 맛있는 음식을 먹을 수도 있다. 한 번씩 그럴 때도 필요하지만, 일상에서도 아무렇게나 대충 먹는 것이 아니라, 한두 가지라도 몸에 좋은 요리를 위하여 장도 보고, 레시피도 보면서 손도 움직이고 머리도 쓰고 하는 재미를 느껴보는 것은 어떨까! 두말할 나위 없이 육체적 기관을 움직이며 머리를 쓴다는 것은 매우 소중한 일상이다. 혼자서 인터넷을 찾아보고, 책도 보고, 좋은 무엇인가를 연구하는 열정을 간직하면 좋을 것 같다. 상담자의 역할을 하시는 분들은 노인들이 먹고, 자고, 씻고, 배설하는 기본 생활을 가능하면 스스로 잘 해결하는 평범한 일상의 소중함을 느끼도록 인지시켜야 할 것이다.

육체가 어떤 병에 묶여서 혹은 정신적인 문제로 타인에게 모두를 의탁하지 않고는 살아갈 수 없는 사람들은 전문적인 도움을 받아야 하겠지만, 자연스러운 노년기를 맞이하며 전체적인 일상을 모두 남의 손발을 빌려야 할 때쯤이면, 우리의 육체는 조용히 우주로 회향하여 고향으로 돌아가야 하는 시간으로 여기는 것도 정신건강에 좋을 것 같다. 육체가 적당한 시기에 '자연'으로 돌아가는 것은 너무나 '자연스러운' 순리이다!

20. 성숙하게 나이 들어가려면!

- 노인상담을 위한 제언 (3) -

공간을 두고, 남의 말을 차근차근 듣는 자세는 바로 '여백의 미'에 해당된다. 숨을 의식하며, 주변도 가만히 느껴보고, 말 머리를 다시 한 번 되새겨보려면 한 발 떨어져야 한다. 물리적인 떨어짐도 떨어짐이지만, 사실 따지고 보면 우리는 이 세상의 모든 피조물과 서서히 영육(靈肉)으로 떨어져 나가는 연습을 해야 한다.

어제 내 인생의 스승 중의 한 분이 임종에 가까운 상태라는 소식을 들었다. 이 분은 나에게는 '구체적인' 스승이다. 세상의 모든 것들이 생각하기 나름으로는 모두가 스승이라고 생각하기에, '구체적'이라는 표현을 해 본다. 나의 내면을 이래저래 드러내며 이야기를 깊이 나누었던 상담선생님이셨다. 장소와 시간을 가리지 않고 꽤 오랫동안 규칙적으로 나의 이야기를 들어주셨고, 지혜로운 말씀도 아끼지 않으셨다. 소식을 듣자마자 사모님께 연락하고 기차표를 즉시 끊어 대구로 향했다. 지난 밤에 급히 응급실로 이동했다는 소식이 있어서 밤새 약간 잠을 뒤척였으나, 도착해서 뵈니 말을 잘 듣지는 못하시지만 그래도 나를 알아보시고 손을 꼭 잡고 미소 지으신다. "최 선생 온다고 이렇게 옷 입고 기다리고 있었어."라며 가만히 계신다. "가실 때, 내가 보던 책을 좀 가져가시게!"라며 웃으신다. 보통은 이쯤에서 병원 입원을 하실 만도 하나, 늘 계시던 집에서 임종을 맞이하고 싶으신 것 같다고 사모님이 귀띔하셨다. 선생님의 그런 생각이 충분히 공감되고도 남는다. "나이 들었다고 집에서 움츠리고 있지 말고, 상대가 필요하다면 언제든 어느 곳에서든지 나의 모든 것을 내어줄 수 있는 사람이 되면 좋을 것 같아. 나이 들어 갈수록…"이라고 하신 말씀을 늘 새기고 있다. 나도 그렇게 생각하며 살아가고 있다. 많은 분들에게 도움이 되셨던 선생님의 넓은 품과 박식함이 늘 함께 자리 잡아 감사한 마음이 크다. 그리고, 이렇게 다시 한 번 '참되고 성숙한 노년기'를 어떻게 맞이해야 할 것인가를 생각하게 한다. 몇몇 내용을 살펴보게 되는 숙연한 시간이다.

첫째, 감각기관을 움직이고 머리를 쓰며 스스로 무엇인가를 움직이는 생활 태도를 유지하는 것이 중요하다. 적절하게 주위의 도움을 받는 것이 노년의 삶의 지혜로 일컬어지지만, 이는 젊은이들처럼 다방면으로 에너지를 쏟아 붓지 말고 주된 일과 그렇지 못한 일을 구분하라는 의미이지, 타인에게 의지하라는 데 초점이 있지 않다. 머리를 쓰고 스스로 무엇인가 움직인다면 평범한 일상 속 소소하게 재미있는 순간들을 만들어 나갈 수 있다.

둘째, 마음에 걸리는 사람에 대한 '용서'이다. '용서(forgive)'의 어원은 '모든 것이 주어진'이라는 의미이다. 참 재미있는 뜻이지 않는가! 지금 이 순간 '나'란 존재는, 지금-여기에서의 현실은, 전체로서 온전히… 모든 것이 완전하게 주어졌다는 것이다. 그것들이 지금의 나에게 손해를 입히거나 괴롭게 했던 것들은 일체 사라졌다는 뜻이다. 모든 것을 받아들이는 자세… 나를 힘들게 했던 상대방으로부터, 나의 크나큰 잘못으로부터… 서로의 죄의 짐으로부터… 놓여난다는 의미이다. 이제 그것들은(상대방의 잘못은, 나의 잘못은, 말도 안 되는 일들은…) 짐이 아니며, 내 완전함의 상실에 책임이 없다는 것을 깨달아야 한다. 그 모든 것들을 물결… 물결… 물결로 본다면, 완전함이란 그 물결을 포용하는 바다이다. 그 물결… 물결… 물결들이 완전함이라는 바다에 손상을 입혔는가! 아무런 손상을 입히지 않았다!

지난 인연들에서 좋지 않았던 관계들, 좀 데면데면했던 관계들에서도 아무 일 없었던 듯 한 번씩 연락도 하며, 불편했던 것들도 스스로에게 필요한 수순이었다고 느끼는 것이다. 또 그것들을 관대한 마음으로 바라보며, 모든 인연을 다시 점검하며 용서하고 용서받으며 화해하는 시간을 가져보는 것이다. 혹시 종교를 가지고 있다면 용서의 기도를 하는 습관도 참 좋을 것이다. 나를 힘들게 했던 대상들, 내가 힘들게 했던 사람들, 잘 알지 못하지만 어려운 생활을 하는 사람들을 위하여 마음을 잡아 기도해 주는 것이다. 용서는 너무나 흔한 말이지만, 마음에서 진정 용서하는 자세를 가진다는 것은 인격적으로 매우 중요한 계단이다. 상대를 위한 것이 아니라 나 자신을 위한 것이라는 말은 이미 들었을 것이다. 그러나 이것이 그리 쉽지는 않다. '하늘나라에 들어오려거든, 우선 땅에서 맺은 인연들에 대해서 화해하고 용서하고 들어오라'는 성경 말씀이 있다. 정말 중요한 내용인 것 같다. 노년이 되어가면서 타인에 대한 원한과 분노를 가슴에 안고 살아가는 것은 큰 아픔이요 슬픔이다. 자신의 마음이 그만큼 편치 않다는 뜻이다. 어디 타인에 대한 용서만 있겠는가! 자기 자신의 삶에 대한 용서도 필요할 것이다. 지나온 삶에 대하여 책망하고 낙담하고 괴로워할 것이 아니라, 얼마나 수고하며 나름대로 최선을 다하여 살아왔는지, 부족하다고 느끼는 자신을 용서해 주어야 할 것이다. 즉 자신의 전 인생에 대한 깊은 '받아들임'과 '사랑'은 바로 타인에 대한 '받아들임'과 '사랑'이 아니겠는가!

셋째, '비우는 마음자세'도 훈련되어야 한다. 불교용어에는 방하착(放下著)이라는 말이 있다. 집착하는 마음을 내려놓으라는 것, 우리를 괴롭게 만드는 재물, 명예, 성공, 관계에 대한 욕심을 홀가분하게 벗어 던져

버리라는 것이다. 당나라의 선승 조주스님이 깨달음을 얻고자 자신을 찾아온 중생들에게 이것을 제일 강조했다고 전해진다. 모든 욕심과 집착을 온전히 내려놓고 난 다음에야 비로소 얻게 된 그 깨달음과 편안함을 마음에 지니고 가라는 의미이다.

이는 예수님의 말씀과도 맞닿아 있다. 어떤 사람이 예수님을 찾아와 물었다. "선하신 스승님, 제가 영원한 생명을 받으려면 무엇을 해야 합니까?" 평생 무엇을 '얻을 생각'만 하며 살아온 그가, 그래서 많은 재산을 모으는 데 성공한 그가, 하느님과의 관계에서도 자신이 원하는 것을 얻으려고 질문하는 것이다. 그는 정말 성실하게 살았다. 많고 복잡한 율법조항들을 철저히 지키는 것은 기본이고, 인정받고 사랑받기 위하여 무엇이든 열심히 해 왔다. 종교인으로서 이제 마지막 관문인 '영원한 생명'을 얻고자 하는 갈망이 컸으므로, 그의 순수한 갈망을 어여삐 본 예수님은 "모든 재산을 다 팔아서 나누어라!"라는 말씀을 하셨다. 당신을 따르는 제자들 중 일부는 더 풍족하고 부유한 삶을 누리기 위하여 예수님을 따랐다. 하지만 예수님은 모든 것을 다 가진 그에게 한 가지 부족한 것을 채울 수 있는 절호의 기회를 주고자 하였다. 그러나 그는 '다 비우기'를 행하기가 어려웠다. 손에 지니고 있는 것을 내려놓으라니… 욕심과 집착을 내려 놓으라니… 그것은 정말 포기하기 어려웠던 것이다. 이렇게 참된 것은 '좁은 문'을 통과해야 하는데, 참된 행복과 영원한 생명을 얻고자 한다면, 먼저 지금 내 손에 움켜쥐고 있는 것들을 과감하게 내려놓는 결단이 필요한 것이다. 노년기의 욕심을 노욕(老慾)이라고 한다. 노욕에서 자유로워져야 할 것이다. 노인상담 장면에서는 "버려야 할 것이 무엇인가!", "참으로 얻어야 할 것이 무엇인가!"에 대한 현실적이고 구체적인 프로그램이 요구된다.

넷째, 받기를 바라는 마음을 나누는 것으로 전환시키는 것이다. 무엇이든지 받기를 좋아하는 노인은 "남이 너희에게 해주기를 바라는 그대로 너희도 남에게 해주어라."(마태 7,12)라는 말씀을 마음에 새겨야 한다. 이러한 글귀나 말씀을 호주머니에 넣고 다녀야 한다! 동양의 고전 논어에 기소불욕 물시어인(己所不欲 物施於人), 즉 "내가 하기 싫은 일은 남에게 시키지 마라!"와 동일한 내용으로 느껴진다. 타인에게 시키거나 권할 것이 있으면, 시킴과 권함을 내가 받았을 때 어떨까를 생각해 보는 것이 먼저이다. 일상에서 우리는 늘 역지사지(易地思之)의 마음으로 생각해 보는 습관이 필요하다. 어디 노인뿐이겠는가! 누구에게라도 적용되는 말이거니와, 이런 노인들의 생활태도는 집안 식구들에게도 자연스럽게 모델이 될 것이다. 잠자리에 들기 전 하루를 반성하며, 자고 일어난 후 하루를 시작하며 늘 새겨야 할 말이다. 상담 장면에서는 "나는 오늘 무엇을 남에게 해 주었는가! 나는 오늘 하루 작은 것 하나라도 세상을 위해서 무엇을 했는가!"라는 물음을 할 수 있도록 훈련되어야 할 것이다.

다섯째, 지금-현재를 올바르게 식별할 수 있는 태도를 가져야 한다. 노인일수록 지금-현재의 상황을 똑바르게 직시할 수 있는 안목이 정말 중요하다. 살아 온 세월이 길다 보니 나름대로의 가치관과 판단이 습관처럼 자연스럽게 고착되는데, 그게 고집이 되어 주변 사람들을 죄책감과 불안에 휩싸이게 만들고 분위기를 불편하고 힘겹게 조성할 뿐 아니라, 급기야는 사랑하는 가족들이 '빨리 돌아가셔야 할 텐데… 이제 돌아가실 때가 되었는데….'라는 마음을 가지게끔 만드는 중요한 이유가 되기 때문이다.

노인들을 대하는 상담자들에게 특히 필요한 것은 공감을 한다면서 무엇이나 상대방 감정에 다 공감하는 것은 한계가 있다는 인식이다. 소위 말하는 '합리적 공감'이 필요하다. 과거의 삶을 공감하는 것인지, 지금-현재의 삶을 공감하는 것인지 구별이 안 되는 것은 문제가 된다. 합리적 공감은 지금-여기를 올바르게 식별하는 중요한 도구이다. 단순히 선심 쓰듯 공감해서는 안 되는 이유는 무엇일까! 물론 진심어린 공감은 약자에 대한 배려부터 시작하여 친밀한 사람에 대한 우정, 사람을 대하는 보편적 태도에 이르기까지 광범위하게 요청되고 있다. 개인과 사회를 위한 하나의 필수적인 능력으로 여겨질 정도이다. 그러나 단순히 상대방과 같은 감정을 공유하는 것만으로 그쳐서는 안 된다. 분별없는 공감은 '그것이 옳습니다.', '그것이 맞습니다.'라는 식의 결론을 내게 만드는 문제점을 야기할 수 있다. 특히 노년기에 이른 분들에게 무차별한 공감은 그들의 고착된 식견이나 생각들을 더욱 견고하게 만드는 경우가 있기 때문이다. 지금-여기에서의 자신의 위치를 똑바로 식별할 수 있어야 하고 선함과 평화, 공동체적인 인식을 할 수 있는 참된 정신이 중요한 것이다. 즉 따스한 마음과 겸손한 경청도 중요하지만, 냉정한 판단과 대안 모색을 위한 합리적 노력도 중요하다. 그러므로 환심을 사기 위한 감성적 담론, 쇼에 불과한 선심성 행동, 자화자찬, 속과 겉이 다른 동조 등은 주의해야 한다. 오히려 지금까지 살아온 세월에 대한 깊은 격려와 위로, 진심어린 자비심이 필요하지만, 지금-이 순간의 어떤 것에 대한 합리적이지 못한, 공감을 위한 공감은 주의해야 할 것이다. 과거와 현재를 분리하여 지혜로운 직면이 내재된 공감을 해야 한다.

여섯째, 이제는 모든 것과 떨어져 가는 연습을 해야 한다. 이것은 공간(space)의 의미로도 설명되어질 수 있다. 나무들은 어릴 때는 촘촘하게 심어준다. 하지만 나무가 커지기 시작하면 옆 나무와 거리를 두게 해줘야 한다. 그렇지 않으면 크질 못한다. 사람도 마찬가지로 어린 시절에는 부모가 옆에 붙어 있어야 하지만 커갈수록 공간을 만들어줘야 한다. 즉 거리두기를 해야 한다. 심리적 공간(Psychological space)이다. 나이가 들어서도 부모가 다 챙겨주는 자식들, 심리적 공간을 주지 않는 자식들은 제대로 성장하지도 성공하지도 못하고 부모에게 기생해서 사는 '루저(loser)'들이 된다.

심리적 공간이란 관계 안에서의 자유이다. 사람과 사람은 대화로, 태도로, 행동으로 관계를 만들어간다. 그 대화 안에서 혹은 행동에서 심리적 공간의 제공은 아주 중요하다. 예컨대 대화 안에서 공간이 없는 경우, 즉 상대방의 이야기를 듣는 데 있어서 즉각적인 반응을 예사로 한다든지, 말이 땅에(!) 떨어지기도 전에 바로 자신의 의견을 주장하기 시작한다든지, "그게 아니고, 그게 아니고." 하면서 남의 말에 손사래를 치는 등이 여기에 속한다. 관계 안에서 공간이 없는 예들은 너무나 많다. 남의 말을 끝까지 들어보지도 않고 끊어버리거나 마구잡이로 자기 말만 하고 난 뒤, '상황 끝'을 외치는 의사소통의 자세는 큰 문제가 된다. 경청 자세나 방법에도 원인이 있겠으나, 마음 그릇이 남의 이야기를 담을 크기가 안 될 때 그런 현상이 생기지 않겠는가! 사실 어린 시절 주요 양육자로부터 잔소리를 많이 들어서 핀잔, 비난, 지배 등 부정적인 감정들이 많이 내재되어 있을 경우에는 남의 이야기를 듣기 힘들다. 다른 사람의 이야기가 잔소리로 들리고 비난, 핀잔, 지배하려는 말로 들리기 때문이다. 이런 심리적 요인이 내재되어 남의 이야기를 듣기 어려운 분들은 자기 안의 심리적 공간을 넓히기 위한 치료적 노력을 해야 한다. 노인들의 좁은 공간은 젊은이들을 정말 힘들게 하고, 모든 사람들로부터 서서히 배제되어 간다는 사실을 알아야 할 것이다.

공간을 두고, 남의 말을 차근차근 듣는 자세는 바로 여백의 미에 해당된다. 숨을 의식하며 주변도 가만히 느껴보고, 말 머리를 다시 한 번 되새겨보려면 한발 떨어져서 느끼는 연습이 필요한 것이다. 물리적인 떨어짐도 떨어짐이지만, 사실 따지고 보면 우리는 이 세상의 모든 피조물과 서서히 영육(靈肉)으로 떨어져 나가는 연습을 해야 한다. 차분히 차를 마시고, 음악을 듣고, 그림을 보면서, 명상을 하면서 조용히 자신만의 공간을 가져야 할 것이다. 이는 건강한 분리라는 개념으로도 생각할 수 있다. 이러한 노력이 필요하다고 여겨진다면, 망설이지 말고 상담 관련 연구소를 찾아서 내면의 공간을 열어보여야 할 것이다. 그래야 이제 진정으로 모든 것과 서서히 떨어져서 느끼게 되며, 참된 자유가 무엇인지를 깨닫게 될 것이다.

일곱째, 지금 자신에게 주어진 현실을 인식하고 받아들여야 한다. 과거에 함몰되어 현실을 제대로 보지 못하는 것만큼 상대방이 답답해하는 것이 있을까! 나이가 들수록 거짓 자아, 즉 에고(ego)에 집착되어 있는 자세는 모두가 노인을 외면하게 하는 직접적인 이유가 될 것이다. 노인이 될수록 '참 자기'에 대한 성찰이 있어야겠지만, 대부분의 노인들은 거짓 자아가 더욱 굳건해 가기 쉽다.

참 자기에 대해 예수님이 예시한 이미지는 투명한 눈, 그러니까 다른 어떤 방해물이 없는 눈이다. "먼저 네 눈에서 들보를 빼내어라. 그래야 네가 형제의 눈에 있는 티를 뚜렷이 보고 빼낼 수 있을 것이다."(루카 6,42) "네 눈은 네 몸의 등불이다. 네 눈이 맑을 때에는 온몸도 환하고, 성하지 못할 때에는 몸도 어둡다."(루카 11,34) 참 자기는 에고나 거짓 자아, 즉 들보 아래 묻혀 있다. 현실에 맞는 맑은 눈을 가져야 한다. 기력은 떨어지고 눈·귀는 어두워도 정신은 맑아야 한다는 의미이리라.

현실적인 예를 살펴보자. 옛날과 달리, 21세기 부모 역할을 한마디로 말한다면, 과잉보호와 높은 교육열로 인하여 무엇인가를 다 바쳐온 인생이라 해도 과언이 아니다. 많이 쏟아 부었다. 그런데 그 자녀는 평생 부모에게 고마워하고 감사해 하며 살아야 할까를 생각해 보아야 한다. 같이 사는 것은 더욱 더 아닌 상황이 되었다. 물론 자식들이 필요에 의하여 손주의 양육이나 기타 집안일의 도움을 받고자 요청하는 경우도 있을 것이나, 그런 현실적 이유 없이 같이 살아가는 세대는 점점 지나가고 있다. 쌍방을 위해서이다. 이제는 남은 인생을 부부가 같이 살 가능성이 제일 크다. 누가 먼저 돌아가시느냐고 물으면 거의 대부분 남편이 먼저 간다고 말할 수 있다. 남자보다 여자 평균 수명이 6-7년 길다고 하며, 여자 혼자 살아야 하는 기간이 대략 10년 전후라는 통계가 있다. 그렇다면 우리 자식도 자기 배우자와 평생 같이 살 것이고, 마찬가지로 며느리가(딸이) 더 오래 살 것이다. 자식들과 평생 같이 살 것처럼 자녀를 독립시키지 못하고, 부모가 자식을 품에 끼고 살면 정말 문제가 커진다. 자식에게 기대하면 할수록 행복지수가 떨어질 것이다. 국가에 모든 것을 손 벌리는 것도 한계가 있다. 결국 자기 스스로 자기 인생을 책임지고 살아야 한다. 노인의 봉양을 자식에게, 국가에게 맡기는 것은 불행으로 가는 지름길이다. 자신이 자신의 죽음을 준비해야 한다. 기존의 노인 부모 세대는, 자식이 일종의 보험이었다. 또한 '자식 보험'을 드는 것이 대충은 통한 시대였다. 그러나 지금은 모든 것이 달라졌다. 바로 이것이 현실이다. 이 현실을 정확하게 인식해야 한다. 그리고 그것에 발맞추어야 한다. 현대적인 자식 사랑은 자식에게 손을 벌리지 않는 것이다. 독립적으로 살아가고, 현실을 잘 받아들이는 것이 필요하다.

성숙한 노인이 되어 간다는 것, 마음가짐이 어떻게 되면 좋다는 것은 개인에 따라 사정이 있고, 각자의 현실이 있기 때문에 '이렇게 교육되어져야 한다. 무엇을 알아야 한다.'라고 딱히 말할 수는 없다. 하지만 나이 들수록 다양한 지혜를 습득해야 하고, 스스로 젊은 시절부터 깨달음의 길을 즐겨 배우는 습관을 가지면 좋을 것이다. 슬기로운 노년생활을 위하여 훨씬 더 많은 내용들이 있을 수 있겠으나, 우선 지금까지 제시한 내용만이라도 생각해 보면 도움이 될 것이라 여겨진다. 문제는, '그냥 조금 읽고, 알았다고 생각하다가 스쳐 넘어가는 것'이 아니라 '깊이 느끼고 또 받아들여야'한다. 깊이깊이….

지금-현재의 모든 것들을 받아들이는 고요함이 필요하다. 가만히… 죽음도 삶처럼 똑같은 우주의 순행원리라고 느끼고 받아들여야 한다. 깊이깊이… 이 생의 모든 인연에 감사하며, 한바탕 행복하게 잘 놀다 간다는 마음으로 이별해야 할 것이다. 이별은 또 다른 삶의 만남이다. 전혀 슬퍼하거나 노여워할 필요 없다. 죽음으로써 또 다른 삶은 시작된다. 단지 형태를 바꿀 뿐이다. 삶은 생주이멸(生住異滅)의 과정일 뿐이다. 삶이란 그런 것이리라!

- 위 내용은 제프 포스터(2021)글에서 일부 인용, 재해석되었음을 밝힙니다.-

21. 집단상담 장면에서의 인욕(忍辱)과 정진(精進) 바라밀

> '인욕(忍辱)'에서 '인(忍)'자의 아래 부분에는 '마음 심(心)'이 있고, 머리에는 '칼날 인(刃)'이 있다. 칼날은 날카로워 다루기가 어렵다. 바로 그 칼날을 '마음'이 잘 받들고 있느냐 하는 것이다. 그리고 정진하며 의식의 토대부터 변화시키는, 즉 근근(勤根)을 행하면, 긍정적인 씨앗은 계속 자라나는 반면, 부정적인 씨앗은 점점 힘을 잃게 됨은 틀림없을 것이다.

고통의 강을 건너 자유로운 세계를 건너가기 위한 방편, 즉 6바라밀 중 보시와 지계바라밀에 이어 인욕바라밀과 정진바라밀에 대하여 살펴보자. 특히 이것이 '심리치료' 장면에 어떻게 응용되는지 귀 기울여 보자(보시와 지계바라밀에 대한 설명은 『생활 속의 심리이야기 2』 참조).

셋째, 인욕(忍辱)바라밀이다. 포용성 있는 마음, 견디는 힘이 있는 마음이다. 산스크리트어 '크샨티(kshanti)'를 영어로는 흔히 '자제(forbearance)'나 '인내(endurance)'로 번역한다. 크샨티를 한자로 옮긴 '인욕(忍辱)'에서 '인'자는 크샨티의 참된 의미를 잘 표현해 준다. '인(忍)'자의 아래 부분에는 '마음 심(心)'이 있고, 머리에는 '칼날 인(刃)'이 있다. 칼날은 날카로워 다루기가 어렵지 않은가! 바로 그 칼날을 '마음'이 잘 받들고 있느냐 하는 것이다. 그러므로 이 글자는 '어떤 어려움 속에서도 모든 것을 감싸 안는 포용성'이라는 본래 의미를 아주 생생하게 보여준다.

마음이 크게 열려 있으면 날카로운 것도 잘 받아들일 수 있다. 전혀 괴롭지 않기 때문이다. 무언가를 불쾌하게 여기거나, 폐가 되는 것처럼 느끼는 것은 마음이 그만큼 좁기 때문이다. 마음이 넓으면, 날카롭고 곤란한 것도 아무 상처 없이 편안하게 받아들일 수 있다. 그러므로 크샨티는 고통을 불러들이지 않는 성품을 말한다. 이렇게 된다면 우리가 얼마나 편할까! 크샨티는 마음이 좁아서 경험하는 고통을 피하게 해준다는 점에서 깊이 성찰해야 하는 부분이다.

상담 장면에서 주호소문제의 끝자락 해결책은, 대체로 '마음 넓히기'이다. 내 뜻대로 외부의 현실을 변화시키기는 쉽지 않다. 물론 현실을 합리적으로 변경시키는 노력을 해야 하는 것도 있으나, 그것조차도 결국 힘겨운 현실을 내 마음으로 어떻게 잘 이겨내어 합리적으로 해결하느냐는 것이 관건이다. 작은 종지에 있는 한 숟가락의 소금과 큰 강물 속의 한 숟가락의 소금! 둘의 소금의 농도는 완전히 다르다. 그릇이 좁으면 그 물 맛이 정말 짜다. 그릇이 넓으면 소금이 있는지 없는지조차도 희미하다. 마음이 좁으면 각종 어려움이 크게 느껴지고 괴로움이 더 크게 느껴진다. 포용성 있는 마음으로 넓어지면 각종 어려움도 마치 아무 일도 없는 듯 쉽게 넘어간다. 포용력의 문제라는 뜻이다.

치료 장면에서 필자가 자주 하는 말이 있다. 가끔 내 마음에 안부를 묻고 살아야 한다는 이야기이다. "xx님, 지금 마음이 어떤가요!", "어떤 마음 그릇이라도 상관없으니, 우선 있는 그대로 자신에 대하여 말을 해 봅시다!", "오늘 내 마음은 어땠는지! 잘잘못을 떠나서, 그냥 감정을 한 번 표현해 보세요!" 평소에 마음을 잘 다스리는 사람들은 참으로 존경받을 만한 인격의 소유자다. 개인적으로든 공동체적 모임에서든 이런 분들은 드물지만 가끔 볼 수 있는데, 늘 자신을 닦는 겸손한 자세를 보인다는 것이 특징이다. 사실 살아가면서 포용성을 닦으려는 수행적 자세만큼 중요한 것이 있을까 싶다. 대상을 깊이 관찰하고 이해하는 포용력을 넓히다 보면, 타인들의 고통을 이해하게 되고, 마음속에서 연민의 정이 저절로 샘솟는다. 자비심이 생긴다. 말할 필요 없이 자신 스스로의 고통에게도 연민의 마음을 보낸다면, 슬픔과 아픔이 고귀한 마음으로 넘어가는 기적 같은 일들을 맞이하게 될 것이다.

집단상담 장면 안에서 구성원들이 겪는 갈등은 다양하다. 특히 구성원들끼리 피드백을 주고받을 때 '저 사람은 왜 저런 소리를 하지? 뜬금없는 말들을…. 저 사람은 너무 기본이 안 되어 있어.'라는 생각을 속으로 할 수 있다. 노골적으로 말로 피드백하기도 한다. 무시되고 더 이상 관계하고 싶지 않은 마음도 생길 수 있다. 그러나 조금만 더 생각해 보라. 나 자신의 행동에 대해서는 다른 사람이 그렇게 느끼지 않을는지를! 또한 그렇게 할 수밖에 없는 이유가 반드시 있음을! 우리는 상대편을 우리 마음 안으로 받아들이는 법을 터득해야 한다. 포용하는 마음을 내어야 한다. 받아들이게 되면, 놀랍게도 상대에 대한 나의 불편함이 순식간에 사라진다. 포용성 있는 마음이 생기면, 그 사람의 말 한마디 한마디가 음악소리처럼 좋게 들리기까지 한다. 그리고 함께 해주고 싶다. 여기서 한 가지 정말 중요한 점이 있다. 바로 '자기 스스로의 마음은 잘 받아주고 있는가?'이다. 자기 마음에 대하여 얼마나 포용성 있는 태도를 가지는가! 이 점은 정말 생각보다 많은 사람들이 가지는 문제점이다. 자기감정을 마음대로 무시하고 내던지다 보니, 남의 감정도 함부로 다루는 것이다. 포용성 없는 자세이다. 이 점이 우선된 인욕의 자세, 매우 중요하게 느껴진다. 그리고 난 뒤, '비록 스스로도 부족하지만 대상을 어떻게 도와주어야 적절할까!'를 생각하게 된다. 나 스스로에 대해서도, 타인에 대해서도 어떻게 도와주는 것이 좋을까 하는 연구를 하게 된다. 이렇게 될 때 누구 마음이 편하겠는가! 바로 내 마음이다. 자비심으로 흐르는 내 마음 상태는 얼마나 편한지 모른다.

인욕바라밀은 자신에게 큰 행복을 주는 것이다. 대상에게, 외부의 모든 피조물에게 관심을 가지게 되고, 그렇게 될 수밖에 없는 어떤 사정을 이해해 주고 싶고, 잘 되기를 바라게 된다. 만약 이런 포용력 있는 마음으로 나 스스로와 상대방에게 피드백을 한다면, 너무나 빨리 진짜 너무나 순식간에 그 상황을 호전시킬 수 있다. 이런 태도가 진정한 변화를 가져오는 물꼬가 된다. 어디 한 개인에게만 해당되겠는가! 사회나 국가, 세계적인 어떤 중요한 문제도 포용성 있는 태도로 접근한다면, 온 세상이 얼마나 평화롭게 공존할 수 있을까!

넷째, 정진(精進)바라밀이다. 부지런히 나아가면 끝이 보인다. 정진의 가르침은 네 가지 올바른 노력을 가리키는 사정근(四正勤) 속에서 분명하게 이해할 수 있다. 사정근은 새로운 고통은 만들어내지 않고 현재의 고통은 변화시키게 해주는 네 가지 수행법을 말한다. 불교심리학에 따르면, 우리의 의식 속에는 가장 깊은 곳에 장식(藏識)이 있고, 그 위에 사량식(思量識)과 의식(意識)이 있다고 한다. 그런데 장식 속에는 긍정적인 씨앗과 부정적인 씨앗이 여러 개 들어있다. 이 씨앗들은 우리의 과거 행위가 만들어낸 결과물인데, 그것을 대하는 태도에 따라 싹을 틔우기도 하고 그대로 잠들어 있기도 한다. 개인의 '정신역동' 항아리 속의 감정 사고 등의 패턴이라고 이해하여도 좋다. 심리관련 연구소에서는 치료적 목적도 있지만, 좋은 대처 방식에 대한 습관과 마음에 대한 습관을 훈습하기 위하여, 즉 정진을 위하여 방문하시는 분들도 꽤 많다고 느껴진다. 여러 가지 현실적인 문제 해결을 위하여 처음에는 문을 노크하지만, 결국 그 문제의 바탕이 되는 심리적 현상들을 극복해나가는 과정에서 요구되는 것은 정진이다. 자칫 다시 옛날로 돌아가기 쉬운 것을 계속 훈습하며 바람직한 방향으로 나아가는 자세다. 구체적인 네 가지 요소를 살펴보면 좀 더 이해의 폭을 넓히게 될 것이다.

사정근(四正勤)의 첫 번째 요소는 지금이라도 우리의 의식 속에 부정적인 씨앗들을 심지 않는 것이다. 예를 들어 도박이나 알코올, 게임 등과 같은 심신의 건강과 안정에 해가 되는 것을 즐기게 만드는 씨앗, 이런 씨앗을 뿌릴 수 있는 상황에 자신을 노출시키지 말아야 한다. 가정생활이나 개인의 활동에 어려움을 야기하는 씨앗을 뿌리는 환경을 아예 배제시키는 것이다. 그런 친구나 물질이 있다면 우선 그 친구나 물질을 멀리해야 하고, 장소가 있다면 그 장소를 멀리 하는 것이다. 가정 안에서 그런 요인이 있다면 가정의 환경부터 바꾸어야 하며, 바꿀 수 없다면 그 환경과 우선 떨어지게 하는 것이다. 어떤 이유나 변명 없이 그냥 그 씨앗을 심지 않는 방향으로 길을 잡는 것이다. 상담 장면에서 상담자가 내담자에게 가끔 이런 말을 할 때가 있다. "지금까지의 이야기를 잘 들었습니다만, 우선 이러이러한 것을 멀리하고, 저러저러한 방향으로 행동을 해 보면서, 이 문제의 뿌리를 다루어 나갑시다."라는 말이 여기에 해당된다.

두 번째는 이미 내재되어 있는 부정적인 씨앗들을 다스리는 방법에 관한 것이다. 매일의 삶을 잘 정돈해서, 이 부정적인 씨앗들이 싹을 틔워 자라지 못하게 만드는 것이다. 예컨대 우리 내면에 화와 분노, 갈망의 씨앗들이 많다고 하자. 그러면 이 씨앗들에게 물을 주지 않도록 해야 한다. 상담 장면에서 가장 많이 발생되는 문제는, 이 씨앗에 물을 주는 태도에는 익숙해 있고, 물을 주지 않는 태도에는 낯설어하는 경우이다. 부정적인 씨앗들에게 먹이를 주지 않는 방향은, 먹이를 주는 태도에 대한 '즉시적인 알아차림'이다. '알아차림'을 통한 조절이다. 본인 스스로는 습이 되어 있으므로 잘 감지하지 못한다. '조절'은 뒤로 하고라도 '알아차림' 자체가 그리 쉽지 않다. 알아차린다는 것은 개념으로는 쉬운데,

실제로는 쉽지 않은 것이다. 이것을 도와주는 장면으로 매우 유용한 곳이 바로 '집단 심리치료'의 장이다. 집단상담 장면에서는 구성원들이 서로 피드백을 해주면서, 미처 본인이 알아차리지 못한 것들을 자각하도록 거울이 되어준다. 처음 들을 때는 당황하거나 저항하기도 하지만, 부정적인 씨앗들이 마구잡이로 튀어나와서 활동하지 못하도록 하는 브레이크 역할이므로 결국 유용하다. 정말 소중한 것이다. 어떤 물질로 이것을 살 것인가! 만약 이 부정적인 씨앗이 계속 표면화되기 시작하면, 씨앗이 나무가 되어 더욱 더 튼튼해진다. 씨앗이 장식(藏識) 속에 오랫동안 그대로 묻혀 있게 만들어 먹이를 주지 않으면 서서히 힘을 잃어가지만, 우리의 의식 속에서 스스로를 드러낼 기회를 얻으면 그 토대에서 계속 자라난다는 뜻이다. 만약 치료의 장면에서 이 씨앗을 꺼냈다면 적멸하도록 치료적 전문공간에서 작업을 해야 하고, 다시금 그것이 드러나지 않도록 훈습되어야만 한다. 드러난 것을 다루지 않거나, 어정쩡하게 반복 재생되고 있는데도 통찰되지 않으면 오히려 더 먹이를 주는 꼴이 되기 쉽다. 반복적인 훈습, 정진이 필요한 것은 당연하다. 정진을 통해서 절망과 화, 갈망 등의 부정적인 씨앗들에 물을 주지 않도록 해야 한다. 그런 의미에서 상담 장면의 구성원들 피드백은 정진(精進)에 너무나 큰 도움이 되며, 가족 구성원 안에서 이루어지는 반복적인 지적이나 핀잔 등 부정적인 듯한 피드백도 우선 듣기는 불편하겠지만 사실 정진에 큰 도움이 된다.

세 번째는 장식(藏識) 속에 있는 긍정적인 씨앗들에 물을 주는 것이다. 이 건전한 씨앗들이 아직 제 모습을 드러내지 않았으면, 여러 측면의 작업을 통해 이것들을 발현시켜야 한다. 그리고 이것들이 이미 발현되었을 때는 가능한 한 오래도록 우리의 의식 속에 보유하도록 노력해야 한다. 긍정적인 씨앗을 키우기 위한 정진 자세가 필요하다. 이 경우에도 물리적, 정서적 환경은 아주 중요하다. 주변에 좋은 친구나 훌륭한 사람들이 많으면, 물리적 환경이 좀 더 평화롭게 구성되어 있으면, 장식 속의 긍정적인 씨앗들과 더 쉽게 연결될 수 있기 때문이다. 그러면 물을 뿌려서 이 씨앗들을 발현시키기도 더 쉬워진다.

예컨대 어떤 내담자가 화가 나는 양식이 많다고 하자. 그런 분노의 감정이 올라올 때마다 자책하거나, 절망하거나, 낙담하여 굴복하지 않고 법문이나 설교를 듣거나, 주변인 혹은 좋은 상담자와 이야기를 나누면 화의 씨앗이 자라는 것을 막을 수 있다. 그리고 화가 아닌 자비의 씨앗이 모습을 드러내게 만들 수 있다. 이는 텔레비전의 채널을 바꾸는 것과 같다. 채널을 제대로 선택하면 좋은 이미지들을 받아들일 수 있다. 또 화면에 부정적인 이미지가 나타날 때는 채널을 바꾸면 된다. 우리의 의식도 이와 같은 작용을 한다. 의식 속에 수천 개의 채널이 있지만, 이 중에서 올바른 채널을 선택하는 것은 우리의 몫이다. 가까운 가족이나 상담자들이 지지하고, 공감하며, 적극 응원하는 메시지, 소중한 피드백을 듣는 관계는 선(善)의 채널이지 않을까!

네 번째는 이미 의식 위로 모습을 드러낸 긍정적인 씨앗들이 계속 튼튼히 자랄 수 있게 보살피는 것이다. 의식 속에 긍정적인 씨앗들을 오래 보유하고 있을수록, 이 씨앗들은 장식 속에서 더욱 튼튼하게 자라난다. 이 씨앗들은 우리의 의식 속에 가능한 한 오래도록 붙들어 두고 싶은 멋진 손님과 같다. 이렇게 붙들어 두려는 이유는 이 씨앗들에게 우리 의식의 토대에서 자랄 수 있는 기회를 만들어주고 싶기 때문이다. 상담 장면에서 서로의 장점이나 기대할 만한 것들을 계속 지지해주고, 응원해주는 메시지들은 정말 좋은 것이다.

하지만 생각보다 많은 내담자들이 이 정진바라밀을 힘들다고 하고, 또 힘겹고 고달프게 정진해야 한다고 생각한다. 그래서 아주 엄격하고 귀찮게 느낀다. 수행이라고 하는 글 자체도 부담스럽게 느끼고, 심지어 수행은 고달파야 하는 전쟁이라고 여기는 사람도 있다. 사실 이런 수행은 기쁨을 주지 못하며 오히려 부담스럽게 만든다. 이렇게 정진하면 아무리 열심히 정진해도 결코 좋은 결과를 얻어낼 수 없다. 우리의 수행에 지혜의 가르침이 필요한 것도 이 때문이다. 지혜가 있으면, 수행은 우리에게 곧바로 커다란 위안과 기쁨을 준다. 필자는 상담 장면에서 "마음을 좋게 만드는 길을 놀이처럼 생각하라."는 말을 자주 한다. "공부하러 온다고 생각하지 말고, 놀러 오듯이 그냥 편히 자신을 다스리는 일에 참여하라."는 말도 한다. 심지어, "쉬러오는 곳이라고 느끼면 좋다."는 말도 한다. '아, 그곳에 가면 아무 것도 생각할 필요 없이 그냥 쉬면 되겠구나. 마음 가는대로 편히! 즐기듯이….' 이렇게 의식하면 도움이 된다. 이런 과정은 치유와 변화의 힘을 선사하고, 더욱 더 정진할 수 있는 힘이 되어준다. 이렇게 정진하며 의식의 토대부터 변화시키는, 즉 근근(勤根)을 행하면, 긍정적인 씨앗은 계속 자라나는 반면 부정적인 씨앗은 점점 힘을 잃게 됨은 틀림없을 것이다.

- 이 글의 일부 내용은 불광(2019)에서 인용, 재해석되었음을 밝힙니다 -

22. 집단상담 장면에서의 선정(禪定)과 지혜(智慧) 바라밀

> 인간이라면 누구나 가지고 있는 심리적 문제가 있다. 어떤 환경에서 자랐건, 어느 양육자에게 키워졌건, 병리적인가 정상적인 차원인가의 차이는 있겠지만, 근원적인 두려움과 불안은 누구나 다 가지고 있다는 뜻이다. 인간의 보편적 조건이기도 하다. 하지만 고통의 강을 건너 자유로움으로 향하는 지혜를 가슴 속에 양식으로 품는다면, 그런 지혜를 갈구하며 늘 희망적인 마음으로 닦아 나가는 자세를 지닌다면, 그 과정 자체가 이미 완전하고 이미 행복할 것이다.

고통의 강을 건너 자유로운 세계를 건너가기 위한 방편, 즉 6바라밀 중, 보시와 지계바라밀, 인욕과 정진바라밀에 이어 선정(禪定)과 지혜(智慧)바라밀에 대하여 살펴보자.

다섯째, 선정(禪定)은 고요히 집중된 상태에서 깊이 들여다보는 것이다. 삼매에 이르는 것으로 이해해도 좋다. 깊은 집중 상태를 말한다. 예컨대, 불교의 핵심 개념인 삼법인(三法印) -무상과 무아, 열반- 같은 가르침에 집중하면, 이 가르침들은 개념이나 사상에 머물지 않고 삶의 경험 속에서 진정한 통찰로 변화한다.

이 선정의 핵심은 '무상을 깊이 느끼는 것'이다. 실제로 심리치료의 절정에 이르는 핵심이 바로 '무상(無常)'에 대한 구도적 통찰이다. 말 그대로 깊은 통찰이다. 만약 이런 상태가 된다면 우리는 거의 모든 것들로부터 자유를 얻을 것이다. '무상(無常)' 즉 '모든 것은 항상 고정된 것이 없는, 순간순간의 변화의 과정일 뿐이다.'라는 가르침은, 모든 것으로부터 내려놓는 마음을 가지게 만들고, 어떤 이유에서든 세상의 모든 것들이 일어났다, 머물렀다, 소멸되는 변화의 과정일 뿐이라는 것을 직관적으로 알려준다. 어떤 것도 영원히 지속되지 않으며, 그 자체로 불변의 영속적인 것은 없다는 깨달음이다.

수행자들은 자신이 무상(無常)의 가르침을 완벽하게 이해하고 있다고 생각한다. 하지만 무상(無常)을 진정으로 깨닫고 생활 가운데서 의식하기는 그리 쉽지 않다. 자신은 물론 우리가 사랑하는 사람들, 내가 좋아하는 것들은 영원히 똑같은 존재로 남았으면 좋겠다는 마음이 우리 내면에 강하게 뿌리를 내리고 있기 때문이다. 만약 무엇이든 영원히 내 곁에 머문다고 생각한다면, 우리는 그것들에 대한 감사함도 가지지 못할 것이다. 계속 있는 것이니까…. 사랑하는 것이나 사랑하는 사람들이 언제나 그 자리에 있으리라고 믿으면, 사실 그들의 소중함을 알지 못한다. 그들을 잃어버리거나 떠나보내고 나면, 깊은 고통을 경험한다. 심리치료의 현장에서 우리의 내적 고통을 가만히 보면 예상외로 단순하다. 즉 좋은 것은 계속 가지거나 유지하고 싶고, 그것이 유지되지 못할까봐 두렵고 불안한 것이다. 그리고 좋지 않은 것은 재빨리 없어지거나 바뀌었으면 좋겠고, 다시는 그것들이 내 인생에 발을 디디지 않았으면 좋겠다는 것이다. 대체로 이런 것들이 핵심이다. 무상(無常)에 대한 통찰을 얻어내기가 정말 쉽지 않기 때문이다. 모든 것이 무상(無常)하다는, 즉 항상 존재하지 않고 계속 변화하며 지나가는 과정이라는 것을 깊이 통찰한다면, 그렇게 불안하고 두렵지는 않을 것이다. 선정을 통해 무상을 통찰하는 것, 이 통찰이야말로 진정한 사랑과 연민의 마음으로 나아가는 필수적인 요소이다.

“저는 이런 공부를 많이 했고, 이런 유의 법문이나 책을 많이 보았기 때문에, 너무나 잘 알아요!”라고 하시는 분들도 많다. 필자도 ‘안다’라는 소리를 많이 했는데, 가끔 생각하면 ‘아, 그런 정도를 안다고 말을 했구나. 내가 참 무모한 소리를 했구나!’ 싶어 부끄러워질 때가 많다. 자주 ‘음… 나도 알고 있어. 무엇이든 영원한 것은 없다는 것을….’ 하고 생각했으나, 과연 제대로 안 것일까를 고심하게 된다. 실행되지 않은 ‘앎’은 늘 ‘걸림’을 안긴다. 알면서도 녹록지 않은 어려움이 있다는 것 자체가 우리 생활이다. 구도적 성찰은 머리로 아는 것과 진짜 아는 것이 하늘과 땅의 차이만큼이나 크다는 것을 깨닫는 것부터 시작된다. ‘무상(無常)’을 개념적으로 아는 것과 가슴으로 느끼는 것이 얼마나 다른지는 일상을 느껴보면 알 수 있다. 예컨대, 머리로 아무리 알아들었다 하더라도, 현재 자식이나 부모가 꼭 바뀌어야 할 무엇인가가 있는데 아무리 말을 해도 듣지 않는 대상이라는 가정을 해 보면, 이 말은 금방 느낄 수 있다.

깊은 선정의 상태는 생각보다 훈련이 필요하다. 하지만 훈련 전에 무상에 대한 가르침을 우선 지성적으로 확실히 알아야 한다. ‘안다’라는 것이 ‘제대로 아는 것’은 아닐 수 있기 때문에 겸손하고 열린 마음으로 경청하거나 읽고 집중하여 묵상해야 한다. 그래서 무상과 무아, 열반에 대한 관념적인 이해를 하기 위한 학습이 필요하고, 반복적인 독서가 요구되고, 그 내용을 가슴 깊이 받아들이는 선정의 시간을 가져야 하는 것이다. 자신의 독단적인 견해에 갇히지 않도록 주의해야 하는데, 그것은 배운 것들을 진정한 통찰로 변화시키고, 이 통찰이 매일의 삶 속에서 계속 살아 있게 만들어야 가능한 것이다.

집단 심리치료 장면 곳곳에선 선정의 기회들이 주어진다. 경험이 약한 분들은, ‘집단’ 장면에서는 서로 이러쿵저러쿵 이야기를 주고받는데 어떻게 선정이 이루어지는지 궁금할 수 있다. '집단'의 장면에서 선정의 장면들이 이어진다고? 의구심이 들 수도 있다. 경험이 있는 분들은 가만히 느껴보라. 예컨대, 누군가가 힘겨운 이야기를 하고 난 뒤, 아주 짧은 시간에 중요한 삶의 지혜와 슬기로운 누군가의 말 한마디가 '장(場)' 가운데서 순식간에 발현되는 경우가 있다. 번개처럼 중요한 한마디의 말, 깨달음의 순간 속에, 짧은 정적이 흐르면서 선정 속으로 빛처럼 들어가는 경우가 가끔 있다. 시간은 중요하지 않다. 시간을 초월한 듯한 중요한 선정의 기운이 있다. 특히 '마라톤'과 같은 긴 시간을 함께 하는 집단의 장면에서는, 굳이 전문적인 용어를 빌리지 않아도, 자연적으로 선정의 시간에 들어가고, 깊은 통찰이 일어나면서 삶의 모든 순간을 조명할 수 있다.

이럴 때 머리로 아는 개념은 아무 의미가 없어진다. 마치 성냥을 켜면 불꽃이 일어나는 이치이다. 성냥으로 인해 불꽃이 생기는 것은 확실하나, 불꽃은 모습을 드러내는 순간 성냥을 태워버린다. 예컨대 '무상'이라는 개념이 이 성냥과 같다면 무상의 통찰은 불꽃과 같다. 통찰이 생기면, 더 이상 개념에 집착할 필요가 없어진다. 통찰이 우리의 관념적이고 제한적인 이해를 대신하기 때문이다. 개념만으로 느끼는 머리로는, 결코 우리의 진정한 변화는 어렵다.

정서적 통찰과 깊은 구도적 통찰이 없으면, 우리의 삶과 세계 속에서 어떤 변화도 일어나지 않는다. 선정을 통하여, 즉 깊이 들여다보는 수행을 통해 무상과 무아의 개념을 진정한 통찰의 불꽃으로 변화시키면, 이 불꽃이 매 순간 우리의 삶을 밝게 비추어줄 것이다. 그러면 자신과 타인의 행복을 위해 해야 할 일과 하지 말아야 할 일이 무엇인지도 알게 된다.

여섯째, 지혜(智慧)바라밀이다. 심리치료의 장면에서 내담자들이 한결

같이 바라는 자기상은 '지혜로운 인격'이다. 본인이 그렇게 말하든 말하지 않든 주어진 어떤 상황에 대하여 지혜로운 해결책과 방향을 알고자 함이다. 지혜! 자비로움과 아울러 지혜를 갖추지 않으면 뭔가 한쪽 날개가 빠진 느낌이라고나 할까! 불교경전의 유명한 <반야바라밀경>에서는 지혜의 완성, 즉 반야바라밀다를 '멀리 날게 해주는 새의 두 날개'에 빗대어 설명하고 있다. 필자가 몸담고 있는 동방연구소의 '생활수행반'에서 처음 읽으며 시작하는 글 중에 '반야바라밀다심경'과 '주기도문'이 있다. 이 경전과 기도문은 지혜의 최고 경지를 묘사한 너무나 짧고도 굵은 글이라는 느낌이 든다. '지혜와 자비'라는 두 날개는 본 연구소 교육실 벽에 붙어있는 핵심 단어이기도 하다. 연구소를 방문하는 모든 분들이 가장 최종적으로 지향해야 하는 길이라고 느끼기 때문이다.

지혜는 다른 모든 것을 실현하게 해주는 토대이자 열쇠이다. 지혜가 있으면 보시와 지계, 인욕, 정진, 선정, 즉 5바라밀을 완벽하게 닦을 수 있다. 지혜가 없으면, 다른 바라밀들을 완성하는 것도 불가능하다. 날개가 없으면 멀리 날 수 없는 것과 같다. 상담 장면에서도 아무리 좋은 의사소통 방법, 적절하게 처리하는 해결책, 부드럽게 대하는 자세, 건강한 대처 방식 등을 하여도, 그 내용 속에 지혜가 없다면 그것은 오래가지 못하며, 생명력을 소진시키고 난공불락의 상황에 처하는 예가 흔히 있다. 공중에 올라간 듯 보였던 풍선이 순식간에 바람이 빠지면서 땅에 떨어지는 모습, 혹은 빈 통에 무엇을 담는 것과 비슷하다.

그런 의미에서, 지혜로운 사람이 되기 위한 심리치료 과정의 전 장면은 '치료'라기보다는 '수행'의 한 작업이다. 결국 통찰 작업이 중요시되는 상담 장면은, 지혜를 닦기 위한 방편이 될 것이다. 6바라밀의 모든 과정도, 사실 지혜라는 통로 속으로 들어가는 것과 같다. 예컨대 선정바라밀을 닦는 이유는 매일의 삶 속에서 무상과 무아를 통찰하기 위해서

이며, 지혜로운 삶을 위한 하나의 훈련으로 보아야 할 것이다. 다시 말하면, 무상(無常)과 무아(無我)는 실재의 역사적인 차원에 속한다. 역사적인 차원에서는 모든 것이 영원한 것이 없는 즉 무상(無常)하며, 개별적인 실체를 가진 것은 어느 것도 없는, 즉 무아(無我)이다. 하루하루의 일상, 역사적인 차원에서 무상과 무아를 깊이 깨닫지 못하면, 절대적인 자유와 평화의 궁극의 차원으로 들어갈 수 없다. 역사적인 차원과 궁극의 차원 사이에 아무런 차이가 없음을 깨닫는 것, 이것이 바로 지혜바라밀이다. '두 차원이 아무런 차이가 없다.'라는 말의 의미는 지금 이 순간 무상과 무아라는 것을 깊이 깨닫게 된다면, 바로 이 순간 우리는 모든 것으로부터 자유로워지고 평화로워진다는 것이다. 상담 장면에서 순간적으로 중요한 깨달음을 얻게 되면, 그 복잡하였던 안개들이 거두어지고 맑게 되는 느낌이 오는 것과 비슷할 것이다.

이와 같이 매일의 삶 속에 지혜의 요소를 받아들이면, 다시 말해 매 순간 무상과 무아를 통찰하면, 태어남도 죽음도 없는 궁극의 차원과 접촉할 수 있다. 죽음과 탄생, 드러남과 드러나지 않음도 아주 쉽게 받아들일 수 있다. 사실 궁극의 차원을 통찰해서 '깊은 평화'에 들 수 있는 지혜가 없으면, 완벽한 포용성도 지니기 어렵다. 인욕, 즉 포용성을 닦는 일은 고통과 질병, 늙음과 죽음 등 모든 것을 받아들이고 껴안을 수 있는 힘을 키우는 것이라고 한다. 소중한 것들이 사라져도 지혜가 있다면 그리 슬퍼하거나 괴로워하지 않을 수 있다. 모든 것들은 변화하며 늘 새로운 것이 다가오리라 느끼기 때문에, 지금 현재를 온전히 포용할 수 있기 때문이다.

지혜의 또 하나의 대표적인 것을 본다면, 불교 전통에는 다음과 같은 아주 아름다운 게송이 있다. "절을 하는 자든 절을 받는 자든 모두가 완벽하게 공(空)하다." 이 게송은 겸손하면서도 지혜로운 자가 새겨야 할 핵심을 잘 묘사한 것 같다. 공성(空性)이란, 일체만물이 공으로부터 출발하여 공으로 귀결된다는 성질을 말한다. 자신과 타인, 중생인 우리 자신과 깨달은 자인 부처가 모두 공성이라는 것을 통찰하는 것이 지혜이다. 이런 지혜가 있으면, 절을 하는 자와 절을 받는 자 사이의 경계는 자연히 무너져버린다. 완전과 절대의 이미지 즉 부처의 상(像), 예수의 상(像)을 향해 절을 할 때도, 그 상에 내 자신이 비춰져 있음을 깨닫고, 내 안에서 궁극의 완전성을 발견하는 것이다. 우리가 경배하는 대상과 우리 사이의 구별이 사라지면서 내 안의 부처, 내 안의 하느님과 깊이 연결된다. 이보다 더한 지혜가 있을까! 내 안에 부처가 있고, 내 안에 하느님이 현존하심을 깨닫는 것, 지금-현재 내 안에서 온전히 현존하는 '어떤 것', 그 '어떤 것'이 부처라고 하든 하느님이라고 하든 신이라고 하든, 어떤 이름으로 불리든, 바로 그 어떤 것이 완전하다는 것! 지금-현재의 우리의 삶이 완전히 '완전하게' 돌아가고 있다는 것! 이것을 우선 상담자 스스로가 제대로 깊이 깨닫는다면! 그리고 내담자가 공명하여 깨닫는다면, 모든 심리치료는 궁극적 완성으로 들어가는 것 같다.

상담자와 내담자와의 경계는 사실 없다! 심리적 분리는 물론 있겠지만, 궁극적으로는 서로 동일하게 돌아간다. 부모와 자녀 사이도! 인간과 인간관계에서도 마찬가지이다. 즉 삼라만상의 공성을 통찰하는 것이 반야바라밀다, 즉 완벽한 지혜이다. 지혜는 다른 모든 수행에 토대가 되어준다. 위에 제시한 바라밀들을 닦는 속에서 완벽한 지혜를 실현하면, 자신이 이미 자유롭다는 것을 깨닫게 될 것이다. 아울러 삶과 죽음이 단지 역사적인 차원과 궁극적인 차원 사이의 숨바꼭질 놀음, 무상·무아라는 것을 깨달으면서, 두려움에서 완벽하게 벗어나는 것이다. 인간의 두려움과 불안은 '수행'의 자세를 꾸준히 가지지 않으면, 뿌리 깊은 큰 둥지의 가지가 뻗어나가는 것처럼 순식간에 우리 모두를 휘감아버릴 것이다. 물론 너무 괴로워하며 문제라고 자책하며 수행하는 것은 곤란할 것이다. 이는 인간이라면 누구나 가지고 있는 심리적 문제라고 볼 수 있지 않을까! 어떤 환경에서 자랐건, 어느 양육자에게 키워졌건, 병리적인가 정상적인 차원인가의 차이는 있겠지만, 근원적인 두려움과 불안은 누구나 다 가지고 있는 인간의 보편적 조건이다.

하지만 고통의 강을 건너 자유로움으로 향하는 지혜를 가슴 속에 양식으로 품는다면, 그런 지혜를 갈구하며 늘 희망적인 마음으로 닦아 나가는 자세를 지닌다면, 그 과정 자체가 이미 완전하고 이미 행복할 것이다. 그것은 멀리 있는 것이 아니라, 바로 매일 매순간의 삶 속에서 현존한다. 그리고 하늘과 새소리를 무심하게 쳐다보고 듣게 될 것이다.

- 위 내용은 불광(2019)의 글 일부 내용이 인용, 재해석되었음을 밝힙니다 -

23. 깨달음을 생활 안으로 가져오기

지극히 일상적인 일로 갈등을 겪고 어려움에 봉착하고 여러 가지 해결해야 할 것들이 많은 우리네는, 성경이나 불경 속에 들어있는 말씀들을 어떻게 생활 안에서 적용해야 할 것인가를 생각해 보게 된다. 주변에 널려있는 '깨달음거리'들을 얼마나 잘 의식하고 살 수 있는가의 문제일 것이다. 누군가 지나가듯 흘릴 수 있는 말씀들을 깊이 묵상하면, 우리의 살과 피가 되어 복잡한 환경 속에서도 평정심의 자세를 취하면서 살아가게 하는 양식이 될 수 있음에 감사하는 마음으로 합장한다.

경전이나 좋은 글들을 접하지 않는다 할지라도, 생활 속에서 깨달음을 얻을 수 있는 '거리'는 한두 가지가 아닌 것 같다. 어쩌면 일상 하나하나를 유심히 관찰해보면 전부가 깨닫는 순간순간의 연속이 아닐까 여겨진다. 벌이 벌집을 만드는 과정, 거미의 몸놀림 등 사소한 일상을 세밀하게 관찰하며, 일의 순서와 체계의 주도면밀함과 서두르거나 조급하지 않으면서 할 일을 다 하는 미물(微物)들을 통하여 많은 깨우침을 전해주는 글(이덕무, 2018)은 놀라울 정도의 '일상 속 깨달음'을 느끼게 한다. 기질이나 특별한 능력에 따라서 면밀하게 일상의 모든 것들을 관찰하는 힘이 좋은 사람도 있지만, 통제된 의식(儀式)을 통하여 매순간 의식(意識)하여 깨달음을 생활 안으로 가져와야 하는 사람들도 많을 것이다. 대부분의 우리들의 정신역동에 담겨있는 감정들과 현실적인 외부환경은, 강력하게 '깨달음의 거리'를 방해하고 억압시키는 경우가 많다. 아주 힘겨운 사건이 발생하기 전에는 내부적 요인으로 인하여 각종 감각적 유혹과 욕구의 노예로 전락되어 버리기 쉽지만, 외부의 요소도 만만찮게 우리를 유혹하고, 내부 성찰을 방해하는 요인이 된다. 상황 역시 쉽지 않은데, 어느 쪽의 요소이든 과거 습관의 뿌리는 기계와 같은 관성적인 행동으로 치닫게 하고, 자아(ego)의 '강력한 욕구'는 우리를 휘몰아치게 만들어 정신을 혼란스럽게 만들다. 정말이지, 매일매일의 '멈춤'과 '성찰'을 반복하면서 깨어있지 않으면 정신을 차리기도 결코 쉽지 않다.

각자 인연 따라 맺어진 종교인들은 교리나 경전의 말씀 속에서 좀 더 의식적으로 그 깨달음의 일상을 가질 수 있다. 의식(儀式) 속에 들어감으로써 의식(意識)적으로 자신의 욕구를 제어시키고 성찰하게 만드는 것이다. 물론 종교적 행위가 왜곡되거나 집착하여 일방적으로 기울어지거나 완고해진다면 좋은 '말씀'도 개인의 욕구를 합리화하기 위한 도구가 되겠지만, 종교의 가르침을 있는 그대로 수용하고 성찰해 나간다면 깨어있기 위한 발판으로써 좋을 것이다. 이런 기회에 다음과 같은 종교인들의 오고간 질문과 대답을 통하여 깨달음이 생활 안으로 들어올 수 있는 작은 기회를 마련해 본다.

세간에서는 타력신앙(他力信仰)인 그리스도교와 자력신앙(自力信仰)인 불교는 서로 다른 것 아니냐는 질문을 하곤 한다. 이에 대한 금강산 건봉사 오현 스님의 답변은 이랬다고 한다(가톨릭신문, 2018).

> "교인이 천 명이면 하느님도 천 분이라고 할 수 있죠. 하느님의 형상대로 지어진 사람에게는 모두 하느님의 씨, 예수님이 깃들어 있다는 겁니다. 사람들의 탐욕과 죄로 인해 예수님의 모습이 가려져 있을 뿐이죠. 거듭남을 통해 참된 나를 회복하면 내 마음 안에 있는 예수님을 볼 수 있고 되살릴 수 있습니다. 인간의 오염되지 않은 모습 그대로가 예수이고, 따라서 우리

모두가 예수입니다. 불교가 불상을 갖다 놓고 부처라 하며 복을 구하듯이, 십자가를 세워두고 복을 구하다 보니 이런 본래의 뜻을 잃어버린 거죠.”

겉으로 보이는 예수님이나 부처님이라고 칭하는 ‘상’에 엎드려 절하는 것이 아니라, 그 분들의 가르침이나 진리, 그 너머에 있는 ‘인간의 이해를 넘어선 신비’에 접근하는 자세가 필요하다는 것이다. 조용히 눈을 감고 우리 속에 내재된, 예수님이 ‘아버지’라고 불렀던 하느님이나 예수님이나 부처님을 스승으로 여기고, 내가 힘들 때 가까이에 계시는 스승에게 여쭈어보듯이 무언가를 물어보면 대답을 들을 수 있을 것이다. 만약 그가 친구처럼 느껴진다면, 내 안에 늘 함께하였던 가까운 친구에게 이야기하듯 이런저런 이야기를 나누어 보면서 중요한 대답을 들을 수도 있을 것이다. 부처님이나 예수님이라는 표현이 익숙하지 않은 사람은, ‘믿고 의지해야 하는 예수님 혹은 부처님’의 자리에, ‘믿고 의지해야 하는 나의 진짜 모습, 참 나(眞我)’로 대상을 바꾸어 생각해도 좋을 듯하다. 즉 내 안의 성스러운 힘과의 대화이다. ‘바라보는 자’와 ‘움직이는 자’와의 대화라고나 할까. 그 자리가 바로 ‘지금 이 순간의 자리’라는 것을 느낄 수 있다면, 어떤 종교에 소속되어 있든, 있지 않든 관계없이 자신의 정체성을 새롭게 느껴볼 수 있지 않을까!

불교 윤회사상이 ‘예수천국 불신지옥’이라는 기독교 맹신자들 생각과 비슷한 데가 있지 않느냐고 묻는 데는 이렇게 답하셨다고 한다(상동).

“내가 누군가를 도와줘야겠다고 생각하는 그 순간에 나는 보살로 태어나며, 누군가를 못 살게 굴어야겠다고 생각하면 그 순간 ‘아수라’로 태어나는 거죠. 착한 마음은 보살과 선인으로, 악한 마음은 아수라와 악인으로 윤회하게 합니다. 윤회는 죽어서 하는 게 아니라, 지금 이 순간 끝없이 반복해서 이루어지는 거죠. 부활도 바로 이 생에서 끝없이 이루어진다고 생각합니다.

옛 것을 버리는 순간 우리는 거듭나고, 바로 그 거듭남이 곧 부활인 겁니다."

바오로 사도(코린토2서 5,17)도 비슷한 말씀을 하셨다.

> "누구든지 그리스도 안에 있으면 그는 새로운 피조물입니다. 옛것은 지나갔습니다. 보십시오. 새것이 되었습니다."

바로 이 순간에 새로운 피조물로 새롭게 태어나는 것은, 한 순간도 변하지 않는 것이 없고, 한 순간도 고정되어 있는 것이 없다는 것을 의미한다. 늘 새롭게 모든 것은 변화하며 태어나고 있다는 것이다. 이것을 제대로 깨닫는다면, 우리는 끝없이 부활하여 영원한 생명을 가질 수 있다는 것을 이해하게 될 수도 있을 듯하다.

예컨대, 만약 어떤 사람이 자신의 신세를 한탄하며 이렇게 읊조린다고 하자. "나는 정말이지 나쁜 짓을 너무 많이 했어. 지금까지 내가 잘못한 것들이 너무 많아서 이제부터 나는 벌을 받을 것이고, 지금 내가 이렇게 불행한 것은 다 지나간 것에 대한 하늘이 내린 벌이라고 생각해. 마땅히 이 벌을 받아야만 해. 앞으로 내 자식들에게도 큰 벌이 내려질 것이다." 이런 식으로 말을 내뱉기도 하고, 속으로 좌절감을 느끼며 사는 사람을 보면 어떠하겠는가! 진정한 회심으로 보이는가, 그냥 신세한탄을 하는 하소연같이 보이는가! 진정한 회심은 건강한 죄의식을 가지며, 바로 이 순간 자신을 깊이 깨닫고 마음을 바꾸는 것이라고 본다. 팔자타령이나 신세한탄 같은 것은 결국 자신의 잘못에 대하여 진정한 반성이라기보다는 스스로 늪 같은 병리적인 죄의식과 자괴감에 빠져있는 것이다.

이 분이 만약 그런 잘못을 깨닫는 순간, '아, 내가 정말이지 너무 잘못 살았구나. 어린아이 같은 수준으로 행동하였구나. 지금까지는 이런 나의 생각이나 행동이 어린아이 수준이라는 것을 깨닫지 못하였지만, 바로 이 순간부터 새롭게 어른답게 행동해야겠어. 어제의 나는 죽고, 오늘 이 순간의 나로서 새로 태어나야겠군. 내가 스스로 잘 생각해서 어떻게 해야 하는가를 모색하든지, 좀 더 전문적인 방법을 찾기 위하여 도움받을 만한 곳을 알아보아야지! 간절한 이 마음을 잘 머물러 간직하게 되면 좋은 방향이 나설 거야. 아, 지금 이 순간이 천국 같아. 마음이 훨씬 가벼워졌어. 조금 전까지만 하여도 마음이 지옥 같았는데, 새롭게 태어나야 한다는 생각을 하고 행동을 모색하려고 하니, 정말 딴 세상 같아!' 이런 식으로 자신의 마음을 전환시킨다면 그는 참된 회심을 한 셈이 된다. 즉, 바로 이 순간에 그는 새롭게 태어난 것이다. '모든 것은 순간순간 변화하는 것'이라 할 때의 모든 것에는 물질적인 것뿐만 아니라 우리의 마음자세도 포함된다.

스님 다비식이 있었던 날에는 비가 오락가락했으나, 많은 종교인들은 물론이고 유명 정치인이며, 고위관료들, 예술인들도 많이 왔다고 한다. 저런 유명 인사들이 그 자리에는 뭐 하러 갔을까를 생각해 보면, 스님이 생전에 정치적, 종교적, 여러 기득권자들과도 연결되어 있지 않았나 싶은데, 그들에게 이렇게 일갈하셨다고 전해진다(상동).

> "절집은 승려들의 숙소일 뿐이니 절집에만 '당신들의 천국'을 만들지 말고 세상 속에서 진리를 찾고 세상과 함께하라. 고통 받는 중생이 없으면 부처도 필요 없다. 천 년 전 중국 산속 늙은이들이 뱉어 놓는 죽은 말들(선사들의 법어)만 듣고 살지 말고, 프란치스코 교황처럼 중생들과 고통을 나누라."

교회 안에서 자기네들끼리만 서로 도우려고 하거나 절에서 자기 혼자 도를 닦겠다고만 머물지 않고, 진정 깨달음을 위한 삶을 살려면 모욕받고 상처받더라도 저잣거리, 즉 현재의 삶 안으로 들어오라는 말씀이다. 깨달음을 생활 안으로 가져오지 않으면, 특정한 조직의 집단이기주의에 빠져서 도취하거나 집착하게 되는 '당신들의 천국'만을 위한 종교적 문제점을 야기하게 된다. 교회나 절 안에서 깨달았던 것들을 이방인들과도 현실적인 고통을 나누고, 사랑을 실천하고, 자비스런 마음으로 베풀고 사는 것의 중요성을 이야기하는 듯하다. 교황님은 늘 보통 사람들 안에서 모든 것은 실천되어야 한다는 것을 강조하신다고 한다.

> "그리스도인이 자기가 속한 모임이나 본당, 거기서 이루어지는 활동에만 갇혀있다면 병이 들고 말 것입니다. 저는 병든 교회보다 길거리에서 사고를 당한 교회가 수만 배 더 좋습니다."

교황님 말씀은 많은 울림을 남긴다. 사고를 당하든, 갈등을 겪든, 그 현장에서 활동하셨던 예수님의 삶을 생각하게 하는 말씀이다.

도피하듯 '자기'속에 갇히지 말고, 모든 생활 안에서 항상 깨어있을 수 있는 삶이, 몸과 마음이 일치되는 삶일 것이다. 우리가 살아가는 곳은 바로 현실이다. 지금-여기의 각종 생활공간이다. 직장 내에서 일어나는 각종 상황들, 가정 내에서 일어나는 다양한 갈등과 행복들, 바로 그 공간을 우리는 깨달음을 얻는 장소로 여겨야 될 것이다. 교회에 가서 기도만 하고, 절에 가서 절만 한다고 해서 깨달아지는 것이 아니라, 교회나 절에 가서 느꼈던 그 깨달음을 생활 안에서 어떻게 응용하고 어떻게 실천할 것인가를 생각해 보게 하는 말씀이다.

길은 다른 듯 보이나, 진리는 하나로 통하는 듯하다. 따지고 보면 길도 다르지는 않다. 문화와 시대와 배경이 서로 다르다 보니 방법이 다를 뿐이다. 지극히 일상적인 일로 갈등을 겪고 어려움에 봉착하고 여러 가지 해결해야 할 것들이 많은 우리네는 성경이나 불경 속에 들어있는 말씀들을 어떻게 생활 안에서 적용해야 할 것인가를 생각해 봐야 한다.

주변에 널려있는 '깨달음의 거리'들을 얼마나 잘 의식하고 살 수 있는가가 그 관건이다. 누군가 지나가듯 흘릴 수 있는 말씀들을 깊이 묵상하면, 우리의 살과 피가 되어 복잡한 환경 속에서도 평정심을 취하면서 살아가게 하는 양식이 될 수 있다. 다시 한 번 '깨달음'을 가져다주는 일상에 감사하는 마음으로 합장한다.

- 위 내용은 김형태(2018)의 글 일부 내용이 인용, 재해석되었음을 밝힙니다. -

24. 자신을 사랑하지 않는 것은, 하늘이 내린 사랑에 대한 거부

> '아, 나는 사랑받고 싶어. 아, 내가 이렇게 화가 나고 힘든 이유는 바로 사랑받고 싶은 마음 때문이었구나.' 라는 심리적 성찰은 자연스럽게 '있는 그대로의 나'를 인정하는 것이다. 그리고 '세상 모든 것은 나를 사랑해 주기 위한 도움을 주는 존재들이구나.' 하는 마음이 생긴다면, 아마도 이 세상은 대단히 살기 좋은 행복한 곳이 될 수도 있다. 심리치료의 장면에서 이 부분이 제대로 진행된다면 이보다 더 완전한 심리치료는 없을 것이라 느껴진다.

삶의 핵심에는 '사랑받는', '사랑하는' 마음과 행위가 뒤따른다. '나와 너'의 관계에서 이루어지는 '사랑의 주고받음'을 의미하는데, 가만히 들어가 보면 '바라보는 나와 경험하는 나' 혹은 '무아(에고가 비워진 나)와 집착하는 나(에고가 가득한 나)', 궁극적으로는 '하느님과 나'와의 관계를 생각해 보게 된다.

대체로 우리의 수많은 상처와 미움 그리고 용서하지 못하는 마음은 '사랑'과 관련되어 있다. 우리 안에는 노골적으로, 혹은 은근히 누군가를 향한 미움과 화가 적지 않다. 하지만 분명하게 드러나는 '나의 감정', 즉 '나 중심'의 모습이라면 차라리 다루기 쉽다. 명백한 선악이 가려지기도 하고, 시시비비를 나눌 수 있는 근거도 있기 때문이다. 하지만 '너를 위하여….', '너에게 도움 될까 싶어서….', '하늘이 원하실 것 같아서….' 등으로 포장해 버리면 참으로 어렵게 되는 경우가 많다. 우리 삶 안에 교묘하게 숨어 있는 '나' 중심의 모습은 예상외로 많다. 정말 다른 사람을 위해서, 또는 하느님을 위해서 하는 것이라 생각하고 행동한 것이 결국에는 나 자신을 위한 일이었다는 것을 깨닫게 된다. 이런 깨달음을 꿈에도 가지지 않고 살아가는 사람도 있지만, 어떤 사람들은 '또 내가 그렇게 움직였구나.' 하는 자책감에 시달릴 때도 있다. 상대방을 더 사랑하며 살고 싶음에도 그러지 못하는 무능함 때문에 다시 한 번 괴로울 때도 있다.

이 모든 것의 핵심에는 바로 '나 스스로를 사랑하느냐?' 하는 문제가 대두된다. 자신을 사랑하는 일… 자신을 있는 그대로 받아들이고 사랑하는 것이 우리 삶의 가장 중요한 열쇠라는 것이다. 자신을 사랑하는 양과 질이, 바로 대상을 사랑하는 것과 거의 동일하게 작용하기 때문이다. 이것이 참으로 중요하다는 것은 정말 어려운 일이기도 하고, 매우 단순한 일이기도 하다는 것이다.

스스로에게 물어보자. "당신은 당신 스스로를 사랑하십니까?" 만일 '스스로를 사랑한다!'라고 느끼는 사람은, 이번에는 자신의 모습 중에서 마음에 들지 않는 점을 생각해 보자. 뭐가 되어도 좋다. 겉모습부터 시작해서 성격의 어떤 부분이든 아니면 나 중심의 욕구들, 내 안에 자리 잡은 죄로 기울어지는 성향들… 이런 부분을 생각하고 난 후에도 "자신이 마음에 드십니까? 자기 자신을 사랑하십니까?"라고 다시 물어보자! 생각보다 많은 분들의 경우, 자신의 부정적인 면을 떠올리게 되면, 자신이 싫어지고 미워진다. 부족한 자신이 마음에 들지 않는 것이다. 대부분의 사람들이 그럴 것이다. 있는 그대로의 자신을 받아들이고 사랑하는 것은 정말 어려운 일이다. "있는 그대로의 자신을 사랑하라!"는 말은 많이 들어보았는지는 몰라도, 실제적으로 그렇게 하는 사람은 생각보다

거의 없을 정도이다.

여기에서부터 우리 삶의 어려움이 시작되는 것 같다. 결국에는 나 자신이 괜찮은 사람이라는 것을 스스로 확신하지 못하는 것이다. 깊이 나의 존재를 신뢰하기가 쉽지 않은 것이다. 내가 가진 부정적인 측면이 엄청나게 많다 할지라도 나의 존재는 사랑받을 만한 사람이라는 것, 다른 이에게 받아들여지고 존중받을 가치가 있는 사람이라는 것을 스스로 믿지 못한다. 즉, 스스로가 스스로를 결코 믿지 못하는 것이다. 인간존재 자체를 사랑하는 것은 단점이 없어서, 못하는 것이 없어서, 성격이나 능력이나 가진 것 등 모든 면에 있어서 완벽해서가 아니다. 그 반대로 약함도, 한계도, 죄악도, 추악함도 다 있지만 그래도 그 모습 그대로, '지금의 나'라는 사람이 충분히 괜찮은 사람이라는 것을 믿어야 한다. 그러나 대체로 스스로의 모습을 비난하고 자책하며 괴로워한다. 그리고는 그 모습을 방어하고 감추려 한다.

다른 사람에게 보여주기 싫을뿐더러 나 스스로도 보고 싶지 않아서 의식적으로든 무의식적으로든 자꾸만 그 모습을 피하거나 다른 것으로 가리려 한다. 그리고 미성숙한 방어기제를 사용하게 된다. 즉 자기 자신을 더 부풀려 과장되게 표현하거나, 자신이 아닌 외부로 그 탓을 돌리거나, 아니면 현실을 왜곡된 방식으로 이해하거나 아예 부정한다. 그렇게 해서 약하고 무능한 자기 자신을 보호하는 것이다. 이는 '낮은 자존감'과 연관되어 있는 부분인데, 이를 채우기 위해서 '인정받고 싶은 욕구'가 중심이 된 채 살아가게 된다. 사실상 이 인정받고 싶은 욕구 때문에, 그 욕구를 채우려는 행동 때문이든 아니면 욕구가 채워지지 않아서든, 계속해서 어려움을 겪게 된다.

나 자신을 있는 그대로 받아들여 사랑한다는 것은, '나르시시즘(Narcissism)'에서 보이는 자기 기만적인 사랑, 즉 나의 약함을 가리기 위해서 과장되게 부풀려 하는 사랑은 아니다. 전적인 나 중심에서 우러나오는 이기적인 사랑도 아니다. 나 자신을 있는 그대로 사랑한다는 것은 지금의 내 모습 그대로 좋은 것이든 나쁜 것이든, 튼튼한 것이든 약한 것이든, 성숙한 것이든 미성숙한 것이든, 아름다운 것이든 추악한 것이든, 이 모든 것을 지닌 전체로서의 나를 받아들이는 것이다. 그냥 그것이 '나'일 뿐이다. '겸손'의 참된 의미라고나 할까!

이처럼 지금의 나를 있는 그대로 받아들이고 사랑하는 것, 말은 쉬우나 과연 그렇게 하고 살 수 있을까! 심리치료의 장면에서 아무리 "있는 그대로의 모습이 괜찮은데요."라는 피드백을 하여도, 그 당사자는 의구심에 가득 찬 마음을 품은 채 귓등으로 이런 말들을 듣는다. 오히려 "나의 이러이러한 측면이 문제인데, 어떻게 나의 모습이 괜찮다는 말이냐?" 하는 식으로 "사람을 놀리는 것 아니냐!" "괜히 불필요한 위로가 기분 나쁘다."라는 반응까지 나오기도 한다. 잘못한 것을 잘했다고 하는 평가가 아니라, 잘못한 것이 있어도 그냥 그대로 사랑받을 수 있는 모습이라는 말이 와 닿지 않고, 그런 표현들이 실감이 나지 않는다는 반응이 대부분이다. 우리가 글이나 말로써는 쉬우나, 그것이 당사자가 될 경우에는 '있는 그대로의 나'를 수용하고 사랑한다는 것이 그리 녹록지 않다는 뜻이다.

그 이유는 간단하다. 우리 모두는 스스로를 존중하는 '교육적 학습'이 부족하고, 그렇지 못한 환경에서 자라왔기 때문이다. 대부분의 우리는 무엇을 잘하고 성취해야만 나의 존재를 인정받아온 환경에서 자라왔기 때문이다. 지금의 내가 어떤 모양새여도 괜찮다는, 지금 있는 자체만으로도 사랑받을 수 있고 또 사랑받고 있다는 것을 많이 체험하지 못하고 살아왔기 때문이다. 정말이지 너무나 많은 가정 안에서, 어린 시절부터 조건적인 사랑을 받아 왔다. 그 조건에 부합되느냐 안 되느냐에 따라서 상처와 영광이 나누어졌고, 점점 우리 내면에서는 '나 중심의 욕구들'을 채워야 더 '존재감'이 있는 상태로 인식되도록 교육되어져 왔다. 조건에 부합되지 못하였던 상처받은 영혼은 당연히 점점 더 '나 중심'으로 모든 것을 더 채워야 할 것 같고, 조건에 부합된 영광의 영혼들도 점점 더 영광을 지키기 위하여, 더 유지시키기 위하여 '나 중심'의 욕구들을 채워야 하는 상황이 된다. 결국 그런 방식은 상처받은 경우뿐만 아니라, 충분히 누린 경우 역시 마찬가지로 '나 중심'에서 한 발자국도 멀어질 수 없다는 뜻이 아니겠는가! 이것은 단순히 우리를 키운 부모님들의 탓만은 아니라고 본다. 나 자신이 어떻게, 무엇을 해야 할지 길을 잃은 것이다. 부모님들도 그렇게 상처 속에서 자라오고 살아오셨다는 것, 부모님들의 부모님들도 그렇게 키워져 왔다고나 할까! 어쩌면 일종의 원죄라고 할까! 그렇다면, 지금 이 순간부터 우리는 어떻게 자기 자신을 사랑할 수 있을까!

우선, 아래의 내용을 살펴보자. (민범식, 2018, 재인용)

"나 자신에게서는 그 답을 찾을 수 없습니다. 아무리 해도 내 성에 차지 않는 모습이 계속 보이기 때문입니다. 결국 우리는 하느님께로부터 그 답을 찾을 수밖에 없습니다. 하느님의 모상(模像)대로 지어진 존재, 이미 하느님께 사랑 받는 존재이기 때문에 우리는 우리 자신을 받아들이고 사랑할 수 있는 것입니다. 내 자신에게서가 아니라 하느님에게서 그 근거를 찾는 것이죠. 그렇기 때문에 '나는 누구인가?'라는 물음에 대한 가장 근원적인 답, 우리 정체성의 가장 본질적인 부분은 바로 '하느님의 사랑받는 자녀'라는 정체성입니다."

내용의 핵심은 '나 자신을 사랑하지 않는 것은 하늘이 내린 사랑에 대한 거부'라는 뜻을 함축하고 있다.

이렇게 본다면, 자기 자신을 사랑하지 않는 것이 얼마나 나 중심적인 모습인지를 알 수 있다. 보통으로 생각하면, 나 중심으로 살아갈 때 가장 나를 아끼고 사랑하는 것이 아닌가라고 생각하기 쉽다. 그러나 가만히 생각해 보면, 가장 나 중심의 모습이 내부적으로는 진정 자기 자신을 사랑하지 않는 모습이라는 것을 느낄 수 있다. 나를 향한 하늘의 깊은 사랑을 받아들이지 않는 것, 다르게 말하면 거부하는 것, 그리고 그 '좁은 그릇의 나'를 나라고 생각하며 나 중심으로 사는 것, 이것만큼 자신을 거부하는 것이 있는가 하는 말이다. 즉 하늘이 내린 사랑을 거부한다는 것 자체가, 바로 자신을 사랑하지 않는 중요한 원인이 된다. 이는 현대 신학에서 말하는 '지옥' 개념과도 연결돼 있는 내용이라고 한다. 지옥의 반대말이 구원이라고 한다면, 그 구원은 어디에서 오는 것일까! 자기를 향한 진정한 사랑이 아니겠는가!

자기 자신을 더 많이 사랑한다는 것을 진정 깨닫게 될 때, 우리는 타인을 진심으로 사랑할 수 있게 된다. 그렇다. 스스로가 자신을 사랑하기 쉽지 않다면, 우선 어린아이 같은 마음으로 자신을 더 많이 사랑해달라고 순수한 마음으로 두 손 모아 요청하는 기도를 해 보자. 우리에게 필요한 것은 '사랑 받을 용기'이다. 틀리든 맞든 있는 그대로의 나를 드러내는 용기가 바로 '사랑받을 용기'이며, 그것은 모든 행동의 시작이 된다. 사랑받는 것은 '있는 그대로의 나'를 드러내는 용기, 즉 '내가 사랑받고 싶었구나.', '나는 사랑이 필요한 사람이구나.'라는 자기이해를 하는 용기로부터 시작된다. '아, 나는 사랑받고 싶어. 아, 내가 이렇게 화가 나고 힘든 이유는 바로 사랑받고 싶은 마음 때문이었구나.' 하는 심리적 성찰은 자연스럽게 '있는 그대로의 나를 인정하는 것'이다. 그리고 '세상 모든 것이 나를 사랑해 주기 위한 도움을 주는 존재들이구나.' 하는 마음이 생긴다면, 아마도 이 세상은 대단히 살기 좋은 행복한 곳이 될 수 있을 것이다. 심리치료의 장면에서 이 부분이 제대로 진행된다면 이보다 더 완전한 심리치료는 없을 것이라 본다.

이렇게 사랑을 받고, 또 사랑 받는 내 자신을 받아들일 수 있을 때, 우리에게 '너 중심'으로 사랑할 수 있는 힘이 더 생기게 될 것이다. 바로 이것이 구원의 시작이라고 한다. 우리 자신이 하늘의 '자녀'라는 깊은 믿음을 가져보자. 무엇을 더 잘해서 받는 사랑이 아닌, 그냥 있는 그대로의 나를 사랑하는 성찰의 시간을 가져보자.

25. 자존심을 내던져 버린다!

> 자존심을 내어던져 버렸다는 것은, 나를 죽였다는 의미로도 해석된다. '나'라는 것은 비우고, 그냥 '사랑하는 딸'만 남은 것이다. 즉, '사랑'이 모든 것이 되어버린 것이다. '사랑'은 이토록, '나'라고 하는 모든 것들을 내던져 버리는가 보다. 자신을 내어던져 버린 순간, 즉, '자존심'을 던져버린 순간, 모든 것은 제자리로 돌아오게 되는 듯하다.

인간관계를 하다보면, 자존심을 내세워야 할 때가 많다. 나를 보호해야 하기 때문이다. 자신을 손상시키거나 무엇인가에 깔리지 않아야 하기 때문이다. 어느 누가 자존심으로부터 자유로울 수 있을까! 어느 누가 외부자극 혹은 타인으로부터 자신을 지키고 싶지 않겠는가! 자존심이라는 것은 때로는 꼭 있어야 하는 중요한 심리적 힘으로서, 모든 사람들은 자존심이라는 것을 '자아'의 큰 힘으로, 외부에 대한 방패막이로 이용한다. 만약 이러한 자존심이 없다면 오히려 관계 속에서 자기를 지키지 못하는 나약한 자아강도로 인하여 어려움을 겪을 수 있다. 심지어 자존심의 붕괴는 정신적 장애로까지 이어질 정도로 중요한 심리적 도구(기제)이기도 하다. 특히 아동·청소년기에 자존심이 약한 아이들은 오히려 친구들 사이에서 왕따를 당하고 대응을 제대로 하지 못하는 문제점을 드러내는 경우도 많다. 즉 어린 시기의 자존심은 지극히 정상적인 '자기를 지키는 힘'으로서 인정해야 하고, 그러한 자존심을 가지는 것이 자신을 잘 방어하는 힘이 될 것이다.

하지만, 어른이 되어 가면서 이 자존심은 진정한 '자존감'으로 형태가 바뀌어야 한다. '자존감'이란 자기의 중요한 무엇인가를 양보하거나 타인을 배려하면서도 자신을 잘 지켜내는 '힘'이다. 참된 자기존중의 힘이다. 진정한 자존감을 가지지 못하고 불필요한 자존심을 드러내게 되면 그때부터는 문제가 생기기 시작한다. 어렸을 때는 자존심이 자기를 지켜나가는 힘이 되지만, 커가면서는 내적으로 자신을 충분히 인정하고 존중하는 '자존감'이 자기를 지켜낸다. 이것을 깨닫지 못하면, 인격적인 한계가 드러나며 사회생활이나 인간관계에서도 어려움을 초래한다.

어른이 되어서까지 자존심을 드러내어야 하는 경우라면, 그 자존심이라는 것은 따지고 보면 열등감의 반대급부적인 현상으로 해석될 수 있다. 자격지심으로 발동된 열등감으로 인하여 불필요한 것에 자존심을 내세우고, 그렇게까지 내세우지 않아도 될 만한 상황에서도 자신을 치켜세우는 등, 자존심은 사실 내면의 허기짐을 채우기 위한 열등감의 발로라고나 할까! '반동형성'이라는 방어기제이다. '자존심이 세다.'라고 할 때는, '잘나고 싶은 인정욕구'로 인한 자존심도 있지만, '열등하지 않으려는 몸부림'으로서의 자존심도 꽤나 있을 것이다. 열등감이 아닐지라도 잘나고 싶은 욕구가 어른이 되어서 계속 이어진다면, 이 역시 진정한 자존감이 형성되어 있지 않은, 불안하고 두려운 심리의 한 측면일 뿐이다.

내면의 어린아이에게 필요하였던 '자존심'을 이제 어른으로서 내던져 버린다면 어떨까! 어떤 경우에 이렇게 자기의 자존심을 내버릴 수 있을까! 자존심을 버린다면 어떤 일이 발생될까! 이에 대한 묵상은, 일상생활에서 소중한 깨달음을 안겨 주리라 본다.

성경(마르코 7,24-30)에는 유명한 비유가 있다. 요즘 이야기로 보자면, 자식에게 정신적인 어려움이 있는 어머니가 너무 애가 타고 괴로워서, 예수라는 사람이 이런 병을 잘 고친다는 소문을 듣고(그 당시의 표현: 더러운 영을 내 쫓는 역할) 필사적으로 예수라는 분 앞에 엎드린다. 그런데 이 어머니는 예수를 믿는 사람도 아니었으며, 다른 종교를 믿는 이교도 사람이었던 것 같다. 하지만 자식의 상황이 너무 절박하다 보니, 자식에게 들어 있는 마귀 같은 것(심리적인 망상, 정신병적인 수준의 현상 등으로 생각할 수 있음)을 내쫓아야 그 병이 나을 것 같아서, 그냥 무조건 내쫓아 주십사 하고 예수라는 사람의 발밑에 엎드려서 청하였던 것이다. 너무나 이해되는 부모의 반응이 아닌가!

그런데 문제는 여기서부터 시작된다. 예수님은 힘들고 어려운 많은 사람들의 병을 고쳐주었다는 소문이 있었는데, 놀랍게도 너무 쌀쌀맞게, 거의 무시하는 수준으로 말을 뱉는다. "자녀들의 빵을 집어 강아지들에게 던져주는 것은 옳지 않다." 제자 혹은 같은 신앙을 가진 사람은 '자녀'로, 다른 쪽의 사람은 '강아지'로 비유하신 것이다. 좋은 말로 '강아지'이지, '개'에 비유되는 독설적이고 모욕적인 표현이라고도 볼 수 있다. 간곡한 청원 앞에 이런 표현이 되돌아왔으니 이것을 어떻게 생각해야 한단 말인가! 참으로 혼란스럽고 복잡한, 참담한 상황에서 이런 피드백을 받다니 이것을 어떻게 해석해야 한단 말인가!

우리가 간곡히 무엇인가를 남에게 요구했는데 무참히 무시하고, 침묵하고, 등을 돌리는 주변의 상황을 생각해 보라. 사실 우리 자신들도 남의 요구나 요청에 무시나 침묵으로 응대하는 경우가 있다. 무시당하고 무참히 모욕적인 표현을 들었을 때, 그렇지만 나 자신은 너무나 절박할 때, 우리는 과연 어떻게 하는가! "그래. 이판사판! 너 죽고 나 죽자. 그러잖아도 괴로워 죽겠는데, 네가 뭘 좀 한다고 나에게 이런 모욕적인 말을 해! 너 오늘 잘 걸렸다. 한번 죽어봐라!" 하는 식으로 표현하며 공격해 들어갈 것인가! 아니면 속으로 이를 갈면서 '두고 보자. 이 모욕을 그대로 되돌려 줄 것이다! 복수하고야 말겠다.' 하면서 꽁꽁 원망하는 마음을 가질 것인가! 대상을 향한 공격성을 수동적으로든, 적극적으로든, 노골적으로든 내뱉을 것인가! 속상하다 못해 억울하고 화가 나는, 하지만 내뱉기는 곤란한, 내면에 쌓아가는 적개심의 본체는 바로 '자존심이 상했다.'는 뜻이다. 나의 자존심에 큰 상처를 입었기 때문에 결코 용납할 수 없는 것이다. 자존심에 큰 상처를 받는 입장이라면 과연 우리는 어떤 자세를 취할 것인가를 생각해보는 대목이다.

바로 이 순간, 대체로 많은 사람들은 청하였던 '본 목적'은 무엇이었는가 하는 것을 잊기 쉽다. 잊은 것이 아니라, 자존심의 상처라는 큰 바위 덩어리 때문에 나의 사랑하는 자식의 병고는 작은 바위가 되어 자연스럽게 한쪽으로 밀쳐놓아 버리게 된다. 즉, 본질은 놓치고 본질을 포장하는 태도나 의사표현 방식 등으로 인한 상처를 더 많이 받게 된다는 것이다. 본래의 주요 내용은 내팽개치고, 전달 방식 혹은 상호작용 방식으로 인한 폐단이 더 크다는 현실을 생각해 보면, 자존심이 상하는가 그렇지 않는가에 따르다 보니, 본래 일의 그르침을 다시 한 번 고려해야 할 것이다. '감정' 때문에 '내용'을 내다 버리는 우를 범하게 된다. 우리 주변에서 종종 있는, 일을 그르치는 주요한 대목이다.

성경에서의 이 여인의 반응을 계속 살펴보자. 예수님의 그런 발언 후, 즉시 그 어머니는 "주님!"이라고 부른다. 믿지도 않는 사람에게 "나의 주인이시여!"라고 부른 것이다. 즉, 나의 자존심을 내버린 것이다. '나'라는 것은 내던져 버리고, 나의 주인은 바로 당신이니까 나의 자식도 주인인 당신이 살려내어 달라는 너무나 간곡한 절규가 아니겠는가! '나의 주인이여, 나의 자식은 당신의 자식이니까 무조건 살려내어 주세요.'라는 표현을 하는 셈이다. 그러면서 "상 아래에 있는 강아지들도 자식들이 떨어뜨린 부스러기는 먹습니다."라고 응답한다. 완전히 엎드림의 자세이다. 자존심이 어디 있는가! 그냥 엎드리는 것이다. 원망과 분노를 품은 채 우선의 이익을 위하여 엎드리는 것이 아니라, 무슨 말씀을 하시더라도 나는 '주님'이라고 부르는 당신을 믿습니다 라는 의미가 있다. 빵 부스러기라도 좋으니, 당신이 우리 딸을 살려낸다면 그 무엇이라도 달게 받겠다는 강력한 간원을 드린 것이기도 하다. 딸에 대한 사랑 때문에 자존심을 내던져 버린 셈이다.

얼마나 놀라운 간원인가! 자존심을 내어던져 버렸다는 것! 나를 죽였다는 의미로도 해석된다. '나'라는 것은 비우고, 그냥 '사랑하는 딸'만 남은 것이다. 즉, '사랑'이 모든 것이 되어 버린 것이다. '사랑'은 이토록, '나'라고 하는 모든 것들을 내던져 버리는가 보다. 자신을 내어던져 버린 순간, 즉 '자존심'을 던져버린 순간, 모든 것은 제자리로 돌아오게 되는 듯하다.

그 뒤 예수님은 이렇게 말씀하였다고 전해진다. "네가 그렇게 말하니, 가 보아라. 마귀가 이미 네 딸에게서 나갔다." 그리고 그 여자가 집에 가서 보니, 아이는 침대에 누워 있고 마귀는 나가고 없었다는 내용이 이어진다. "네가 그렇게 말하니…"라는 말을 다시 한 번 음미해보자. '당신의 태도는 딸에 대한 사랑으로 가득 차서 이유 없이 하늘이 돕는다.', '원하는 자의 마음이 그러하니, 어찌 하늘이 감응하지 않겠는가!' 라는 의미가 느껴진다. '그런 말씀으로 이렇게 간곡한 저를 대하다니…. 이건 정말 너무 하십니다. 더 이상 도움을 받지 않고 돌아서겠습니다.' 라는 태도가 나올 법했었는데, '도움 받지 않아도 좋으니 자존심은 지켜야겠다.'는 태도가 나올 수도 있었는데 말이다. 스스로를 돕겠다는 자에게는 하늘은 바로 감응을 하는가 보다. 하늘은 스스로 돕는 자를 도울 수 있지만, 스스로 돕지 않겠다는 자는 도울 방도가 없다는 것일까.

이건 바로 '스스로가 어떤 마음을 먹는가에 따라서, 그 어떤 것이라도 도움 받을 수 있다.'라는 참으로 긍정적인 메시지가 아니겠는가! 원하는 자의 마음이 빛이면, 빛은 빛을 부르는 것 같다. 원하는 자의 마음이 어둠이면, 어둠은 어둠을 부르는 것 같다. 긍정적으로 모든 것을 생각하는 사람은 긍정적으로 일이 풀리고, 부정적으로 세상일을 보는 사람은 부정적으로 일이 풀릴 확률이 많다는 일반적인 견해와도 통한다.

그 많은 사람들을 애달파하며 도와주었던, 구원의 메신저로서 이 땅에 왔다고 전해지는 예수라는 사람이, 과연 그 여자를 무시하고 자존심을 무너뜨리려고 그렇게 표현을 했을 리는 없을 것이다. 아마도 우리에게 상대가 어떠한 태도로 나오더라도 '자신을 비우고, 자존심을 내던져 버리고, 하늘의 뜻을 따르는, 사랑하는 무엇인가를 위한 간절한 마음을 가지면 모든 것은 좋아질 것이다.'라는 구원의 메시지가 핵심이 아닐까 생각된다. '창조된 있는 그대로의 모습을 보니 참으로 좋구나.'라는 성구를 떠올리게 된다. 자존심으로 포장되어 나온 가짜 모습이 아니라 있는 그대로의 모습, 이것은 참으로 구원의 힘이다.

26. 우리는 과연 건강하고 싶은가!

불건강한 자기의 모습을 그냥 풍경을 보듯 바라본다는 것, 십자가를 기꺼이 진다는 것, 아마도 그것은 정말 건강해지고 싶은 가장 우선적인 걸음이 되리라 여겨진다. 현실에서 모든 것을 있는 그대로 저항 없이 받아들일 때, 자신을 진정 비워낼 수 있는, 기꺼이 고착된 자아에서 해방될 수 있는 터전이 마련될 것이다.

어느 한 노인이 xx역 지하도에서 생활하는 노숙자 한 사람에게 물었다. "당신은 여기에서 왜 이런 생활을 하고 살아요? 아직 충분히 일할 수 있는 나이인 것 같은데…."라고 물었다. 사실 이런 물음도 용기가 필요한 일인데, 이 노인은 그나마 노숙자 분들에 대한 관심과 사랑이 있다고나 할까! 노숙자의 돌아오는 대답은 "아니, 당신이 뭘 안다고 그런 말을 하는 거요? 돈이나 한 푼 놓고 가지 않을 것 같으면, 가던 길이나 가세요. 험한 일 당하기 전에."라는 말이 돌아왔다. 당연한, 나올 수 있는 반응으로 이미 각오하고 있었기 때문에 아무런 일도 없다는 듯이 계속 물었다. "어디 몸이 아프세요?"라고. 상대방은 즉시 대답하였다. "어디 안 아픈 곳이 있겠소? 이렇게 잠자리도 불편하고 먹는 것도 변변찮은데. 당신은 내가 안 아프게 보이나요? 뭐 당신이 의사요?"라는 까칠한 답변이 되돌아왔다. 귀찮고 불편한 마음을 드러내기 시작하였다. 슬슬 적대적인 그의 태도가 보였지만, 이것 역시 각오한 것이라 별로 신경 쓰지 않고 그 노인은 계속 물었다. "그렇다면, 당신은 건강해지고 싶소?"라고. 어이가 없는 듯 그 노숙자는 말대꾸도 하지 않았다. 그러자 그 노인은 계속 말을 이어나갔다. "당신이 건강해진다면, 이런 노숙자 생활을 청산할 수 있는지가 궁금한 거요. 보아하니 나이가 약 50대 초중반인 것 같은데! 그 나이에는 아직 공공근로 일을 하는 사람도 많지 않소." 그러자 그 사람은 즉시 대답하였다. "아, 무엇 때문에 그런 고생을 하나요? 이렇게 있으면 그럭저럭 세끼 밥은 해결하고 사는데…." 이 노인은 즉시 되물었다. "아, 그렇다면 당신은 건강해지고 싶지 않다는 말이요?" 갑자기 노숙자는 "건강해지고 싶지 않은 사람이 어디 있겠소. 이 사람이! 그렇지만 이 이상 어떤 뾰족한 수가 있겠소. 아픈 것도 만성이 되어서 그냥 이렇게 살다 죽는 거죠. 나는 이렇게 사는 것이 이제는 습관이 되어 다르게 살고 싶지 않단 말이요. 세수도 안 해도 되고, 집 청소도 안 해도 되고…." 말의 내용이 더 많아졌다.

노인은 "당신은 가족은 있소?"라고 물었다. "가족이라는 것이 있지만 벌써 얼굴 안 본지도 오래 되었고, 이제 아무도 찾아오지 않아요."라고 하더니, "이 사람이… 얼른 가던 길이나 가요. 난 이렇게 아무런 신경 안 쓰고 사는 것이 편하오."라고 말을 끊었다. 하지만, 노인은 "아…, 그래요? 그렇다면 구체적으로 건강해지고 싶은 부분이 좋아지면, 가족과도 함께 살고, 좀 사람답게 살 수 있지 않나요?"라고 말을 이었다. 노숙자는 대답했다. "아, 참! 이 사람이, 참 귀찮게 구네. 난 이대로 사는 것에 대해서 좋다 싫다도 없소. 그냥 이 이상의 변화를 생각해 본 적이 없단 말이오. 이대로 살다 죽으면 되지 뭐…. 더 이상 이것저것 물으면 화가 날 것 같으니 썩 물러나시오." 그 노인은 더 이상의 말을 잇지는 않았고, 가던 길을 갔다.

위 내용은 두 사람이 나누었다고 가상적으로 설정한 이야기이다. '진정, 우리는 건강해지고 싶을까!'라는 생각을 숙고하기 위함이다. '저 노숙자뿐만 아니라, 나 자신부터 육체적, 정신적으로 건강해지고 싶은가를 자문해 본다. 아예 그런 생각도 없이 그냥 이대로 살고 싶은가를 다시 느껴본다. 생각보다 많은 사람들이 겉으로는 '난 지금보다 더 잘 살고 싶다.'라고 할지는 몰라도 진짜 내면에서는 '귀찮아. 이것저것 생각하기도 싫어. 되는대로 이대로 살고 싶다.'는 마음이 있을 수 있다. 즉, 의식적인 자기의 마음과 무의식적인 마음이 차이가 많을 수 있다.

사실 그 노숙자의 깊은 사정을 모르는 입장에서 드러나는 말만 가지고 그를 재단하기는 어려울 것이다. 나름의 사정이 있을 것이고, 말 못할 일들이 숨겨져 있을 것이다. 이런 내용을 보고 노숙자를 일반화시켜서 판단하는 일은 없어야 한다. 다만 그 노인은 어떤 의도로 그렇게 다가갔으며, 그 노숙자의 말을 통하여 우리 자신도 생각해 볼 거리가 있을 것 같아서 위의 대화를 가상적으로 설정해 본 내용이다. 과연 우리는 얼마나 건강해지고 싶은가를 생각해 보는 묵상거리였기 때문이다. 여기서의 '건강'은 구체적인 신체적인 질병도 있지만 심리적인 병리적 현상, 정신적인 문제점도 해당된다.

성경에는 이런 말이 나온다. 38년이나 팔다리가 비틀어진 병자를 예수님이 너무 측은하여 "건강해지고 싶으냐?"고 물으셨다(요한 5,1-16). 그런데, 그 병자에게서는 "예, 건강해지고 싶습니다."라고 하든지, "저는 건강해지고 싶지 않습니다."라는 대답이 나와야 할 텐데 뜻밖의 대답이 나온다. 즉 "선생님, 물이 출렁거릴 때에 저를 못 속에 넣어 줄 사람이 없습니다. 그래서 제가 가는 동안에 다른 이가 저보다 먼저 내려갑니다."라는 말이었다. 아마 그 못의 물에는 아픈 몸을 담그면 병이 나아진다는 속설이 있는 모양이었다. "내가 이러이러하여 못가니 어떻게 갈 방안이 없었을까요?"라는 말도 아니고, "예" 또는 "아니요"라고 대답할 수 있는 것을 하지도 않는다는 것…. 이렇게 말이 이어진다. "다른 이가 먼저 내려갑니다.", "못 속에 넣어 줄 사람이 없습니다."는 식으로, 다른 사람 때문에 자신이 그곳을 갈 수 없다는 대답을 하는 것이다. 우리는 습관적으로 나 스스로가 무엇을 원하는지에 초점을 맞추는 것이 아니라 남이 나를 어떻게 하고, 남 때문에 내가 무엇을 못하고 등 타인의 무엇에 초점을 맞추어 말하기 쉽다. 왜 우리는 이런 식으로 표현을 할까! 내가 뭘 원하느냐를 분명히 안다면 "너 건강해지고 싶으냐?"라는 물음이 왔을 때, 늘 생각해 오던 것이므로 "네, 당연하죠. 건강해질 수만 있다면 너무 감사하죠."라는 대답이 나올 것이다. 아니면 "저는 지금 이대로 충분합니다."라는 정도로 끝마칠 것이다.

왜 이렇게 엉뚱하게 남이 나를 어떻게 한다는 이야기부터 시작할까! 우리는 자신의 원함을 진솔하게 느낄 줄 모르고 남의 원함이나 상대가 나를 어떻게 보는가에 대한 의구심, 상대가 나에게 뭘 해 주는가! 안 해 주는가!에 대한 기대감이 몸에 배어있을 가능성이 있다. 내가 무엇을 느끼고, 내가 무엇을 원하고, 내가 어떻게 하고 싶은가에 대한 생각에 앞서서, 상대방에 대한 생각부터 하는 경향을 말한다. 이것은 우리 자신의 몫을 정확하게 인지하고, 그에 대한 진지한 통찰을 한 후, 자신이 무슨 행동을 통하여 자기성장을 이루어낼 것인가에 대한 주체적인 자기의지가 잘 드러나지 않는 심리적 현상을 뜻한다. 말하자면 자기 치유능력은 자기 스스로의 자세부터 시작되는데, 그런 본질적 사고가 안 되어 있는 삶을 엿볼 수 있다. 삶의 기본 원리를 미처 생각하지 못한다고나 할까! 가만히 보면, 스스로가 스스로에게 무엇을 할 것인가를 생각하기보다는, 남이 나를 어떻게 해 줄 것인가에 초점을 맞추는 삶이야말로 가장 불안한 삶이 아닐까 여겨진다.

그렇다. 의식적으로는 '난 이런 상황보다 더 잘 살고 싶다.'라는 말을 할지는 몰라도, 조금만 깊이 들어가 보면 진짜 속마음은 '그냥 누군가가 나를 내가 원하는 대로 이루어지게끔 대신 해 주었으면 좋겠다.'는 의존적인 마음, '그냥 이렇게 살다 죽는 거지 뭐. 사는 게 별것 있겠어! 이 이상 어떻게 해 볼 수 없잖아.'라는 무기력한 마음, '저 사람들은 저렇게 잘 사는데, 내 신세는 왜 이것밖에 안될까!'라는 자책감이 깔려 있다. 이것은 정말 만연된 우리의 깊은 의존성과 관련되어 있다고 볼 수 있다. 그러다 보니 늘 남 탓 혹은 내 탓으로 평생을 지낼 수도 있다. 그렇다.

불평하지 말자. 그리고 원하는 것은 도와 달라고 청하자. 도움 청하는 것을 두려워하지 말자! 도움을 줄 수 있는 대상을 인정하고 믿자!

불교에서는 삼독(三毒)을 탐진치(貪瞋癡, 탐욕과 분노와 어리석음)라고 하는데 이 삼독은 남의 것을 탐내고, 내가 소유하지 못함에 분노하여, 반복되고 지속적인 고정 관념으로 체화(體化)된 어리석음을 뜻한다. 이 세 가지는 인생을 불행하게 만드는 독소이기 때문에 삼독이라고 한다. 즉 행복해지고 싶다면 욕망은 청정한 삶으로, 분노는 안정된 마음으로, 어리석음은 지혜의 마음으로 변화시켜야 한다는 뜻이다. 말하자면 자신이 자신의 인생을 어떤 식으로 이끌어나가는 것이 가장 바람직할 것인가를 생각하지 못하고, 남의 것을 탐하고, 소유하려 하고, 세상 모든 것이 그렇게 고정적으로 돌아가는 것 마냥 생각하는 어리석은 마음이 가장 큰 불행의 원천이라는 의미일 것이다.

자기가 무엇을 어떻게 해야 하는가를 생각한다는 것은, 따지고 보면 자기를 어떻게 비워야 할 것인가를 생각하는 것과 동일하다. 자신의 마음을 내려놓고 하늘에서 주어진 대로 받을 수 있다는 것은 철저하게 자기가 무엇을 느끼고, 무엇을 생각하고, 무슨 행동을 하고 있는가를 있는 그대로 바라볼 수 있을 때 가능한 일이지 않을까! '내려놓는다.'는 것은 '있는 그대로 바라본다.'는 의미로 생각할 수 있다. 남의 것을 탐한다는 것은, 사실 자기가 해야 할 일을 모르는 데에서 오는 문제점이다. 다시 말하면 스스로가 건강해지기 위하여 어떤 노력을 해야 하는지, 어떤 방향으로 길을 가야 하는지를 자각하지 못하고, 남의 것들을 시기, 질투하고, 소유하려 하고, 그것이 이루어지지 않으면 분노하고, 우울해하다가, 결국 변화의 흐름을 따라가지 못하게 된다는 것이다.

부처님은 초기설법에서 사성제(四聖諦, 4가지의 성스러운 법)를 통해 모든 고통의 원인은 집착이라고 설파하셨다. 그리고 팔정도(八正道)를 통해 집착을 끊어내는 사념처(四念處) 수행을 방법론으로 제시하신 바 있다. 그런데 어떤 집착을 끊어내어야 할지, 어떤 고민을 재고해 보아야할지를 모르는, 즉 '있는 그대로'의 자신을 느끼지 못하는 사람은 '비워라' 하는 말의 초점이 어디 맞춰져 있는지를 모른다.

예수님은 참된 행복을 얻고 참된 길을 가기 위해서는 '십자가를 지고, 자신을 버리고, 나를 따르라.'는 획기적인 방향을 제시하였다. 여기서 제일 처음 등장하는 것이 '십자가를 지고'이다. 십자가는 고통을 의미하는 것으로 많이 생각하기 쉬운데, 물론 그러한 의미도 다분히 있을 것이다. 그러나 한편, 이 십자가는 잘난 자기 모습뿐만 아니라 '자기의 부족한 모습, 못난 모습' 등 자신의 전체적인 모습을 있는 그대로 짊어져야 한다는, 즉 직면해야 한다는 의미로 해석해도 무방할 것이다. 우리는 자신의 부족한 면을 가능하면 숨기려 하고, 지우려 하고, 없애고 새것으로 보완하려고 한다. 사실 더 중요한 것은 자신의 상태를 있는 그대로 저항 없이 받아들이는 것이리라.

미성숙하고 불건강한 것 같지만 그 모습 그대로 자기를 그냥 풍경을 보듯 바라본다는 것, 십자가를 기꺼이 진다는 것, 아마도 그것은 정말 건강해지고 싶은 가장 우선적인 걸음이 되리라 여겨진다. 현실에서 모든 것을 있는 그대로 저항 없이 수용할 때, 자신을 진정 비워낼 수 있는, 기꺼이 고착된 자아에서 해방될 수 있는 터전이 마련될 것이다. "우리는 과연 건강하고 싶은가!"라는 화두는, "있는 그대로의 나를 똑바로 바라보고, 그것을 토대로 나의 내면이 자유롭고 싶은가!"라는 의미로 해석되면 좋을 것 같다. 그리고 난 후, "나를 따르라!"는 의미를 한층 더 깊게 느끼게 될 것이다.

스스로의 어떤 모습이라도 있는 그대로 바라보지 않은 채, "나를 따르라!"는 의미를 의존적인 의미로서만 해석하면 정말 곤란할 것이다.

주체적인 모습 없는 의존성은 오히려 진정한 자존감, 건강한 의탁, 즉 하늘이 내린 존재의 고귀성을 손상시켜 '진정한 힘'을 상실하는 우를 범하게 될 것이다. '과연, 우리는 건강해지고 싶은가!'에 대한 성찰은, 스스로의 내면을 깨닫게 하는 많은 묵상거리로 작용한다.

27. "완전한 사람이 되어야 한다"

'완전한 사람'이란, 주어진 자기의 현실 조건에 만족하여 흠이 없는 사람이 아닐까! 이유가 어떠하든, '완벽한 사람'에게는 '어떤 상황에서도 잘 대비하여 꼭 흠이 없어야 돼!'라는, 마치 '자신이 신'인 것처럼 느껴지는 '오만함'이 깔려 있다. 반면 '완전한 사람'에게는 '부족한 것이 많지만, 현실에 만족하면서 주어진 대로 살아가겠습니다.'라는 '겸손함'이 깔려있다. 자신의 한계를 인정한다는 것, 자신의 나약함을 인정한다는 것…, 이것이 존재에 대한 지극한 너그러움을 안겨줄 것이다.

성경에는 이런 구절이 있다. "그러므로 하늘의 너희 아버지께서 완전하신 것처럼 너희도 완전한 사람이 되어야 한다."(마태오 5,48). '완전한 사람'이라는 말이 생각하기 나름으로는 참 부담스럽게 느껴지며, 과연 완전한 사람은 어떤 상태를 두고 이야기하는 것일까 궁금해지기도 한다. 일상을 살아가면서 우리 자신은 과연 '완전한 사람'이 되고 싶은가 '완벽한 사람'이 되고 싶은가를 숙고해 보기 위하여, 혹은 그 두 사람이 어떤 차이가 있는가를 알아보는 것도 도움이 되리라 여겨져, 예수님이 제자들에게 하신 "아버지께서 완전하신 것처럼, 너희도 그렇게 되어야 한다."라는 말씀에 대한 의미를 묵상해 본다.

우선 위의 경전 구절은 앞의 맥락을 알아보면서, 본문의 의미를 새겨보면 좋을 것 같다. '완전한 사람이 되어야 한다.'는 이야기는 "네 이웃을 사랑해야 한다. 더 나아가서 너희는 원수를 사랑해야 한다."라는 가르침 뒤에 나온다. 이웃을 사랑하고, 원수까지 사랑하라는 말씀은 많이 들어서 알고 있는 듯하지만, 알고 있는 것과 실천하는 것은 하늘과 땅만큼 차이가 크다. 지극히 정상적인 사람이라면 자기를 좋아하는 사람을 좋아하는 것, 나를 사랑해 주는 사람을 사랑하는 것은 누구라도 할 수 있는 당연한 것이 아니겠는가! 하지만 별로 나와 상관없을 것 같은 이웃을 사랑하는 것, 거기다 한술 더 떠서 원수까지 사랑하는 것은 그리 만만치 않은 행위이다. 이건 정말 문자로서는 가능할지 몰라도 실제 상황에서는 그리 간단한 이야기가 아니다. 바로 여기에서 '완전한 사람이 되어야 한다.'라는 구절을 좀 더 넓고 깊게 탐구하는 자세를 취한다면, 이웃뿐만 아니라 원수까지 사랑하라는 내용을 이해하고 수용하기가 좀 더 쉽지 않을까 싶다. '이웃', '원수'라는 말이 좀 멀게 느껴진다면 가족 혹은 공동체 조직 안에 있는 '못마땅한 어떤 대상', '나의 자존심을 건드리는 누구누구', '주변의 친척들 중 어느 누구' 정도로 바꾸어서 생각해 보면 더 실감 날 것이다.

우선, '완전함'에 대비한 '완벽함'이라는 것에 대해서 살펴보자. 완벽(完璧)은, 원래 흠이 없는 구슬이라는 뜻이라고 한다. 완벽주의자들의 심리상태에는 자기에게 돌아 올 비난이나 비판 등을 견뎌낼 수 없을 정도의 상처를 안고 있어, 외부 상황이 흠이 없어야 한다고 생각하는 것이 기본 전제가 되고 있다. 내공이 부족하다고나 할까! 외부의 비난에 대한 튼튼함이 약하기 때문에 미리 그 모든 것을 대비하고 철저하게 되돌아올 문제점에 대해서 유비무환의 자세를 갖추는 것이다. 일종의 '강박증적 성격장애'라는 표현으로 임상심리학에서는 언급되기도 하는데, 생각보다 많은 사람들이 여기에 속한다는 것이 대부분의 학설이다. 특히 성공한 사람들의 성격 중 많은 영역을 차지하는 현상으로도 해석된다. 말하자면 강박증적인 성격은, 사회적 성취를 해 나가야 하는 과정에서는 목적을 달성하기 위하여 필요한 힘이 된다는 뜻이다. 하지만 그렇게 힘이 되는 시기가 있는 반면, 어느 지점에 이르러서는 자신과 타인을 무척 힘들게 하고 쫓기는 생활을 하게 되면서 회의감이 드는 시점이 온다. 지금까지 스스로가 노력하여 일구어 왔던 것을 누리지 못하고 행복하지 못하는 원인이 되기도 한다.

이러한 심리상태의 내면에는 조금이라도 부족한 자신을 인정하지 못하고, 자신의 나약함과 한계를 있는 그대로 인정하지 못하는 어려움이 있다. 사실, 모든 인간은 부족하고 약한 한계를 지니고 있지 않은가! 뛰어난 지능을 지니고 있다가도 나이가 들면서 쇠퇴해지거나 그 명석함이 어떤 측면에서는 소용없게 되기도 한다. 특별한 에너지와 능력을 지녀서 해당 분야에서는 대단하다는 칭송을 받을지는 몰라도 다른 분야에서는 보통 사람들과 다름없는 것일 수도 있다. 우리는 모든 부분에서 결코 완벽할 수 없다! 그러나 완벽함의 내면에는 '늘 잘 못하는, 혹은 잘 못할까 봐, 잘 못될까 봐.' 노심초사하는 자신에 대한 걱정과 불안, 비판과 상처가 숨어있다.

이들은 자라오면서 주변 사람들로부터 "잘해야 한다. 이 세상을 살아가려면 이렇게 해야 성공할 수 있다. 저렇게 해야 남들에게 무슨 소리를 듣지 않는다. 만약 이러이러하게 된다면 너는 이렇게 될 수 있다."는 등의 외부조건을 핑계 삼은(!) 행동 통제를 당해왔을 가능성이 크다. '외부조건을 핑계 삼는다.'는 것은, 내면의 불안과 욕구로 인하여 발생되는 메시지라는 것을 인식하지 못하고, 외부의 상황으로 합리화시켜 자신의 내면을 방어하는 심리상태를 뜻한다. 아마도 자랄 때는 부모나 주변인으로부터 듣는, 환경 자체가 성공을 향해 줄달음치는 모습을 보고 느낀 메시지였으나, 현재에는 스스로가 스스로에게 던지는 메시지가 되었을 수 있다. 이것은 자신의 잘못과 한계를 용납할 수 없는 문제점을 안겨, 스스로에게 너그럽지 못하여, 타인을 바라보는 마음도 여유롭지 못할 가능성이 농후하다. 즉 타인에게도 자신에게 향하는 완벽함을 요구하지 않을 수 없기 때문에, 늘 타인의 단점이나 잘못에 치중하게 되고, 그것을 바꾸려고 하고, 변화가 되지 않을 때는 상대방에게 화가 나고, 내적으로 끙끙 앓기도 하고, 외적으로 불평이나 비난을 하는 문제점을 안긴다. 물론 그런 상황의 원인은 변하지 않는, 잘못된, 제대로 하지 않는, 외부 대상에게 있다고 굳게 믿을 것이다. 사실 그 심리적 배경에는 외부의 부정적 평가에 대한 '불안과 두려움'이 많은 것이므로, 그 마음이 투사될 경우 외부의 모든 것이 불안해 보이고 걱정거리로 보이게 되어, 세상을 살아가는 데 있어서 편안하고 여유 있고 너그러운 자세가 되지 못하는 것이 가장 큰 어려움이다.

부모가 자녀를 양육할 때 "네가 이렇게 잘 못하면, 다른 사람이 너를 어떻게 보겠니?", "이러이러한 행동을 한다면, 남들에게 비난이나 지적받을 수 있어. 조심해야 해."라는 걱정과 염려, 불안과 두려움의 메시지를 '반복적으로', '습관적으로' 한다면, 아이는 은연중에 다른 사람들의 시선을 부정적으로 의식하게 되는 어려움을 안게 되는 것이다. 여기서 '반복적', '습관적'이라는 말이 중요하다. 약간씩이야, 어느 부모인들 하지 않겠는가! 가끔 하는 말들은 사회성을 길러야 하는 아이에게도 필요한 말이므로 아이에게 결정적인 영향을 미치는 것은 아니지만, 반복적으로 하게 된다면, 그것 자체가 뇌에 강력하게 입력된다. 모든 일을 하는 데 있어서 늘 그런 메시지가 연상되어 올라오기 때문에, 일상적 행동을 하는 데 조심스럽게 되고, 눈치 보게 되고, 자유롭지 못하게 된다. 창의적인 에너지가 올라오다가도 남들은 어떻게 생각할까 하는 메시지가 먼저 떠오르기 때문에 결국은 '나의 인생'을 사는 것이 아니라, '남의 눈치 인생'을 살게 될 수도 있다는 것이다. 한마디로 '자연(自然)'스럽지 못하게 된다.

그러므로 자녀가 어떤 행동을 잘못하여 교정하여야 할 때 우선, "네가 이러이러한 부분은 잘못했구나. 왜냐하면 이렇게 하면 저러저러하게 되기 때문이야. 이러이러하게 방식을 바꾸는 것이 좋을 거야."라고 분명하고 짧게 언급한다. 앞에서 언급하였듯이, "남들이 너를 뭐라고 하겠니? 그러면 남들이 너를 좋아하지 않아. 앞으로 네가 많이 아플 수 있어. 다칠 수 있어!" 등의 남의 시선 혹은 미래의 부정적 예측, 불안을 반복적으로 야기하면서 아이 행동 교정을 시도하는 것은 곤란하다.

그리고 난 뒤, 아이의 상태를 살피면서 조금 기다린다. 기다리지 못하고 조급하게 "괜찮아! 사랑해!"라고 하는 것은 앞의 말이 의미 없게 될 수 있다. 수긍을 한다 싶으면, "엄마 아빠도 그런 실수를 많이 했어. 누구라도 잘못할 수 있으니까, 지금부터 이러이러하게 바꾸면 괜찮아."라는 메시지가 들어가야 한다. 잘못을 인정하지 않고 수긍하지 않는다면 그냥 조금 기다리면서, 비난이나 질책, 조급함을 멈추고 아이의 생각에 변화가 일어나도록 시간을 두고 머무르는 것이 좋다.

사실, 자녀양육에 대한 문제는 부모 자신 스스로부터 생각해 보아야 한다. 부모도 인간이다! 우리가 모든 것을 다 잘 할 수는 없다. 하지만 부모는 자식을 앞에 두고 늘 겸손하고 열려 있어야 한다. 겸손한 자세로 무엇이라도 배워가는 자세를 취해야 한다. 그런 의미에서, 부모 자신이 먼저 어른으로서 스스로가 완벽주의적인 성향을 가지고 있다고 느낀다면 어떤 태도를 가지면 좋을까를 고려하는 것이 매우 중요하다.

우선 자신에 대한 통찰력이 있는 사람은, 이런 성향을 가지고 있다는 것에 대한 자각이 있어서 매우 유리하다. 이런 사람은 '알아차림의 시간을 유지하도록 늘 깨어있는 것'을 잘 할 수 있다면 특히 도움이 될 것이다. 완벽함으로 무장된 강박증적인 불안은 거의 무의식적으로 올라오는 강력한 '세포 구석구석 배어있는 습(習)'이기 때문에, 알아차린다고 하여도 쉽게 무너질 수 있는 것은 아니다. 하지만 알아차리기 위하여 '순간순간 깨어있는 자세'가 핵심이 될 것이다. 자주, 아침저녁 단 5분이라도 시간을 내어, 스스로에게 기도하는 마음으로 '건강한 메시지'를 언급해야 할 것이다. 즉 '스스로에게' 하늘의 천사가 내려와서 말을 건네듯 새로운 메시지가 들어가야 할 것이다.

"괜찮아! 누구나 다 사람은 한계를 가지고 있고, 약한 부분이 있어. 그렇지 않은 사람은 아무도 없어. 그러니까 인간이지…."

"부족한 부분을 가지고 있어도, 너는 충분히 사랑받을 자격이 있고, 가치있는 존재야. 사실 지금도 하느님은 너를 사랑하지 않은 적이 없어."

"완벽해지려는 너의 자세는 긍정적인 측면으로 도움을 주기도 했어. 하지만 힘들면 화가 나기도 했어. 사실 완벽해지지 않아도 살아가는 데 아무 문제가 없어. 부족한 것도 필요한 것이니까 하늘이 내린 거야. 하늘은 어떤 형태로든(고통이든, 행운이든) 깨달음이라는 정신적 음식을 제공하고 있어. 믿음을 가지고 안심해! 괜찮아!"

강박증적 완벽주의는 하루아침에 형성된 심리가 아니라, 본인도 어떻게 해 볼 수 없었던 시기에 닥친 매우 강력한 뿌리로 작용되는 심리상태이므로, 자식세대에 많은 부분 영향을 미친다는 사실을 인식해야 할 것이다. 그러므로 누구를 탓하거나 원망하는 것보다는, 하루하루 마치 정신적인 양식을 섭취하듯, 자신을 향해 기도하는 자세를 갖춘다면 많은 도움이 될 것이다.

지금까지 "완전한 사람이 되어야 한다."라는 의미를 새겨보기 위해서, 완벽한 사람에 대한 내용을 언급하였다. 결국 '완전한 사람'이란 완벽한 사람이 아니라 주어진 자기의 현실을 거부하지 않고, 있는 그대로 만족하기 때문에 흠이 없다고 느끼면서 편한 사람이 아닐까! 이 말은, 주어진 현실의 조건을 있는 그대로 만족하여 살기 때문에 흠이 없는 듯한 느낌으로 살아가는 사람이라는 뜻이다. 이유가 어떠하든 '완벽한 사람'에게는 '어떤 상황에서도 잘 대비하여 꼭 흠이 없어야 돼!'라는, 마치 '자신이 신'인 것처럼 느껴지는 '오만함'이 깔려 있다. 반면 '완전한 사람'에게는 '부족한 것이 많지만 현실에 만족하면서 주어진 대로 살아가겠습니다.', '부족한 사람이지만 만족하면서 흠이 없는 듯 살아가겠습니다.'라는 '겸손함'이 깔려있다. 자신의 한계를 인정한다는 것, 자신의 나약함을 인정한다는 것, 이것은 우리 존재에 대한 지극한 너그러움을 안겨줄 것이다. 이것이야말로 진정한 '존재적인 사랑'이 아니겠는가!

예컨대 부모라면, '자기 스스로를 향한 사랑'이 '자식을 향한 사랑'으로 자연스럽게 전이됨은 두말할 필요가 없을 것이다. 아기였을 때의 자식을 느껴보면 부스스하게 눈곱이 낀 채로 자고 일어난 모습일지라도 아무 이유 없이 한없이 이쁘다. 얼굴에 무엇이 묻어도 그냥 사랑스럽다. 그것이 단점으로 고쳐야 할 것으로 보이지 않고, 그냥 그 존재 자체가 사랑스럽다. 이는 자식에 대한 마음이 너그럽고 여유가 있어, 그냥 주어진 현실 상황에 만족하기 때문이다. 얼굴이 완벽하게 깨끗해서 이쁜 것이 아니라, 그냥 그 존재 자체가 너무 이쁜 것이다. 그런데 이 때 남들을 의식하는 순간, 즉 말끔하게 보여야 한다고 생각하는 순간, 얼굴에 묻은 무엇을 빨리 처리해야 하는 조급함이 일어날 수 있다. '존재'로서의 사랑이 아니라, 남들에게 잘 보이기 위한 '조건'으로서의 사랑(?)이 개입되는 것이다. 이러한 행동은 엄밀하게 말하면 사랑이 아니라, 자기 내면의 불안을 방어하기 위한 행동 습관일 뿐이다. 얼굴에 묻은 것을 떼지 말라는 뜻이 아니다. "사랑스러운 우리 아가, 얼굴에 이것이 묻었구나. 그래도 이렇게 이쁘구나. 자, 이렇게 씻어 보자."라는 정도가 되어야 한다.

완전한 사람이 되어야 한다는 의미는 하늘이 내게 내려 주신 달란트, 성격, 에너지 등을 있는 그대로 인식하고, 이해하고, 수용하면서 살아가면 된다는 것이다. 주어진 대로 만족하면서 산다는 것, 자족(自足)한다는 것, 이것은 우리의 일상을 늘 행복하게 만드는 중요한 메시지이다. 문득 떠오르는 구절이 있다. "언제나 기뻐하십시오. 끊임없이 기도하십시오. 무엇에든 감사하십시오." 이 경구는 너무 많은 내용을 포괄하고 있는데 '언제나, 끊임없이, 무엇에든….'이라는 표현으로 '반드시' 새겨두어야 할 성구(聖句)임을 암시하고 있다. 한시라도 잊지 않고 살아야 하는 이런 구절들에는 우리의 강박증적인 불안, 완벽함을 향해 달려가는 현대인이 새겨두어야 할 핵심 내용이 담겨 있다.

남이 내게 준 상처를 용서하지 못하는 사람들, 쉽게 상처를 받고 자존심을 상해하는 우리의 모습, 남의 잘못에 대하여 너그럽지 못하고 못마땅해 하는 우리들, 부족한 것을 보면 늘 마음이 께름칙하여 잠이 안 오는 완벽을 추구하는 사람들…. 사실 대부분의 사람들이 그런 모습임을 있는 그대로 인정해야 할 것이다. 그래서 스스로를 용서하듯이 타인을 용서해야 할 것이다. 용서란 따지고 보면 상대방에 대한 것이 아니라, 스스로에게 보내야 할 선물이다. 사랑이다. 너그러움이다. 자비로움이다. 그렇다, 우리가 진정 추구해야 할 것은 '완벽한 사람'이 아니라 '완전한 사람'일 것이다.

28. “괜찮아! 그래도 사랑해”

상대방에 대해서 행위에 대한 불만이 있을 때라도, 존재에 대한 믿음을 잊지 않고 대상을 마주한다는 것은 고도의 정신훈련이기도 하다. 그 대상이 어느 누구라도… 가까운 대상일수록 기대하고, 원하고, 바라는 마음이 많은 것은 인지상정이다. 그렇다고 고쳐야 할 것을 그냥 두라는 뜻이 아니다. 상대방 존재에 대한 좋은 마음 자체가 변화 욕구를 불러일으키고, 자기를 조절하는 힘을 일으켜 세울 수 있다.

남 같으면 그냥 지나칠 수 있는 것이고 아예 신경을 끄거나 안보면 되는 것이지만, 가까운 배우자나 자녀가 무엇인가를 잘 못하는 것이 보이면 ‘어휴…, 저걸 어째’ 하는 심정이 되면서 속이 복닥거리게 될 때가 많다. 짐짓 아무렇지도 않은 척 애써 마음을 달래 보지만 속이 말이 아닐 정도로 걱정되고, 불안하고, 화가 나고, 성질이 나기도 한다. 남 앞에서 일일이 속을 드러낼 수도 없고, 자녀일 경우에는 내 얼굴에 침 뱉는 것 같아 말하기도 남부끄럽고 속이 탄다. 노골적으로 흉을 보려니 그것도 마땅한 대상이 있어야지, 아무나 붙들고 말할 수도 없다. 특히 반복적으로 일어나는 ‘잘 못하는 점’을 볼 때는 정말 ‘내가 그만큼 말을 했는데도 저 사람은 어떻게 이렇게밖에 못하는지….’ 하는 좌절감에 밤잠을 설치게 될 때도 있다.

우리는 내 마음에 들지 않을 때 일어나는 반응을 보면, 우리 자신의 노골적인 인격을 느낄 수 있다. 좋은 일이 있을 때는 누구나 다 좋다.

기대했던 일이 기대대로 되었을 때는 누구나 다 안심한다. 문제는 내가 원하는 대로 되지 않았을 때, 내 기준에서 볼 때 사랑하는 가족이 무엇인가를 잘 못하고 있을 때의 스스로의 반응이다. 이 반응을 볼 때 진짜 '본색'이 드러나면서, 우리 내면을 적나라하게 느낄 수 있는 '거리'를 제공한다.

사람의 잘 못하는 점을 보면 두 가지 반응이 나타나는 것 같다. 그 중 한 가지는 질책과 자책을 반복하는 것이다.

"너, 그만큼 이야기했는데 그것밖에 안 돼? 정말 못살아…. 너 같은 것 왜 낳았는지 몰라. 내가 미쳤지…."라며 엄청난 질책을 말로 직접 표현하거나, 말은 안 하더라도 이렇게 질책하고 싶은 마음으로 끙끙 앓는 경우이다. 배우자 같으면 "당신, 이럴 수 있어? 정말… 사람이 그 정도밖에 안 돼? 기본도 안 되어 있는 당신 같은 사람! 내가 왜 당신 같은 인간과 결혼을 했는지…. 내 발등을 내가 찍었지."라고 엄청난 비난의 화살을 보낸다. 그렇지 않으면 그 적개심을 품은 채로 며칠이고 몇 달이고 말을 안 한다. 수동적 공격으로 끝까지 치닫는다. 그러다가 자책을 하기 시작한다. "내가 그냥 죽어야지. 내 팔자가 사나워서, 저런 인간을 만나서… 새끼까지도 저렇게 하니… 그냥 어디 도망이라도 가고 싶어.", "아이구, 나 같은 것이 자식 기른다고…. 그냥 처음부터 자식을 안 낳았어야 되는데, 내가 무슨 자식 기를 자격이 있다고…."라는 식의 분노감이 내재된 자책이다. 참으로 힘겨우며 타인도 스스로도 괴로운 반응이다.

다른 한 가지는 상대방과 스스로에 대한 위로와 하늘의 자비를 겸손하게 구하는 것이다.

"괜찮아. 그럴 수 있지 뭐. 그래도 널 사랑하는 것은 변함없어."라는 반응이 핵심이다. 잘못하는 점은 사람마다, 우리 모두에게 있다. 단지 그것이 사회화될 때 문제가 되는 정도인지, 그냥 넘어가도 되는 정도인지의 차이가 있을 뿐이다. 어느 누구라도 완벽하게 모든 것을 갖춘 인간은 없을 것이다. 잘 못하는 점으로 인식해서 보면 모든 행동이 잘 못하게 보이며, 그럴 수 있는 것으로 보면 그럴 수 있는 행동이 된다. '방이 엄청나게 어질러져 있구나. 뭐 괜찮아. 그럴 수 있지. 한꺼번에라도 치우면 되지. 언제쯤 치울 예정일까 한번 물어는 봐야지. 물어 보고 기다려주지 뭐. 저렇게 어질러도 자기 할 일은 다 하고, 건강에 문제도 없는데 너무 심각하게 생각할 것은 없지….'하는 심정이다. '남자가 좀 술을 마실 수도 있지 뭐. 괜찮아. 술을 좀 좋아하는 사람이 있고 술을 좋아하지 않는 사람도 있는데, 저이는 술을 좀 즐기는 편이지. 과음할 때는 그래도 건강에 안 좋으니 말은 해야겠지. 그래도 저이는 사랑스러운 사람이야. 기회 봐서 건강을 위해서라도 적당하게 마시라고 부탁해 보아야지.' 등의 심정이다. 그리고 난 후 '하느님, 우리 저 사람이 스스로를 잘 이겨내도록 자비를 베풀어 주시면 감사하겠습니다.'라는 겸손한 엎드림의 마음이다. '혹시, 저도 상대방이 볼 때는 변화시켜야 할 것이 무엇이 있나요? 저의 잘못된 점은 제가 어떻게 하고 있는지, 다시 한 번 생각해야겠어요.'라는 심정이다.

그렇다. 겸손한 마음으로 "괜찮아. 그래도 사랑해!", "그럴 수 있지 뭐!", "잘 변화되도록 도와주세요."라는 마음이 들 수 있다면 얼마나 좋을까! 그런데, 이것이 훈련이 되어 있지 않으면 정말 쉽지 않다. 마음과 몸의 습관이 되어 있지 않으면 반자동적으로 본색대로 모든 말과 행동이 드러난다. 노골적으로 드러나고 난 뒤, 성질대로 하고 난 뒤, 반성 또 반성을 한다. 다음부터는 절대로 그렇게 하지 말아야지 하고 후회하기도 한다. 일단 다 표현되고 난 뒤, 반성과 후회는 사실상 그것 자체가 또 하나의 습관이 된다. 부모가 "미안하다."라는 말을 반복하면서 행동을 고치지 않을 때, 자녀는 더 이상 미안하다는 말에 아무런 느낌이 없다. 똑같은 행동을 반복하리라는 것을 너무나 잘 알고 있어서 미안한 마음을 받을 수가 없다. 불신이 올라오기 때문이다. 정말이지 우리는 행동의 변화가 필요하다. 사소한 것 하나라도 행동의 변화를 통해서 미안함은 수용 받는다. 진실된 변화가 요구된다.

어떻게 하면 우리는 진실된 변화의 물꼬를 틀 수 있을까! 일주일에 단 한 번이라도, 혹은 한 달에 한 번이라도, 말과 행동의 습관을 바꾸는 '훈련'이라는 것이 필요하지 않을까 싶다. 운동하는 원리를 생각해 보라. 내가 골프를 아무리 잘 치고 싶어도 그것을 TV로 보고, 책으로 읽어도 몸에 익히지 않는 것은 의미 없는 것이리라. 너무나 당연한 것이지 않겠는가. 몸에 익히지 않는 앎이 제대로 된 앎이 되겠는가! 그래서 우리는 마음의 습관, 말의 습관, 행동의 습관도 사실은 제대로 수정하는 코치가 필요하다. 어쩌면 이런 것을 위하여 일부 사람들은 '성장을 위한 연구소' 같은 장소를 방문하여 스스로에게 훈련을 시키는 노력을 하고 있다.

이를 위해선 다음과 같은 것들을 참고해 볼 수 있다.

그 훈련의 첫 번째 과제는 상대방의 말이나 좋은 글 등을 잘 경청하는 것이다. 일단 잘 들을 수 있어야 한다. 듣거나 읽지 못하는 사람은 새로운 개념 자체가 없기 때문에, 더 이상의 발전이 멈추어 버린다. 부처님의 초기설법 팔정도(八正道)에 첫 번째 등장하는 것이 '정견(正見)'이라는 점은 시사하는 바가 크다. 이는 성경의 많은 내용들이 "예수님께서 그들에게 말씀하셨다. 제자들에게 이르셨다."로 나오는 대목과도 같게 느껴진다. 일단 제대로 된 개념을 가지기 위해서는 말씀을 들어야 하고, 읽어야 한다.

두 번째 과제는 듣거나 읽고 나면, 제대로 알게 되었는지를 체크한다.

나는 무엇을 알게 되었는가! 책을 덮고 혹은 그 말을 듣고 난 뒤, 조용히 무엇을 새롭게 알게 되었는지를 인식한다. 듣고 읽기는 하지만 덮고 나면, 지나고 나면 바로 '마른 돌 위에 떨어진 씨앗'처럼 날아가 버리기 쉬운 것이 대부분이다. 씨앗은 '날아왔지만,' 그 씨앗이 움을 틔우려면 머무르는 시간이 필요하다. 이런 점에서 '듣고 읽은 것'과 제대로 '아는 것'은 다른 차원이 될 수 있다.

세 번째 과제는, 알게 된 것을 내 스스로 변화하기 위한 의지와 노력으로 열매를 맺을 것인지에 대해서 자문한다. 구체적으로 변화에 대한 욕구가 있는지, 그 변화를 통하여 새로운 사람으로 태어나기를 원하는지부터 생각해야 한다. 즉, 현실적인 여건과 내 마음을 고려하여 의지를 내어 노력할 것인지 한번 되물어 본다. "너는 무엇을 원하느냐!"라는 예수님의 질문에 "네, 저는 눈을 뜨기를 원합니다."라는 대답을 할 수 있느냐의 이야기이다. 스스로에게 변화하기를 원하는지를 진실로 질문하는 것이다.

네 번째 과제는, 변화에 대한 의지가 있다면 이제, 바로 이 순간부터 무슨 행동을 할 것인지를 정한다. 구체적인 실천과제를 정하여, 우선 일주일 혹은 한 달이라도 시행 기간을 정해놓는다. 그리고 난 뒤, 다시 계속 할 것인지 수정, 보완해서 할 것인지를 정한다. 코치가 있다면 하나하나 그 실천과제를 함께 수행해 나갈 것이고, 혼자서 그 프로그램대로 학습해 나가는 것도 좋을 것이다.

다섯 번째 과제는, 몸에 익히는 것이다. 내 몸에 익히지 않는 스포츠 실력은 결국 처음과 마찬가지 수준이 될 수밖에 없지 않겠는가! 내 몸이 기억하고, 내 마음이 더 이상 요동치지 않을 때까지 익히고 또 익히는 것이다. 익혔다 할지라도 숙성되어 가는 과정이 필요한 법인데, 제대로 익히지 못한 '아는 것'과 '의지'와 '노력'은 물거품이 되기 쉽다. 사실 이렇게 되면 오히려 좌절감을 안겨주기도 한다. "아, 내가 얼마나 노력했는데…, 나름대로 다 알고 있는 내용인데…, 시간과 비용과 수고를 투자했는데, 이것밖에 안 되다니… 쯧쯧" 하는 말로 스스로에게 자책감을 안겨주기도 한다는 뜻이다. 그러한 좌절감은 어쩌면 당연한 수순일 수 있다. 제대로 된 훈련과 익힘이 없었기 때문에 마른 땅에 건물을 짓겠다는 것과 다름없는 것이다. 그러므로 성장한 자신의 모습을 자주 상상하며, 훈련 자체를 즐기고 기쁜 과정으로 여겨야 한다. 몸과 마음이 숙성되고 나면 놀라운 새 생명의 탄생과 같은 기쁨을 맛볼 수 있을 것이다.

이와 같은 노력은 결국 "괜찮아, 그래도 사랑해."라는 편안한 마음으로 사람을 대할 수 있는 아주 구체적인 작업이 될 것이다. 상대방에 대해서 행위에 대한 불만이 있을 때라도, 존재에 대한 믿음을 잊지 않고 대상을 마주한다는 것은 고도의 정신훈련이기도 하다. 그 대상이 어느 누구라도…. 가까운 대상일수록 기대하고, 원하고, 바라는 마음이 많은 것은 인지상정이다. 그렇다고 고쳐야 할 것을 그냥 두라는 뜻이 아니다. 상대방의 존재에 대한 좋은 마음 자체가 변화 욕구를 불러일으키고, 자기를 조절하는 힘을 일으켜 세울 수 있다. 하물며 그들이 나쁜 사람들도 아니다. 그저 잘못한 것을 볼 때라도 "괜찮아, 그래도 사랑해."라는 기본적인 마음만을 잃지 않는다면, 우리는 한 인간으로서 충분히 행복한 삶을 살아가지 않을까 한다.

29. 아이들의 고통체, 그리고 다스리기

좀 더 통찰력 있는 부모라면 이렇게 생각해 볼 수 있다. 아이는 이미 부모의 고통체로부터 나오는 고통을 흡수했을 수도 있다. 부모로부터 전이된 고통체가 아이의 고통체가 되어, 아이 스스로가 고통을 안고 살아가는 셈이다. 아이가 고통체의 공격을 받는 동안 당신이 할 수 있는 일은 이 순간에 깨어 있으면서 감정적인 반응에 말려들지 않도록 하는 것 외에는 별로 없다. 당신의 무반응에 아이의 고통체는 좌절하고 잠시 후 더욱 격렬해질지 모르지만 머지않아 진정된다. 다행히 아이들의 고통체는 어른보다 활동 시간이 짧다.

아이들의 고통체는 우울과 내향성(모든 활동이 내부로 향하고, 외부의 사람이나 사물에 대해서는 소극적인 성격)으로 나타나는 경우가 많다. 아이는 시무룩해지고, 접촉을 거부하며, 인형을 안은 채 구석에 꼼짝 않고 앉아 있거나 엄지손가락을 빤다. 아이들의 고통체는 또한 발작적으로 울음을 터뜨리고 난동을 부리는 형태로도 나타날 수 있다. 날카롭게 울부짖고 바닥을 뒹굴거나 파괴적이 된다. 원하는 것이 방해받으면 쉽게 고통체가 폭발하는 계기가 되고, 발달 중인 에고 속에서는 원하는 힘이 더 강하다. 조금 전까지는 천사 같았던 아이가 몇 초 만에 작은 악마로 변신하면 부모는 이해할 수 없는 눈으로 바라보는 수밖에 없을 것이다. '이 불행이, 이 난리법석이, 이 전쟁이 대체 어디서 오는 것일까?' 하고 의아해할 것이다. 많게든 적게든 그것은 아이가 공유하는 인류의 집단 고통체의 일부이며, 그 집단 고통체는 인간 에고(ego, 자아)의 기원으로까지 거슬러 올라간다. 어디 어린이만 그러겠는가! 몸은 어른이지만 심리적으로 아이 같은 어른도 마찬가지일 것이며, 실제로 어른들도 거의 비슷한 반응을 보이는 경우가 제법 있다.

어디서 온 것일까! 이러한 고통체가! 특별히 고민할 것도 없이 그냥 모든 인간들의 삶의 한 과정으로 보는, '있을 수 있는, 그렇고 그런 일상'으로 볼 수도 있다. 평범한 일상의 과정으로 보면 될 것을 심히 고민하는 것도 문제가 되지 않겠는가! 그냥 바라보면서 지나가도록 해야 할 것 같다. 아이의 '에고 고통체'에 부모가 같이 걸려 넘어가서, 아이와 동일시되어, 이제는 부모의 고통체를 만들지만 않는다면 말이다. 그냥 넘어가다보면 저절로 아이가 자신의 에고를 조절해나가는 내면의 힘을 키우게 될 것이고, 자연스럽게 건강한 사회인으로 '자아기능, 즉 에고'를 사용하게 될 것이다. 물론, 아이가 점점 나이 들어 에고 자체의 힘을 감소시키며 잘 다스리는 성숙함을 보이는 삶을 산다면 건강하게 잘 자랐다고 볼 수 있으리라.

한편, 좀 더 통찰력 있는 부모라면 이렇게 생각해 볼 수도 있다. 아이는 이미 부모의 고통체로부터 나오는 고통을 흡수했을 수도 있다. 부모로부터 전이된 고통체가 아이의 고통체가 되어, 아이 스스로가 고통을 안고 살아가는 셈이다. 이것을 부모가 깨닫는 수준이라면, 부모는 아이에게서 자신들 안에도 있는 것을 거울처럼 본다. 특히 예민한 아이는 부모의 고통체에 영향을 받기 쉽다. 부모의 정신이상적인 드라마를 눈앞에서 보는 것은 견디기 힘든 감정적 고통의 원인이 되며, 예민한 아이는 종종 무거운 고통체를 지닌 어른으로 성장한다. 부모가 자신들의 고통체를 숨기려고 하면서 "아이 앞에서는 싸우지 말자."라고 말해도 아이는 속지 않는다. 부모가 정중하게 대화를 나누어도 그 가정은 부정적인 에너지가 가득하다. 억압된 고통체는 특히 해로우며, 드러내놓고 활동하는 고통체보다 훨씬 독성이 강하다. 그 정신적인 독은 아이에게 흡수되어 아이의 고통체를 점점 더 발달시킨다.

어떤 부모가 자신은 너무나 아이를 사랑하고 무엇이든지 잘 해주기 때문에, 결코 자녀에게 고통을 주지 않는다는 말을 한 적이 있다. 고통이라는 것은 욕구의 결핍에서 오는 고통도 있지만, 욕구의 과잉 충족으로 인하여 끊임없이 충족하지 않으면 안 될 것 같은 울부짖음도 스스로에게는 고통인 것이다. 자기가 욕구 조절이 안 되면 누군가가 종료를 해 줘야 하는 시기가 있다. 그럴 때는 단호하게 욕구 충족을 종료시키고, 다른 것으로 관심을 돌려줘야 한다. 때론 울도록 둬야 한다. 스스로가 자기 욕구를 어떻게 해 볼 수 없어 괴로운, 그것만큼 더 큰 고통이 어디에 있겠는가! "친절하고, 따뜻하고, 부드러운 말로 이야기하죠!"라고 말하며 '우리 가정은 문제가 없어. 정말 좋아!' 하고 생각하는 부모도 있다. 친절하고 부드럽게 말을 해야 할 때도 있지만, 엄하고 단호하게 말을 해야 더 좋을 때도 있다. 한 쪽으로 치우친 모든 것은 고통의 불씨를 안고 있다는 '도(道)'의 근본 원리를 꼭 명심해야 한다.

어떤 아이의 경우는 무의식적인 부모(!)와 살고 있는 동안, 잠재의식 속에서 에고의 고통체에 대해 배우고 있다. 사실 거의 모든 아이는 부모의 의식적·무의식적인 에고와 살아간다! 부모가 둘 다 강한 에고와 무거운 고통체를 가진 한 여성이 고백했다. 그녀의 부모가 서로에게 소리를 지르고 욕을 할 때마다 그들을 바라보며 자주 이렇게 생각했다고 했다. '이 사람들은 제 정신이 아니야. 나는 어쩌다 이런 곳에 태어나서 살게 되었지?' 비록 그들을 사랑하긴 했지만 그런 생각이 드는 건 어찌할 수 없었다. 그녀는 어린 시절 이미 그런 식의 삶이 제정신이 아님을 알아차렸다. 그 알아차림 덕분에 부모로부터 흡수하는 고통의 양이 줄어들었다. 스스로 알아차리게 되고, 스스로 그 고통체와 분리시켜 나갈 때, 고통이 감소되었다! 부모가 스스로 '자신의 많은 부분을 알아차려서' 자신을 조절해 나갈 수 있다면, 그것을 느끼는 자식도 부모와 동일하게 될 것이다. 그것도 자녀가 배운다.

부모는 종종 아이의 고통체를 다루는 법에 대해 궁금해한다. 그러나 먼저 던져야 할 질문은 자기 자신의 고통체를 다룰 줄 아는가이다. 자기 자신의 고통체를 인식하는가? 충분히 현재의 순간에 존재하는 것, 지금 여기에서 자신이 해야 하는 일, 자신이 무슨 행동과 무슨 말을 하는가를 알아차리는 것이 가능한가? 고통체가 활성화되었을 때 그 감정이 생각으로 스며들어 자신을 '불행한 사람'으로 바꿔 놓기 전에 그것을 알아차릴 수 있는가! 이것이 관건이다.

아이가 고통체의 공격을 받는 동안 당신이 할 수 있는 일은 이 순간에 깨어 있으면서, 감정적인 반응에 말려들지 않도록 하는 것 외에는 별로 없다. 아이의 고통체는 감정적인 반응을 먹고 더 커질 것이다. 고통체들은 매우 극단적으로 드라마틱하다. 그러므로 그 드라마에 말려들어서는 안 된다. 그것을 너무 심각하게 받아들이지 않아야 한다. 원하는 것을 방해받아 고통체가 활성화된 경우에는 아이의 요구에 굴복해서는 안 된다. 그렇지 않으면 아이는 '내가 더 불행해질수록 갖고 싶은 것을 더 많이 얻게 된다.'는 것을 배운다. 이것은 훗날 삶의 기능장애를 초래한다. 당신의 무반응에 아이의 고통체는 좌절하고, 잠시 후 더욱 격렬해질지 모르지만 머지않아 진정된다. 다행히 아이들의 고통체는 어른보다 대개 활동 시간이 짧다.

고통체의 활동이 진정되고 나서 얼마 후, 혹은 다음 날이라도 일어난 일에 대해 아이와 대화를 나눌 수 있을 것이다. 그러나 아이에게 고통체에 대해 말해서는 안 된다. 대신 이런 식으로 물어 보는 것이 좋다.

"어제 그렇게 소리를 질렀던 건 왜 그랬던 거야? 기억나니?" 혹은 "만약 어제의 마음에 이름을 붙인다면 무슨 이름일 것 같아? 모습이 보인다면 어떤 모습을 하고 있을까? 어떻게 생겼는지 그림으로 그려 볼 수 있겠니?" 혹은 "그 마음 친구가 지금은 어디로 갔을까? 잠자러 갔을까? 그 녀석이 또 올 것 같니?" 등이다.

물론 쏟아붓듯이 질문해서는 안 될 것이다. 천천히… 하나하나… 아이의 표정이나 대답 내용을 살펴가면서… 한두 가지 정도를 응용할 수 있을 것이다. 이 질문들은 한 예에 불과하지만, 어떤 질문이라도 아이의 관찰(자기감정 알아차리기) 능력을 일깨우는 것이 그 의도이다. 관찰 능력, 즉 현재의 순간에 존재하는 능력을 일깨우기 위한 것이다. 이것이 아이가 고통체와의 동일화로부터 벗어나도록 도울 것이다.

또한 아이가 이해할 수 있는 단어들로 "음, 어제 엄마도 좀 힘들었어."라고 당신 자신의 고통체에 대해 말해 주는 것도 좋을 것이다. 다음 번에 아이가 고통체에 지배당할 때 "어머, 그 마음친구, 그 녀석이 돌아왔네. 그렇지?" 하고 말해 보라. 그것에 대해 말할 때 아이가 사용했던 단어를 쓰면 더 좋다. 그것이 어떤 느낌인가로 아이의 관심을 돌린다. 그때는 비판하거나 비난하지 말아야 한다. 흥미와 호기심을 갖고 다가가야 한다.

아마도 이것으로는 고통체의 공격을 막을 수 없고, 아이는 당신의 말을 듣지 않는 것처럼 보일지도 모른다. 그러나 고통체의 활동이 가장 활발한 때에도 아이는 의식 어딘가에서 알아차리고 있다. 이런 것이 몇 번 반복되는 동안 그 알아차림은 더 강해지고 고통체는 약해진다. 아이는 '현존(現存, 이 순간에 존재함)' 속에서 성장하고 있는 것이다. 그리하여 어느 날 아이는 부모의 고통체가 당신을 조종하고 있다는 것을 지적하게 될지도 모른다. "엄마는 왜 이렇게 화를 잘 내나요?", "그건, 아빠의 지배 방식이에요.” 등으로 표현할 것이다. 아, 이건 얼마나 다행스러운 일인가! 아이가 부모의 고통체에 대해서 지적할 수준이 되어있다는 것, 지적당할 수 있는 신뢰가 부모-자식 간에 있다는 것, 이것은 바로 자녀가 부모로부터 서서히 잘 분리되고 있다는 증거이다. 그래서 아이가 어릴 때라도 부모에 대한, 주요양육자에 대한 감정을 있는 그대로 표현할 수 있게 허락하는 것은 매우 중요하다. 아이는 말을 하기 시작하는 어린 시절부터 자발적으로 자기 마음을 표현할 수 있기 때문에, 허락하는 분위기라면 얼마든지 가능하다. 고통체를 약화시키기 위해서는 그런 표현을 스스로 할 수 있도록 수용하는 분위기가 되어야 하며, 부모는 의미있게 그 내용을 듣고 스스로 성찰하며 재발되지 않도록 조금씩 노력해야 한다.

너무나 잘 알다시피 자녀가 부모로부터 건강한 분리가 되어야 건강한 사회인이 된다. 건강한 분리라는 것은 떨어지고, 만나지 않고, 연락하지 말라는 뜻이 아니다. 서로 깊이 사랑하고 감사하지만, 병리적으로 의지하지 않는 건강한 독립을 의미한다. 이것이 애매할 수 있다. 어떤 수준이 병리적 의지인가, 어떤 수준이 건강한 의지 혹은 건강한 독립인가? 이것은 ‘현재의 상황에서 과연 비례적인가!’를 생각해 보는 자아기능이다! 그리고 바로 그것은 ‘느낌’으로 알 수 있다. 느낌이 어떤가 하는 것이다. 서로 건강하게 의지하거나 독립하게 되면 느낌이 참으로 편안하고 행복하지만, 병리적으로 의지하게 되면 마음이 불편하고 힘이 들고 스트레스가 많이 오는 듯 고달프다. 힘들다고 무조건 병리적인 것이 아니다. 힘들지만 편안하고 행복한가! 편히 쉬는 것 같지만 왠지 불안하고 걱정이 되는가!

우리의 감수성을 향상시키며, 자신의 느낌을 잘 알아차릴 수 있는 훈련은 너무나 중요한 학습이다. 하루에 일정한 시간, 단 5분이라도 하루 일과에 대한 자신의 감정 상태를 체크해보는 훈련은 몸을 위하여 정기적으로 단련시켜야 하는 것과 동일하게 중요할 것으로 본다.

- 위 내용 중에는 E. 톨레(2013)의 글 일부가 인용, 재해석되었음을 밝힙니다 -

30. "나는 있는 나다! (I am who I AM)"

'있는 나'는 현존의 순간순간에 무엇인가를 창조하고 있(었)고, 지금도 계속되고 있으며, 우리가 흔히 말하는 '나라는 존재'가 탄생되고 있(었)다. 그러므로 '있음'을 바로 주(인)님으로 삼아야 창조된 목적대로 살아갈 수 있다.

우리 마음속에는 각자의 '신(神)'이 있을 것이다. 그 신의 이름을 무엇이라고 지칭하는가, 무엇을 신으로 받들고 사는가에 따라서 다르겠지만, 인간의 내면으로 들어가 보면 스스로가 가장 의지하고 믿는 '무엇인가'가 있을 것 같다. 누군가가 '하느님'이라고 이름하는 신을 믿어 '주님!'이라고 한다고 하자. 이때 "나는 무신론자이기 때문에 그런 것은 아예 믿지도 않는다."라고 말하는 사람도 있고, '하느님'이라는 존재를 믿는 의타적인 자세보다는 '오직 나'를 깊이 깨닫고 살아가면 된다고 말하는 이도 있다. 또 누군가는 성당이나 교회에 소속되어 아무런 의심 없는 순수한 어린아이같이 '하느님'이라는 존재를 믿기도 하고, 또 어떤 이는 신앙인이지만 도대체 '하느님'이라는 존재가 무엇일까 혹은 누구일까 하는 의문을 가지기도 할 것 같다. 다시 말해, 내면의 인연 따라 각자의 '지금-현재'에 알맞은 방식으로 신과 접촉을 한다는 것이다.

어떻게 그 이름을 부르든, 어떤 방식으로 접하든, '하느님' 혹은 '부처님'이라는 이름으로 우리의 삶에 전체적 혹은 부분적인 영향을 미치는 존재가 있다면, 한 번쯤 '과연 하느님은 누구실까!' 혹은 '부처의 경지는 어떤 것일까!'에 대한 의문을 가지는 사람도 있으리라 짐작된다. 머리로 생각하는 것을 멈추고 무조건 믿으라는 종교적인 가르침도 있어 조건 없이 그 존재를 수용하는 경우도 있고, 그것이 얼마나 좋은 것인지 진심으로 수용하고 싶으나 인간의 이성적 논리의 잣대로 이것저것 재어보고 싶은 사람도 있을 것이다. 즉 때로는 무조건적인 믿음의 마음이 생겨 한없이 평화로울 때도 있겠지만, 가끔은 '하느님' 혹은 '깨달음'이라는 것에 대한 의구심이 일어날 때도 있다는 것이다.

'하느님이 누구실까?', '깨달음의 경지는 무엇일까!'에 대한 탐구는 '나는 과연 누구일까?'라는 것과 동일하게 소중한 물음으로 다가온다. 과학이나 개념으로 설명할 수 없는, 인간의 의식으로 느끼기에는 한계가 있는, 즉 순수한 믿음으로만 느낄 수 있는 것을 머리로 알고자 하는 것에 대해서 혹자는 개인의 '심리적 문제점', '불필요하고 쓸데없는 망상'이라고 단정 지어 말하기도 할 것이다. 하지만 그 본마음은 참된 진리를 추구하려는 갈구로부터 시작된다고 보면, 장점으로 작용하는 측면으로도 볼 수 있지 않을까 싶다. 어쩌면 '나'라는 존재를 깊이 깨닫고 싶은 마음에서 시작된 지극히 필연적인 '수행자적 의문'이 아닐까 하는 것이다.

누군가에게 "당신은 어떤 사람인가요?"라고 묻는다는 것은 그에 대한 관심이 있다는 증거이다. 즉 '하느님은 과연 누구실까!' 혹은 '깨달음의 경지는 어떤 것일까!'라는 의문과 그에 대한 탐구는 '참된 믿음'에 대한 관심이라 할 수 있다. 구약성경은 "주님, 사람들에게 당신을 누구라고 말을 할까요?"라고 모세가 물었다고 한다. 이때 하느님은 모세를 통해 이스라엘 백성에게 당신 이름을 이렇게 알려주셨다고 전한다. "나는 있는 나다(I am who I AM)"(탈 3,14). '나는 있는 나다.'라는 이 구절은 필자가 개인적으로 가슴에 와 닿는 중요한 문구인데, 이것을 되씹어 묵상해 보면 볼수록 많은 것을 느끼게 해 주는 바가 있다.

'있는 나(I AM)'라는 이름이 언뜻 아리송하기는 하지만 그 이름 안에 분명 핵심적인 정보가 들어있음은 의심할 여지가 없다. 에크하르트 톨레(1997)는 지금 현재의 순간에 존재하는 '현존' 그 자체를 신이라고 표현하였고, 바이런 케이티(2014)는 '현실이 나에게는 신이다.'라고 하였다. 그는 "당신은 종교가 있습니까?"의 질문에 "집안 구석구석 아무렇게나 던져져 있는 양말 조각들이 나에게는 종교입니다."라고 했다. 정말이지 일상의 중심 안에서 하느님이라고 부르는 그는 누구(무엇)인가, 깨달음이라는 것이 무엇인가를 다른 각도로 바라보도록 하는 말이다.

"나는 있는 나다(I am who I AM)." 노예의 생활에서 주인의 삶으로 살아가게 하기 위하여 지도자로 선택된 모세라는 인물을 통해 전달된 표현, 이 의미를 어느 신부님의 해설(2019)을 인용하여 두 가지 측면에서 되새겨볼까 한다.

첫째, 하느님은 '있는 나'란 이름을 제시함으로써 당신에게는 모든 것이 항상 '현재(AM)'임을 밝힌다. 예수님이 당신이 하느님이라는 것을 선포하실 때도 "나는 아브라함이 태어나기 전부터 있었다."(요한 8,58)라고 하셨다. 현재 우리나라 말로 '있었다.'로 번역했지만 실제 원어 성경에는 "있는 나다(I AM)."로 나와 있다고 한다. 직역하면 "나는 아브라함이 태어나기 전부터 '있는 나'다."이다.

성경에서, 예수님이 물 위를 걸으실 때도 "나다(I AM). 두려워하지 마라."고 하셨는데 이는 당신이 바다라는 '공간'에 제약받으실 수 없는 하느님이라는 뜻이다. 이렇듯 하느님께는 모든 시간이 항상 '지금'이고, 모든 공간이 항상 '이곳'이다. 어디든 안 계신 곳이 없는, 모든 곳에 존재하시기에 시간과 공간의 제약을 받지 않으신다. 그저 '있음'만이 있는 것임을 알 수 있다.

지금, 여기! 오직 이 순간에 '있음!'

우리가 현재에 존재한다면, 즉 '현존(現存)'한다면 어떨까! 바로 우리 자신 안의 하느님이 발현되는 놀라운 힘이 나온다는 뜻이 아닐까 생각된다. 개인의 가치관, 감정, 생각 등에 갇혀있는 것이 아니라 기존의 관념들이나 생각이 모두 정지되고, 지금 이 순간에 충만하고 강렬하게 집중하고 있을 때만 진정한 존재, '있음'의 상태, 하느님을 느낀다는 뜻이리라.

'있음'의 상태에 활짝 깨어 있으면서 그 느낌, 그 앎에 머무는 것이 '깨달음'의 상태라고 톨레는 말한다(1997). "'나란 사람은 이런 사람이다. 이건 이것이다, 저건 저것이다.'라고 규정하기 이전의 생생한 '있음' 자체가 오직 우리 자신의 진정한 존재"라는 것이다. 우리 스스로가 지금-여기에 현존한다면, 자신의 존재 자체가 부처요, 우주요, 하느님이 된다는 뜻이리라. 이 의미를 예수님은 세상에 선포하기 위하여, 즉 이 위대한 깨달음을 복된 말씀(복음)으로 남기기 위하여, "나는 하느님의 아들이다."라고 외치면서 전달하려고 하지 않았을까!

둘째, "있는 나"에서 '나(I)'에 대한 정확한 개념이다. 신부님의 해설을 원문 그대로 옮겨본다.

"당신 이름 안에서 발견할 수 있는 중요한 정보 하나는 "있는 나"에서의 '나(I)'라는 부분에 있습니다. 교황 성 요한 23세는 절대 '나'라는 일인칭 주어를 쓰지 않으셨다고 합니다. 왜냐하면 주님만이 '나'가 되실 수 있기 때문입니다. '나'는 '주인'이란 뜻입니다. 우리의 신앙은 자신의 '나'를 하느님께 봉헌하여 하느님께서 '나의 나(주인)'가 되게 하는 것입니다. 하느님은 모세를 통해 당신이 '나'임을 계시하심으로써 '파라오 왕'이라는 헛된 주인을 섬기는 이스라엘 백성에게 참 주인(나)이 당신임을 알려주셨습니다. 자기 자신을 자신의 주인으로 섬기는 이들은 하느님을 종(소)처럼 이용하기 위해 하느님을 금송아지로 만들지만, 하느님을 주인으로 섬기는 이들은 주님께서 매어 주시는 '멍에'를 메고 그분의 종(소)이 됩니다."

위 내용은 '있는 나'에서 '나'라는 지칭은 '주인'만이 사용할 수 있다는 것이다. '주인'이라는 것… 나의 주인은 '나'가 아니라 '하느님', 즉 '진아(眞我)' 라는 것이다. 우리가 보통으로 사용하는 '나는… 이다.'의 '나'가 진정한 '나'가 아님을 제시하고 있다. 불교의 '무아(無我)'라는 핵심 사상을 생각해 본다면 '참 나', 즉 '진아'라는 개념과 상통한 원리를 깨달을 수 있다. '나'라고 하는 것이 '나'가 아닌데 '나의 것', '나의 무엇'이라고 할 것은 아무것도 없다는 것을 뜻하기도 한다. 탐욕을 가라앉히는 핵심 원리이지 않을까 사료된다. 이 세상에 '나의 것'을 만들기 위하여 얼마나 많은 탐욕을 부리는가를 깨닫는다면 정말 많은 것을 생각하게 한다.

헛된 주인을 섬기는 것이 바로 '가짜 나'이다. '가아(假我)'는 평생 헛된 것을 주인으로 삼고자, 온갖 탐욕 속에서 살아가는 불쌍하고 가련한 인생이기도 하다. 바로 이 순간, 우리는 깨달아야 한다. '진짜 나'가 주인이고, '가짜 나'는 종이 되어야 함을. '가짜 나'가 주인 행세를 하면 안 된다는 것을.

아주 쉬운 예로 사람이 자동차나 스마트 폰을 만들었다면, 사람이 그들의 주인이 되어야 한다. 사람이 그들을 조작할 수 있는 주인이며, 그것들은 사람의 종이다. 그런데 자동차 혹은 스마트 폰이 사람의 주인이 되면 사람은 종이 되고, 자동차나 스마트 폰이 주인이 되는 것이다. 예컨대 스마트 폰이 주인에게 뭔가 필요한 정보나 즐거움을 주기 위한 도구로 사용되어야 하는데도 불구하고, 사람을 조종하고 꼼짝 못하게 유혹하고 중독되게 만드는 스마트 폰이 사람의 주인 행세를 하기 쉽다는 뜻이다. 말하자면 주객이 전도되는 셈이다. 올바르게 질서가 세워졌다면, 자동차나 스마트 폰과 같이 인간이 만든 물건은 인간이 주인이 되어야 본래의 창조 목적대로 사용되는 셈이다.

내가 하느님의 아들! 현존하는 존재 자체가 부처! 이에 대한 깨달음은 하늘이 내린 '크나큰 선물'인 것 같다. 하지만 아무리 황금같이 귀중한 것이라도 그 선물의 가치를 모르거나, 주어도 받아들이지 못하면 아무짝에도 쓸모가 없어진다. 예수님은 "나는 하느님의 아들이다."라는 이야기를 제대로 깨닫지 못하고 지극히 인간적인 경험만을 증거로 삼는 보통 사람들에게, 확인 가능한 기적을 수없이 행하면서 이 의미를 깨닫게 해 주고자 비유로 말씀하셨던 것 같다. 평범한 일상적인 예를 들거나, 병을 고쳐주면서, 인류구원을 위한 과업을 행하셨던 것이 아닐까 싶다. 더욱이 "나를 스승이라고 부르지만, 너희는 나의 형제요 누이다."라는 겸손한 자세를 보여주면서, 우리 모두가 하느님의 아들딸임을 선포하여 고통 받는 중생들을 도와주려고 애썼던 것 같다.

'있는 나'는 현존의 순간순간에 무엇인가를 창조하고 있(었)고, 지금도 계속되고 있다. '나'라는 것은 '있음'이라는 것을 통하여 존재한다. 순간의 '있음'을 진정한 나의 현존임을 느낀다면, 나란 사람은 매일 새롭게 창조되고 있는 셈이다. 과거나 미래에 얽매이지 않고 지금-여기에서 늘 '새 얼굴'로 되는 모습, 이건 정말 위대한 일이 아닌가! 기적 같은 위대한 일이 매 순간 일어나고 있는 셈이다. 그러므로 '있음'을 바로 주인으로 삼아야 창조된 목적대로 살아갈 수 있다. 즉 "이렇듯 하느님의 이름, '있는 나(I AM)'는 '하느님께서 인간의 창조자이시기에(AM)' 인간이 '당신을 주인으로 삼아야만(I)' 창조의 목적이 완성된다는 진리를 일깨워 준다."는 것, 그리고 '가짜 나'를 주인으로 삼지 말고 '진짜 나'를 주인으로 삼고 살아야 한다는 두 개념의 핵심을 전달하는 것 같다.

- 위 내용은 전삼용(2019)의 글 일부가 인용, 재해석되었음을 밝힙니다 -

31. 애정을 갈구하는 마음, 과잉 '관계'의 양상으로!

결국 '마음'을 보지 못하고 '관계'만 보는 것, 그 마음조차도 '없음'으로 봐야할진대 그 마음을 '영원히 있음'으로 갈구하는 것, 이 두 가지가 핵심이 된다. 대상과의 관계에 집착하는 것이 아니라 오직 내 마음, 마음을 우주의 마음처럼 느껴보자. 그리고 조용히 하늘을 바라보듯 거리를 두고 바라보자.

보통 사람들의 어려움과 기쁨은 '관계' 속에서 오는 경우가 대부분이다.

"그 사람이 저를 좋게 보지 않는 것 같아요. 너무 속상해요. 불안하구요."

"상사가 나보다 다른 직원을 더 인정하는 것 같아요. 괜히 눈치 보이고 위축되네요! 직장 생활하기가 쉽지 않아요."

"얘야! 바깥세상은 너무 위험한 곳이니, 집 안에서 놀거라. 여기에 있어야 해. 조심해야 해."

"자식이 이렇게 내 말을 안 듣고 자기식대로 살다니… 이럴 수는 없어. 차라리 내가 죽어야 하는데! 내가 쟤를 어떻게 키웠는데!"

"제가 앞으로 더 잘해 보겠습니다. 열심히 하겠습니다."

"아, 이곳에서는 사람들이 나에게 잘한다고 말을 해주고, 이쁘게 봐주고 있어서 참 좋아!"

이 모든 목소리의 핵심은 사랑(愛)의 목소리다. 누군가로부터 내 존재가 사랑받고 있고, 누군가를 사랑하는 관계이다. 이것이 원활하게 이루어지지 않으면 속상하고, 불안하고, 두렵고, 힘들다. 이런 애(愛)의 목소리는 성인이 되면서 '인정'욕구라는 형태로 드러나지만 결국 "저는 그 어떤 경우라도 사랑이 필요합니다."라는 목소리이다. 애(愛)라는 한자는 심장을 손으로 꼭 안고 있는 모습이다. 마음(心)을 안고 있다고도 할 수 있다. 사실 인간의 모든 관계는 거의 애증(愛憎)의 관계다. 자신이 느끼고 생각하는 것을 수용 받고 존중받으며 '사랑'받는 느낌을 받는 관계이거나, 혹은 상대방이 나의 무엇인가를 수용해주지 않거나 무시하면 분노하는 관계이다. 결국 사랑받고 싶은 마음과 의존하고 싶은 마음, 즉 애정욕구와 의존욕구에 대한 강한 갈망이다. 그것이 제대로 이루어지지 않으면 한없이 분노하며 증오하는 고통스런 관계이기도 하다.

우리의 마음을 누군가가 깊이 공감하고 이해해주고, 상대의 마음도 마찬가지로 조건 없이 수용해주고 포용해주는, 흔히 '사랑'이라고 이름하는 갈망, '깊은 바람'은 인간 모두의 최상의 과제다. 마음(心)을 꼭 안아주듯 누군가가 수용하고 보호해 주기를 바라고, 남에게도 그렇게 해주는 것이 서로에 대한 미덕으로 여긴다.

문제는 바로 범위로부터 시작된다. 보호의 범위가 한계를 넘어갈 때, 혹은 보호의 기준이 특정한 사람의 미해결된 혹은 갈망하는 수준의 욕구일 때, 사랑의 관계가 무엇인가 모르게 비례적이지 않을 때, 그것을 집착이라고 부른다. 과잉보호는 그 관계가 집착 양상을 보인다는 사실을 의미한다. 대상을 소중하게 다루어주고 아껴주는 '사랑'이 집착으로 변하면, '사랑'이라는 이름으로 상대를 괴롭히는 일이 생길 수 있다.

말하자면 우리가 느끼는 '애(愛)'의 마음이 많으면 많은 만큼, 또 그 마음이 소중하게 느껴지면 느껴질수록, 다양한 관계들에 대한 보호 의지가 강해진다. 나아가 자신이 모든 관계를 책임져야 한다는 과중한 책무감을 느끼며, 관계들을 유지하기 위한 큰 노력을 기울인다. 과잉 관계가 시작되는 셈이다. 과잉보호적인 태도가 일어난다. 아마도 대표적인 예는 부모-자식 관계일 것이다. '과잉 관계'는 필시, '사랑'과 '의존'의 관계가 사라지면 더는 행복할 수 없을 것 같은 두려움을 갖게 한다. 그래서 어떻게든 관계를 끈끈히 맺어야 하고, 때론 그 대상을 보호하기 위해 필사적으로 노력한다. 개인의 인생에서 행복감을 얻기 위해서는 이 관계가 필수적이라고 느낄 만큼, 관계를 유지하는 일이 중요한 주제가 되기도 한다.

'세상을 살아나가자면 '관계'가 얼마나 중요한가!' 하는 화두는 인생 과제인 것 같다. 어떻게 하면 가족이나 주변 사람들과 좋은 인간관계를 맺고, 더 나아가서 외부의 모든 상황에 슬기롭게 대처하고, 삶에서 일어나는 어려움이 발생했을 때 어떻게 풀어나갈 것인가 하는 것은 인생의 승패를 매김 할 정도로 중요하다. 이것이 지혜롭고 슬기로운 관계가 각종 책이나 매체에서 오랫동안 회자되는 이유이다. 하지만 한 번씩 우리는 모든 것을 멈추고, 우리 자신이 맺고 있는 관계들이 과잉으로 가는가, 적절하게 이루어지는가 하는 성찰을 해야 한다. 적절한 범위를 넘어서는가 넘어서지 않는가를 생각해 보는, 이 성찰은 매우 의미 있는 깨달음을 안겨줄 것이다.

사실, 과잉 관계는 집착이 본질이다. 모든 집착은 결국 관계에 대한 집착이다. 이 집착은 스스로 깊이 느끼지 않으면, 평생 지니고 갈 가능성이 높다. 십자가처럼 짊어지고 가야 하는 내부의 걸림돌이 될 것이다. 때론 집착은 '성공'이라는 것을 안겨주기도 하여 그 유혹은 대단하다. 열심히 최선을 다했으나 자신의 뜻대로 일이 풀리지 않거나, 감당하기 어려운 정도의 외부의 사건이나 고통이 닥치지 않는 한, 쉽게 끊어지기 어려운 것이다. 불을 보듯 뻔히 힘겨운 일인 줄 알면서도, 집착하는 마음이 올라오면 불쏘시개를 들고 불구덩이에 들어갈 정도로 강력한 패턴이 작용된다. 그 집착의 뿌리를 파고 들면, 결국 애정을 갈구하는 마음이다. 그래서 '애착(愛着, attachment)'하게 되어, 즉 '사랑으로 붙어'버리므로, 있는 그대로 바라보지 못하는 한계를 맞이하게 된다. '붙어서 지내는 관계'를 가만히 느껴보라. 붙어서 사물을 바라보라. 보이지 않는다. 깜깜하다. 막혀버린다. 한발 떨어지지 않으면 제대로 사물을 볼 수가 없다. 예컨대, 가족관계에서 생각해 보는 것이 가장 쉬울 것이다. 자식을 사랑하는 부모의 입장, 부모 없이 살 수 없는 자식의 입장, 부부 서로 간의 바람, 마음이 가는 사람이나 단체에 대한 접촉, 심지어 특정 음식이나 종교, 관념, 이념, 정치, 정당, 기타 각종 것들을 유추해서 느껴보면 충분히 이해하게 될 것이다. 있는 그대로 '바라보기'가 어려운 이유는 바로 애착하는 마음과 직접적인 관련성이 있다.

우리 모두는 누군가에게 무엇인가에게 집착하지 않고, 애정을 갈구하지 않고, 걸림 없이 살아가고 싶은 마음이 있을 것이다. 그에 대한 문제점을 인식하고 있고, 그렇게 하지 않고 싶은데 왜 이렇게 집착하며 과잉 관계를 하게 되는가! 이것은 우리가 자기 마음을 알아차리지 못한 결과다. 마음을 망각한 채, 대상에만 그리고 그 대상과의 관계에만 애착한 결과다. 대부분의 사람들은 마음을 알아차리지 못하고, '마음'이라는 것 자체를 그냥 일상적으로 망각하는 것이 일반적이다. 개인적인 심리적 이유도 있겠지만 큰 틀에서 볼 때 인간 모두의 문제점이기도 하다. 보편적인 현상으로 보아야 할 것 같다. 타고나면서부터 '집착'으로 치달을 수 있는 욕구를 지니면서 생존해 나가는 인간의 원죄라고나 할까!

마음이라는 속성은 본래 '공(空)'한 것이다. 즉 본래 없는 것이다. '공'이 본질이므로, 발생된 마음은 반드시 사라지기 마련이다. 우리가 느끼는 마음은 없는 것에서 왔다가, 없는 곳으로 돌아간다는 이치이다. 그러므로 일어났던 마음은 반드시 사라진다. 이러한 마음의 속성을 망각하고, 오히려 관계 속에서 대상의 영속을 꿈꾼다. 그리고 그것을 통하여 행복이 계속될 것 같은 망상을 가진다. 다시 말하면 우리를 행복하게 해 주는 특정한 상대, 관계 속에서의 끈이 영원할 것으로 생각하고, 대상을 보호하고 유지하려는 애착으로, 스스로가 영속할 것이라고 믿고 싶어 한다.

우리가 가장 잘 망각하는 것은 바로 '마음'이다. 과잉 관계가 되면 '마음'이 주 본질임에도 불구하고, 그 마음을 경험하게 해 주는 대상을 보호해야 한다고 생각한다. 사랑받고 싶고, 사랑해 주고 싶은 마음인데, 그 마음을 잘 느끼지 못하고, 마음의 대상으로 향한다는 것… 나아가서 그 대상과의 관계 자체를 지속적으로 해야 하고, 그 대상을 보호해야 한다고 여긴다. 즉 마음의 관계에서 대상의 관계로, 마음에서 대상으로 관계가 이동하는 패턴을 제대로 관찰하지 못한다. 이것이 인간 세상에서 일어나는 관계상 어려움의 주요 원인일 것이다. 어느 한쪽 입장에 애착하게 되면, 계속 그쪽 방향의 소식을 들으려고만 한다거나 지속적으로 눈길이 꽂히게 되는 일상적 상황을 생각해 본다면 쉽게 이해될 것이다. 한발 떨어져 관찰하지 못한 채로 너무 깊이 무엇인가에 애착한 채로 지켜보면, 계속 한쪽으로 치우치게 되는 이치이다. 유튜브에서 어떤 소식을 들을 때도, 계속 애착되는 한쪽 방향의 이야기를 치우쳐서 듣게 되는 경향이 있지 않은가! 결국 첫째는 '마음'을 보지 못하고 '관계'만 보는 것, 둘째는 그 마음조차도 '없음'으로 봐야할진대 그 마음을 '영원히 있음'으로 갈구하는 것, 이 두 가지가 핵심이 된다.

심지어 '사랑' 그 자체가 '일'이 되어있는 경우도 많다. 이것이 무슨 말인가? '일'이라니! 우리는 애착의 대상에게 얼마나 대단한 노력을 기울이는가! 얼마나 많은 시간과 수고와 비용을 투자하는가! 대단하게 집중하며 살아가지 않는가! 가장 가까운 인간관계에서 한번 느껴보라! 애정을 갈구하는 마음은 과도한 '일'이 되어, 과잉 관계로 치닫게 되어 있다.

또한, '일' 자체에 얼마나 애착하고 살고 있는지 생각해 보자. 마치 영원히 살 것처럼 '일'에 파묻혀 살아가는 경우가 얼마나 많은가를 느껴보면 알 수 있다. 우리는 대단히 '일'을 사랑한다! 아니 애착한다. 일을 사랑하지 않으면 실패한 인생으로까지 생각한다. 성공과 실패의 기준이 사실 일에 대한 애착의 결과일 경우가 허다하다. 결국 우리는 일을 지속할 수 있는 수단으로, 사랑을 일로 삼는 애착을 하는 것이다. 평생 살 것처럼 일에 애착한다는 것, 그것은 '일하는 동안에는 죽음을 망각하는 것'과 마찬가지이다. 일하는 동안에는 생생한 활력이 세포를 가득 채우고 있어, 영원히 살 것처럼 느끼며 일을 하기 쉽다. '사랑'이라는 '일'은 더욱 노골적이다. 애착하는 동안에는, 우리가 정말로 사는 것 같은 생명력을 충만하게 경험한다. 애정을 갈구하는 마음이 결국 일의 과잉으로 건너가게 된다.

이렇게 생각하면, 이 애착은 놀랍게도 '죽음'을 망각하는 문제와 연결된다. 영원히 관계할 수 없음에도 불구하고, 언젠가는 우리 모두 육체적 이별을 해야 하는데도 불구하고, 무엇인가에 애착하고 살고 있다. 즉 과잉 관계는 죽음을 생각하지 않는 문제와 통한다. 삶의 가장 핵심적인 주제인 삶과 죽음에 대한 망각이다. 아주 쉽게 말하면, 애착은 우리가 사랑하고 있는 동안에는 죽지 않을 것 같은 환상을 제공하는 심리적 기제이다. '사랑을 일로 삼는 애착'의 목적이 죽음을 망각함으로써 죽음으로부터 도망치기 위한 행위라는 점을 정확하게 깨닫기는 쉽지 않다. 우리가 추구하는 대상을 향해 노력하는 듯한 능동적이고 주체적인 행위를 제공하기 때문이다. 그래서 죽음을 받아들이기가 한층 어려워진다.

누구나 다, 언젠가는 함께 하는 것을 그만두어야 한다. 죽음이라는 최종적인 관계로 이별한다. 영혼으로 함께 할 수도 있겠지만, 그것은 애착이라기보다는 '한발 떨어져 함께 한다.'는 의미일 것이다. 만약 죽은 후에도 어떤 대상에 대하여 집착하여 현실에서 계속 그리워하거나 찾아 헤맨다면 생활의 어려움이 크게 닥쳐올 수 있고, 좀 심하면 병리적일 가능성이 농후하다. 애착은 영원히 붙어 지내고 싶은 뿌리이므로, 가까운 관계일수록 서서히 '분리'해야 하는 과제가 있다.

윤동주 시인의 <서시>에는 "모든 죽어 가는 것을 사랑해야지."라는 문구가 있다. 사랑은 이처럼 죽음의 반대편으로 벗어나는 것이 아니라, 정확하게 죽음을 향한 것이다. 죽어가는 것을, 반드시 우리에게서 사라지게 될 것을, 있는 그대로 포용하는 것이 사랑이다. 사라짐까지도 수용하고 사랑하는 것이 진정한 사랑이다. 그렇다면 이렇게도 표현할 수 있다. 가장 근본적으로 우리에게 있었다가 없어지는 것, 바로 마음을 사랑해야 '사랑'이다. '마음'을 사랑한다는 것…. 대상을 사랑하는 것이 아니라, 어떤 마음이든 그냥 '있는 그대로의 마음'을 사랑하는 것…. 이것은 정말 소중하게 느껴진다. 평가 없이 있는 그대로 존재하는 것 자체를 사랑한다는 것….

사랑은 마음을 담는 것이라고 앞에서 언급했다. 적절한 표현이다. 애착은 마음(心)을 신줏단지 모시듯 안고만 있는 형상이므로, 이제는 신줏단지 모시듯 껴안는 것이 아니라 겸허한 마음으로 한 발 거리를 두고 마음을 담아야 할 것이다. 대상을 접할 때 한 발 물러서서 있는 그대로 마음을 섭식하고, 속에 머금고 꼭꼭 씹어서, 그에 대한 나의 마음을 알아차리고 바라보는 여유를 가져보자. 외부의 대상이 사라져도 우리는 그 마음을 잊지 않게 된다. 잊어도 상관없고, 잊지 않아도 상관없다. 그렇게 되면 애착하지 않으면서 관계할 수 있다. 과잉 관계를 하지 않고 서로 사랑할 수 있다.

특별할 것도 없이, 원래 있던 자리로 돌아오는 것이 가장 자연스럽다. 마음이란 늘 '나'의 내면에 있었는데, '대상'과의 관계 속에 있다고 착각하던 것을 제자리로 돌리는 셈이다. 망각하고 있었지만 늘 제자리에 있었고, 한 번도 떠난 적이 없었다. 그냥 고향으로 집을 찾아 돌아온 것과 같다. 우리의 마음을 다시 찾은 것이다. 그 마음을 만나는 것이, 그 만남이 '진짜 사랑'이다. 그 사랑 속에서 모든 것이 안심된다. 바로 그것이 진정한 만남이요, 진정한 자유요, 평화로운 사랑이 될 것이다. 마음을 망각하고 대상에 빠진 관계의 논리로 건너갔을 때 문제가 되었으나 이제는 마음을 알아차리고, 느끼고, 머무르며, 깊이 사랑하는 것이 참된 관계가 아닐까 여겨진다.

32. 고통의 홍수를 건너 …

삶에서 경험하는 모든 감정은 영원하지 않다. 경험과 느낌과 몸과 마음은 조건과 원인이라는 환경에 의한 연기적인 것이 본질이므로, 실체가 없는 공(空)한 성품을 인식할 때 무명에서 벗어날 수 있다는 가르침이 공의 수행(공관, 空觀)이다.

무명(無明), 즉 '밝지 못함'으로 인해 고통 받는 심리적 원인으로 들어가 보면 크게 두 가지로 귀결된다. 애착과 두려움이다. 이 고통으로부터 벗어난 사람을 보면 '평온함' 그 자체이다. 불교의 핵심 교리는 그것을 바로 '공성(空性)'에 대한 명상의 열매라고 전한다. 이런 '공성'에 대한 '깨달음'은 아마도 우리에게 애착과 두려움을 벗어날 수 있는 가장 근원적인 내용이 될 것으로 느껴져, 차분하게 성찰해보는 시간을 가져본다.

우리는 삶에서 기쁨과 즐거움, 행복과 명예, 장수와 건강, 현명함과 부를 원하며 그것을 이루기 위해 엄청난 노력을 기울이며 살고 있다. 정말이지 우리가 무엇을 두려워하고 있는가를 가만히 들여다보면 바로 각자가 '애착'하고 있는 '무엇'에 대한 것이다. '무엇'은 사람마다 다양할 것이다. '건강'이 될 수도 있고, '현명함'이 될 수도 있고, '지식'이 될 수도 있고, '학벌'이 될 수도 있고, '자녀의 미래'가 될 수도 있고, '깨달음'이 될 수도 있고, '부'가 될 수도 있는 등 개인의 기질과 욕구, 살아온 환경과 가치관 등에 따라서 다를 것이다. 혹자는 '무엇'을 다 이루었다고 생각하므로 스스로는 그렇지 않다고 생각할지 몰라도, 그것을 놓지 않으려 하거나 다음 세대에까지 이어져야 한다는 생각을 가지고 있다면 마찬가지라고 본다. 그러다보니 평생토록 온 몸과 마음을 바쳐 '무엇'을 얻기 위하여, 혹은 놓치지 않기 위하여 애쓰며 살아간다. 그리고 두려워한다. 그 애착의 끈이 떨어지지 않을까!

가만히 느껴보면 우리의 일상은 온갖 잡생각과 부정적인 생각들, 그리고 집착하는 것에 대한 집요한 생각들, 어리석은 이들과의 잡다한 교제로 소모되기 쉽다. 사실 우리들이 원하는 행복은 주로 감각적 욕망에 의지한다. 오감, 즉 달고 좋은 소리를 듣고, 맛있는 것을 즐기고, 좋은 것 멋진 것을 눈으로 보고, 향기로운 냄새를 좋아하고, 사랑스럽고 따뜻한 촉감을 즐긴다. 역으로 이야기하자면 조금이라도 기분 나쁜 소리는 듣기 싫어하고, 맛없는 것은 즉시 내뱉고, 흉한 것은 보지 않으려 하고, 이상한 것들은 배척하고, 거칠고 볼품없는 것들은 싫어한다. 이렇게 감각적인 쾌락을 즐기는 것을 우리는 행복이요 즐거움이라고 느낀다. 그런데 이 감각이라는 것은, 잠시 유쾌함이나 즐거움을 느끼는 그때 그 순간뿐, 순식간에 사라진다. 당연히 또 다시 새로운 것들을 찾는다. 사라진다. 찾는다. 또 사라진다. 또 찾는다. 이렇게 반복한다. 말하자면 어떤 것에 애착하고, 그것을 놓치고, 두려워하는 우리의 심리적인 부분이 반복 재생되는 것이다. 거의 평생토록 악순환된다. 물질적인 모든 것은 결코 영원하지 않는데 말이다.

어디 감각적인 것뿐이랴! 스스로가 하루 종일 어떤 생각을 가지고 사는지 가만히 느껴보라. 감각뿐만 아니라 내부의 온갖 '생각'이 자신을 괴롭힌다. 어떤 일이 발생했다고 할 때 그 발생된 일 자체보다는, 그로 인한 각종 '생각' 때문에 편할 수가 없다. 아마도 많은 사람들은 경험하였을 것이다. '생각'이 너무나 복잡하여 머리가 아프고, 잠을 잘 수가 없고, 우울하고 무기력해져서 일상생활을 하기가 어려운 경우이다. 억울한 일을 당했다고 '생각'하면, 그 '생각' 때문에 '생각'하면 할수록 괘씸하여 괴로워한다. 용서하지 않겠다는 생각들도 마찬가지이다. 사람들은 그 '일'이 해결되거나 상대방이 자기의 잘못에 대하여 용서를 구하고 잘못했다고 하면 고통도 사라질 것이라고 믿지만, 사실 '일의 해결'은 일시적인 해결이지 근본적인 것은 아니다. 오히려 '일' 자체보다는, '생각'이 바뀌어질 때 고통이 사라지는 것이 대부분인데 말이다.

감정도 마찬가지다. 슬며시 우울해지고, 불안해지고, 별일 아닌 것에 화가 벌떡 올라와서 견딜 수가 없고, 자그마한 못마땅함에 정신을 못 차릴 정도로 마음이 걸리는 등 우리는 어쩌면 감정의 노예처럼 살아가고 있지 않은가! 그 감정의 몫은 '나 자신'이라는 사실조차도 알기 힘들고, 모두 상대의 잘못 때문에 나의 감정이 발생되었다는 신념을 가지고 있기 쉽다. 반면 감정이 나의 책임이라는 것을 알고 있어도, 감정 항아리에 파묻혀 휘말릴 때는 걷잡을 수 없는 늪에 빠진다. 감정은 잠시 바람처럼 왔다가 어디론가 사라지는데 말이다.

감각으로 인한 쾌락이 결국 '없음', 즉 '공성(空性, 공의 성질)'이라는 사실을 과연 깨달을 수 있을까! 나의 의식 속에서 마구잡이로 튀어나오는 각종 '생각'이 결국 '공의 성질'이라는 사실을 과연 깨달을 수 있을까! 대상에 대한 나의 감정이 결국 없음의 '공의 성질'이라는 것을 깨달을 수 있을까! 바로 이것이 중요한 화두이다. '감각적인 쾌락' 자체가 결코 행복이 될 수 없고, '생각' 자체가 '나'이지 않다는 사실, '감정' 자체는 왔다가 저절로 사라진다는 진실에 깨어있을 수 있다면 어떨까! 이러한 진실에 대한 '깨어있음'은 어쩌면 우리를 대(大)자유로 이끌 것이다.

이렇게 각종 감각적인 것, 생각들, 감정들이 '공성'이라는 내용은 개념으로는 알 수 있을지 몰라도 (사실, 개념을 알 기회도 가지지 못한 채 살아가는 사람도 많을 것이다) 실제로 자신의 삶에 적용시키기는 정말 쉽지 않다. 왜냐하면 우리는 진정한 행복을 위한 씨앗을 심는 데는 주의를 기울이지 않고, 더 갖기 위해 욕망을 일으키는 시간들 속에 살고 있기 때문이리라. 즉, '비움'이라는 것을 깨닫는 씨앗을 심기보다는, '채움'을 위한 씨앗을 뿌리는 데 몰두하기 때문이다. 아울러 이미 가진 것을 누리고 만족하기보다, 가진 것을 잃지 않기 위해 '지금'이라는 시간을 지나쳐버리기 때문이다. 즉 '기존(旣存, 이미 존재하는)', '기성(旣成, 이미 이루어진)'을 느끼고 머무르는 것보다는, 부족하고 새로운 것을 얻기 위한 무수한 노력에 몰두하기 때문이다. 사소하지만 너무나 소중한 일상의 행복을 허비하고 사는 셈이다. 결국은 '자아', '나', '나의 것'이 존재하지 않는다는 '공'에 대한 진실된 깨달음이 부족하기 때문이다.

샨티데바 스님이라는 분은 애착과 두려움이라는 양극단을 오가는 우리네 삶을 "사람들은 모두 행복을 바라지만 대부분의 시간을 고통 속에서 보내고 있나니, 자신의 욕망을 채우려고 남들과 싸우고 해치며 온갖 악행을 저지르기 때문이라네."라고 노래했다. 즉 고통은 자신, 자아가 있다는 어리석은 견해 때문이고, 이 견해는 끊임없이 나에 대한 집착을 일으키기 때문에 '나, 자아'는 모든 고통의 원인이라고 한다. 스님은 "고통의 원인인 '나'에 대한 집착은 자아가 있다는 망상 때문에 증가한다. 그러므로 '나'에 대한 집착을 끊으려면 무아에 대해 명상하는 것이 최고의 방법이라네."라고 말씀하였다. 그러면서 "나에 대한 집착을 끊는 것이 욕망으로부터 오는 행복보다 더 뛰어나기 때문에, 존재에 대한 집착으로 묶여 있는 고통을 끊고 해탈에 이르기 위해서는 공의 길을 찾아야 한다."고 하며, 좀 더 구체적으로 다음과 같이 전달한다.

『입보살행론』 9장에서 이 몸과 마음을 '나'라고 알고 있으나, 그것은 진정한 내가 아니라고 한다. 본질적으로는 몸이라는 것이 아예 없다고 주장하는 바, 몸은 실제로 존재하지 않지만 손과 발, 다른 부분들의 형태와 모습 때문에 몸이 있다고 생각할 뿐이며, 이 모습을 계속 관찰하다 보면 원자를 거쳐 비어있는 공간에 도달하므로 원자도 없다는 것이 스님의 분석이다. 이렇게 계속 관찰해서 보면 모든 현상은 꿈과 같고, 몸이 실제로 존재하지 않으므로 남자니 여자니 하는 본질도 존재하지 않는다는 것이다. 무엇무엇이다 하는 것은, 모두 개념적으로 만들어낸 것이라고 밝힌다. 이것은 현대과학에서 찾은 미시세계(微視世界)의 발견에서 이미 많이 언급되고 있는 부분으로서, 그 내용들이 유사하다고 본다.

아울러 마음이 실재한다는 것에 대해서도 언급한다. "과거나 미래의 마음은 '나'가 아니니 그것은 존재하지 않기 때문이네. 만일 현재의 마음이 '나'라면 그 '나'도 다음 순간에는 존재하지 않는다네."라고 견해를 밝힌다. 과거와 미래의 마음은 우리의 인식 속에서만 존재하는 것이지, 실제로는 존재하지 않음을 우리도 알고 있어야 한다. 그런데 좀 더 깊이 들어가 보면 현재의 마음이라고 할 만할 것도 찾을 수 없다는 것이요, 깊이 들여다보고 사유할 때 가능한 발견으로 공의 지혜가 발생한다는 것이다.

지혜 수행은 우리들이 알고 있는 개념적인 인식을 그냥 알고 있는 그대로 믿고 넘어가지 말고 그것이 사실인지, 진실인지 분석하고 따져보고 의심하고 반조해 보는 수행이다. 이렇게 분석해보는 과정은 분주한 바깥 일상에 함몰될 때는 불가능하다. 고요한 시간과 장소가 필요하다. 이것이 바로 지혜수행의 조건이고, 특히 조용히 내면을 관상하며 닦는 이유이다. 그래야 마음이 경험하고 있다고 느끼는 것의 본질을 관찰할 수 있다.

또한 "만일 고통이 실제로 존재한다면, 어째서 사람들이 기쁠 때는 그들을 괴롭히지 않는가. 만일 맛있는 음식이 즐거움이라면, 어째서 그것은 슬픔에 빠져 있는 사람에게는 즐거움을 주지 않는가."라고 질문할 수 있다. 이 질문은 평소 우리가 얼마나 어리석은 모순에 빠져 있는지 잘 알려준다. 우리가 인식하는 경험은 한 번에 하나씩밖에 할 수 없고, 서로 중첩될 수 없어 기쁨과 괴로움을 함께 느낄 수 없다. 만일 어떤 느낌이라는 것이 있다면 그것은 영원히 있어야 한다! 그런데 영원한 것은 존재하지 않는다. 어떤 조건과 원인에 의해 나타나는 현상일 뿐이다. "조건과 원인이 사라진다면 그 감정들이 계속 되겠는가?"라는 반문이 필요하다. 그것이 실체가 없는 것이라는 증거다. 실체가 있다면 조건과 원인이 사라져도 있어야 하는 것인데, 조건과 원인이 사라지면 자연히 사라지는 것이 '고통이나 기쁨'인 것이다.

우리는 어떤 현상 자체가 마치 영원히 지속되는 것처럼, 고착되어 있는 것처럼 매몰되어, 고통이나 기쁨 등의 정서 경험에 집착한다. 그리고 그 집착하는 마음은 마치 '인격'처럼 되어 나이가 들어도 안고 간다. 정말 깨어나야 한다. 느낌이라는 개념은, 조건과 원인에 의해 만들어진 연기(緣起)적인 것이므로 실제가 아니라 '비어 있음'이라는 것! 우리들이 믿고, 알고, 경험하고, 애착하고, 두려워하는 것들은 모두 개념이라는 것! 그리고 이것이 실재(實在)가 아님을 발견해 가는 과정이 공(空)을 수행하는 길이다. 다시 말하면, 삶에서 경험하는 모든 감정은 영원하지 않다. 경험과 느낌과 몸과 마음은 조건과 원인이라는 환경에 의한 연기적인 것이 본질이므로, 실체가 없는 공한 성품을 인식할 때 무명에서 벗어날 수 있다는 가르침이 공의 수행(空觀, 공관)이다. 그래서 '모든 것은 허공과 같다는 것을 완전히 깨달을지니, 이것이야말로 윤회의 뿌리를 자를 가장 예리한 칼이요, 깨달음에 이르는 가장 중요한 길'이라고 한다.

정리하자면, "만일 '나'가 실제로 존재한다면 두려움이 그것을 괴롭힐 것이지만, '자아'나 '나'가 존재하지 않는데 두려움이 괴롭힐 무엇이 있는가."라는 질문을 스스로 해 본다. 그리하면, 공(空)에 대한 명상은 평소 우리가 집착하는 대상의 본질을 직시하기 위한 수행법임을 알 수 있다. '지혜, 공에 대한 수행'은 평소 내가 집착하거나 애착하고 있는 것은 무엇인지, 두려움의 대상은 무엇인지 살펴보면서 그것들의 본질이 무엇인지 숙고해보는 시간이다.

- 위 내용은 불광(2018)의 글에서 인용, 재해석되었음을 밝힙니다. -

33. 바로 지금 여기, 늘 새롭게 창조됨을 관상하는 자세

> 하늘에서 보화가 마구 쏟아져도, 내 안에 담을 그릇이 없으면 그 보화는 다 날아가 버린다. 하늘은 언제나 모든 것을 '완전하게' 내린다. 항상 평화로움으로 초대한다. 단지 우리는 그것을 알아차려야 하고, 받을 수 있도록 우리 스스로를 허락해야 한다. 우리 자신이 그 초대에 응할 것인지를, 그릇에 담을 것인지를 결정해야 한다.

'나는 과연 누구일까?'라는 동서고금의 핵심 질문을 스스로에게 던진다고 상상해보자. 우리 자신은 어떻게 탄생하였을까! 우리의 생명체는 엄마아빠의 결합에 의하여 시작된 존재인가? 그렇다면 나의 주인은 부모인가! 하지만, 부모의 힘이 있었다 하더라도 우주의 생명 탄생에 대한 기운이 합일되지 않았다면 우리의 생명은 탄생되지 않았을 것이다. 그렇다면 '나'라는 생명체의 주인은 부모인가? 우주의 기운인가? 누가 나를 창조하였는가! 라는 참으로 거대한 질문이 시작될 수 있다. '뭘 괜히 그런 것을 탐구할 필요가 있나! 골치 아프게'라고 생각할 수도 있겠지만, 어쩌면 한 번쯤 이런 숙고는 근원적인 '자아상'을 결정짓는 중요한 질문인 것 같다. 나라는 피조물은 과연 어떻게 창조되었으며, '나의 주인은 과연 누구인가?'라고 말이다. 한마디로 '나는 누구인가!'에 대한 탐구이다.

혹자는 "나의 주인은 '나'"라고 유쾌하게 말할 수도 있는데, '나'라는 것이 과연 '참된 나'인지, '만들어진 나'인지에 대한 의문도 생겨난다. 아울러 '우리의 생명 창조는 최초에만 이루어졌는가! 아니면 지금도 계속 되고 있는가!'라는 것도 생각해 볼 수 있다.

식물을 보자. 매순간 식물은 뿌리가 자라고, 가지가 생기고, 꽃이 피고, 열매를 맺고, 떨어지며, 다시 씨를 뿌리거나 뿌리가 번진다. 지속적으로 그 과정은 진행되고 있다. 마찬가지로 우리의 육체는 매일매일 변하고 있다. 모든 생명체는 고정되어 있지 않으며 변화의 연속선상에 있다. 우리 몸의 세포는 한시도 가만있지 않고 매 순간마다 변화를 맞이하며, 약 7년이라는 주기를 통해서 완전히 다른 세포로 변화한다는 전문가들의 의견을 들은 적이 있다. 즉, 순간순간 모든 생명체는 새롭게 탄생되고 있다는 뜻이다. 매순간 새로운 모습으로 창조되고 있다.

어디 몸만 그렇겠는가! 우리의 깊은 과거 핵심역동의 굴레에 걸리지 않고 지금 현재의 변화를 잘 받아들인다면, 우리의 정신세계 역시 바로 지금 새롭게 태어나게 된다. 심리적·영적으로 새롭게 탄생된다는 것은 바로 그것 자체가 '신비'이며 기적 같은 경이로움이다. 사실 우리의 영혼은 끊임없이 성장하는 과정에 있다. 바로 이 순간에 새로운 모습으로 창조되고 있는 중이다. 느끼느냐 느끼지 못하느냐의 문제일 뿐이다. 만약 생명체의 주인을 '하느님'이라고 이름 할 수 있다면, 또 그것을 믿을 수 있다면, 하느님은 바로 지금 여기에 존재하면서 모든 것을 새롭게 창조하고 계시는 '현존', '지금 여기 있음'이라는 위대한 사실을 알게 된다.

많은 성인들과 선각자들이 깊은 성찰 끝에 한결같이 표현하였던 내용이 있다.

"모든 것은 고정된 것이 없다. 매 순간순간 변화하고 있다. 고정된 실체는 이 세상 어느 곳에도 없다."

"바로 이 순간순간에 하느님은 현존하시며, 새롭게 우리를 창조해 나가기 위하여 일꾼처럼 수고하신다."

첫 번째 내용은, 무상(無常)이라는 불교의 핵심 개념으로써 '모든 것은 변화하는 과정에 있다'라는 것을 표현하는 내용이다. 마찬가지로 두 번째 내용은 '현존(現存)'이라는 그리스도교의 핵심 개념으로써 '하느님은 바로 지금-여기에 '있는 나'이다.'라는 것을 표현하는 내용이다.

대부분의 사람들은 순간순간의 변화 과정, 즉 '현존'의 '완전성과 사랑'을 무지의 상태로 인하여 알아차리지 못할 뿐이며, 안다고 하더라도 우리 내면에서 허락하지 않을 뿐이다. 거의 '모른다'고 볼 수 있다. 어렴풋이 알듯 해도 사실 '모른다'라는 말이 더 정확할 것이다. 순간순간마다 우리는 과거와 미래로 돌아가기 때문이다. 더욱이 각 개인의 미해결된 욕구와 근원적인 불안으로 인하여 과거에 고착되고 미래를 불안해하며, 그 대비책으로 더 좋은 것 더 많은 것을 기대하고 갈망하기만 할 뿐, 이미 지금 현재 모든 것이 이루어지고 있다는 것을 모르기 쉽다. 정말이지 모든 것은 어떤 형태로든 고정된 것이 없으며 그 변화의 방향은 생겨났다, 머물렀다, 변화하다, 사라지는 과정이다. 이 진리는 어떤 종교든, 어떤 철학적 접근이든 크게 벗어나지 않을 것으로 보고 있다.

이러한 진리를 우리가 인식하고 받아들일 수 있는가 하는 점은 참으로 중요하리라 여겨진다. 즉, 모든 피조물의 생주이멸(生住異滅)과정을 정확하게 갈파하고 수용할 수 있는 그릇이 되는가 하는 것이다. 편안하게 허락해서 담아내는 그릇… 그 그릇이 잘 닦여져 있지 않다. 어쩌면 변하지 않는 것은 '오직 지금 이 순간'을 사는 그 자체일 뿐이다.

성인들은 말씀하신다. "하느님은 지금 우리가 있는 바로 여기 말고는 다른 곳에 계시지 않는다. 그분은 바로 여기에 현존하시면서 끊임없이 우리에게 도움주기 위하여 무엇인가를 하고 계신다." 경전의 이야기들을 지금 바로 이 자리에서 스승들이 하시는 말씀이라고 생각하고 듣는다면, 그것은 '지금-여기'에서 나에게 변화를 가져다주는 내용이 될 것이다. '육화(肉化)하신 말씀'이라는 뜻이다. 그 내용을 관상하는 태도를 통하여 오늘, 이 순간에 머무르는 마음을 조금씩 키워나갈 수 있을 것 같다.

"참말 하느님께서 바로 여기 계셨는데도 내가 모르고 있었구나!"(창세 28,16) 하고, 야곱이 잠에서 깨어나 하느님을 느끼는 순간에 놀라 소리치던 반응이 있다. 우리도 살아가는 동안 어떤 상황을 통하여 무엇이라고 정확하게 말할 수는 없지만, '중요한 신호가 왔구나.'라고 느껴질 때가 있다. 그 신호를 잘 깨달을 때는 매우 평화로워지고 자유로워지는 경험을 했을 것이다. 하지만 그 신호를 느끼지 못하고, 받아들이지 못하였을 때는 막연한 불안과 두려움이 엄습할 것이다. '십자가의 성 요한'은 "우리의 영혼은 하느님께 주의를 기울이며 단순히 걸어야 한다. 마치 사랑스러운 시선에 눈을 뜨는 사람처럼 소박하고 겸손한 눈길로 아주 단단히 주의를 기울이며 걸어야 한다."고 쓰고 있다. 부드러우면서도 반짝이는 누군가의 시선이 있다고 하자, 그 눈망울을 주의 깊게 바라보고 있노라면, 나도 모르게 나의 영혼이 편안해지는 경험을 한 적이 없는가! 바로 그 눈을 바라보는 '순간' 속에서, 우리는 새롭게 태어나는 것이다. 새롭게 창조되는 것이다.

'순간'을 '영원히' 사는 것!
지금 이 순간의 창조를 늘 깨어있는 마음으로 알아차리는 것!

'이냐시오' 성인은 세상 안에서 "하느님은 일꾼처럼 수고하신다."는 표현을 한다(영신수련 전체 내용 참고). 그렇다. '일꾼처럼' 일하시는 하느님은 바로 '우리 자신'을 위하여 밤낮으로 수고하신다! 문제는 우리가 그러한 하늘의 사랑을 받을 수 있는가, 받을 수 없는가 하는 것이다. 지금 이 순간, 새롭게 창조해 나가는 우리 자신을 '인정할 것인가! 인정하지 못할 것인가!'라는 점이다. 상대방이 나를 아무리 좋은 곳으로 안내하고 초대하여도, 나 자신이 그것을 허락하지 않으면 나아갈 수 없다. 상대방이 나에게 아무리 진실되고 참된 것을 알려주어도, 내면에서 받아들여지지 않으면 아무 소용이 없다. 즉, 하늘의 사랑을 내가 허락하느냐 허락하지 않느냐 하는 것이 관건이 되는 것이다. 하늘에서 보화가 마구 쏟아져도, 내 안에 담을 그릇이 없으면 그 보화는 다 날아가 버린다.

그래서 이냐시오 성인은 '그분께 받은 모든 보화'를 깨닫기를 권한다. 또한 '위대한 사랑으로 당신 자신을 바치신 분'처럼 우리도 자기 자신을 바치기를 권한다. 우리가 받은 은혜, 즉 창조의 은혜, 구속의 은혜 및 특별히 개인적으로 받은 은혜들을 돌이켜 생각하기를, 어떻게 하느님께서 피조물인 나에게 거처하시는지를, 어떻게 그 분이 우리를 위하여 땅 위의 모든 피조물 안에서 일하시고 수고하시는지를 관상하도록 권한다. 모든 선과 은혜가 위에서 내려오는 모양을 생각하되, 마치 태양에서 광선이 내려오고 샘에서 물이 나오듯이 내려오는 것을 상상하며 관상하도록 권한다.

지금 이 순간 새롭게 창조해나가고 있는 나를 깊이 바라볼 수 있어야 한다. 즉, 지금 이 순간 나를 새롭게 창조해 나가기 위하여 수고하는 하늘의 사랑을 느낄 수 있어야 한다. 매순간 새롭게 창조되는 '나'라는 존재는 바로 선물이며 사랑이다. 우리는 이것을 관상해야 한다. '관상(觀想)', 조용히 바라보며 느껴야 한다. 그냥 바라보아야 한다. 하느님은 언제나 모든 것을 주신다. 항상 평화로움으로 초대하신다. 단지 우리는 그것을 알아차려야 하고 받을 수 있도록 우리 스스로를 허락해야 한다. 우리 자신이 그 초대에 응할 것인지를 결정해야 한다.

정말이지 초대에 응하기만 하면 된다. 허락하면 된다. 그러기 위해서는 바라보고 머무를 필요가 있다. 관상은 '사랑으로 하느님의 뜻을 계속 받아들이는 상태'에 있게 한다. 관상이란, 바로 '지금 여기'에 조용히 머무르며 '순간'을 느끼는 것이다. 지금 이 순간, 새롭게 창조되는 것을 느끼지 못하면, 즉 제대로 된 관상을 하지 못하면, 우리 모두는 늘 불안해하고 두려워할 수밖에 없다. 그렇다. 우리는 조용히 허락하면 된다. 하늘은 우리를 사랑하며 바람직한 쪽으로 끝없이 인도하고 있다. 우리는 그 속에 들어가서 인격적 관계를 맺으면 된다. 마치 사랑하는 어떤 이가 나와 관계하듯 하면 된다.

유명한 기도가 있다.

> "주여, 나를 받으소서. 당신은 나의 모든 자유와 기억과 지력과 모든 의지와 내게 있는 것과 내가 소유한 모든 것을 주셨나이다. 주여, 그 모든 것을 당신께 도로 드리나이다. 모든 것이 다 당신의 것이오니, 온전히 당신의 의향대로 그것들을 처리하소서. 내게는 당신의 사랑과 은총을 주소서. 이것만이 내게 족하나이다."

바로 지금 이 순간 우리가 새롭게 창조되어 간다는 사실을 느낀다면…

관상의 생활이 일상의 호흡이 된다면…

모든 것은 완전히 자유롭고 평화로울 뿐이다.

34. 사랑 안에서는 어떤 고통도 넘어선다!

사랑이라는 이름의 또 다른 표현은 아픔입니다. 아무렇게나 날리는 아픔이 아니라, 속으로 쑥쑥 파고드는 아픔입니다. 너무나 사랑하기 때문에 깊이 아픈 것입니다. 아프지만 사랑이라는 이름으로 행복할 수 있습니다. 사랑이라는 이름의 또 다른 표현은 인내입니다. 사랑이라는 이름의 또 다른 표현은 무아(無我)입니다.

아래의 글은 시골의 한 성당 신부님이 강론하시면서(2016. 7) 어디에서 읽은 내용이라며 소개하신 이야기를 약간 각색한 내용입니다.

"어떤 한 남편이 10여 년 동안 함께 살아온 아내와 자식을 두고, 자신으로서도 알 수 없는 마음에 이끌려 미혼녀 A를 사랑하게 되었답니다. 자책이 되고 괴롭지만 아무래도 아내를 진심으로 사랑하는 것은 아니라는 느낌이 들고, A에 대한 감정이 단순한 것이 아니라는 고민 끝에 아내와 이혼하기로 결심했습니다. 그래서 아내에게 지금까지의 모든 재산을 다 넘기고, 자기가 회사에서 받는 봉급의 1/3을 평생 주기로 하는 등의 현실적인 조건을 제시하며 이혼 이야기를 꺼냈습니다. 그 말을 들은 아내의 심정이 어떠하였겠습니까! 아내는 그저 아무 말도 못하고 가만히 있었습니다. 그 마음이 얼마나 복잡했겠으며, 얼마나 황당했겠어요! 하지만 감정적으로 대응해서는 안 된다는 결심을 하였습니다. 남편에게 생각할 시간을 좀 달라고 했습니다. 그 때부터 남남처럼 한집에서 살게 된 두 사람은 냉랭함 그 자체였습니다. 아내는 점점 힘들어가는 얼굴을 드러내 보였지만, 남편은 그럴 거라는 예상을 애초부터 충분히 하였기 때문에 그냥 모른 척 기다리는 마음으로 지냈습니다. 아침 일찍 출근하고 밤늦게 퇴근하여 잠만 자는 수준으로 살았습니다. 언제부터인가 아내가 차려놓은 밥도 먹지 않게 되었으며, 눈도 마주치지 않은 것은 당연하구요. 물론 잠은 따로따로 자면서, 그야말로 투명 인간처럼 서로서로 그렇게 지내게 되었습니다.

어느 날, 남편은 문자로 일주일 정도 시간을 줄 테니까 마음을 결정해 달라는 내용을 보냈습니다. 며칠 시간을 가진 후, 아내는 남편에게 문자를 보냈습니다. 상처에 젖은 마음을 억누르며 고통스러웠으나, 남편은 이미 자신에게서 마음이 떠났다는 것을 알게 되어 차라리 체념한 듯 담담한 시간을 보냈습니다. 보낸 문자의 내용은 이렇습니다.

"저는 돈이 필요 없는 것은 아니지만, 지금의 제 걱정은 오직 영철(초3 남자아이)입니다. 우선 제가 제안을 하나 합니다. 재산 대신 받고 싶은 것이 두 가지 있어요. 이것을 들어주시면 당신의 요구대로 이혼에 합의하겠습니다. 그때 위자료 문제는 별도로 말씀드릴게요. 하나는, 신혼 때 현관부터 침실 방까지 당신이 날 안고 갔던 적이 있죠? 기억하시죠? 이번에는 거꾸로 딱 한 달간만 침실 방에서 현관까지 매일 날 안아주고 출근해 주세요. 그때는 날 안고 들어왔지만, 지금은 날 보내는 입장이니 그렇게 해 주세요. 둘째는, 아이에게는 아무렇지도 않은 척 평소와 똑같은 웃음을 보내주세요. 이혼을 요구한 아빠, 이혼당한 엄마에 대한 아픔을 안기고 싶지 않아요. 물론 저도 아직은 영철이에게 이혼 이야기를 하지 않았고, 아빠는 매우 바쁜 사람이지만 참 자상한 사람으로 알고 있는 상태이니까요. 당신도 그 말은 하지 말고 평소처럼 해 주길 바라요."

남편은 가능하면 말썽을 일으키지 않고 조용히 이혼을 하고 싶었고 미안함도 있었기 때문에 그 정도는 들어줄 수 있다는 판단이 서서, 좀 쑥스럽고 이상하지만 아내의 요구대로 한 달간만 그렇게 하기로 했습니다.

첫날 남편이 아내를 안고 침실에서 현관까지 갔을 때 서로 고개를 딴 곳으로 돌리며 착잡한 공기가 감돌았습니다. 서로가 어찌해야 할지 모르는 정적감과 냉랭함이었지요. 참 어색하다고나 할까요. 둘째 날 역시 마찬가지였습니다. 셋째 날 아내의 등에 붙어있는 외로움이 살짝 느껴지기도 했습니다. 안긴 채로 아내가 "여보, 아이에게는 티 내지 말아주세요. 부탁이에요.",

"그러지." 하는 짧은 말이 오고갔습니다. 넷째 날, 다섯째 날이 계속되자, 아이는 엄마아빠가 하는 재미있는 장난 같은 행위를 보고 깔깔거리며 웃기도 하였습니다. 여섯째 날에서 그 뒷날까지 계속 되면서 남편에게 문득 아내가 체중이 줄어들고 있다는 느낌이 왔습니다. '아, 이 사람이 고통을 안고 있구나. 힘들어 하고 있구나! 식사나 제대로 하는 것일까?' 하는 염려와 걱정이 슬슬 오는 것을 느끼게 되었습니다. 비슷한 느낌들이 그 뒷날에도 계속되었습니다. 스물다섯 날쯤 넘어가기 시작하자 아내에 대한 측은지심과 부끄러움, 죄스러움이 동시에 밀려오면서 '내가 정말 미쳤었구나.' 하는 마음이 들기 시작하였습니다. 그러나 당장 어떻게 할 수가 없었습니다. 그 다음날, 남편은 뜬 눈으로 밤을 보냈습니다. 그 다음날도 또 그 다음날도 남편은 뜬 눈으로 밤을 보냈습니다. 그리고 결심하였습니다. '이혼은 아냐! 정말 내가 미쳤군!' 드디어 남편은 A에게 전화를 걸었습니다. 이미 동거하고 있었던 아파트를 찾아갈 수 있었으나, 그냥 전화를 하였습니다. "내가 잠시 정신을 잃었던 것 같아. 정말 미안해. 난 아내와 아이를 버릴 수 없어. 당신은 아직 젊으니까 다른 좋은 사람 만나길 바라. 참으로 미안해."라는 말을 남긴 채 마음을 정리하게 되었습니다.

드디어 안아주기를 부탁한 거의 마지막 날이 되었습니다. 그날은 아내가 눈을 뜨지를 않았습니다. 아내를 안아보았습니다. 아내가 이상하였습니다. 아내는 밤새 조용히 임종을 하였던 것입니다. 그 아내는 약 1년 전부터 이미 암으로 사형선고를 받았었고, 3개월 정도밖에 생명이 남지 않은 시점에서 남편으로부터 이혼 선고를 받은 셈이었습니다. 남편은 A와 지내느라 지난 1년 전부터 아무것도 몰랐습니다. 관심이 없었던 거죠. 아내는 남편의 외도를 이미 알고 있었지만, 남편이 먼저 말을 꺼내기 전까지 간절한 마음으로 가정으로 돌아오기를 기다렸고, 자신이 병에 걸렸다는 사실도 숨겨왔습니다. 왜냐하면 아들은 아빠를 매우 좋아하였고, 엄마인 자기가 죽고 난 후 아들과 아빠의 관계가 좋지 않으면 안 된다고 생각하였던 것입니다. 혹시 A가 아이 엄마가 될 수 있다는 것도 염두에 두었습니다. 그렇지만 단지 자식에게 엄마가 아빠와 얼마나 행복하게 살다가 하늘나라로 갔는가를 심어주고 싶었고, 아빠는 참 자상하신 분이었다는 것을 남겨주고 싶었습니다."

이 이야기는 '씨 뿌리는 비유'라는 주제에서 나온 것이었습니다. 이 엄마는 자신의 죽음 이후를 생각하면서, 자식의 앞날을 대비하는 씨를 뿌리기 시작하였던 것입니다. 그 씨가 길 위에 떨어져 어디로 쓱 날아가 버리는 것을 바라지 않았고, 돌밭에 떨어져 말라버리지 않기를 바랐으며, 가시덤불에 떨어져 뿌리가 내리지 않는 일이 없기를 바랐던 것입니다. 아이에게 좋은 땅을 만들어 씨가 잘 싹트도록 해야 한다는 간절한 마음이 있었던 거죠. 좋은 씨를 뿌리고, 좋은 땅을 만들어야 한다는 깊은 기도가 있었던 것입니다.

우리는 가장 사랑하는 이 앞에서 정말이지 고통을 감수합니다. 머리 숙입니다. 고통을 받아들입니다. 이 엄마는 자식을 너무나 사랑하였기 때문에 자신이 처한 고통 앞에서 자신의 감정을 앞세우거나 이익을 취하려고 하지 않았습니다. 오롯이 그 고통을 감내하며 넘어서려고 했습니다. 몸이 아픈 것도 큰 고통입니다. 하지만 사랑 안에서 신체적 고통은 넘어갈 수 있는 마음이 있었습니다. 자식에게 향하는 사랑은, 절박한 병고도 남편의 배신과 같은 처절한 고통도 감당해가며 넘어서는 아름다운 것입니다.

사랑이라는 이름의 또 다른 표현은 아픔입니다. 아무렇게나 날리는 아픔이 아니라, 속으로 쑥쑥 파고드는 아픔입니다. 너무나 사랑하기 때문에 깊이 아픈 것입니다. 사랑하지 않으면 그렇게까지 아프지는 않은 것입니다. 아프지만 사랑이라는 이름으로 행복할 수 있습니다.

사랑이라는 이름의 또 다른 표현은 인내입니다. 사랑은 모든 것을 참아냅니다. 사랑은 모든 것을 이겨냅니다. 인내의 고통이 있지만, 사랑이라는 것 때문에 평화로운 인내가 가능합니다.

사랑이라는 이름의 또 다른 표현은 '무아(無我)'입니다. 사랑이 올라오면 집착적인 아상(我想)에 해당하는 '나'가 서서히 없어져 갑니다. 나의 욕구에 얽매이지 않게 되어 순수하게 사랑하고 있는 그대로 받아들입니다. 가끔 나의 욕구를 채우려는 바람이 일어나지만, 사랑하기 때문에 그 욕망을 잠재울 수 있습니다. 성스러운 맑은 기운, 즉 성령이 나를 채우듯, 순수한 빛이 나를 감싸듯, 참으로 자유로워지는 신비함을 맛봅니다. 왜냐하면 나(我)로부터 초월되는(無) 것은 최대의 신비로서 그 속에서 '이 세상의 모든 것'이 바로 '나의 모든 것'과 합일되기 때문입니다. '나'라는 개인주의와 소유욕에 사로잡혀 있는 일상 속에서는 '세상의 모든 것'이 '나의 모든 것'이라는 말이 뜬구름 잡는 듯이 느껴질지 모르나, 전체적인 입장에서 보면 '나의 것'이 '모든 것'이고 '모든 것이' '나의 것'이 아닐까요? 공동체적인 뿌리에 젖어 있지 않고 개체적인 것에 젖어 있다면, 이제 '사랑'이라는 이름은 '나'를 벗어나는 것으로부터 시작된다는 것을 느껴보아야 하겠습니다.

사랑 안에서는 어떤 고통도 넘어설 수 있습니다. 결코 해결할 수 없을 것 같은 고통도 사랑이라는 품이 있다면, 고통을 일으키는 상황은 변한 것이 없지만 마음 자체가 걸리지 않고 편안합니다. 넘어서는 것입니다. 그러다보면 예상외로 고통의 상황도 자연스럽게 풀려나가기도 합니다. 사랑 안에서는 어떤 고통도 넘어섭니다!

35. 움직임들… 우두커니 바라보기

틈새로 밀려오는 두려움과 불안을 가만히 의식해 보라! 틈새로 들어오는 각종 생각들을 조용히 의식해 보라. 표현하든 하지 않든, 그 틈 사이의 다양한 감정의 물결을 느껴보라. 순식간에 올라오는 비난과 못마땅함과 판단, 새로운 것에 대한 허덕거림, 심심함, 감각적인 것들이 사라진 상황을 못견뎌함 등 습관적 패턴을 느껴보라. 언젠가 일어났던 일들을 마치 현재처럼 느끼는 조건화된 것을 느껴보라! 움직임들을 우두커니 바라보는 틈…

평범한 일과이거나 특별한 날이거나 관계없이 우리 모두는 쉴 새 없이 돌아가는 움직임 속에서 살고 있다. 소리의 움직임, 사물 자체의 움직임, 보이는 것들의 움직임 등 각종 움직임의 연속선상에 살고 있다. 이러한 움직임을 보거나, 듣거나, 촉감으로 느끼거나, 냄새 맡는 즉시 우리는 움직임에 지금까지 항상 불리었던 '이름'을 붙이고, '설명'하려 하고, '이유를 밝히려' 한다. 예컨대, 남편이 보통 때와 달리 이른 아침에 일어나서 부엌으로 향한다는 상황이 있다고 하자. 그런 순간에 '발을 왜 저렇게 쿵쿵거리며 걷지! 살살 좀 걷지!', '화장실 가는가 보구나.', '무엇을 마시려는 모양이군!', '간밤에 술을 많이 마시더니 목이 마른가 보군.' 등 무수하게 하나의 소리에 이름을 붙이고, 해석을 하고, 이유를 예측하고, 그런 후에 감정을 불러일으키기도 한다. 이렇게 우리는 그냥 있는 그대로 바라보는 것이 아니라 주변에 있는 누군가, 무엇인가에 무수한 '이름'을 붙이고 '생각'을 하는 것이다.

이름을 붙이거나 생각을 하기 전에, 그냥 바라보는 입장이 된다는 것은 어떤 것일까!

이 세상에 새로운 것들은 수없이 나타난다. 나타났다 사라진다. 그러면 또 우리는 '저것은 무엇일까!', '어떻게 돌아가는 것일까!', '무엇하는데 쓰이는 것일까!' 등의 생각을 하며 '내게 필요한 것인가 아닌가.', '내게 이익이 되는 것인가!'를 점검하기도 한다. 물론 필요하다. '무엇', '왜', '어떻게' 등의 점검과 판단은 '자아'라고 불리는 에고 기능으로, 일상생활의 모든 관계망에 들어가 있는 인간이 이러한 점검과 판단을 하지 않고는 살아갈 수 없기 때문이다. 오히려 어떤 상황에서 아무런 판단 없이 그냥 우두커니 바라보는 사람이 있다면, 주변인은 '사람이 멍하게 보이네. 무슨 사연이 있는 모양이군.', '조금 사회성이 떨어지나?', '사실 좀 멍청하게 보이는데….', '이상하게 보이지만 뭐 신경 쓸 것은 없지 뭐.'와 같은 나름의 해석을 하는 경우가 더 정상적으로 보인다.

자신과 아무 상관없는 남들이 '우두커니 있는 모습'을 보면 그냥 지나칠 수도 있지만, 자식이나 배우자가 그런 모습을 보일 때는 다를 수 있다. "너, 지금 뭐하고 있니? 왜 우두커니 가만히 있어! 해야 할 일이 얼마나 많은데. 그렇게 해서 앞으로 어떻게 되겠니!" 등 수많은 '자신만의 생각'을 표현해 내며, 마치 상대방이 매우 문제가 많은 사람인 것 마냥 취급한다. 심하면 '마녀사냥'이 시작되기 쉽다. 이렇게 상대방이 우두커니 가만히 있는 모습을 보는 것은 결코 쉽지 않고, 자신 스스로에게도 그것을 허용하지 않는다.

우리는 잠시 이런저런 생각을 내려놓고 그냥 우두커니 바라볼 수 있는 '잠깐의 틈'이 있는가! 그 틈은 1초 혹은 그보다 더 짧은 순간이 있을 것이며, 긴 틈도 있을 것이다. 잠시의 틈을 허용하지 않고 우리는 무엇을 하는가! 그 틈 자체를 견디지 못하는 습관화된 패턴이 있지는 않은가! 틈을 허용하면 우리의 내면은 순식간에 내면의 불안, 두려움, 어색함, 분주함, '해야 할 일', '있었던 일에 대한 생각'이 용솟음치는 경우가 많다.

상담 장면에서 잠깐의 틈이 있는 상황이 자주 있다. 이 틈을 견디기가 어려운 예는 흔하게 나타난다. 내담자이든 상담자이든 마찬가지이다. 잠깐의 틈이 생기면 눈을 이리저리 굴리면서 상대방의 행동을 주시하는가 하면, 상대방이 무슨 말을 해 주기를 기대하기도 하고, 괜스레 엉뚱한 말을 늘어놓기도 한다. 또 지적이나 질문을 받을까 불안해하기도 하고, 칭찬이나 지지를 받기를 기대하기도 한다. 틈은 우리 내면의 각종 에너지들이 수도 없이 밀려오는 물줄기 같은 것들이다. 만약 상담자가 내담자의 말과 행동의 틈을 조용히 응시하며 '바라보기'를 편안하게 하는 사람이라면, 내담자의 움직임을 매우 영민하게 느끼면서도 여유 있게 볼 것이다. 그러면 자연스럽게 내담자는 그 여유와 너그러움이라는 에너지에 젖게 되어, 스스로가 그 틈에 익숙한 듯 편안해진다. 틈을 허용하는 것이 얼마나 안정감을 준다는 것을 자연스럽게 느낄 것이다. 그리고 점점 외부의 상황 때문에 줄기차게 휘둘렸던 마음들은, 내부의 안정되지 못한 정서들의 투사체라는 것을 깨닫게 될 것이다.

정말이지 대부분의 사람들은 전부는 아니라 할지라도, 그 틈 자체를 못견뎌한다. 무엇이라도 열심히 해야 하고, 무엇을 쓰거나 읽어야 하고, 무엇을 보아야 하고, 무엇을 고민하고, 폰을 들고 이것저것 찾아야 제대로 사는 삶으로 생각하기도 한다. 그렇게 사는 삶으로 성취했고 인정받았다! 미덕으로 느끼며 그렇게 살아야만 제대로 산다고 생각하며 살았다. 만약 누군가가 우두커니 빈 공간을 바라보고 있다면, 오히려 '저 사람은 왜 저러고 있지?' 하며 상대방을 이상하게 보기까지 한다. 자신이 그 틈을 허용하고 있지 않다는 것을 전혀 깨닫지 못한다. 자신과 다른 방향으로 즐기고 있다는 것을! 다른 각도로 자연을 감상하고 있다는 것을! 외부의 상황을 명상하듯 조용히 바라보고 있다는 것을! 그 속에 수많은 창조력이 일어난다는 것을! 그런 틈을 즐기게 되면 엄청난 에너지를 비축할 수 있다는 것을!

만약 우리가 그 순간을, 틈을, 여백을 잠깐이라도 알아차릴 수 있다면 어떨까. 정말 새로운 열림이 일어날 수 있다. 즉 그것을 지각하는 최초의 순간, 습관적인 생각의 흐름에 짧은 중단이 일어난다. 무엇인가를 꼭 해야 한다는 내면의 충동으로부터 벗어난다. '말을 잃은' 상태로 만들면서, 모든 외부가 잠시 사라지는 내면으로 깊게 들어가기도 한다. 그리고 점점 더 긴 틈을 가져온다.

틈새로 밀려오는 두려움과 불안을 가만히 의식해 보라! 틈새로 들어오는 각종 생각들을 조용히 의식해 보라. 표현하든 하지 않든, 그 틈 사이의 다양한 감정의 물결을 느껴보라. 순식간에 올라오는 비난과 못마땅함과 판단, 새로운 것에 대한 허덕거림, 심심함, 감각적인 것들이 사라진 상황을 못견뎌함 등 다양한 습관적 패턴을 느껴보라. 언젠가 일어났던 일들을 마치 현재처럼 느끼는 조건화된 것을 느껴보라! 움직임들을 우두커니 바라보는 틈… 스스로가 무슨 생각을 하고, 무슨 감정을 느끼고, 무슨 행동을 하는가를 알아차리는 것은 깨달음으로 가는 소득이라고 느껴진다.

에크하르트 톨레(2017)는 '그 틈이 내적 공간이다.'라는 말을 하면서, 그 공간들의 빈도와 지속시간으로 삶을 즐기는 능력이 결정된다고 했다. 말하자면 '틈'을 느끼는 사람이 자연뿐 아니라 다른 사람들과의 내적 공간을 느끼는 능력을 갖추고 있다는 말이다. 아울러 에고는 이와 같은 내적공간을 알아차리려고 하기보다는 외부의 것들에 눈이 팔려 정신없이 생각하고, 몰두하고, 달려가고 있기 때문에 에고로부터 자유로울 수 없다는 의미이다.

이 짧은 공간들이 자연스럽게 일어날 때 그것들을 의식할 수 있게 되면, 그 공간들은 더 확장될 것이다. 그렇게 확장될 때, 생각의 간섭이 거의 혹은 전혀 없이 사물을 지각하는 기쁨을 점점 더 자주 맛볼 수 있다. 그때 주변 세상이 새롭고 신선하며 생생하게 느껴진다. 끊임없이 일어나는 움직임들… 그것들을 우두커니 바라보기 할 수 있다면, 아마도 우리는 깊은 평화로움으로 초대되리라 본다. 움직임을 우두커니 바라보면, 일상의 삶을 지혜의 바다로 들어가게 할 수 있다.

예컨대 일상에서 가장 대표적인 움직임들 중 '바람'을 느껴보자. 바람은 누가 어떻게 조작할 수 없는, 자연의 섭리에 의해서만 일어나는 움직임이다. "바람은 불고 싶은 데로 분다."라는 성경 구절(요한 3,8)이 있듯이, 사실 바람은 그냥 우주가 춤을 추고 있는 듯 자유롭게 불 뿐이다. 불고 싶은 대로 부는 바람에 우리는 많은 의미를 부여하고 그로 인해 시원하다, 춥다, 싫다, 좋다 는 것을 느끼면서 살아간다. 수도자로 살아가는 어떤 분이 어느 날 문득 바람의 움직임을 우두커니 멍한 시선으로 보는 날이 있었단다. 멍하게 바람의 움직임을 바라보고 있노라니, 문득 그 바람은 '성령의 바람'이라는 느낌이 들었단다. 이 바람은 인간의 생각을 뛰어 넘는 하느님의 섭리를 표현한 것이라고 생각되었다고나 할까! 어느 누구에 의해 움직이는 것이 아니라 전체의 자연스러운 한 과정일 뿐… 그 어떤 것의 작위적인 움직임이 아니라 우주의 자연스러운 움직임일 뿐….

그리고 조용히 자신의 삶과 연결시켜 묵상을 하였는데, 성령의 바람에 완전히 의탁하며 사는 것이 나의 길이 아닌가, 성령의 바람에 순종하며 살아가는 것이 나의 참된 길이구나 하는 생각이 들었단다. 우두커니 바람의 움직임을 바라볼 수 없었다면 내적 공간에서 울려 퍼지는 참된 목소리를 들을 수 없었을 것이다. 내면에서의 이런 목소리는 이어졌다. 삶은 바다를 항해하는 것과 같아서 노를 저어야 하는데, 그 노질이라는 것이 작은 강가나 얕은 강 수준에서는 노질을 잘하면 더 잘 갈 수 있기에 어느 정도 노질의 능력이 필요하다. 하지만, 진짜 큰 바다를 건너갈 때는 노질이 아무런 소용이 없고 거대한 바람으로 배는 나아간다는 것이다. 그러므로 노질을 잘 한다고 해서 교만할 일도 아니고, 노질을 못한다고 해서 절망할 일도 아니다. 성령의 바람에 순종하며 모든 것을 맡기고, 자신에게 주어진 현실은 신이 내린 것으로 수용하며, 기쁘게 살아가야겠다고 다짐해 보자.

망망대해 같은 인생에서 능력에 집착하거나, 눈에 보이는 것에 집착해서는 안 된다는 것. 말하자면 성령의 바람에 완전히 맡기는 것이 핵심이다. 바람은 불고 싶은 데로 불기 때문에 연연할 필요가 없다. 그저 그 성령의 바람이 우리 모두를 구원하기 위한 메시지로 작용될 것이라는 믿음을 가지고 살아가면 된다.

사소한 일상의 움직임들을 그냥 우두커니 바라보고 있노라면, 우리는 아마도 이와 같은 지혜로운 깨달음에 도달되지 않을까 생각해 본다. 오늘 하루도 어느 순간, 그냥 우두커니 무엇인가를 바라보며….

– 이 내용의 일부는 톨레(2017), 모 신부님(2019)의 강론을 인용, 재해석하였음을 밝힙니다. –

36. 모든 것은 생겨났다 없어진다!

'나'는 누구(무엇)인가! 현재의 나를 만든 인연은 어떤 것일까! 세상의 모든 것은 예외 없이 바람 소리와 같이 연기(緣起)한 것이다. 나 자신도 연기한 것이요. 기쁨과 슬픔도, 태어남과 죽음도 모두 연기한 것이다. 물질적·정신적인 것 가운데 연기하지 않은 것은 하나도 없다. 그러므로 연기된 모든 것은 결국 생겨났다 없어지므로, '이 순간'을 제외한 '일체의 모든 것은 결국 없다!'라는 무아(無我), 무상(無常)의 깊은 의미를 느껴보자.

저명한 불교학자 루이스 랭카스터 교수는 이렇게 말했다. "우리 인생에는 세 명의 천사가 내려온다. 첫 번째는 늙음, 두 번째는 병듦, 세 번째는 죽음이다. 이 셋을 만나지 않고서는 인생의 본질을 알 수 없다."

노(老)·병(病)·사(死)로 대표되는 무상(無常)을 직시하는 것을 통해 집착과 교만에서 벗어날 수 있다는 뜻이 담겨있는 듯하다. 무상(無常)… '늘 그 자리에 있는 것은 이 세상에 없다.' 즉 항상 존재하는 것은 '항상 없다'는 진실, 모든 것은 생겨났다 없어지게 되어 있다는 엄연한 순리…. 누구나 다 알 수 있는 이 진실을 우린 쉽게 망각하고 살기 쉽다. 무상을 직시한다는 것…. 이것을 직접 자신에게 적용시켜 깨닫는다는 것이 일상에서는 왜 그렇게 어려운 일일까! '노·병·사를 통해 삶의 궁극적 원리를 되새겨 본다!' 이 말은 그 자체로는 별로 어려운 뜻은 아니어서 금방 이해되는 것 같지만 그 속에 담겨있는 내용을 잘 느끼고, 체험으로 응용시키고, 자신의 마음속에서 깨달음의 열쇠로 사용하려 하면 이보다 더 어려운 말 또한 없을 듯하다.

아주 간단한 예를 들어보자. 병원에 정기검진을 위해 들렀다. 비교적 건강하게 살아온 터라 별 생각 없이 정기적인 행사로 방문했는데, 의사가 뜻밖에 고개를 저으며 조직 검사를 해 보자는 소견을 낸다. 갑자기 불안해진다. '이게 무슨 일이야! 혹시?' 그 순간 머리가 복잡해진다. 두려워진다. 약간 심각해지면서 모든 것들이 물거품처럼 사라지는 듯 공포스러워진다. 좋은 글이나 멋진 강의, 마음 다스림을 위한 수많은 것들은 순간 물거품이 되고, 예측되는 병듦이 쓰나미처럼 내 온 마음을 괴롭게 만든다. 죽음을 눈앞에 떠 올리게 되고, 마치 낭떠러지에 떨어진 마음이 되기도 한다. 병듦과 죽음을 앞에 두고 인생의 본질을 직시한다는 것, 이는 보통의 일이 아닌 것이다.

또 다른 일상의 예를 보자. 자식의 기말고사 성적이 바닥을 칠 때, 부모는 그 순간 마음이 성적과 동일시되어 바닥을 친다. '그만큼 열심히 하라고 했건만, 이렇게 전폭적인 물리적 지원을 해 주건만, 이 자식이 제대로 자기가 해야 할 마땅한 공부를 하지 않다니….' 등 이런저런 고민과 실망으로 인한 분노에 사로잡힌다. 급기야는 그 순간 죽어버리고 싶을 만큼 괴롭다. 썩어 문드러지는 기분이다. '이 녀석! 어찌 이럴 수가, 이렇게 괴롭힐 수가! 자기가 원하는 것 다 해 주었건만! 다른 집 아이들은 말도 잘 듣고 공부도 잘도 하더구먼.' 절망스러움으로 인한 고통이 올라오고, 어떤 것도 다 의미가 없는 듯 무력해지기도 한다.

이쯤에서 평생 병고를 안고 살아야 하는 자식을 앞에 둔 부모는, 성적이 바닥을 칠 때 가슴을 치는 부모를 접하면 '아, 저런 것도 고민이라고…. 자식이 죽을병에 걸렸다고 생각해 보면, 성적 내려간 것이 무슨 고민이라고… 쯧쯧… 아직 사치스러운 소리를 하고 있구나!'라고 생각할지 모른다. 시험 때문에 가슴앓이를 하는 부모도 만일 병고를 지닌 부모의 입장이 된다면 그렇게 말을 할 수 있겠지만, 대부분의 사람들은 자신 앞에 닥친 어려움이 제일 크게 느껴질 뿐이다. 아마도 대부분의 부모는 그런 심정이 될 수밖에 없다. 누구라도 입장을 바꾸어 생각해보면 그 감정을 이해할 것이다. 그만큼 우리는 사소한 하나하나에 죽음과 같은 고통을 맛보기도 하고, 낭떠러지로 떨어지는 기분을 느끼기도 한다. 즉 일상을 살아가는 우리는 지극히 작은 사소함에 모든 것이 행복하고 모든 것이 불행한 듯, 조삼모사(朝三暮四) 속에서 살아가기 쉽다. 잘 알다시피 조삼모사란 원숭이에게 상수리를 아침에 3개 저녁에 4개 주겠다고 하니 적다고 화를 내어, 그러면 아침에 4개 저녁에 3개 주겠다고 하니 좋아했다는 우화이다. 어리석은 자는 이와 같이 얕은 것에 스스로가 넘어간다는 뜻이리라.

그렇다. 보통 사람들은 탐욕과 집착, 어리석음에 의하여 고통 속에 있고 화를 내고, 기뻐하고, 즐거워하는 일상의 한 가운데에 있다. 탐욕과 집착에 의해 발생된, 금방 느끼기엔 대단히 행복해 보이는 어떤 일이 일어났을 때에도 항상 '괴로움'이라는 부작용이 따른다. 불교에서는 중생의 생각과 행동이 작동하는데 결정적인 영향을 미치는 것을 8가지로 요약하여 '8세간법(世間法)'이라 부른다. 이 8가지를 축으로 하여 중생의 생각과 행동이 움직인다고 할 수 있다. 8세간법이란 이익(得)과 손해(不得), 명예(譽)와 불명예(非譽), 칭찬(讚)과 비난(毁), 안락(樂)과 고통(苦)이다.

언뜻 생각하면 이익, 명예, 칭찬, 안락은 우리에게 불행을 주지 않고 손해, 불명예, 비난, 고통은 우리에게 불행을 안길 것 같다. 그런데 사실 그 모두가 같은 축에 있다는 것이다. 전자는 후자를 품고, 후자는 전자를 품은 것이 아니겠는가!

'영신수련의 원리와 기초'에는 이런 글이 있다. "그리하여 우리 편에서는 질병보다 건강을, 가난보다 부를, 불명예보다 명예를, 단명보다 장수를 더 원하지 않을 수 있게 되고, 다른 모든 일에 있어서도 이와 마찬가지로 오직 창조된 목적으로 우리 자신을 더욱 원하고 선택하도록 해야 한다”(이냐시오영성연구소, 2005). 이 내용은 우리에게 중요한 메시지를 안긴다. 모든 피조물은 사람이 창조된 목적, 즉 영적 진보와 구원을 위한 길에 도움을 주기 위해서일 뿐, 꼭 어떤 것이 옳다 그르다는 잣대로 한쪽으로 치우치지 말아야 한다는 것을 암시하는 듯하다. 인격 성장 혹은 영적 진보에 도움이 되면 알맞게 사용할 것이고, 그 목적에 방해가 되면 적절히 버려야 한다고 제시하고 있다. 그러므로 ‘반드시 병에 걸리지 말아야 한다. 건강해야 한다. 오래 살아야 한다. 부자(富者)여야 한다. 사람이 태어났으면 명예(名譽)를 지녀야 한다.’는 등의 치우침이 없는 것이 불교의 8세간법과 상통한 느낌이 든다.

이 모든 것이 개인의 자유의지와 선택에 맡겨져 있으므로 스스로 ‘꼭’, ‘반드시’ 어느 한쪽으로 되어야만 한다는 치우침은 곤란하다. 그때그때의 상황에서 자기의 성장에 도움이 되느냐 되지 않느냐에 따라 선택해야 할 것이다.

어떻게 보면 이 세상의 모든 생성과 소멸은 생겨날 만해서 생겨나고, 없어질 만해서 없어지고, 일어날 만해서 일어나는 것이리라. 인간의 영적 진보를 위하여. 인간 구원의 필요성에 의하여. 그러므로 가능하면 모든 피조물에 대해서, 자기에게 닥친 그 어떤 것에 대해서, ‘일체의 것은 나를 위해 일어난 일이구나.’라고 생각하며, 가능하면 초연해지도록 힘써야 할 것 같다. 생겨났다 없어지는 모든 과정은 ‘연기(緣起)’에 의한 것일 뿐이다. 즉, ‘이 순간의 있음’만 존재하는 것이기에.

‘연기(緣起, pratityasamutpada)’에 대해서 조금 더 살펴보자. 연기의 ‘연(緣, pratitya)’은 ‘조건에 의해’를 뜻하고 ‘기(起, samutpada)’는 ‘일어남, 생겨

남'을 의미한다. 따라서 연기는 '조건에 의해 생겨남', '원인에 의한 발생'을 뜻한다. 모든 것은 그렇게 생겨날 만한 조건이 갖추어졌을 때 생겨난다는 것이다. 그리고 조건이 사라지면 결과도 사라진다는 뜻이다. 개인 역동의 항아리 혹은 기억 속의 상(相)이 계속 저장할 뿐, 개인의 감정과 생각 때문에 계속 있다고 느낄 뿐, 사실은 그 조건이 사라졌으므로 결과도 사라졌다는 뜻이다.

예컨대, TV를 켜면 소리와 화면이 나온다. 없던 소리가 생겨난 것이다. 소리나 화면이 나오는 것이 연기의 '기(起)'에 해당한다. "소리와 화면이 왜 나올까?"를 설명하는 부분이 연기의 '연(緣)'으로, 소리와 영상이 나올 여러 조건이 갖추어졌기 때문이다. TV 방송이 나오기 위해서는 실로 무수한 조건들이 갖추어져야 한다. 그 중에서 세 가지만 예로 들어 보자. 전파를 보내는 방송시설이 있어야 하고, 전파를 수신하는 수신기나 TV, 휴대폰과 같은 기계, 그리고 그것을 켜는 사람의 동작이 필요하다. 그런데 어떤 상황이 발생해서 TV 방송시설이 고장 났다고 하자. 그러면 소리나 화면은 나오지 않을 것이다. 방송시설이 고장 나면 왜 나오던 화면이 멈출까? 그 화면은 방송시설에 의존해야만 비로소 나올 수 있기 때문이다. 만약 그것이 방송시설에 의존하지 않는다면 소리나 화면은 계속 나오게 될 것이다.

따라서 의존해야만 있을 수 있는 것은, 다시 말해 조건이 갖추어질 때만 생겨나는 것은 영원할 수 없다. 조건이 변하거나 소멸하면 결과물인 그것도 함께 변하거나 소멸할 수밖에 없기 때문이다. 그렇다면 '연기'의 함축된 의미는 무엇일까! 지금 살펴본 대로 조건에 의해 생겨났다가, 조건이 변하거나 소멸하면 함께 변하고 소멸한다. 이때의 조건을 불교에서는 인연(因緣)이라고 한다. 우주의 모든 것은 예외 없이 연기의 이치에 따라 생겨나고 소멸한다. 연기의 이치는 누군가에 의해 만들어진 것이 아니며 만고불변의 진리다. 멀리 숲에서 바람 소리가 들린다. 바람 소리가 날 만한 조건이 갖추어져 소리가 난 것이다. 다시 말해 연기한 것이다. 그런데 이 소리가 우리가 알지 못하는 어딘가에 항상 있다가 지금 홀연히 여기에 나타나서 소리가 난다고 하면 어처구니가 없어 웃을 것이다. 이 소리가 더 이상 나지 않을 때, "그 소리는 어디로 갔는가?"라고 물으면 무엇이라고 대답하겠는가? "그 소리는 어디로 가는 것이 아닙니다. 인연이 갖추어졌기에 소리가 났다가 인연이 다했기에 그냥 소멸했을 뿐입니다."라고 대답한다면 연기를 제대로 이해한 것이다.

'불래불거(不來不去)', '온 것도 없고, 간 것도 없다.'는 뜻이다. 단지, 소리는 연기한 것이며, 항상 변치 않고 고정된 채 늘 존재하는 소리라는 것은 없다는 것을 보여 주는 말이다. 소리뿐만 아니라 모든 것이 '불래불거'다. 모든 것은 왔다가 간다. 생겨났다 없어진다. 이렇게 왔다가 가고, 생겨났다 없어지는 단순한 원리를 우린 왜 기억하지 못하는 것일까! 왜 순간순간 잊어버리는 것일까! 특히 불건강, 불명예, 비난, 자존심 상함, 가난 등의 '불행'이라고 이름하는 것들 앞에서 이러한 기본 원리는 어떤 일이 닥칠 때는 순식간에 날아가 버리는 것일까! 바로 여기서 '나'라는 사람이 얼마나 단순한 원리조차 의식하지 못하는, 혹은 아예 개념조차 알지 못하는, 에고의 굴레 속에서 파묻혀 살고 있는지를 생각하게 하는 대목이다.

우리들 마음에는 좋은 것은 끝까지 손에 쥐려 하고, 싫은 것은 절대 수용하지 않으려는 집착이 있다. 좋은 것도 싫은 것도 조건에 따라 생겨났다가 조건이 다하면 없어지는 연기의 소산물이 아닌가! 떠나보낼 때가 되면 떠나보내야 하고, 받아들여야 할 때는 받아들여야 한다. 하지만 진리를 등진 어리석음과 그로 인한 탐욕과 집착은 연기의 세계를 받아들이지 않는다. 괴로움과 얽매임은 여기에서 시작한다. 좋은 것은 영원히 소유하거나 유지하려 하고, 좋지 않은 것은 막으려 하고 다시는 오지 않았으면 하는 두려움, 이 마음에서 삶의 고달픔이 오는 것 같다.

한 번쯤 묵상해 본다. '나'란 누구(무엇)인가! 현재의 나를 만든 인연은 어떤 것일까! 세상의 모든 것은 예외 없이 바람 소리와 같이 연기한 것이다. 나 자신도 연기한 것이요 기쁨과 슬픔도, 태어남도 죽음도 모두 연기한 것이다. 물질적·정신적인 것 가운데 연기하지 않은 것은 하나도 없다. 그러므로 연기된 모든 것은 결국 생겨났다 없어지므로, 우리 스스로도 '이 순간'을 제외하고는 '일체의 모든 것은 결국 없다!'라는 무아(無我)·무상(無常)의 깊은 의미를 느껴보자.

부처님이 이 세상을 떠나며 제자들에게 마지막으로 남긴 말씀은 "모든 것은 무상하다. 게으르거나 방심하지 말고 정진하라."였다. 이러한 깨달음을 놓치지 않는다면, 아마도 우리를 행복으로 초대하는 것은 바로 지금, 바로 오늘, 바로 이 순간이지 않을까 싶다.

- 위의 일부 내용은 '불광'(2020)에서 인용, 재해석되었음을 밝힙니다 -

37. 일상에서의 수행적 태도

일상 속에서 우리는 어떤 상황에 처하든지 내 자신의 감정, 사고, 행동 등을 바라보는 능력을 길러내어야 한다. 다시 말하면 자신을 관찰하여 '바라보는' 연습은 자기조절의 최우선 수련이 될 것이다. 나의 마음은 말할 것도 없이 나의 숨소리 하나, 나의 발걸음 하나, 나의 손가락 움직임 하나, 나의 말 한마디… 이 모든 것들의 움직임을 하나하나 관찰해야 한다. 그리고 미세한 움직임 속에 '궁극적인 것'을 느낄 수 있게 될 때, 우리는 불필요한 과거의 집착이나 미래의 불안으로부터 서서히 자유로워지는 경험을 하게 될 것이다. 이러한 것들이 일상에서의 수행적 태도가 아닐까 생각된다.

우리의 깊은 습(習)은 놀랍다. 완전히 조건화되어 있어서, 그야말로 자동이다. 누군가가 혹은 어떤 상황에서 약간의 자극만 있어도, 특별한 자극을 제공하지 않을 때라도 즉시 발생되는, 거의 세포 구석구석에 배인, 물질 혹은 에너지라고 생각하면(!) 될 듯하다. 아마도 우리는 그런 '습'의 집합체를 '나', '나의 성격', '나의 인격'이라고 인식하고 살아가고 있을 것이다. 이것을 '가아(假我)'라고 한다. '거짓된 나', '만들어진 나'라고 표현할 수도 있다. '진짜 같은 가짜의 나'이기 때문에, 가끔 듣는 "어떤 것이 나인지 스스로도 혼란스럽다."고 하는 사람들의 이야기는 공감되는 말이기도 하다.

우리는 태어나기 이전과 이후를 막론하고, '나'라는 사람의 에너지(!)

가 발생될 때 '인연(因緣)'에 의한 강한 '습'을 이어 받았을 것이다. 부모라는 인연은 내가 원하든 원하지 않든, 나와 관계없이 발생되는 인연이다. 나의 기질 역시 내가 선택할 수 없는 하나의 인연인 것이다. 환경 혹은 어떤 상황에 대한 것도 마찬가지이다. 부모라는 인연은 이해하겠지만, 기질 또한 '어떤 인연'이 있다는 사실은 이해하지 못하는 분들이 많을 것 같다. 이것은 또 다른 많은 이론적 지식이 필요하겠지만, 아마도 우리가 미처 잘 알지 못하는 전문적인 이야기들이 분명 있지 않을까 생각해 본다. 다만 이러한 것들을 '에너지 인연'이라고 편의상 생각할 수 있을 것 같다.

분명한 것은 우리가 흔히 알고 있는 '나'라는 사람은 가족관계에서 발생된 각종 인연과 기질이라는 에너지 인연, 그리고 우리의 인식구조에서는 알 수 없는 어떤 또 다른 인연에 의한 산물일 가능성이 많다고 본다. 이는 정신역동(psychodynamic) 형성 배경의 핵심이다. 분명 그것 자체가 나의 '참 자아'는 아님에도 불구하고, 우리는 '거짓 자아'가 '나'라는 큰 착각 속에서 평생을 살아가는 것은 아닐까 싶다. 사실 이와 같은 기본 개념에 대한 '깊은 인식과 참된 앎'이 요구되지만 굳이 그런 것을 알아야 할 필요성을 못 느끼기 쉽다. 또한 '나'를 연구하는 반복적인 성찰을 통한 깨달음을 가슴으로 느끼는 작업이 상당히 요구되지만, 그것 역시 '왜?' 그런 것들을 해야 하는지 모를 수 있다. 하지만 이 '나'에 대한 깨달음의 작업은 자신의 인생 목적을 '나의 영혼의 구원'이라는 큰 틀로 가진 분들에게는 꼭 필요하리라 보며, 일상에서의 잔잔한 고통과 불안으로부터 자유로워지려는 보통의 우리네들도 한 번쯤 진지하게 생각해보아야 할 것으로 느껴진다.

한 개인의 정신역동 형성 배경을 살펴보아도, 태어나면서부터 '나'라는 사람은 타고난 기질과 아울러 주요양육자의 강력한 영향 아래, 새로운 각종 사건들을 경험하면서 살아나간다. 어떤 기질도 장단점이 공존하고 있으며, 그로 인한 +영역과 -영역은 존재한다. 주요양육자의 조건도 인간이라는 한계, 그 자체가 하나의 인간 조건이기 때문에 완벽함이란 있을 수 없다고 본다. 어떤 사람은 "내가 조건이 좋은 부모 밑에서 자랐다면, 지금 상황이 아주 많이 달라졌을 텐데… 부모덕이 많은 사람은 정말 부럽다."라고 한탄하기도 한다. 물론 어느 정도는 사실이기도 하며, 그 심정은 충분히 이해될 만한 부분도 많다. 하지만, 그 어떤 부모라도 완전히 긍정적인 영향 혹은 완전히 부정적인 영향만 있는 것은 아닐 것이다. 현실 상황에 따라서 어떤 조건은 긍정적으로, 어떤 조건은 부정적으로 작용되는 것이지, 그것 자체는 '그 자체'로서 '중도'라고 볼 수 있다. '그냥 그런 것' 즉 있는 그대로의 모습, '있음'일 뿐이다. 즉 모든 조건 자체는 '그냥' 그것이며, 다만 상황에 따라 그 영향이 -영역과 +영역으로 나누어지기 때문에 누구의 탓을 하는 것은 바람직하지 않다고 본다. 그러므로 인간은 누구나 다, '어린 자아'가 어떻게 할 수 없는 부분으로 인하여 삶의 고통은 필연적으로 겪을 수밖에 없다는 사실을 인식하는 것이 더 나을 것이다.

부처님의 초기설법 중, 4성제(부처님의 4가지 성스러운 진리, 고집멸도, 苦集滅道)에서 설법하시는 '인간의 삶은 고(苦)'라는 첫 번째 진리와 비슷한 맥락이지 않을까 생각된다. 고통의 연속선상에서 우리의 삶은 '집착'그 자체로서 불행의 한 가운데 있기 쉽다. 일상에서의 수행 자세를 취하지 않는 너무나 많은 사람들은, 사실 거의 '불행, 그 한가운데'에서 살고 있다고 보아도 과언이 아니다. 그런데 그 집착을 소멸하는 길이 있다는 사실을 가르쳐 주신 부처님과 예수님, 그의 제자로 이어오는 많은 성인들, 깨달은 자들의 가르침은 정말 감사한 일이다. '도(道)', 인간이 끊임없이 수행한다면 그 '고'를 벗어날 수 있는 '길'이 바로 도(道)이다. 길이 있다는 사실, 얼마나 놀라운 일인가! 부처님은 구체적인 수행 방식으로 8정도(八正道)를 제시하고 있다. (8정도에 대한 자세한 내용은 다른 지면을 통하여 차후 공부하시면 좋을 듯하다.) 즉 인간 누구나 다 살아간다는 것 자체가 어느 정도의 괴로움을 수반하지만, 끊임없이 자신을 잘 닦으면 그 고를 벗어날 수 있다는 것이 핵심이다. '참된 삶'에 대한 관심이 많은 분들에게는, 개인적으로 학습할 수 있는 부분으로 매우 소중한 것이라 여겨진다.

하지만 이것이 그리 쉽게 된다면 이 세상에 고통이 어디 있겠는가! 그냥 할 수 있는 데까지 최선을 다하는 것뿐이며 그때그때 나의 상황을 좌절 없이, 자책하지 않고, 겸허하게 수용하면서, 받아들일 뿐이다. 점진적으로 '참 나'로 향한 노력을 하는 것이다. 심리학적 접근은 이러한 노력을 구체적으로 도와주는 역할을 하는 것 같다. 우리가 생활 가운데서, 특히 삶의 고통 속에서 깨달음의 학습을 접할 수 있게끔 도와준다. 이는 구체적인 자기인식의 방법을 배우고, 연습하고, 피드백을 듣고, 홀로 다시 연습하고, 함께 서로에게 도움을 주고받는 등을 말한다. 만약 이러한 단계를 거치지 않은 채로 그냥 위와 같은 내용을 '현학적'으로 즐기면서(!), '관념적'으로 느끼면서 자신을 인식하여 가는 분들은 위험한 요인을 가지기 쉽다.

화엄경에는 선재동자가 53명의 스승을 만나면서 끊임없이 수행하는 과정이 나온다. '스승'의 필요성을 강조하는 유명한 '법(가르침)'인데 이때, 스승이라 하면 꼭 대단한 사람이라는 뜻이 아니라, 나의 주변의 모든 분들(몸을 파는 여인, 어린아이, 시장에 물건 파는 사람 등 모두)이 스승이 될 수 있다는 것이다. 외골수적인 태도로 '어떠어떠한 수준의 사람만이 스승이다.'라는 태도, 혹은 '누구도 믿을 수 없으니, 결국 나 자신만이 유일하게 나의 스승이다.' 하는 주관적이면서도 당당한(?) 태도는 때로는 필요하지만, 때로는 위험할 수 있다. 그런 의미에서 겸손하게끔 도와주는 그리스도교적인 가르침은 상당히 의미 있는 인간 삶의 방향을 제시하는 중요한 도구라고 본다. 또한, 불교적 접근에서는 '참 나'의 상태가 바로 스스로의 가장 큰 스승이라고 가르친다. 그런 경지에 대하여 충분히 공감할 수도 있을 것 같다.

우리는 세상의 모든 것이 나의 스승이 될 수 있다는 큰 뜻을 개념적으로 이해하지 못할 바는 아니지만, 사실 좀 더 구체적인 방향을 알아갈 필요는 있다. 즉 자기인식의 범위를 한층 더 구체적이고 효율적이며 현대적인 방법으로 하기 위하여 기초개념을 학습하고, 자기 마음을 바라보고, 느끼고, 받아들이는 작업을 훈련하여야 한다. '감정적 성숙'에 관심이 있는 사람들은 수행적인 자세에 들어가기 전에, 아주 구체적인 훈련부터 하면 좋다. 서양의 과학적인 방법을 도입한 구체적인 훈련 역시 포괄적으로는 '생활 수행'과 다름없다. 관념적인 태도가 아니라 구체적이고 실천적인 '수행'적 태도는 분명히 우리의 삶을 풍요롭게 할 것이다. 강한 습을 물리치기 위해서는 생활 속에서 하루도 빠짐없이 실천할 수 있는 생활 수행이 필요한 것이다. 예컨대 일상 속에서 우리는 어떤 상황에 처하든지 내 자신의 감정, 사고, 행동 등을 바라보는 능력을 길러내어야 한다. 다시 말하면 자신을 관찰하여 '바라보는' 연습은 자기조절의 최우선 수련이 될 수 있다. 나의 마음은 말할 것도 없고 나의 숨소리 하나, 나의 발걸음 하나, 나의 손가락 움직임 하나, 나의 말 한마디 한마디… 이 모든 것들의 움직임을 하나하나 관찰하는 것이다. 그러한 미세한 움직임 속의 '궁극적인 것'을 느낄 수 있게 될 때, 우리는 불필요한 과거의 집착이나 미래의 불안으로부터 서서히 자유로워지는 경험을 하게 될 것이다. 이러한 것들이 어쩌면 일상에서의 수행적 태도가 아닐까 생각된다.

그렇다. 지금-여기에서의 깨어있는 모습이, 바로 과거와 미래로부터 자유로워지는 핵심적인 길이 될 것이다. "그러니 깨어 있어라. 너희가 그 날과 그 시간을 모르기 때문이다."(마태 25,13)라는 성경 구절은 '신랑이 언제 올지 모르니, 신부는 늘 등불과 기름을 준비하고 기다려야 한다.'는 예수님의 비유의 말씀이다. 이는 우리는 항상 깨어있는 모습으로 살아가야 비로소 거룩한 인생을 살아갈 수 있다는 뜻이리라.

38. 유혹 다스리기

우리에게 닥친 유혹을 어떻게 바라보아야 하는가! 그것이 내적 유혹이든 외적 유혹이든, 나쁘거나 문제가 많아서 없애버리고 치워버려야 할 대상으로 보는 것이 아니라, 그러한 유혹들을 잘 아우르고 수용하여야 한다는 결론이다. 그리고 그 유혹들을 어떻게 다스려야 하는가! 나와 너를 분리하는 것이 아닌, 우리 모두가 거대한 하나의 공동체라는 정신이 요구된다.

현대를 살아가는 우리는 어떤 유혹을 받고 살고 있을까! 그리고 그 유혹을 어떻게 이겨내고 있을까! 그 이전에, 우리에게 늘 다가오고 있는 유혹을 '유혹'이라고 알아차리고 있을까!

우리는 사회적 관계나 각종 인간관계를 위하여 접촉해야 하는 수많은 외부 자극이 있다. 그들 중 일반적인 생활을 하다보면 당연하게 겪어야 하는 것도 있지만, 성취나 명예 등의 인정욕구나 존중과 사랑을 받기 위한 개인적인 욕구를 채우기 위하여 다가오는 유혹도 허다하다. 에고의 항아리는 끝없이 이러한 유혹에 젖어들게 만든다. 에고를 굳건하게 지키기 위한 의식적· 무의식적 유혹들, 이런 것들을 특별한 문제로 보지도 않을 만큼 광범위하게 내·외부에 만연되어 있다. 거의 그 속에 파묻혀 살아가고 있다. 어쩌면 그 자체를 '유혹'이라고 알아차리는 것만으로도 대단한 경지라고 느껴진다. 정말이지 수시로 다가오는 외적·내적 유혹을 알아차리고, 있는 그대로 인정하고, 지혜롭게 대처하며, 잘 다스리고 살아가는 것… 이것은 우리 인생의 질에 큰 역할을 하는 것 같다.

보통 사람들은 경전을 잘 읽지도 않지만, 읽어도 그냥 예사롭게 넘어가기 쉬운데, 한 문장이라도 깊이 음미해 보면 일상생활에 소중한 길을 제시하는 것 같다. 성경에는 세례를 받으신 후 광야에 나가 40일 동안 단식하며 악마로부터 유혹을 받는 예수님의 이야기가 나온다. 특히 이 대목은 예사로 넘길 수 있는 간단한 내용 같지만, 실제로 나의 주변에 이런 사람이 있다고 상상해보라. 이건 보통의 일이 아니다. 필자는 지친 몸을 위해서나 무엇인가를 심사숙고해야 하는 경우에 약간의 단식을 시도할 때가 있는데, 배고픔의 고비를 지나고 난 후의 정신 상태는 뭐라고 표현할 수 없는 '맑은 그 무엇'이 있다. 40일 동안의 단식이라는 것은 도저히 상상할 수도 없지만, 단식하면서 느끼는 유혹은 가장 기본적인 생존 욕구부터 시작하여 다양하고 강력할 것이다. 예수님의 유혹에 대한 이야기를 통해서 바로 지금 현대를 살아가는 보통 사람들의 유혹을 한번 숙고해 본다면 살아가는 데 도움이 되리라 여겨진다.

예수님이 받았던 유혹(마태 4)에 대한 어떤 신부님(유시찬, 2015)의 표현을 빌려보자.

> "예수님이 겪으신 이 유혹 이야기는 광야를 무대로 펼쳐지고 악마가 등장합니다. 아직 문명이라고 할 수 있는 그 무엇도 없는 텅 빈 광야에서 이 유혹 사건이 펼쳐진다는 것은 바로 우리 의식의 최심층부, 현대 심리학이 이야기하는 무의식 차원에서 올라오는 사건이라고 볼 수 있겠습니다. 그만큼 이는 간단히 쉽게 해결될 수 있는 문제가 아닌, 대단히 강력한 힘을 지니고, 때에 따라선 우리를 파멸시켜 버릴 수도 있는 깊은 차원의 문제입니다."

현대를 살고 있는 우리에게는, 외부로부터 오는 다양한 자극적인 유혹도 있지만, 무의식의 차원에서 올라오는 거대한 망상, 복잡한 잡념들, 감정들로 들끓은 속 시끄러움도 있다. 우리 의식의 최심층부에 해당하는 이 거대한 유혹은 결코 어느 누구라도 쉽게 단정 지을 수 없는 강력한 힘이며, 파멸의 깊은 차원의 문제이다. 즉, 외적인 강력한 유혹보다 더욱 더 거대한 힘은 바로 외적인 측면을 받아들이는 내적인 유혹이라는 것이다. 위의 글은 예수님을 유혹한 악마에 비유하여 우리 내면의 영적 장애물을 강렬하게 표현하고 있는 것이 아닐까 여겨진다.

그렇다면, 우리는 이 유혹을 어떻게 바라보아야 하는가! 예수님은 이 유혹을 어떤 식으로 대하였는가의 문제를 탐구해 보면 그곳에 모종의 진실이 있지 않을까 싶다. 내적인 유혹은 개인의 다양한 요인에 따라 다를 것이다. 그 유혹은 본인 스스로도 어찌해볼 수 없는 '본능적인 것', 인간의 원죄와 같은 '근원적인 것', 부모나 주변 대상으로부터 받은 '환경적인 것', 신의 섭리와 같은 '하늘의 계획적인 것' 등 뭐라고 말할 수 없이 우리 내면에 난무한다. 심리학적인 입장에서 볼 때는 이러한 내적 유혹의 투사체가 바로 외적 유혹으로 나타난다고 볼 수 있다. 다시 말하면, 내적 유혹으로 일어나는 마음작용 때문에 외적인 각종 유혹물이 발생한다는 것이다.

예컨대 내면의 인정욕구나 존중 욕구를 반영한 불필요한 사치, 그러한 마음 작용을 이용하여 사치를 조장하게끔 만드는 각종 광고물들, 그에 따라 만들어지는 제품들, 그것을 지니지 않으면 이상하게 여기는 풍조들, 그런 것들을 지니지 못할 때 어쩐지 위축되는 모습 등, 이 모든 것은 강력한 내적 유혹의 투사체로 발생된 외적 유혹이 되는 셈이다. 또는 자식의 잘남과 못남이 부모의 인정과 애정욕구의 투사체가 되어 거의 집착적으로 동일시하여, 평생을 바치다시피 자식의 인생에 관여하는 것도 마찬가지일 것이다. 사실 그 어느 누구라도 이러한 유혹에서 자유로울 수 없지 않나 싶다.

말하자면 우리 모두는 전 일생을 거의 자유스럽지 못할 정도로 강력한 내적 유혹에 시달린다. 얼마나 많은 일반 사례들이 여기에 속할까! 거의 모든 사람들은 유혹에 노출되어 있고 그 속에서 살아가고 있는 범부들이다. 단지 우리는 이러한 유혹과 함께 어떻게 살아갈 것인가에 대한 고민이 필요할 뿐이다. 즉 유혹 자체는 어쩔 수 없는 것으로 인정하며 수용하고, 그들을 어떻게 다루면서 살아가야 하는가에 대한 고민이 요구된다.

다루어야 한다는 말…. 사실, 다루는 문제에 앞서 우선시 되어야 하는 것이 있다. '유혹을 어떻게 바라보아야 할 것인가에 대한 관점'이다. 앞의 신부님의 글을 다시 인용하면서, 예수님께서 유혹을 바라보시고 대하시는 태도에 대한 해석을 살펴보자.

> "예수님의 태도는 한마디로 이야기하면 외줄 타기입니다. 외줄 타기는 허공에 덩그러니 매달려 있는 외줄 위를 몸의 균형을 유지하며 걸어가는 것입니다. 조금이라도 균형 감각을 상실하면 오른쪽으로든 왼쪽으로든 떨어지고 맙니다. 출렁거리며 흔들리고 있는 이 외줄은 오른쪽 공간과 왼쪽 공간을 모두 아우르고 있습니다. 오른쪽으로 쏠리는 힘과 왼쪽으로 쏠리는 힘을 모두 받아들이면서 양쪽의 힘을 넘어서고 있는 것입니다. 바로 그 지점에서 외줄을 타는 아름다움과 역동적인 힘이 뿜어져 나옵니다."

외줄 타기의 출렁거림을 느껴보라. 어느 한쪽으로도 치우치지 말아야 하는 절체절명의 순간이라고나 할까! 더 이상 물러날 곳도 없고, 더 이상 선택할 여지도 없는 '순간순간'의 모습 그 자체라고나 할까! 온전히 순간순간에 깨어있어야 하는 찰나이다. '온전히 깨어있다는 것', 이것은 옳고 그르고 맞고 틀리고 하는 식의 치우침 없는 균형을 말한다. 어느 쪽도 기울어지지 않으면서, 그 둘을 아우르고 수용하는 에너지가 강력히 요구되는 것이다.

대체로 우리가 생각하기에는 선한 것을 택하고 악한 것을 버리고, 빛을 택하고 어둠을 버리고, 잘못된 것은 피하고 잘한 것은 택하고, 희망만 생각하고 절망은 버리고… 등등, 어느 한쪽을 택하라는 말을 하기 쉽다. 그런데 여기에서는 그 둘을 수용하는 힘을 이야기하고 있으며, 그것이 참으로 아름답게 사는 모양새라고 언급하고 있다. 서로 반대되는 어느 한쪽을 일방적으로 취하고 다른 쪽은 내쳐버리는 것이 아니다. 오른쪽은 왼쪽을 위하여 존재하고 왼쪽은 오른쪽을 위해 존재하고 있으므로 양쪽을 모두 취하는 가운데 온전한 아름다움과 생명력이 있다는 것이다.

심지어 이렇게 표현되었다.

> "선과 악의 대립관계가 전형적인 예가 될 수 있겠습니다. 악을 완전히 배제해 없애 버리는 가운데 선을 행한다는 것은 또 다른 의미의 폭력이 되고 악이 될지도 모릅니다. 바로 이 점이, 그동안 우리가 봐 왔던 '분리'야말로 허구고 실재가 아님을 가리키고 있습니다. 모든 것들이 서로 하나 되어 있음을 보지 못하는 가운데 서로를 떼어놓고 끊임없는 긴장과 갈등 그리고 투쟁을 일으키게 만들고 급기야 죽음을 가져오는…."

그렇다. 이렇게 어느 한쪽을 완전히 배제하고 다른 한쪽만을 택하는 것은 죽음과 같은 긴장과 갈등, 투쟁적인 자세를 가져온다는 것을 뜻한다. 평생을 '평가'에 시달려서 살아온 우리의 생활, '이것이 옳고 저것은 나쁘고', '이것을 해야만이 바른 것이고 저것은 잘못되었고' 하는 등의 비판과 평가의 잣대로 외부를 보았다. 모든 사물을 대립적으로 보지 않고 상호 보완적으로 보는 것이 낯설기만 하다.

이러한 내용은 노자의 도덕경에서 반복적으로 언급한 자연의 무위사상, 특히 '화광동진(和光同塵)의 도(道)' 개념으로 그려지고 있다. 즉, 빛과도 화합하고 먼지와도 동거한다는, 치우치지 않는 자세를 말하고 있다. 신부님 글의 요지는 "분리 내지는 양자택일이 아니라 양쪽 모두를 포용하면서 넘어가는 경지에 도달함으로써 양자 모두를 살려내는 자세가 예수님이 취하신 하나 됨의 모습입니다."라는 것이다.

정리해 보자. 우리에게 닥친 유혹을 어떻게 바라보아야 하는가! 그것이 내적 유혹이든 외적 유혹이든, 나쁘거나 문제가 많아서 없애버리고 치워버려야 할 대상으로 보는 것이 아니라, 그러한 유혹들을 잘 아우르고 수용하여야 한다는 결론에 이른다. 유혹 자체에 대한 평가보다는, 유혹을 통한 깨달음이다. 바로 이것이 유혹을 바라보는 관점으로서 바람직한 것이 아닐까 싶다. 이렇게 '바라보는 관점'을 정비한 후에야 '다루는 지혜'가 나타난다. 즉 위와 같이 유혹에 대한 바라봄을 건강하게 지녔다면, 이제 각종 유혹을 어떻게 다스려야 할지를 연구해 나가는 것이다.

첫 번째는, 빵에 대한 강력한 유혹이다. 유혹을 잘 아우르고 수용하면서 다스려 나가야 하는 점은, 예수님이 굶주린 경험을 하면서 빵에 대한 유혹을 어떻게 대처해 나갔는가를 느껴보면 많은 것을 통찰하게 한다. 즉, "사람은 빵만으로 사는 것이 아니라 하느님의 입에서 나오는 말씀으로 사는 것"이라는 점이다. 이렇게 이야기할 때 대부분의 사람들은 몸을 가진 인간이 식량을 취하지 않고 어떻게 살아갈 수 있는가 하고 생각하면서, 현실에 맞지 않는 이야기라고 치부하거나 구태의연하게 생각하기 쉽다. 거꾸로, 빵만을 추구하는 사람들이 얼마나 게걸스럽고 유치한지를 드러내며 참된 진리만이 세상을 위한 것이라는, 양극단의 생각을 가지기가 쉽다. 하지만 이 둘은 다 같이 어우러져야 한다는 다음의 해설을 들어보자.

"이는 빵만도 아니고 말씀만도 아니라고 생각됩니다. 빵만 주장하는 것은 오늘날 온갖 문제와 어려움을 일으키고 있는 세상 놀음 속에 젖어 살아가겠다는 것입니다. 그렇다고 말씀만을 주장하며 극도의 고행 속에서 인간 삶을 떠나 극단적인 영성을 취하겠다는 것도 아닙니다. 빵은 말씀을 위해 봉사하고 존재하며, 말씀은 빵에 참된 의미와 가치를 부여하여야 합니다. 영과 육이 하나로 통합되는 것입니다."

서로가 서로를 위하여 필요하다는, 육은 영을 위하여 그릇으로서, 영은 육을 위하여 내용물로서, 서로가 서로에게 봉사하는 존재로서 통합되어야 함을 표현하는 것이라고 본다. 즉 생존에 대한 유혹을 다스리는 길은, '바라보는 점'과 매우 유사하게 지금-여기의 현실에 맞추어 취하라는 것이다.

유혹을 다스리는 첫 번째 길을 요약하면 기존의 가치관이나 생각 등에 사로잡히지 말고, 바로 지금-여기에 맞는 것을 선택하고, 어느 한쪽으로 치우치지 않고 통합적으로 수용하라는 뜻이 아닐까 싶다.

두 번째는, 예수님은 악마로부터 그대가 모든 것을 다 해낼 수 있다면 절벽에서 떨어져 하느님을 시험해 보라는 유혹을 받는다. 죽은 사람도 살리고 빵과 물고기도 너무나 많이 만들어내니(!), 이 정도야 할 수 있지 않겠느냐는 능력의 시험을 요구받는 것이다. 즉 하느님의 사랑이 얼마나 대단한지, 당신의 믿음이 얼마나 대단한지 보여주기를 공격적으로 요구한다. 물론 예수님은 극단적인 사탄의 요구에 응하지 않는다.

"하느님 사랑에 대한 믿음과 불신 그 가운데(中)를 잡는 데에 하느님이 계시고 하느님의 사랑이 완성됩니다. 불신으로 서로 싸워 한 쪽을 없애 버려야 하는 것이 아니라, 믿음으로 서로가 서로를 위해 봉사하고 서로에게 의존하며 서로를 완성시키고 있습니다."

이 글을 한번 음미해 보자.

하늘의 사랑은 믿고 안 믿고의 문제가 아니다. 틀림없는 하나의 진실이다. 하지만 믿지 못하는 그 마음도 지극히 인간적인 마음이므로 잘 아울러서 보듬어주고, 때로는 믿음을 가지도록 지혜롭게 설득하는 자세가 중요할 뿐이다. 불신의 자세도 껴안으면서, 그런 불신의 마음이 참된 믿음으로 나아가는 중요한 '봉사체'가 되고, '오히려 더 깊은 믿음'이 될 것이라는 '통합'의 정신을 보여주고 있다.

유혹을 다스리는 두 번째 길을 요약하면, '참된 것에 대한 믿음', '그 어떤 상황에서도 하늘의 사랑을 믿는 것', 다른 표현으로 한다면 '지금 이순간의 완전함에 대한 믿음'을 가지는 마음자세가 핵심이라는 이야기인 것 같다. 강력한 습으로 똘똘 뭉친 '믿지 못하는 마음'을 포용하면서 말이다.

세 번째는, 세상의 온갖 영광을 보여 주며 악마에게 경배하라는 유혹이다.

> "하느님과 우리 자신 중 누가 궁극적 존재이며 경배 대상입니까? 역시 하느님과 우리 자신을 대립 관계의 분리 구조 즉, 에고 시스템 안에서 바라보아서는 안 됩니다. 하느님과 우리는 한 존재입니다. 모든 것이 분리와 배척을 넘어 하나를 이루는 여기에 참된 진리가 놓여 있습니다."

하느님과 우리 자신을 분리하지 않아야 한다는 것! 이것은 자아(에고)의 실체가 바로 '나 자신'이라고 굳게 믿고 있는 우리네에게 많은 묵상거리를 제공한다. 나와 너, 하느님과 우리, 서로서로는 결코 떨어져 있지 않은, 하나의 커다란 존재라는 것, 여기에 참된 진리가 있음을 언급하고 있다. 이것은 '내가 나를 바라보는 관점'과 '내가 대상을 바라보는 관점', '내가 생각할 때, 대상이 나를 바라보는 관점'이 서로 상통하고 있다는 심리학적인 내용을 깊이 음미해 본다면 다소 이해의 폭을 넓힐 수 있을 것이다. 결국 '나'라는 소우주는, '세상'이라는 대우주와 깊은 연결선을 가지고 있다는 사실이다.

유혹을 다스리는 세 번째의 길을 요약하면, 나에게 닥친 영광, 성취 등의 인정욕구는 결국 남과 나를 분리하는 데서 오는 문제점이므로, '우리 모두가 형제자매와 같은 거대한 하나의 존재'라는 깨달음인 것 같다.

유혹에 대한 관점과, 다스리기에 대한 내용을 통해서, 삶에 대한 통찰이 부분적으로라도 밑받침된다면 어떨까! 아마도 나 자신, 내 자식, 우리 가족만의 승리(!)를 위한 피나는 투쟁에서, 너그럽고 자유로운 모두의 승리를 위해 살아가는 여유로운 생활로 전환되리라 여겨진다.

39. 무기력은 지친 영혼을 돌보라는 강력한 경고

> 인디언들은 말을 타고 달리다가 종종 말에서 내려 뒤를 바라본다고 한다. 너무 빠르게 달려서 자신의 영혼이 따라오지 못했을까 잠시 서서 기다려 준다고 한다. 달리는 말조차도 잠시 쉬어야 하고, 자동차도 쉬지 않고 계속해서 달릴 수는 없지 않은가 말이다. 하물며 우리의 영혼이 지쳐 있는데, 쉼 없이 달릴 수가 있겠는가?

"에이, 내가 할 수나 있겠어! 안 할래. 말해도 소용없잖아, 관두자. 결국 다 내 탓일 텐데, 안 해. 뭐 달라지겠어, 대충하지 뭐. 생각만 해도 귀찮아. 그냥 잠이나 자야지."라고 하면서 하루를 보낸 적은 없는가!

"아, 골치 아파! 이런 저런 생각하는 것도 귀찮아. 사는 게 다 그런 거지 뭐! TV나 한번 틀어볼까! 유튜브는 자동적으로 손이 가는군."이라고 하면서 일상을 보내고 있지는 않는가!

개인적으로 큰 스트레스나 사건이 없더라도 현대사회는 삶을 건강하게 살아내기에 참 어려운 구조인 것 같다. 남들이 하는 대로 모든 것을 따라 하기도 어렵고, 그렇다고 아무것도 안 하기는 더욱 더 불안하다. 깊은 숙고를 해보려니 습관이 되어 있지 않은 것인지, 아예 그런 것을 해 볼 생각을 못하는 것인지, 혼자서 조용히 명상이나 기도 같은 '머무름'을 하기는 더더욱 쉽지 않다. 마음이 맞는 사람들이랑 함께 소집단으로 모여 의미 있는 수업 혹은 참 만남의 시간을 가져보는 기회를 가지기엔 시간이 나지 않고, 별 필요성을 못 느낀다. 우리의 일상생활과 현대

사회는 정말이지, 때로는 무엇을 향해 달려가고 있는지 알 수 없는 무력한 '집단 공허'에 빠져있는 것 같기도 하다. 특별히 문제라고 느끼지도 못할 만큼, 우리 모두는 집단 허무주의에 빠져있을 만큼 '진실한 삶을 통한 기쁨'을 누리지 못한 채 살아가고 있다고나 할까!

스스로 생각하기에 지혜롭고 성실하여, 철저하게 계획하고 관리하면서 공부나 일을 열심히 한다고 치더라도, 그 결과가 언제나 성공하는 것도 아닌 것 같다. 일에 영향을 미치는 심리적, 사회적, 정치적, 국제적인 변수 등 내외의 요인이 너무 많기 때문이다. 그러다 보니 끊임없이 자신과 타인에 대한 진정한 믿음이 없고, 믿다가도 금방 '세상에, 믿을 사람이 어디 있어!', '세상은 그리 만만치 않아!' 하며 불안과 두려움, 자괴감을 가지기도 한다. 내적 공허감의 원인을 모두 세상 탓으로 돌리는 것이 익숙하다. 다소 철저한 성격을 가진 사람들은 완벽하지 않으면 안 된다는 강박관념 속에서 살아가고, 그러한 생활이 매우 성실하고 정당한 것으로 받아들여지는 경우가 많다. 그러다 보니 스스로를 그 틀 속에 살도록 강요하는 삶을 살고 타인에게도 동일한 수준을 요구할 수밖에 없다. 제대로 하지 못하는 사람들을 향해 자신의 불안을 투사시켜 마녀사냥을 하기도 한다. 그러다 보니 삶은 점점 지쳐간다. 공허해져 간다. 그리고 나면 이것도 저것도 제대로 된 것이 아니다 싶을 때는 무기력감이 생기게 된다.

심리학에서 많이 알려진 연구가 있다. '학습된 무기력'에 대한 자료이다. 미국의 심리학자 셀리그먼(Martin Seligman)과 동료 연구자들이 동물을 대상으로 회피 학습을 통해 공포의 조건 형성을 연구하던 중 '학습된 무기력(learned helplessness)'이라는 개념을 설명했다. 즉 누구라도 어떤 문제로부터 회피할 수 없거나 극복할 수 없는 환경에서 반복적으로 실패한 경험은, 실제로 자신의 능력으로 극복할 수 있음에도 불구하고 스스로 그러한 상황에서 포기하는 상태에 이르게 된다는 내용이다. 환경의 반복적인 어려움은 자신도 모르는 사이에 '학습된 무기력'한 상태에 이르게 만들 수 있다는 것이다. 습관적이고 반복적인 일상 속에서 스스로가 깨어있지 않으면, 자동적으로 누구라도 무기력한 상태가 조건화된다는 사실을 말하고 있는 듯하다.

무기력한 상태가 조건화되는 과정은, '무기력'한 자신에 대하여 '나는 이렇게 게으르고 문제가 많아!'라는 메시지를 담으며 '적극적인 자책'을 하거나, '아이구 모르겠다. 그냥…' 하고 무시하면서 '수동적인 자책'이 반복적으로 이어질 것이다. 즉 외적·내적 자책감을 통하여 '충전 후, 파이팅!' 하는 '내적 힘'의 부족함을 자인하게 된다. '자, 이제 좀 쉬었으니 다시 파이팅하자!'라는 에너지가 마음속에서 생기기 전에, 무력한 자신 속으로 함몰되어 버린다.

이러한 현상에 대해 스네일(Dancing Snail)이라는 작가는『게으른 게 아니라 충전 중입니다』라는 에세이를 통해서 간단한 해결책을 제시하였다. 인생에서 슬럼프시기를 겪고 있을 때 "아무것도 하기 싫으면, 아무것도 하지 말라."고 한다. 누구나 할 수 있는 소소한 작은 행동들을 자책 없이 그냥 하는 것이, 생각보다 삶에 큰 도움이 된다고 역설하고 있다. 이것은 어쩌면 자신의 내면 상태에 대해서 있는 그대로, 즉 '비난이나 평가 등과 같은 틀' 없이, 상태 그대로 놓아둬도 괜찮지 않나 하는 이야기이다. 현재의 삶에 대한 질책이나 판단 없이 그냥 있는 그대로 지켜보라는 뜻이지 않을까! 너무나 빨리 기존의 관점(觀點)으로 모든 것을 판단하는 기준에 습관화되어, 늘 날이 서 있는 사람으로 살아가야 할까!

대부분의 우리는 자신에 대하여 엄격하다. 특히 성실하고 책임감이 강한 사람일수록 그렇다. 사실, 불성실하고 무책임한 성격이라고 스스로 생각하는 사람일지라도 내면 깊숙이 잠겨있는 죄책감으로 인하여 결국은 자기를 엄격하게 다룬다. 게으르고 쉬고 싶은 스스로를 허락하지 않는다는 뜻이기도 하다. 본질은 게으른 것이 아니라, 자신을 충전시키는 과정으로 받아주는 '허락'의 자세가 그리 만만치 않다는 뜻이다. '허락'하는 순간 '내가 이렇게 해도 되나?' 하는 죄책감에 시달리는 어려움이, 조건화된 성격 패턴으로 말미암아 발생되는 것이다.

그래! 주말 하루쯤은 가만히 누워 확실히 게으르게 시간을 가져보자. 낭비하는 시간이 아니라 충전하는 시간이라고 생각해 보자. '자기 전 편한 침대 위에서 뒹굴고, 할 일 없이 드러누워 맛있는 음식 먹어가며 드라마 보기, 나의 좋은 점들만 거침없이 확대 해석하기, 좋아하는 음악을 크게 틀고 취해보기, 될 수 있는 한 움직이지 않기' 등과 같이 누구라도 쉽게 하던 삶의 소소한 일상을 소중하게 감사하며 누려보는 것이다. 스스로를 자책하거나 비난하지 않으면서 어느 하루 '멍 때리기'를 그냥 해보자는 뜻이리라! 실제로 하루를 그렇게 보냈다고 크게 문제가 될 것이 있는가! 어쩌면 그것이 '지금-이 순간'에 가장 집중하는 시간이 아닐까! '그렇게 게으르게 생활해서 어떻게 미래를 설계하겠느냐!'고 미리 걱정이 되는가? 잠깐 걱정은 접어두자. 걱정한다고 될 일이 안되고, 안될 일이 되는 것은 아니지 않을까! 일단 스스로를 조용히 아주 잠깐이라도 '가만히 두는' 충전의 시간을 허락하면 어떨까!

무기력은 지쳐있는 내 영혼을 돌보라는 강력한 경고인 것 같다. 코로나 바이러스를 지구의 환경을 더 이상 오염시키지 말라는 경고로도 느낄 수 있듯이…. 사소한 일상의 청결한 태도가 얼마나 중요하고, 평범하기 이를 데 없는 일상적 대면이 얼마나 소중한 것인지를 깨닫게 해 주는 신호이듯이…. '무기력'이라고 부르는 것을 통하여 지쳐가는 내 영혼에 쉼을 허락하고, 부정적인 평가보다는 휴식을 선물한다는 마음으로 살아가라는 뜻으로 생각의 전환을 시도해 보자.

인디언들은 말을 타고 달리다가 종종 말에서 내려 뒤를 바라본다고 한다. 너무 빠르게 달려서 자신의 영혼이 따라오지 못했을까 잠시 서서 기다려 준다고 한다. 달리는 말조차도 잠시 쉬어야 하고, 기차나 자동차도 쉬지 않고 계속해서 달릴 수는 없지 않는가 말이다. 하물며 우리의 영혼이 지쳐 있는데, 쉼 없이 달릴 수가 있겠는가?

그럴 때 우리에게 필요한 게 피정(避靜), 즉 조용한 곳에서 자기의 심신을 쉬게 하고, 고요함을 허락하는 시간이 있어야 한다는 느낌이 든다. 피정을 통해 일상생활에서 잠시 벗어나 묵상과 침묵기도, 자기 성찰 등으로 '자신을 돌보지 않은 채로 살았던', '안 되면 말고, 될 대로 되라는 자세로 살았던' 우리를 점검해 보는 시간이 필요한 것 같다.

오늘 하루도 무기력하게, 너무나 무의미하게 지나가고 있는 것을 느껴보자. 반성과 성찰은 하되, 자책감이나 자괴감에 빠지지는 말자. 혹시 잘못한 일이 있었을 경우에는 "잘못했습니다. 용서를 바랍니다. 감사합니다. 사랑합니다."라고 조용히 다섯 번 정도를 되뇌어 보자. 하루를 돌아보면 우리가 감사할 것들이 얼마나 많은지 모른다. 그냥 지나치는 모든 것들이 감사함의 덩어리인데, 하루의 끝이 무기력할 때는 그냥 넘어간다. 덩어리째로 넘어가면서 느끼지 못하고 그냥 흘러가는 것들이 얼마나 많은가를 느껴보자. 긍정적인 의미로 예민한 감성을 가진 사람들은 하루하루 순간순간을 세밀하게 감사한 감정을 느끼고 살지만, 보통의 우리네는 큰 어려움이 닥치고 인간의 힘으로 어떻게 해 볼 수 없는 고통이 닥쳤을 때라야 만이 비로소 일상의 평범함이 얼마나 감사한 일인지 안다.

그렇다. 자신의 느낌에 충실하지 못하고, 그저 불만 불평으로 가득한 채로, 또 무엇을 새롭게 완전하게 잘해야 하는가에 몰두한 채로, 강박증적인 불안과 두려움에 킁킁거리는 강아지처럼 새로운 먹잇감을 찾아, 얼마나 많은 일들 속에서 파묻혀 사는지를 성찰해 보자.

고통이든 행복이든, 무기력한 내 모습이든 아니든, 이 모든 것들은 우리가 이 세상에 존재 자체로서 살아 있기 때문이고, 우리가 우리 자신에게 관심을 가지고 있기 때문이다. 그러니 무기력하다고 느낄 때 '아, 내가 이 세상을 보통 사람들이 사는 것처럼 살아가고 있구나.', '오늘 하루, 평범한 시간이 지나가고 있구나.', '오늘도 특별할 것 하나 없는 이 일상, 바로 이것이 가장 거룩한 것이구나.', '평범하다는 것, 이보다 더 감사한 것이 있을까!' 하고 생각해 보면 어떨까 싶다. 이 글을 읽고 아무것도 하지 않는 병적인 무기력함을 그럴듯하게 정당화시키지는 말길 바란다! 그건 지친 영혼의 휴식이 아니라, 습관적인 중독 증상으로서의 무기력함이므로 지금 바로 자리를 박차고 일어나길 바란다! 움직여라! 나와 타인을 위해 무엇인가를 하기 시작해 보자. '행(行)함'은 무기력증의 치료약이다. 그 무기력은 행(行)하라는 영혼의 경고이지 않을까!

- 위 내용의 일부는 황미구(1995)의 글에서 인용, 재해석되었음을 밝힙니다. -

40. 1등만 기억하는 세상

> 경쟁과 편견은 건강한 공동체를 유지하는 원동력이 될 수 없다. 바람직한 사회를 만드는 첫 발은 2등 3등… 그 다음 등수를 기억하는 것이다. 1등을 제외한 모든 사람들도 1등과 마찬가지로 중요하다는 인식이 너무나 소중하며 당연한 것이다.

한 개그맨의 유행어 중에 '1등만 기억하는 세상'을 들은 적이 있다. '나를 술(?)푸게 하는 세상'이라며, 1등만 기억하는 더러운(?) 세상이라고 술 취해 외치는 코믹한 모습이 기억난다. 아마도 사람들은 은근히 공감할 것이다. 1등을 하기가 그리 쉽지 않아서일까, 아님 최고 의식을 가져야 존재감을 느껴서일까! 언제부터인지 모르게 우리는 1등을 엄청 선호하고 있다. 특히 올림픽이나 세계선수권대회 같은 큰 규모의 대회에서 사람들은 1등에 크게 환호하며 2등, 3등은 아쉬워하고 안타까워한다. 더욱이 메달의 순위에 따라서 그 보상도 달라지고 사람들이 기억하는 것도 달라진다. 때때로 사람들은 1등도 좋지만 2등, 3등도 대단한 것이다 하고 말은 할지 모르나, 그건 1등을 하지 못한 위로의 차원이지 마음 속에서는 1등 하기를 바라는 경우가 대부분이지 않겠는가! 특히 자식을 둔 입장의 부모들은 이런 속마음을 숨길 수가 없다.

과연 1등만 기억하는 세상이 되어야 하는지를 한번 생각해 보자. 진실로 이 개념을 깊이 느낀다면 자식을 기르는 부모의 역할이 얼마나 편안할지 상상도 못할 것이다. 관계를 하는 일반적인 상황에서도 매우 자유로울 것이다. 2등, 3등이라는 것은 하나의 숫자로서 그 어떤 등수도 모두 존재 자체로서는 평등하다는 뜻이 담겨있다. 1등만 기억하는 세상이라는 관점은, 개개인에게 보이지 않는 패배감과 낙담을 안기며 살아가야 하는 수많은 문제점을 야기 시킨다고 볼 때, 모두가 한 번쯤 깊이 숙고해 보아야 할 점이라고 본다.

다음의 내용은 어린이와 청소년을 위한 과학 이야기를 쓰는 어느 선생님(2022)의 기고 글에 나온 실제적이고 피부에 와 닿는 일부를 인용하며 쓴 글이다.

> 달에 최초로 발을 디딘 사람이 누구냐고 물으면, 유치원생들조차도 '닐 암스트롱'이라고 말한다. 몇 분후에 착륙한 버즈 올드린을 기억하지 않는다. 1969.7.20. 닐 암스트롱이 인류 역사상 처음으로 달에 발을 내디뎠고, 19분 후 버즈 올드린이 두 번째로 달에 발자국을 남겼다. 사람들은 버즈 올드린이라는 이름도 잘 모른다. 더욱이 마이클 콜린스라는 이름은 처음 들어보는 사람들도 많다. 달 주변 궤도를 돌며 '닐 암스트롱과 올드린'을 내려다 본 마이클 콜린스는, 둘이 다시 착륙선을 타고 달을 떠나면 얼른 낚아채 지구로 돌아오려고 궤도선에 머무르고 있었던 사람이다. 그가 대기하고 있지 않았다면 당연히 그 둘은 지구로 돌아오지 못했고 저 세상으로 즉시 갔을 것이다. 하지만 그 누구도 콜린스의 이름을 기억할 리 없다.
>
> 아폴로 11호 승무원들은 서로 나이가 같았다. 위급한 상황이 생겨 급히 판단을 내려야 할 때, 혹시라도 나이에 따른 상하 관계가 판단에 영향을 주면 곤란할 것 같아, 미리 철저하게 평등한 임무를 맡기고 동갑내기 셋을 우주선에 태웠다고 한다. 이처럼 세심한 부분까지 신경을 썼기에 모두 무사히 지구로 돌아올 수 있었다. 하지만 사람들은 이런 사실은 잘 모른 채 오로지 최초로 발을 디딘 암스트롱에만 관심을 가졌다. 결과만 보는 것이다. 사람들은 1위와 다름없는 2위, 3위의 자리를 슬그머니 별 볼 일 없이 취급하고 운이 좋지 않은 사람이나, 불행한 사람이라고까지 칭한다. 완전히 기억

에서 사라지는 것이 대부분이다.

또 하나의 예를 보자.

영국의 과학자 조셀린 벨 버넬은 박사과정을 밟을 때 '펄사(pulsar)'라는 놀라운 천체를 가장 먼저 발견해, 1968년 지도교수였던 앤서니 휴이시와 공동 저자로 논문을 썼다. 펄사는 큰 별이 사라진 뒤 남은 중성자별로, 매우 빠르게 회전하며 1.5밀리초(ms)에서 8.5초 주기로 번쩍인다. 중성자별은 태양보다 여덟 배 이상 큰 별이 사멸해야 생긴다. 이렇게 큰 별이 연료를 모두 소진하면 별의 중심핵을 둘러싼 얇은 층에서 핵융합이 일어나 외피가 날아간다. 동시에 중심핵은 안으로 수축하는데, 이때 전자와 원자핵이 들러붙어 중성자별이 된다고 한다. 이러한 설명은 비과학자인 사람들은 알아듣기도 힘들 것이다. 아무리 대단한 것이라도, 사라져야 또 다른 것들이 생기고, 또 사라지면서 다른 것들이 창조된다고 하면 조금 이해될 수 있을까! 이 세상에는 아무리 대단한 것이라도 영원한 것이 없다고 하면 조금 이해될 수 있을까! 하여간 별을 연구하는 자들에게 이 사실은 과학적으로 얼마나 중요한 내용인지는 가늠하기 어려울 정도라고 한다. 버넬은 당시 가설로 남아있던 무거운 별의 최후 모습을 실제로 발견했고, 그 덕에 무거운 별의 진화 가설은 이론으로 정착했다. 지구에서 한 발자국도 벗어나지 않은 채 거대한 별의 마지막 단계를 찾아낸 버넬의 연구는 정말 대단한 것이었다. 하지만 1974년 노벨상 위원회는 펄사를 발견한 공로로 지도교수 휴이시에게만 노벨상을 수여했다. 이 탓에 20세기가 다 가도록 대부분이 펄사 발견자를 휴이시로 알고 있었다.

21세기에 이르러 과학과 기술이 비약적인 발전을 이루면서 사람의 인식 세계는 더 넓어졌다. 아울러 혼자 성과를 낼 수 있는 분야는 더 이상 존재하지 않으며, 사실 과거에도 그랬다는 점을 깨달았다. 그리하여 버즈 올드린은 애니메이션 영화 '토이 스토리'의 캐릭터가 될 수 있었고, 과학자들은 버넬의 업적을 널리 알려 명성을 돌려주었다. 물론 노벨상을 주연구자 버넬에게 돌려주진 않았지만, 인식 세계가 넓어지면서 사람들은 2등을 주목하는 일이 매우 중요하다는 것을 알게 되었던 것이다. 그리고 이렇게 2등 너머 3등이 보이고, 그 너머 결과가 나오기까지 수고한 모든 이의 노력을 알게 되면, 결과물은 경쟁과 다툼이 아니라 협동의 산물이라는 점을 깨닫게 되고, 더 나아가 각자의 재능을 최대로 발휘할 수 있는 시스템을 만드는 것이 필요하다는 것 또한 알게 된다.

경쟁과 편견은 건강한 공동체를 유지하는 원동력이 될 수 없다. 바람직한 사회를 만드는 첫 발은 2등, 3등, 그리고 그 다음 등수를 기억하는 것이다. 1등을 제외한 모든 사람들도 1등과 마찬가지로 중요하다는 인식이 너무나 소중하며, 당연한 것이다.

개인상담이나 집단 심리치료 작업을 하다 보면, 순간순간의 장면에서 새롭게 느끼는 것이 한두 가지가 아니다. 신비하다고 할 만큼, 말로 표현할 수 없는 장면들이 많다. 그 중 가장 깊이 깨닫게 되는 것은 '전체', 즉 '공동체'의 힘이다. 집단 심리치료 장면에서의 집단원 모두의 에너지는 주인공 한 명을 살려내는 결정적인 힘이다. 공동체는 상담자 혼자서는 도저히 창출할 수 없는 무한한 에너지를 창출한다. 상담자는 말 그대로 리더일 뿐, 집단 구성원 모두가 함께 내담자를 돕는다. 그런 면에서 개인상담보다 집단 심리치료는 훨씬 종합적이고 현실적인 효과를 내고, 다수가 있는 자리에서 검증도 가능하다는 점에서 매우 객관적인 장(場)이다.

구체적으로 본다면 '집단'장면 안에서 한 사람의 문제점이 드러나면, 처음에는 그 개인의 문제점으로만 생각하다가, 차츰차츰 집단 구성원 모두가 자신의 문제점과 동일하다는 측면에서 어느 누구도 그것에서 벗어날 수 없다는 점을 깨닫게 된다. 그렇게 되면 다 함께 공감하고 지지

하고 격려하며, 조언 충고 해결책 제시 등, 다양한 내용을 피드백한다. 만약 상담자 한 사람만 그 일을 한다면, 주인공은 집단 구성원의 전체적 에너지가 모여지지 않아 결국 뭔가 빠진 느낌이 들며 뭔지 모를 아쉬움을 느끼게 될 가능성이 높다. 그렇다고 내담자가 뭐라고 쉽게 말할 수 있는 처지도 아니고, 저항이나 거부감이 있어도 억제해 버리기 때문에 한계가 크다. 말하자면 상담자가 마치 1등같이 되어 모든 것을 이끌어 간다는 것 자체가 사실상 불가능하다고나 할까! 실로 한계가 크다. 모두가 똑같이 중요한 구성원일 뿐이다. 내담자 역할을 하는 주인공의 어떤 사안을 통하여, 집단원 전체가 자신의 문제를 자연스럽게 해결하는 깨달음을 얻는 일도 많으므로 실제적으로 모두가 주인공이요 1등이다. 주인공 내담자를 돕는 데는 포괄적인 에너지가 필요하다. 그 에너지를 상담자인 주 리더에게 포커스를 맞추면서 생각한다면, 그것은 사실 의존적인 마음이며, 역(逆)으로 오만이다. 주 리더가 집단원을 이끌어가고 촉진하는 역할자로서 중요한 것은 사실이다. 하지만 전체적인 분위기가 작용해야 하고, 한 사람 한 사람의 고귀한 피드백들이 들어가야 한다. 공감과 지지를 하는 데 있어서도 집단 구성원 모두의 느낌으로 하는 것과, 한 개인이 특별하게 하는 것이 다르다. 심지어 물리적인 환경도 한몫을 한다. 예컨대 바깥의 풍경이나 분위기, 새소리, 기침하는 소리 등 각종 것들도 치료의 한 장면으로 작용된다. 방의 온도, 말 한마디 한마디, 화장실 등 급한 용무로 들락거리는 움직임, 사소하게 부스럭거리는 소리까지도 영향을 미친다. 무엇하나 중요하지 않은 것이 없다. 생각해 보면, 아예 1등이라는 것이 없다. 그 모든 것들이 공동으로 동일하게 중요하다.

살다보면 우리는 1등을 했다는 자랑 혹은 영웅담 비슷하게 '전설', '최고'의 상태를 이야기할 때가 많다. 자식과 같은 중요한 사람이 1등을 했을 때 무척 자랑스럽게 여기기도 한다. 물론 자랑스럽고 자랑할 만하다. 그러나 1등은 그 아래쪽의 등수들이 있기 때문에 존재하는 것이다. 혼자서 하는 경쟁에서 1등 했다고 말하지는 않는다. 그리고 1등은 영원할 수가 없다. 언제까지 제일 잘하고만 살 것인가! 굳이 그것이 필요할까를 생각해 보게 되면, 1등이 얼마나 부담스러운 것인지를 느끼게 된다. 1등을 하지 말라거나 잘못되었다는 뜻이 아니라, 1등 자체라는 개념을 좀 다르게 생각해 보자는 뜻이다.

1등만 생각하는 집단의식이 바뀌어야 될 것 같다. 한 개인이 이 문제를 마음으로 극복하기에는 어떤 한계가 있다. 오랜 세월 동안 형성되어 온 사회문화적인 집단에서 1등을 대단하다고 여기고, 그것을 향해 달려가는 우리의 시스템은, 한 개인을 심리적 감옥으로 치닫게 하는 거대한 화살이다. 이 화살을 잘 처리하기 위해서는 모두가 스스로의 있는 그대로의 모습을 1등으로 여기는, 진정한 자존감이 요구된다. 개인의 존엄성이 요구된다. 모두가 각각 다 1등이다. 각자에게 가장 소중한 것은 '자기 됨'이다. 존재 자체로서의 자기가 바로 1등이다. 사회 전체가 자연스럽게 변화해 나가리라 믿고 사회나 국가, 주변인과 같은 외부를 원망하고 탓하기 보다는 각자 스스로가 조금씩 의식의 변화를 가진다면, 주변이 자연스럽게 편해지지 않을까 생각해 보게 된다.

– 위 내용의 일부는 이지유(2002)글에서 인용, 재해석되었음을 밝힙니다 –

41. '선생(先生), 과연 그를 따를 것인가?'

불통의 선생님들, 불통의 앞선 자들, 지배자, 권력자는 정말이지 세상의 기를 막히게 하는 큰 문제점이다. 열려 있지 않다는 점이다. 기(氣)막힌 일들은 언제나 귀(耳)막힘으로 인해 생긴다. 선생들은 귀를 막고 말한다. 자기들이 얼마나 '앞선 삶'인지를 열정적으로 말한다. 자신의 과거 경험이나 자기가 터득한 지식 또는 삶의 방식이 대단하다는 것을 스스로 내세우며 현재의 삶을 살고자 하는 제자들의 앞길을 가로 막는다.

선생(先生), 글자 그대로 보면 '앞선 삶'이다. '선생님'이라고 불리는 사람은 제자를 앞서서 이끌어주는 역할을 한다. 앞선 삶이 뒤에 오는 삶을 이끌어주는 셈이다. 선생은 제자들을 가르치고 좋은 것을 배우게 하는 교사이다. '선생'은 제도권에서 공식적인 명칭이기도 하고, 비제도권에서 일반적으로 가르치는 모든 사람을 총칭하는 말이기도 하다. 그런데 우리가 살아가다 보면 '선생'이라는 사람에 대한 긍정적인 느낌도 있지만, 부정적인 마음이 드는 경우가 있었을 것이다. 소위 말하는 '선생'의 본 뜻인 '앞선 삶'의 지식, 지혜, 조언, 충고 등에 대하여 '그것들이 다 옳은가!'라고 의구심을 가져본 적도 있을 것이며, '그들이 알고 있는 모든 것이 과연 진실일까!'라고 생각해 본 적도 있을 것이다. 필자도 20대 중반부터 '선생'이라는 호칭으로 불리면서 살아왔는데, 돌이켜 생각해 보면 누구에게 말하기도 부끄러운 일들이 한두 가지가 아니고, 스스로 생각하여도 고개가 숙여져 자책하며 깊이 고민한 적도 많다. 물론 다른 교사들도 '나는 한 점 부끄러울 것이 없다. 최선을 다했다!'라고 할 사람은 흔치는 않을 것이다.

우리가 배워야 할 것이 많은 입장에서, '선생님'이라고 불리는 자들의 개인적 태도나 가치관 생각 등을 나무라거나 비판하자는 의미가 아니라, 과연 '제자의 삶'을 '앞선 삶'이 다 커버할 수 있을까라는 생각을 해보는 것, 살아가면서 누구라도 선생이 되지 않을 수 없는 위치라는 것을 고려해 본다면 한 번쯤 숙고할 필요가 있다고 여겨진다. 사실 훌륭한 스승들은 정말 많다. 그런데 인류의 위대한 업적을 남긴 대부분의 사람들은 스승의 한계를 느끼고 난 후, '자기 됨'의 세계를 펼친 사람들이라고 한다. 참된 스승이란 과연 어떤 사람일까라는 것도 생각해 보게 된다. 제자가 스승보다 앞서 가거나, 제자를 감당하지 못할 정도로 영민한 점을 발견하게 되면 서슴없이 제자를 떠나보내고 축하해 주고 격려해 주는 스승, 그는 제자를 사랑하고 아끼는 참된 스승이다. 그들의 삶 안에 제자가 들어오는 것을 고려해 보고, 그 제자가 훨훨 스스로를 펼치기를 기원하는 마음자세일 것이다. 존경받고 추앙받고 싶은 선생님들에게는 다소 조심스럽지만, '선생(先生), 과연 그를 따를 것인가?'를 진심으로 되물으며, 과연 어떤 삶이 '선생'으로서 더 지혜로운가를 느끼는 것도 뜻 깊을 것 같다. 참고로 부모도 자녀에게는 선생이며, 나이든 사람은 어린 사람에게 선생이며, 선배도 후배에게는 그런 역할이 되므로 우리 모두에게 해당될 수 있을 것이다.

'나의 삶'이라고 말할 수 있는 개인의 고유성을 우선 느껴보자. 자신만의 삶이 얼마나 중대한지를 생각해 본다면, '앞선 삶'이라고 하는 개념은 애초 성립될 수조차 없다. 당연하다. 누구도 '나' 대신에 '나의 삶'을 앞서 살 수는 없기 때문이다. 자신은 '나의 삶'을 살고 싶어 하는데 다른 누군가가 '앞선 삶'을 주장하며 그 앞을 가로막고 있다면 그것은 장애물에 불과하다. '나의 삶'을 대신 책임지지도 않으면서, 먼저 살아온 방식으로 현재의 나의 삶을 주무른다면 문제가 있는 것이다. 이처럼 '앞선 삶'이 '현재의 삶'을 가로막는 일, 이것은 사실 '흐름'을 막는 것, '기(氣)'를 막히게 하는 것과 같다. 제자의 삶은 제자의 방식대로 살아야 한다. 선생이 제자를 가로 막아서는 안 된다. 만약 선생이 제자의 앞길을 막는다면, '지금'의 삶을 '앞선' 삶이 막히게 하는 일이며, 생명 작용의 흐름이 막히고, 마음이 막히는 일이다. 막혀 흐르지 못하는 모든 것들은 그 자리에 정체된 채 단단하게 굳는다. 흐르지 못하는 것은 결국 발전될 수 없다. 발전을 막는 것은 이 시대의 잘못된 선생들이 만드는 결과가 될 수도 있다.

더욱이 불통의 선생님들, 불통의 앞선 자들, 지배자들, 권력자들은 정말이지 세상의 기를 막히게 하는 큰 문제점이다. 열려 있지 않다는 점이다. '기(氣)'막힌 일들은 언제나 '귀(耳)'막힘으로 인해 생긴다. 선생들은 귀를 막고 말한다. 자기들이 얼마나 '앞선 삶'인지를 열정적으로 말한다. 자신의 과거 경험이나 자기가 터득한 지식 또는 삶의 방식이 대단하다는 것을 스스로 내세우며 현재의 삶을 살고자 하는 제자들의 앞길을 가로막는다. 고집이다. 고집은 같은 말을 반복하며 자신이 얼마나 옳은가를 주장하기 바쁘다. 고집은 미로 안에 있다. 폐쇄적으로 닫힌 상황을 드러낸다. 닫힌 구조에서 같은 것을 반복한다. 현실과 맞지 않는 과거의 구조 속에서 헤매고 모종의 답을 찾고 있다. 지혜로운 답을 찾고 있는 상태가 전혀 아니다. 이미 정해진 답을 들고 스스로도 미로 안을 헤매고 있는 상태다. 이 헤맴은 그저 강박증적인 집착에 불과하다. 이 집착어린 고집은 사실 가정 안에서 제일 많이 일어난다. 예컨대 부모들이 선생 노릇을 하게 되면, 즉 앞선 삶이 되어 자녀의 현재 삶을 좌지우지 한다면 그것보다 더한 불행이 있을까! 자녀가 '자기 됨'으로 자신을 창조하고자 하는데, 부모는 자신의 삶을 따르라고 이런저런 생각과 말과 행동으로 접근하는데, 과연 그것들이 자녀에게 어떤 도움이 될까!

귀가 막혀 있는 불통의 상태에서는 모두 헤맨다. 점점 더 모르게 된다. 답을 정해놓았으니 더 모르게 된다. 자기도 사실은 모르면서 고집스럽게 정해놓은 가상의 답만을 남들에게 강요하는 일뿐이다. 자기도 확신할 수 없는 답을 남에게 가르치는 데 모든 열정을 쏟는다. 세상은 더욱 깜깜해진다. 무명(無明)에 싸인다. 늪과 같다. 사공이 많으면 배가 산으로 가지만, 선생이 많으면 배는 늪에 빠진다. 허우적거리며 헤맬수록 더 어둠 속으로 침몰한다. 따라서 귀가 막혀 있으면 눈도 어둡게 막힌다. 들으려고도 하지 않고, 볼 수도 없는 이가 반드시 직면하게 되는 것은 혼란스런 결과로 인한 스트레스다. "내가 너희들보다 경험도 많이 했고, 지식도 많이 쌓은 위대한 선생"이라며 소리를 지르지만, 사실 이는 늪에 빠져 살려달라고 외치는 절규 같은 것이다. 만약 부모가 이런 상태라면 자녀는 아예 고개를 돌릴 것이며, 기회만 있다면 부모 곁을 떠나는 것이 자녀가 살길이 될 수도 있다.

이처럼 선생들이 헤맴의 끝에 도달하게 되는 것은 흐름의 끝인 늪이며, 곧 막힌 벽이다. 미로 안에 높다랗게 세워진 고집의 벽이다. 더욱이 선생들은 이 고집의 벽 앞에서 다양한 태도를 제안한다. 모두가 한마음의 집단이 되어 무수하게 달걀을 벽에 던지면 언젠가는 벽이 무너질 것이라든가, 벽 앞에서 버티며 사는 것이 원래 우리 삶의 미덕이라든가, 간절하게 기도하면 우주의 기운이 모여 날개가 생겨날 것이라든가 하는 식의 가르침들을 벽 앞에서 외쳐댄다. 그러나 그 모든 가르침은 그저 그들이 얼마나 두려워하고 불안해하는지 알리는 '두려움의 목소리'들이다. 그래서 그 가르침을 듣는 이도 두렵고 불안하다. 이처럼 불통의 고

집은 서로 '불안'만 나누게 되는 현실을 창조한다.

20세기 최고의 종교철학자 중 하나인 폴 틸리히(Paul Tillich)와 상담자 중의 상담자라고 불리는 인본주의 심리학의 대가인 칼 로저스(Carl Rogers), 둘이 함께 나눈 대담 속에서 종교적 방법론과 심리상담의 방법론 사이에 공통되는 핵심적인 원리를 도출해 냈다고 한다. 그것은 바로 '지금 여기에서 일어나고 있는 경험들에 대해서 정직하게 자신을 열어놓는 태도'다. 구체적으로 이것은 경청의 태도를 의미한다. '집단 심리치료'장면에서 가장 강조하는 '지금 여기에서 느끼는 것을 그냥 말씀하세요!'라는 이야기이다. 틸리히는 이를 사랑의 태도와 연결해 이렇게도 말한다. "사랑의 첫 번째 의무는 듣는 것입니다."

명상은 무엇을 하는 일인가? 참선은 무엇을 하는 일인가? 기도는 무엇을 하는 일인가? 상담은 무엇을 하는 일인가? 바로 '듣는 일'이다. 자기가 정해놓은 고집스러운 답을 포기하고 투명하게 있는 그대로 들어보는 일이다. 정말로 듣기 위해 귀를 열면 귀(耳)막힘이 사라지고, 이내 기(氣)막힘도 사라진다. 삶이 다시 흐르게 되며 마음이 자유롭게 된다. 소통이 회복되는 것이다.

우리에게 필요한 것은 선생이 아니라 바로 이 소통이다. 소통은 이해다. '앞선 삶'으로 '현재, 나의 삶'을 짓누르는 것이 아니라, '현재, 나의 삶'이 이해받는 일이다. 즉, 삶에서 경험하는 내 마음을 스스로 알아차리는 일이다. 지혜는 마음에 대한 가장 깊은 이해다. 마음을 스스로 이해함으로써 마음을 자유롭게 하는 것이 지혜다. 귀를 열고 소통하려는 자만이 이 지혜를 얻는다. 만약 선생 자신이 소통의 욕구로 목마름을 느끼고 있다는 사실을 망각할 때, 선생이라는 입장은 대단히 뻔뻔해진다. 자기 우상화에 사로잡힌다. 스스로는 아쉬운 게 없으니 남들이 자신을 필요로 해야 한다고 생각한다. 부모자식 관계에서 가장 흔하게 일어나는 일이며, 누구에게라도 해당될 수 있다.

진정한 선생은 '무아', 자기를 좀 비워놓을 수 있는 자다. 텅 비어 있기에 스스로를 끝없이 성찰하게 되는 것이다. 또한 비어 있기에 유입이 가능해지며, 이동이 생겨날 수 있다. 비어 있는 그것으로 말미암아, 모든 것이 흐르게 된다. 그렇게 모든 것을 흐르게 하는 일이 바로 '자기됨'이므로 그 의도는 가장 아름답고, 정성스럽게 동기화된다. 심지어는 자신과 적대관계에 있던 이에게 조차도 먼저 귀를 열게 된다. 그리고 제자에게 자기를 따를 것이 없으니, 스스로를 흐르게 하라고 넌지시 건넨다.

'집단 심리치료' 장면에서 집단의 구성원은 서로에게 매우 중요한 관계이다. 자칫 잘못하면 은근히 서로가 서로를 경계하며 누가 더 잘났는가, 더 부족한가, 더 잘 드러내는가, 더 잘 숨는가 등 보이지 않는 경계심을 가지기 쉽다. 때로는 리더에게 누가 더 칭찬받는가, 누가 비판을 받는가 등에 대한 관심도 있다. 이것은 모두 '서로가 하나로 연결된 소중한 공동체'라는 인식이 부족하고, '나'와 '너'로 분리되어 있는 듯이 느끼는 한계를 가지고 있기 때문이다. 또한 리더가 참가자와 똑같이 소통을 해야 함에도 불구하고 선생이라는 자리에 연연하고 있고, 마치 선생이 더 잘하는 것처럼 생각하고, 뒤따르는 참가자는 부족한 것처럼 생각한다면 문제가 된다. 이건 사실 거의 불통이 되는 가장 중요한 요인이다. 리더는 마치 자신이 앞서가는 선생처럼 교류하지 않아야 한다. 같은 자리에서 같은 마음으로 지금-여기에서 느끼는 것을 똑같이 나누는 자리여야 한다. 서로가 서로에게 필요한 존재가 되고, 한 사람이 목마르면 다른 사람도 같이 목마르고, 한 사람이 기뻐하면 다른 사람들도 함께 기뻐하는 상호 소통의 '공동체적인 생명 고리'여야 한다. 소통의 신비는 대단하다. 집단 장면에서 이 소통의 신비함은 너무나 많이 다가오는 장면이다.

우리는 '가장 나'일 때 '나'를 만난다. '자기 됨'이다. '가장 나'라는 것은 선도 악도, 좌도 우도, 흑도 백도 아닌 곳에 있다. 옳고 그름의 정해진 답을 포기하고 지금 여기에서 마음의 소리를 잘 듣고자 하는 의도가 마음과 동행하는 순간, 나는 드러난다. 그래서 나는 중도의 다른 이름이며, '나의 삶'은 곧 '중도의 삶'이다. 이러한 '중도의 삶'의 핵심은 가르치는 일이 아니라 잘 듣는 일이다. 내가 목마르기에 나의 필요로 잘 듣는 일이다. 사람들의 고통과 고민을 잘 듣는다. 꼰대 혹은 선생이 아닌, 서로의 귀한 인연처럼 함께 하는 것이다.

인간은 나이 들어가면서 누구나 다 '선생'이 되어 간다. '앞선 삶'이 되지 않을 수 없지 않은가! 그러므로 선생이 되어가는 우리는 '그냥 있는 그대로 보는', '중도의 상태로 보는', '중립적으로 바라보는' 입장을 견지하면서, 다음 세대를 살아갈 제자나 자녀들의 삶이 '자기 됨'으로 살아가도록 격려해 주자! 사랑의 마음으로 지켜보며 함께 살아가는 자세를 가져보자! 그들은 그들의 삶으로 살도록 있는 그대로 구경해 보자. 선생(先生)이 되려고 애쓰지 말고, 동생(同生)이 되려고 하자!

-위 내용은 임인구(2021)글 일부가 인용, 재해석되었음을 밝힙니다. -

42. '죄의 종'으로 살아가는 우리, 극복하기

교만은 겸손함으로써, 시기 질투는 남의 것이 바로 내 것이라는 마음으로써, 인색함은 공동선을 추구해야만 참된 편안함을 가진다는 인식으로써, 분노는 나도 남의 마음에 들지 않을 수 있고, 모든 것이 다 내 뜻대로 되지 않는 것이 오히려 더 잘될 수도 있다는 믿음으로써, 탐욕은 집착을 내려놓음으로써, 음욕은 진정한 사랑이 무엇인가를 앎으로써, 나태는 부지런함으로써, 각종 선행을 기꺼이 찾아서 함으로써…

교회의 달력에는 '사순(四旬) 시기'라는 것이 있다. 예수님의 수난과 죽음을 묵상하며 부활의 기쁨을 준비하는 40일간(四旬)의 시기를 뜻한다. 신앙심이 있는 사람들은 '사순 시기'를 스스로에 대해서 많이 성찰하고, '죄의 종이 되기 쉬운' 우리 내면을 깨닫는 시간으로 보낼 것이다. 종교를 믿든 믿지 않든, 한 번쯤 '죄의 종'이 되기 쉬운 우리의 내면을 성찰해 보는 것이 일상을 살아가는 데 도움이 될 것 같아서 이 글을 써 본다.

'죄의 종의 되기 쉬운'이라는 말에 머물러 보자. 언뜻 이렇게 생각하기 쉽다. '내가 무슨 죄를 지었다고, 난 딱히 남에게 피해를 준 적도 없고, 손해를 입힌 일도 없고, 오히려 가능하면 내가 손해를 보았으면 보았지 남에게 죄를 짓지 않았는데… 글쎄! 왜 죄인이라고 하는지, 죄의 종이 되기 쉽다고 하는지 잘 모르겠다.'는 반응이다. 교회나 성당에서 '죄인, 죄인'하는 소리에 대한 거부감이 너무 크다는 사람들도 있다. '천상천하 유아독존', 자기 존재에 대한 유일무이한 최상의 정체성을 불교에서나 심리치료 장면에서 강조하는데, 왜 '죄인, 죄인' 하면서 묘한 죄책감을 억지로 불러일으키는지 모르겠다!며 예수를 믿는 종교에 대하여 저항감을 지니는 사람들도 있다. 당연히 일어날 수 있는 의문이며, 충분히 이해할 만하다.

성경에도 이런 내용이 있다. 예수님이 "진리가 너희를 자유롭게 할 것이다!"라고 하자, 옆에 있던 사람들이 "우리는 아무에게도 종노릇한 적이 없는데, 무슨 그런 말씀을 하시느냐."라는 식의 의문을 제기한다. 말하자면 이미 자유로운 몸이며, 자유를 구속하는 지배자가 없는데, 왜 진리가 우리를 자유롭게 할 것이라는 말을 하느냐는 질문이다. 그에 대해 예수님은 "죄를 짓는 자는 누구나 죄의 종이다. 종은 언제까지나 참된 집에 머무르지 못한다."는 알 듯 모를 듯한 말씀을 하신다(요한 8,31-35).

도대체 평범한 사람들이 무슨 죄를 일상에서 지으며 사는가! 기억에 남아있는 강론 내용 중에 우리가 짓는 죄를 7가지로 대별(大別)할 수 있다는 이야기를 들은 적이 있다. 교만, 질투, 인색, 분노, 탐욕, 음욕, 나태이다. 언뜻 보아서는 고개를 갸우뚱할 수 있으나, 곰곰이 느껴보면 7가지의 죄는 정말 놀랍게도 우리 모두에게 들어있는 것이라는 느낌이 든다. 무조건 '나는 죄인이 아니다. 나는 귀중한 존재다. 나란 존재는 조건 없이 가치 있는 인격체다.'라고 말로만 외칠 것이 아니라 일상에서 진정 죄의 종으로 사는지, '참 나' 즉 '하느님의 종'으로 사는지, 말하자면 참된 자유인으로 살아가고 있는지를 다음의 7가지 죄를 생각하면서 되새겨보자.

첫째, 교만에 대한 것이다. '나'를 내세워야만 살아갈 것 같은 '교만'은 늘 우리에게 깔려있다. 겸손함으로써 이 교만을 극복해야 한다고 말하지만, 그건 정말 말일 뿐이다. 겸손이란 말은 흔히 쓰지만, 누가 나에게 조금이라도 잘못했다고 비난 질책한다고 가정해 보라. 우리는 즉시 '나'를 들고 일어나며 겉으로나 안으로나 불끈 화를 낸다. 속으로 혹은 겉으로 '자기도 잘난 것 없으면서, 자기는 얼마나 잘났다고.' 하는 등의 강한 저항감을 드러낼 것이다. 이렇게 직접적인 공격이 아니라도 내면에서 일어나는 적대감을 견디다 못해 엉뚱한 곳에 화풀이 한다든가, 스스로를 못난 인간으로 단정 짓고 괴로워하며 무기력해지는 수동적인 공격도 한다. 모두 일종의 교만이다. '나'를 죽이는 것만큼 힘든 일이 있을까를 생각해 본다면, 교만이라는 죄는 늘 달고 다니는 것이 아닐까 생각된다. 아마도 겸손이 교만의 약이 될 것이다. 나를 낮추면서도 '나'의 존재가 힘껏 존중되고 당당할 수 있는 '진짜 힘'을 가지게 만드는 것, 겸손의 미덕을 다시 한 번 느껴본다.

둘째, 질투에 대한 것이다. 질투는 자존감의 문제와 깊이 관련되어 있다. 자존감이 낮을수록 남이 잘되고 잘 사는 모습을 받아들인다는 것이 그리 쉽지 않다. 내가 잘되었을 때는 다른 사람이 잘된 것을 볼 때 축하해 주고 넘어갈 수 있다. 물론 그런 경우도 질투하는 마음이 종종 있을 수 있다. 하물며 나의 처지가 불행하다고 느끼거나 열등한 상태인데, 타인이 잘된 것을 본다는 것은 웬만큼 높은 인격이 아니면 힘들다. 깎아내리고 싶고 단점을 찾아서 그를 나보다 낮게 평가하고 싶은 마음이 앞선다. 타인이 잘되는 것이 자존심을 건드리기 때문이다. 자존심은 열등감의 또 다른 표현이다. 많은 사람들이 자존감이 있다고 스스로 생각할지 모르지만, 남이 잘되는 모습을 보면서 아무런 열등감 없이 진심으로 축하하는 마음인지, 은근히 마음으로 비교하고 판단하고 낮추고 싶은지 등, 자신의 마음 상태를 진실되게 바라본다면 과연 진정한 자존감이 있는지를 느끼게 될 것이다. 질투의 약이 될 '참된 자존감'을 가지는 데는, '나란 사람은 하늘로부터 진정 사랑받는 존재인가!'에 대한 물음과 그에 대한 내면의 답변에 귀 기울여 보는 깊은 성찰이 요구된다.

셋째, 인색함에 대한 것이다. "난 정말이지 인색하지 않다!"라고 말하는 사람들이 꽤 많을 것이다. 정말 그럴까! 나의 시간, 나의 여유, 나의 재물, 소중한 나의 무엇을 나눔에 있어서 인색하지 않아야 한다는 것인데, 과연 우리는 어떠한가!

예를 들어, 내 할 일을 다 하고 조용히 집에서 쉬고 있는데 누군가가 나의 도움을 받기 위하여 연락을 해 온다고 생각해 보자. 더욱이 그리 친한 것도 아니고 평소에 상대방이 나에게 무엇인가를 해 준 적도 없다고 하자. 미리 약속을 하지도 않았고 그저 자기 입장에서 나에게 연락을 했을 때, 우리는 그것을 못마땅하게 여기거나 싫어하여 거절하기도 하고, 어쩔 수 없이 불평하며 울며 겨자 먹기로 수락하기도 한다. 때론 노골적으로 문전박대를 하기도 한다. 그리고는 마음에 담아둔다. 나의 시간과 여유를 건드렸다는 것에 대한 불쾌한 마음 혹은 묘한 적개심이 나가기도 한다.

세상에는 억울하다고 생각하며 사는 사람들이 많다. "난 그들에 대하여 아무 잘못이 없다. 직접적으로 폐를 끼친 적도 없다. 그런데 왜 그것이 내 잘못이란 말인가?", "도대체 내가 그 사람에게 뭘 잘못했단 말인가! 난 아무런 말이나 행동도 하지 않았다!"라는 말을 하기도 한다. 과연 그럴까? 사회 곳곳에 관심의 인색함, 나눔의 인색함, 사랑의 인색함으로 쓰러져 가는 사람들은 너무나 많다. 세상살이에서 남에게 그저 폐를 끼치지 않는 것만으로도 잘 사는 것으로 되어가는 상황, 직접적인 말이나 행동으로 상대를 기분 나쁘게 하지 않았다는 것만으로 조금도 양심에 꺼려하지 않는 태도, 어쩌면 우리 모두는 타인의 아픔과 불행의 공범일지도 모른다. 인색함으로 인해 발생되는 죄는 느끼지 못할 수 있다는 점에서 더 큰 문제이다. 눈에 보이지 않는다고, 모르고 지나간다고 없는 것은 아니다. 그 모르는 죄까지 저지르지 않기 위해서라도 우리는 '문을 열고' 나누어야 할 곳이 어디인지를 유심히 살피면서 살아가야 한다.

넷째, 분노에 대한 것이다. 이 분노는 한마디로 참고 견디기가 힘듦으로써 오는 감정이다. 참고 견딘다는 것! 이것은 대단한 마음 수양이다. 외부 현실은 사실 '나의 마음'에 안 드는 것이 많다. 내 마음에 쏙 드는 것이 거의 드물다. 이것을 참고 견딘다는 것은 '도'를 닦는 일과 같다. 간음한 여인에게 분노하여 돌을 던지려는 사람들에게 예수님은 "너희 가운데 죄 없는 자가 먼저 저 여자에게 돌을 던져라."는 말로, 자신을 생각하지 않고 남의 잘못을 함부로 판단하고 단죄하는 것을 나무라신다. 과연 어느 누가 남에게 돌을 던질 만큼 죄가 없을까! 어느 누가 아무런 부족함이 없을까!

자기 스스로에 대한 죄에 대해서도, 한 번쯤은 자기 스스로에 대하여 솔직하게 느껴보는 시간이 요구된다. 잘못한 자신에게 분노하지 않고 너그럽게 이해하며 살고 있는가를 생각해 볼 일이다. 자기의 잘못부터 용서를 청하고, 아울러 이웃을 단죄하기보다 용서할 수 있도록 스스로에게 자비심을 가져야 할 것이다. 우리의 내면에는 죄의 종으로 살아가는 에고의 항아리도 있지만, 끊임없이 자신을 성찰하는 성령의 항아리도 존재한다! 성스러운 영혼, 성령은 "자비하시고 너그러우신 분, 분노에 더디시고 자애와 진실이 충만하신 분"(시편 86,15)으로, 마치 속마음이 겉마음에게 위로하듯 토닥여준다. 바로 이런 인격이 우리 안에 현존하고 있는 성령이다. 바로 이런 존재가 '나'이다. 성령의 항아리는 늘 분노를 참고 견디기 위한 힘을 부여하고 있다. 내 안의 성령에 귀를 기울여 보자.

다섯째, 탐욕에 대한 것이다. 탐욕은 '에니어그램(Enneagram)의 자아발

달 1-9수준'에서 설명되고 있는, 모든 사람들의 '생존의 힘'이자 '감옥' 이기도 하다. 현실에 적절한 만큼만 원하면 되지만 인간은 불안과 두려움으로 인하여 끝없이 무엇인가를 채워야 하고 대비해야 한다는 생각에 빠져든다. 그러므로 탐욕은 인간이라면 누구나 다 가지는 큰 숙제이다. 탐욕은 양육 과정에서 발생된 특수한 것도 있지만, 본능적인 기질로서 지니는 인간의 조건 중의 하나이기도 하다. 탐욕을 재물이나 음식, 물건 등과 같은 유(有)형만 생각하기 쉬운데 지식, 아름다움, 명예, 존중 등 무(無)형의 것들도 있다. 탐욕하지 않으면 성공할 수 없다는 말을 하는 사람도 충분히 이해될 만큼, 세상에서는 필요한 것이기도 하다. 그런데 탐욕은 필요의 선을 넘으면, 정말 사람을 쓰러지게 만드는 주범이다. 탐욕의 종이 되지 않기 위해서는, 그 경계선을 잘 살피는 분별력이 요구된다. 이는 마치 매일매일 밥 먹듯이 해야 하는 의식적 알아차림을 말한다. 하루라도 제대로 된 식사를 하지 않을 때 몸의 에너지가 빠지듯, 탐욕의 종이 되지 않도록 늘 깨어있어야 한다. 한마디로 집착을 놓음으로써 탐욕을 극복하는 것일진대, 이는 뿌리 깊은 인간의 원죄와 맞서 싸워야 하는 것이므로, 도전적으로 하면 또 다른 집착과 탐욕이 들러붙는다. 오직 순간순간 알아차리면서 천천히, 너그러운 자신과의 만남이 요구된다.

여섯째, 음욕에 대한 것이다. 사람들은 음욕에 대한 것을 은근히 터놓고 말하기 어려워하는 경향을 가지고 있다. 그러나 사실 인간의 가장 순수하고 본능적인 욕구에 대한 솔직함 없이는 진정 자기와의 만남을 한다고 볼 수 없으리라. 음욕은 결코 그렇게 숨기거나 비밀스럽게 생각할 부분이 아니라고 본다. 하늘이 내린 귀한 육체, 영혼을 담는 그릇인 몸이 본능적으로 느끼는 자연스러운 것이기 때문이다. 문제는 음욕 그 자체가 아니라, 음욕을 어떤 식으로 발현하고 사느냐라고 볼 수 있다.

음욕에 관해서는, 과연 내가 진정한 사랑을 하고 사느냐 하는 질문으로부터 시작되어야 한다고 본다. "나는 누구랑 어떻게 사랑하고 살까!"라고 자문해 보자. 제대로 된 사랑을 하고 살고 있는가를 곰곰이 생각해보면, 예상 외로 우리 대다수는 사랑이 아니라 집착이라는 병리적 의존심으로 살아가기 쉽다는 것을 알 수 있다. 사랑이 아니라 소속감을 위하여 습관적으로 형식적인 관계 속에서 살아가기도 한다. 사랑이 아니라 외로움을 메꾸기 위한 쾌락적인 어떤 것으로 순간적 도피를 하기 쉽다. 그러다보면 반사회적이고 비도덕적인 상태로 내몰리다 파산되기도 한다. 이제 인간을 비롯한 생물, 무생물 등 각종 피조물과의 관계에서 진실한 사랑을 주고받는가 하는 것에 대하여 한 번쯤 고심해 볼 필요가 있다.

일곱째, 나태함이다. 대체로 심리적으로 볼 때 나태함은 무기력함과 깊이 관련되어 있다. 무기력함이 학습되어 그냥 자동적으로 무기력해지는, '학습된 무기력증'을 겪고 있기도 하다. 즉, 과거의 방식에 깊이 젖어 있다고나 할까! 일상적인 습관이 되어 정신을 차리지 않으면 저절로 나태해져 버린다고나 할까! 대체로 이 나태함은 심리적으로 털어버릴 수 없는 '어떤 잘못'이나 '과거의 어떤 상황'에 꽂혀, 그 현상에 고착되어 있는 것으로부터 시작되고, 그 고착이 이제는 생활화된 상태를 의미한다.

성경에는 "나는 내 뒤에 있는 것을 잊어버리고 앞에 있는 것을 향하여 내달리고 있습니다."라는 '바오로의 고백'(필리 3,13)이 있다. 과거의 잘못한 것들에 연연하지 않고, 즉 죄책감이라는 짐을 버리고 지금 이 순간부터 내가 할 일을 생각하겠다는 말로 해석할 수 있다. 예수님은 앞에서 언급된 간음하다 붙잡힌 여인에게 "나도 너를 단죄하지 않는다. 가거라. 그리고 이제부터 다시는 죄 짓지 마라."(요한 8,11)고 한다. 왜 그

랬는지 묻지도 않고, 죄에 대한 용서를 별도로 선언하지도 않는다. 오직 한마디! '앞으로는 죄 짓지 마라!'는 말뿐이다. 누구라도 지우개로 지우고 다시 쓰고 싶은 잘못이 있지 않을까! "예전 일들을 기억하지 말고, 옛날의 일들을 생각하지 마라. 내가 새 일을 하려 한다. 나는 광야에 길을 내고, 사막에 강을 내리라."(이사 43. 18-19)는 말처럼, 그냥 지금부터 성령의 항아리에서 새롭게 나아가라는 뜻이리라! 그리고 지금 이 순간부터 새로운 생활을 즉시 시작하라는 말이다. 나태함은 정말이지, 우리의 깊은 죄에 해당되므로 이런 것들에 대하여 '행동적인 의지'를 발동시켜야 할 것이다.

나태함이 습관화되어 있는 사람은, 누군가를 도와주는 일에 힘써보라. 선행을 하는 것이다. 인간은 누구나 다 내면에는 '사랑'이 담겨있다. '사랑'이 바로 우리의 존재하는 이유이므로, 본인이 알아차리든 그렇지 않든 분명히 존재한다. 숨어있는 사람도 있고 드러내는 사람도 있다. 그러므로 자신의 나태함을 극복하기 위해서, 즉 내면의 사랑을 드러내기 위해서 선행할 곳을 찾는 것이 도움이 될 것이다. 스스로에 대한 자책감도 줄어들고, 희망과 행복감을 스스로가 이루어내는 행동이다. 어떤 조직 공동체에 속하여도 좋고, 개별적으로 찾아서 하여도 좋다. 방법적인 것은 현실에 맞는 것으로 하되, 기본적으로 선행이라는 마음자세가, 스스로의 나태함과 그로 인한 우울감을 극복하게 할 것이다.

위의 일곱 가지 죄를 살펴볼 때, 과연 죄를 짓지 않는 사람이 있을까! 그리고 그로부터 자유로운 사람이 과연 있을까 싶다. 어쩌면 우리 대부분이 이와 같은 죄의 종이 되어, 노예처럼 살아가지 않을까 하는 생각이 든다.

교만은 겸손함으로써,

질투는 참된 자존감을 가짐으로써,
인색함은 공동선을 추구해야만 참된 편안함을 가진다는 인식으로써,
분노는 스스로에게 자비심을 가지고, 내안의 성령에 귀를 기울임으로써,
탐욕은 집착을 내려놓음으로써,
음욕은 진정한 사랑이 무엇인가를 앎으로써,
나태는 부지런함으로써, 각종 선행을 기꺼이 찾아서 함으로써,

우리는 '죄의 종'의 상태로부터 풀려나가며, 일상 속에서 구체적으로 '진리'가 나를 자유롭게 할 것이라는 것을 체험하게 될 것이다.

43. 집단상담은, 마음공부의 성과를 드러내는 일상 (日常)

> 현실에 저항하면 고통을 받는다. 현실을 수용하지 못하면 늘 배고픈 물고기마냥 뻐끔뻐끔하며 이리저리 눈을 굴리고 다닌다. 일상이라는 현실은 그것 자체로서 부족함이 없는 '완전'이다.

마음공부와 관련된 책을 보거나, 좋은 강의를 들어 감동을 받았거나, 심리 관련 교육 프로그램에 참석하였거나, 명상센터나 피정을 다녀왔거나 하면, '이제 내가 어느 정도 마음 성장이 되었구나.'라고 생각할 때가 있다. 사실 스스로도 그렇게 느끼고, 누가 보아도 사실로 여겨진다. 그곳에서 많은 것을 깨닫고 성찰하며 반성의 눈물을 흘리는 경험으로 좀 더 나은 생활을 하겠다는 다짐을 하며, 그 이전보다 평화로운 마음으로 가정으로 돌아온다. 일상으로 돌아와서 예전과 조금도 달라진 것이 없는 외부 조건을 만나게 될 때 나의 마음 상태를 가만히 점검해 보라. 처음 며칠간은 맑은 에너지의 여파로 예전과 다른 내 모습을 보게 된다. 외부 상황은 똑같은데, 이렇게 내 마음이 편안하구나 하는 것을 느꼈을 때 신기하고 새롭고 '아, 이런 것이 바로 편안함이구나!' 하는 참 좋은 기분을 느낀다.

그런데 하루 이틀 혹은 한두 주를 지나다 보면 서서히 예전과 똑같이 되는 모습이 느껴질 수가 있다. 그럴 때 '아, 도대체 내가 그곳에서 무엇을 하고 왔단 말인가!' 하는 자괴감과 실망감이 들고, 심지어 '내가 경험하였던 마음공부의 장(場)들이 잘못된 것이 아니었을까' 하는 의심마저 들기도 한다. 물론 특별한 갈구나 간절함으로 인하여 그 느낌이 제법 오래 가는 경우도 있을 것이며, 마음밭이 튼튼하여 그 느낌들이 잘 간직되는 사람들도 있을 것이다. 하지만, 보통 사람들의 근기(根器)로 보아서는, 일상 속으로 돌아올 때 금방 기존의 방식으로 되돌아가는 경우가 많다. 그것은 특별한 문제가 있어서가 아니라, 보편적인 현상이 아닐까 생각된다. 즉 우리의 강력한 과거습관의 뿌리로 인하여, 새롭게 뿌려진 씨앗이 가시덤불에 걸려, 혹은 돌밭에 떨어진 셈이 되어 날아가 버린 상황이, 일반적인 우리 삶이라는 것이다.

그렇다. 우리의 마음공부의 성과를 가늠하는 곳은 바로 일상(日常)이다. 한 번씩 만나는 사람과의 관계나, 특별한 장소에서는 스스로를 방어하며 아무 일도 없었다는 듯이 관계하지만, 우리가 일상으로 돌아갔을 때의 모습을 생각해 보면 여기서 '본색'이 나오는 것이 당연하지 않겠는가. 더욱이 가족은 기존의 습관적인 관계 방식을 지닌 '관성의 수레바퀴'처럼 돌아가니까 말이다. 일상은 정말이지 그 어떤 방어벽이라도 무너뜨리는 그물과 같은 장소이다. 그리고 일상은 우리의 내면을 적나라하게 드러내는 '있는 그대로'의 장소이다. 일상에서의 우리의 모습은 '벌거벗은 마음의 행동화'가 일어난다. 그래서 일상에서의 우리 자신이 '진짜 본모습'이라고 보는 것이 맞다.

그러나 일상에서 진짜처럼 드러나는 우리의 모습은, 어쩌면 '가장 가짜의 모습'이 '가장 진짜의 모습'으로 둔갑되어 있다고 할 수 있다. 가짜가 진짜처럼 살아가는 곳이 '일상'이라는 것이다. 다시 말하면 거룩한 모습의 '진짜'는 일상에서는 숨어버리고, 개념 없고 동물적인 '가짜'의 모습이 일상에서 날뛰기 쉽다는 말이다. 만약 이게 사실이라면 일상은 '가짜'가 '진짜'처럼 행세하는 난리법석의 아수라장이다. 우리의 내면에는 신성의 항아리가 들어있지만, 대부분의 일상에서는 이 항아리를 열지 못하고, 과거의 관습적인 항아리가 적나라하게 열리게 된다. 말하자면 일상이 바로, 진짜 마음공부의 성과를 가늠하는 장소이다. 한마디로 마음공부의 성과는 '깨어있는' 수준에 따라 다르며, 일상에서 얼마나 깨어있느냐가 중요하다.

집단 심리치료(이하 '집단')의 장면에서 부부 혹은 부모와 자녀 등 가족이 함께 참석하는 경우가 종종 있는데, 그들의 처음 반응은 '집에서 하는 행동과 집단에서 하는 행동이 다르다.'고 한다. 이것은 너무나 당연한 말이다. 정상적인 자아 상태를 지닌 보통의 사람들은 때와 장소에 따라서 자기를 보호해야 하기 때문에 다른 행동방식이 나오지 않을 수 없다. 하지만 집단 구성원에 대한 신뢰가 쌓이게 되면, 차차 집에서 하는 방식이 '집단'의 장(場)에서 있는 그대로 드러나기 시작한다. 소위 말하는 '본색'이 드러나게 된다. 이것은 사실 매우 바람직한 징조이다. 왜냐하면 일상의 모습이 그대로 드러나야만 본모습을 통하여 교정되어야 할 것은 교정되고, 지지받아야 할 것은 지지받는 등, 자아기능에 대한 집단원의 현실적 평가를 통하여 '알아차림'이 이루어지게 되고, 본능과 초자아 기능이 어떻게 작용되는지를 체크하게 되기 때문이다.

신뢰로운 분위기에서 교정되는 여러 가지 감정이나 사고방식, 행동방식은, 결국 일상 속에서 교정되고 성장되어야 하는 방식을 그대로 드러내기 때문에 매우 의미 있는 구체적인 현실 작업이 된다. 그 이유는 집단에서 교정된 것들은 일상에 돌아가서도 효과를 가져오기 때문이다. 이것이 반복되면, 즉 새로운 습관이 훈련되면 애쓰지 않아도 자연스럽게 일상에서 성숙한 모습이 드러난다. 따라서 집단 심리치료 프로그램을 제대로 경험한 사람들은 이 효과로 인하여, 일상이 편해지고 많은 어려움들이 풀려나가는 것을 실감하게 된다.

마음공부의 성과를 가늠하는 일상은, '집단'의 장면에서 실제적으로 이루어지는 과정과 동일한, 그야말로 삶의 현장이다. 삶은 '깨어있음의 장'이다. 깨어있기 위하여 '바라봄과 머무름'의 시간, 규칙적으로 '기도'하는 자세가 우선 필요하다. 어쩌면 '집단 심리치료'의 장면은 '깨어있음'을 실천하는 구체적인 '기도의 장'이라 할 수 있다. '기도'는 저 멀리 있는 그 무엇인가를 접하는 것이 아니라, 눈곱만큼도 특별할 것 없는 수레바퀴 같은 일상을 살아가는, '지금-이 순간'을 성스럽게 직면하는 것이다.

'하느님'을 만나는 것도 '우주'의 흐름을 느끼는 것도 바로 '지금-이 순간'이다. 한마디로, 삶의 본질은 바로 '일상'이다. '집단'의 장면은 마치 기도하듯 이루어지는, 차분하면서 생동감 있는 일상을 경험하는 현실적인 프로그램이다. 그런 의미에서 '집단 심리치료'의 장은 마음공부의 성과를 가늠하는 일상과 동일한 측면을 가지고 있다.

자신이 어느 정도의 마음공부가 되어있는 사람인가를 알아보려면 하루의 일과가 끝난 후 조용히 자신을 돌아보는 잠깐의 시간이라도 내어야 할 것이다. 그래서 과연 오늘 하루, 나는 어떤 모습으로 지냈는가, 어떤 마음상태로 지냈는가를 점검해보면 좋을 것이다. 예컨대 같은 어려움을 반복하며 보냈는가, 그 어려움을 수용하며 있는 그대로 받아들이며 보냈는가! 그래서 마음이 편안하고 안정되었는가! 늘 일어나던 걱정과 불안이 또 엄습하였는가! '나'라는 '에고'보다 더 위대한 더 큰 '참나', '하느님', '현실'이라는 '삶'에 맡기는 겸허한 자세로 보냈는가!

일상이 이루어지는 '현실'은 '완전'의 다른 이름이라고 한다. 현실은 조건 없이 수용되어야 하는 곳이다. 마음공부가 되어있다는 것은 자기에게 처한 현실을 조건 없이 수용하고 기쁘게 받아들일 수 있느냐의 문제이다. 만약 현실을 수용하는 자세가 꾸준히 이루어진다면 그보다 더 좋은 것은 없을 것이다. 집의 탁자, 부엌, 방, 각종 음식들, 두 다리를 쭉 뻗은 내 모습, TV를 보며 낄낄대는 아이들, 침대 위의 이불, 책상, 배우자, 자녀, 가족 내의 갈등, 싸움이 일어나는 현상, 손해 본 일들, 아이들의 잘못된(잘못되었다고 느끼는) 모습까지도…. 저항할 일이 생기면 저항감을 느껴라. 바로 그것이, 즉 그 저항감이 바로 나의 현실이다. 저항감은 나에게 필요한 완전한 현실이다! 모든 현실은 있는 그대로 완전하다. 불완전하고 흠이 있어 보이는 그것은 '나'라는 사람의 생각일 뿐, 모든 현실은 있는 그대로 '완전'하다. 이런 개념을 마음으로 이해할 수 있을는지가 '마음공부'의 성과이기도 하다. 머리로 알아들었다는 것이 아니라, 살아가는 일상에서 그렇게 느낄 수가 있으며, 그에 걸맞은 행동이 나올 수 있는가 하는 것이 마음공부 성과의 기준이 될 것이다. 머리로는 충분히 알 듯하더라도, 집안에서의 어떤 평범한 일상에서 나타나는 스스로의 행위를 성찰해보는 것이 핵심이 될 것이다. '집단' 장면은 이런 성찰이 세심하게 유·무형으로 드러나는 놀라운 공간과 시간의 순간순간이다.

그렇다. 마음공부의 성과를 제대로 가늠하자면 우리의 일상을, 그 어떤 상황에서라도 있는 그대로 받아들이고 기쁨으로 여기고 있는가를 스스로에게 되물어 보아야 한다. 현실에 저항하면 고통을 받는다. 현실을 수용하지 못하면 늘 배고픈 물고기마냥 뻐끔뻐끔하며 이리저리 눈을 굴리고 다닌다. 일상이라는 현실은 그것 자체로서 부족함이 없는 '완전'이다. 늘 부족하고 늘 못마땅한 사람들에게 이런 말은 '무슨 소리를 하는지 도저히 알 수 없다.'는 생각이 일어날 수 있다. 그것도 그의 현실에는 가장 '완전한 그 무엇'이다. 즉 일상은 그것 자체로 완벽하게 진행되고 있으며, 그 어느 것도 필요한 것은 없다. 우리가 가만히 있을 때 우리 몸을 느껴보라! 숨 쉬어지고 있고, 생각되어지고 있고, 움직여지고 있고, 살아지고 있다. 밥 먹을 때면 먹지 않기 위해 할 수 있는 일이 없다. 잠을 잘 때면 자지 않기 위해 할 수 있는 일이 없다. 무엇이든지 오는 것은 오도록, 가는 것은 가도록 허용하면서 그저 지켜보고 수용한다면, 지금 가진 것 말고는 아무것도 필요하지 않다는 것을 매 순간 깨달을 수 있다. 바로 그것이 '일상의 깨달음'이지 않을까! "지금 여기에서 느끼는 것을 아무런 비판이나 죄책감 없이 드러내세요."라는 '집단'에서의 목소리는 매우 중요한 울림이다. 바로 그것이 핵심이다.

일상이 평온하다면 어떤 일이 원하는 대로 풀려서 평온하기보다는, 어떤 일이 발생하더라도 있는 그대로 허락하고, 수용하며, 편안하게 받아들이기 때문에 평화로울 것이다. 즉 있는 그대로의 현실이 '완전'이며, '도(道)'일 것이다. 이러한 일상에서의 삶, 지극히 현실적인 삶 속에서 드러나는 구석구석의 모습이, 바로 마음공부의 성과가 아닐까 한다.

44. '나' 중심으로 살 것인가!
'너' 중심으로 살 것인가!

평범한 일상을 살아가는 사람들의 관점에 비춰서 식별의 내용을 보자면 무엇을 말할 수 있는가! 그것은 바로 '나' 중심의 생활이냐, '너' 중심의 생활이냐 하는 것을 핵심으로 보면 좋을 것이다. 즉, 우리가 식별해야 하는 것은 결국 지금 내가 하는 선택이나 행동이 '나' 중심인가 '너' 중심인가 하는 정도라고 보아야 한다. 나 자신을 위한 욕구를 따르는 방향인가, 아니면 다른 이를 사랑하고 하늘의 뜻에 두는 방향인가를 늘 식별해야 한다는 것이다.

'기도'라는 것을 생각하면 조용히 명상을 하거나, 묵상을 하거나, 특정 기도문을 읊거나, 멀리 있는 어떤 세계(그것이 하느님, 예수님, 부처님, 무엇이라고 이름하든)와 접촉하는 관상기도 등을 떠올리게 된다. 그런데 이러한 기도가 보통 사람들에게는 좀 막연하고 어려울 때가 있다. 혹자는 '몸' 기도로 호흡 집중부터 하는 것이 좋다는 의견, 절을 반복해서 하는 것이 좋다는 견해, 마음에 와 닿는 구절을 반복하는 구송 기도 등도 언급하지만, 그것도 집중하기가 생각보다는 쉽지 않을 때가 많다. 그런데 여러 신학자들은 '기도는 어떤 중요한 대상(하느님 혹은 예수님이나 부처님 등, 각자의 방식대로 생각하면 좋을 듯하다)과의 만남이요 대화라는 것'에서부터 시작하는 것이 좋다는 이야기를 종종 한다. 그 만남 안에서 진지하고, 어렵고, 머리 아픈 이야기를 하는 것만이 아니라 일상적인 우리의 느낌, 생각, 의

문 등 각종 잡다한 이야기들을 마치 친한 누군가와 이야기하듯 하라는 것이다.

만약 기도를 아주 일상적인 생활과 관련하여 편하게 이야기하듯 누군가와 나누는 '듣기와 말하기'라고 생각한다면, 우리의 삶 전체가 기도라고 해도 과언이 아닐 것이다. 따라서 영적인 생활은 뭔가 세상과는 동떨어진 거룩한 생활을 요구하는 것이 아니라 우리의 구체적인 하루 안에서 이루어지게 되리라 본다. 말하자면 종교생활을 하는 입장에서 본다면, 각자가 믿는 '신'은 바로 나와 함께 계시고 끊임없이 내게 무엇인가를, 특히 '무한한 좋은 것'을 주고 계시기 때문에, 그 뜻을 알아듣고 이미 주어져 있는 '무한히 좋은 것'을 깨달으며 살아가는 것이 신심(信心) 생활의 핵심인 것이다.

그런데, 대부분의 사람들은 근본적으로 '나' 중심으로 움직이려고 하는 경향을 지니고 있기 때문에 이러한 신심생활을 한다는 것이 그리 만만하거나 쉽지 않다. 어느 신부님의 말씀을 인용해 보자.

> "지금 나와 함께 계시는 하느님(神의 뜻 혹은 진리)을 알아차리는 것이 어렵고 그래서 자꾸만 죄에 걸려 넘어지게 됩니다. 그래서 '나' 중심으로 이끌어가려는 욕구를 성찰하고 이로부터 벗어나려는 노력을 통해서 '하늘의 뜻'을 따르는 하느님 중심, '너' 중심을 향해 가는 것, 이것이 바로 '자기 자신을 버리고, 제 십자가를 지고, 예수님을 따르는' 모습입니다. 이렇게 '나' 중심에서 '하느님' 중심으로 가려는 이유는, 그렇게 살아갈 때 우리는 진정 행복하기 때문입니다. 세상의 가치를 채움으로써 얻어지는 행복이 아니라, 참되고 없어지지 않는 행복을 찾는 길입니다."

사실 누누이 많은 선각자들이 언급하듯이, 이미 우리는 하늘의 사랑받는 자녀이기 때문에 더 이상 인정받는 것에 매달릴 필요가 없다. 하늘이 우리에게 무한하게 내리는 사랑을 그냥 '느낄 줄' 알면 되고, '허락하여 누릴 줄' 알면 되는 것이다. 문제는 그것을 '느낄 줄 아느냐'이다. '허락하여 누리는 삶'이 습관이 되어있지 않을 경우에도 쉽지 않지만, 그보다 더 우선적인 '느끼기'가 쉽지 않기 때문에, 현실에서는 이것이 말처럼 쉬운 것이 아니다. 즉 참된 것과의 만남은 감각 경험이 아닌 영적 경험의 차원에서 이뤄지기 때문에, '감수성 있게 느끼는' 것부터 시작하여 '영적으로 느끼는' 차원이 요구된다. 다시 말하면 참으로 깊은 깨달음을 안겨주는 하늘의 사랑은 우리의 감각으로 쉽게 확인할 수 있는 것이 아니라, 상징을 통해서 또는 사건에 대한 성찰을 통해서 알아들을 수밖에 없기 때문에, 조용히 기도하는 생활을 하지 않으면 도저히 알아차릴 수가 없다는 것이다. 한참 후에, 어느 날 불현듯 하늘에서 내린 천사가 바로 내 옆의 사람이었다는 것을 알아차리기도 하고, 바로 곁에 두고도 평생을 알아차리지 못하기도 하고, 죽음 직전에 무엇인가를 느끼고 저승으로 가기도 할 것이다.

우리가 참된 기도생활을 한다면, 정말이지 그저 주어진 대로 느끼고 행복하게 살 수 있다! 하지만 결코 이것을 위한 성찰과 훈습(Working-through)이 쉽지 않기 때문에, 사실 영적인 삶을 위한 '치열한 여정'이 필요한 것이 아닐까 싶다. 사실 '나' 중심의 생활을 하게 된다면, 불안과 고통 속에서 살게 되는 것은 거의 전자동적이다. 이것은 거의 무의식적으로 반복되는 수레바퀴와 같은 것이다. 그래서 자동적인 수레바퀴를 돌리기 위해서는, 매우 의식적이고 의도적인 깨어있는 훈련이 요구되므로 '치열한 여정'이라고 볼 수 있다.

영적인 삶은 거의 '깨어있는' 삶을 위한 의도적인 훈련의 결과라고나 할까! 즉 우리는 하늘의 '무한히 좋은 것', 즉 은총을 알아차리기 위해서 늘 깨어 있어야 하는데, 깨어있음의 구체적인 활동은 바로 스스로의 욕구를 성찰하고 식별하는 것이다. 그래서 이러한 점을 '영적 투쟁'이라는 말로 표현하는 글들이 많다. 마치도 날카로운 칼 위를 걸어가면서, 어느 한쪽으로 기울어지지 않도록 끊임없이 균형을 잡고 평상심을 유지해야 하는 모습을 가리키는 표현이다. 기울어지지 않는 균형… 편중되지 않는 관점… 이것이 바로 참된 것에 대한 '분별'을 하면서도 치우치지 않고, 이쪽저쪽을 포용하는 '무분별'을 뜻한다. 아마도 진정한 '식별(識別)'은 '무분별 속의 분별력'이라고 생각된다. 결국 문제는 '식별'이다.

> "결국, 식별의 문제입니다. 참된 깨달음의 생활은 계속되는 식별의 삶이고, 그렇기 때문에 교회 역사의 초기부터 '영적 식별'과 관련한 풍부한 가르침을 찾을 수 있는 것이죠. '영들의 식별'에 대해 수도회 전통의 가르침들 안에서 많은 것을 직·간접적으로 배우실 수 있습니다."

그렇다면, 평범한 일상을 살아가는 사람들의 관점에서 볼 때 식별의 내용은 무엇이라 할 수 있는가! 그것은 바로 '나' 중심의 생활이냐, '너' 중심의 생활이냐 하는 것, 즉 우리가 식별해야 하는 것은 결국 지금 내가 하는 선택이나 행동이 '나 중심'인가 '너 중심'인가 하는 것이다. 내 생활이 나 자신을 위한 욕구를 따르는 방향인가, 아니면 다른 이를 사랑하고 하늘의 뜻을 따르는 방향인가를 늘 식별해야 한다는 것이다.

물론 여기에서 주의해야 하는 중요한 '심리적 방어'가 있다. 실제로는 나를 위한 선택인데, 나 스스로가 '너 중심의 선택'이라고 여기는 경우가 있다는 것이다. 우리가 살아가면서 정말 나쁜 일이라고 생각하거나 아니면 신앙인으로서 하느님께서 원하지 않으실 일이라고 분명하게 느끼는 것에 대해서는 사실 식별하기가 쉽다. 좋은 것인지 나쁜 것인지, 선한 일인지 악한 일인지를 쉽게 알 수 있고 그렇기 때문에 나쁜 행동을 안 하는 것이 크게 어렵지 않다. 그러나 실제로 참된 영적 식별의 대상은 '우리 자유에 맡겨져 있고, 금지되지 않은 것'(『영신수련』 23항 참조)이다.

'우리 자유에 맡겨져 있고, 금지되지 않은 것'이란 무엇일까!

아주 쉬운 예로 '내가 오늘 남에게 아무런 피해를 끼치지 않고, 시간이 나서 TV프로그램을 종일 보고 있다. 이것은 지극한 내 자유이고, 어느 누구도 금지하지 않으며, 심지어 나는 충분히 일하고 휴식을 취하고 있는 셈이다. 이러한 상황에 대하여 나의 행동을 식별한다면 어떻게 볼 것인가!'를 생각해 보자. 만약 우리가 이러한 평범한 일상을 식별한다면, 이 행동이 '나'를 위한 것인가, 아니면 다른 이를 위하여, 혹은 하늘의 뜻에 비추어 볼 때 바람직한 것인가 하는 점을 느껴보자. '쉬는 것' 자체는 나쁘고 좋고, 옳고 그름의 문제가 아닌 것 같다. 다만 그 쉼의 목적이 과연 '나', '너' 중심에서 어디로 치우쳐져 있는지는 스스로가 판단할 수 있다. (물론 스스로의 판단에 문제가 있을 경우에는 옆에 있는 성숙한 누군가의 분별력이 요구되기도 한다.)

식별력은 대단히 중요한 판단의 힘이다. 쉬는 것 같은 사소한 일상에도 때론 지혜로운 분별력이 요구됨은 두말할 필요가 없다. 혹자는 누구라도 그런 쉼은 필요하다고 간단하게 대답할 것이다. 사실 필요하다. 하지만 그 쉼은 과연 어떤 목적이 있을까! '더 나은 하늘의 뜻을 위하여'일 수도 있고, '무기력하게 그냥 쓰러져 있는, 혹은 쉬는 흉내를 내지만 사실 끊임없는 잡생각에 시달리는… 말하자면 자신의 욕구를 위하여'일 수도 있다. 이러한 지극히 개인적인 자유에 맡겨진 나의 일상 속에서, 과연 하늘이 우리에게 허락하고 있는 것들 중에 더 나은 선은 무엇인가에 대한 지혜로운 분별심을 얻는 것이 바로 식별의 목적이라는 것이다.

지극히 자유의지에 맡겨진 나의 일상을 식별한다는 것!

누구라도 쉽게 판단할 수 있는 너 중심이 아니라 전적으로 나 중심으로 움직이는 모습이라면, 당연히 우리는 그것을 선택하지 않을 것이다. 기본 도덕심이나 양심에 의한 건강한 죄책감을 가지고 있는 보통의 사람들은 가능하면 '너'를 위한 배려를 할 것이다. 이런 식별은 비교적 간단하고 쉽다. 문제는, 너 중심의 방향 안에 나 중심의 욕구가 슬쩍 끼어들어 있는 것이 예사롭게 이루어진다는 것이다. 누군가를 위해 베푸는 것이라고 스스로 생각하지만, 실제로는 자기 자신의 내적인 목적을 이루기 위해서이고, 좀 과시하려는 행동일 수도 있다. 상대방을 걱정해서 말하는 것이라고 생각하지만, 마음 속 깊은 곳에서는 상대방의 못마땅한 모습을 단죄하는 것일 수 있다. 최선을 다해서 사는 것이라고 생각하지만, 사실은 강박증적 불안이라는 무의식적 욕구를 채우기 위해서일 수 있다. 바로 이런 것들을 '악마의 전략'이라고 이야기하기도 한다. 즉, 자신을 대놓고 드러내지 않고 이처럼 교묘하게 숨어서 움직이기 때문에 더 더욱 우리는 식별에 주의를 기울여야 하는 것이다. 악마들은 매우 디테일하게 자신을 드러내지 않으면서도, 자기를 챙기려는 속성을 가지고 있다고들 한다.

> "식별의 문제는 우리 영성생활을 가늠하는 굉장히 중요한 요소입니다. 만약 우리가 일상에서 식별하지 않는다면, 즉 식별을 위해 자기 자신을 성찰하지 않는다면, 우리는 필연적으로 나 중심을 향해 치달을 수밖에 없습니다. 그것이 바오로 사도가 말씀하시는 '비참한 인간'인 우리의 모습입니다. 하지만 그렇다고 해서 실망하거나 두려워하지는 마세요. 우리는 혼자가 아닙니다. 느낄 수만 있다면 하느님과 함께 살아가고 있고 그분께서 주시는 은총을 얻어 누리고 있죠. 그 은총에 힘입어 나 중심이 아닌 너 중심의 방향으로 계속해서 나아갈 수 있습니다."
>
> "여러분은 현세에 동화되지 말고 정신을 새롭게 하여 여러분 자신이 변화되게 하십시오. 그리하여 무엇이 하느님의 뜻인지, 무엇이 선한고 완전한 것

인지 식별할 수 있게 하십시오."(로마 12,2)

정말 그렇다. '느낄 수'만 있다면 우리는 하늘의 '무한한 좋은 것, 즉 은총'을 받으며, 허락하여 누리며 살아갈 것이다. 그런데 우리의 일상을 하루하루 식별할 수 없다면, 우리는 '비참한 인간'으로 살아갈 수밖에 없을 것이다. 정말이지 우리의 삶은 결국 식별의 삶이요, 바로 그것이 '생활 속, 기도의 삶'이다! 일상에서의 모든 것들이 식별 그 자체이며, 기도 그 자체가 아닐까 싶다.

- 위 내용 일부는 민범식(2018)의 글에서 인용, 재해석되었음을 밝힙니다 -

45. 악마들의 회의

"그래! 그냥 우리는 과정 과정을 느끼며 사는 거야. 하늘은 주도권을 쥐고, 우리의 할 일을 그때그때 제시하고, 우리는 그 도구로서 사는 거라고 생각하면 돼! 내 것은 아무것도 없어. 나비로 사는 나의 색깔을 보고 다 이쁘다고 해. 난 그냥 하늘이 내린 옷을 입고 편하게 날갯짓하고 있을 뿐이야. 하늘은 아무런 고민없이 내 옷, 잠자리, 먹을거리 등 모든 것을 다 알아서 해 주시는 것 같아. 물론 나는 날아다니는 역할을 해야겠지. 그것이 내가 주인에게 받은 달란트와 소명이니까. 그 달란트와 소명을 행하지 않으면, 난 아마도 맛있는 꿀도 못 먹고 잠자리도 적절치 못할 거야."

악마들이 중대한 회의를 하고자 어느 장소에 집결하게 되었다. 악마들이 장소를 섭외하는 가운데 여러 가지 말이 많았다. 오성급 호텔을 이용하자느니, 경제적으로 수련원의 회의장을 이용하자느니, 학교를 빌리자느니, 많은 말들이 오고갔다. 결국 총무로 있는 악마가 회비가 얼마 남았다는 의견을 제출하자, 회의이기도 하지만 뒤풀이나 여흥 등의 친목 도모도 중요한 자리이니만큼 호텔에서 하기로 결정하였다.

드디어 악마들은 정해진 시간에 도착하여 짐을 풀고 회의 장소로 집결하였다. 물론 그들은 자신 스스로를 악마라고 생각하지 않는다. 만약 누군가가 그들에게 악마라고 했다가는 큰일 난다(!). 그들이 악마라면, 이 세상에 악마라고 하지 않을 자가 누가 있겠냐는 말이 나올 것은 뻔한 것이다. 사실 틀린 이야기도 아니라서 어느 누구도 그 말에 대하여 반박

할 수는 없다. 어쩌면 악마라는 단어만으로도 벌떼처럼 논쟁거리를 만들 수도 있다. 하여간 그들의 오늘 회의 주제는 "이 세상을 살아가면서 무엇을 해야 더 잘 살 것인가!"였다. 제법 거창한 주제가 제시되었다. 악마들에게는 꾸밈없는 이 주제가 마음에 와 닿았다. 아마도 선각자들이 이 주제를 들었을 경우에 다른 말로 바꾸면 "더욱 더 강한 악마가 되기 위해서는 무엇을 하고 살아야 하는가!"이지 않을까 싶다. 이 주제의 토론자는 별도로 정해져 있었으나 가능하면 자유토론으로 하기로 했고, 경우에 따라서는 토론을 열심히 잘한 악마가 자연스럽게 이 그룹에서 좀 더 인정받는 악마가 될 수 있었다.

형식적인 절차를 마치고 악마들의 열띤 토론이 벌어졌다. 제일 먼저 어떤 악마가 이야기하기 시작했다.

"내 생각에는 일단 재물을 모아야 할 것 같아요. 재물로 말할 것 같으면 인간을 가장 인간답게 만드는 중요한 원천이며, 이것이 없으면 우리는 도저히 인간답게 살지 못하니까요. 사실 인간들이 돈이 전부가 아니야 라고 포장하지만, 그건 거짓말이에요. 모든 것은 여기서부터 시작된다는 것은 결코 부인할 수 없어요."

또 다른 악마들의 의견이 나왔다.

"돈으로는 한계가 있어요. 사람은 뭐니 뭐니 해도 명예가 있어야 해요. 이 명예는 목숨보다 소중한 것으로서, 평생 모든 것을 투자하여 얻어야 하는 것이죠. 보세요! 다른 사람들이 얼마나 이 명예를 소중히 여기는지를. 요즘 대학도, 직장도, 모두 명예 때문에 전쟁 치르듯 경쟁하는 거잖아요."

"돈이나 명예, 그런 것들은 권력 앞에서는 꼼짝 못해요. 권력의 힘은 가져보지 않은 사람은 상상할 수 없어요. 하다못해 고속도로를 지나가다가도, 사소한 일로 경찰서나 관공서를 찾아가도 이 권력의 힘은 대단하거든요. 이 맛은 모르는 사람은 잘 모르죠."

"아닙니다. 사람은 사랑받고 인정받는 것이 뭐니 뭐니 해도 제일 좋은 것 같아요. 이런 것들을 받지 못하니까, 사람이 거의 폐인이 되더라고요."

"모르시는 말씀, 일단 외모가 멋있어야 합니다. 사람은 우선 보기가 좋아야 어딜 가도 대접을 받아요."

"자식이 공부를 잘해야 해요. 자식농사는 최대의 농사거든요. 그 농사의 핵심은 학교 성적이에요. 공부 못하면 일단 아무것도 할 수가 없어요."

이런 저런 말들이 오고가는 가운데, 어떤 지적인 악마가 점잖게 의견을 제시하였다.

"그런 것들은 사실, 남과의 경쟁이나 비교에서 온다고 생각해요. 그러므로 제일 중요한 것은 남을 이기는 거죠. 그 무엇이라도. 항상 남과 경쟁하면서 살지 않을 수는 없잖아요. 비교해서 잘나야 되는 거죠. 그냥 권력과 명예, 재물이 중요한 것이 아니라 남보다 더 잘났느냐 못났느냐, 더 가졌느냐 못 가졌느냐 하는 것이 중요한 것 같아요. 보세요. 아무리 좋은 학교와 직장이라도 경쟁이 없는 곳이 있나요? 경쟁의 대열에서 승리하는 것이 최고로 잘 사는 길인 것은 부인할 수 없는 것 같아요! 잘난 사람들이 모인 곳일수록 경쟁은 더 치열하잖아요!"

또 다른 그럴듯한 악마들이 약간 지성적인 느낌으로 말을 하기 시작했다.

"제 생각에는 건강이 제일이라고 봅니다. 건강하지 못하면 아무것도 의미가 없으니까요. 보세요. 사람들이 건강을 위하여 좋은 음식과 운동, 스트레스 퇴치훈련, 마음수련 등 얼마나 많은 것을 취하는지요. 육체적 건강은 바로 마음의 건강이니까. 건강은 정말 중요하죠!"

"글쎄요. 저는 책을 많이 읽어야 한다고 봅니다. 지식을 습득해야 하는 거죠. 무식한 사람들하고는 말도 안 통하고, 아무리 이야기해도 소통도 안 되니까요. 사실 책을 접하지 않는 사람은 건강이니 뭐니 하지만 잘못된 경우가 많더라고요. 뭐니 뭐니 해도 우선은 지적 능력이 있어야 해요."

"다른 분들이 너무 안타깝군요. 저는 잘 살려면 늘 행복하고, 늘 기쁘고, 늘 사랑하며 사는 것이 아닐까 싶네요. 정서적인 측면이 정말 소중하죠. 그것보다 중요한 것이 있을까요?"

이런 의견에 대하여 또 다른 악마가 제법 그럴듯한 의견으로 반박했다.

"늘 행복하려면 불행한 일을 없애야 하잖아요. 그러려면 결국 무엇인가가 필요하잖아요. 그건 말은 근사하지만 사실 솔직하게는 결국 기쁘게 살기 위해서는 돈이나 지적 능력이나 외모, 건강 등 이런 것이 다 있어야 된다고 봐요. 사람들은 행복, 기쁨 이런 것을 말하지만 결국 물질적인 것이 없으면 안 되니까요. 우리 모두는 사회적 형태를 벗어나서는 살 수 없지 않나요. 외적인 것이 부족하면 안 될 것 같아요."라는 식으로 설왕설래하기도 했다.

점점 '악마들의 회의'가 진행되면서 누구나 다 알 수 있는 것에서 부터, 다소 고민해야 할 소지가 있는 차원 있는(!) 것들이 나오기 시작하였다. 악마들은 조금씩 생각에 잠기기 시작했지만 뚜렷한 답은 없었다. 조금 더 깊게 생각하는 능력이 있는 악마는 이런 느낌이 조금씩 올라오기 시작하였다. '뭐야! 우리는 너무나 보통 사람들이잖아. 우리들의 회의가 왜 악마들의 회의야? 무슨… 말도 안 되는 소리! 다 비슷한 도토리 키재기 정도의 차이일 뿐이지 모든 사람은 거의 다 비슷하잖아. 서로 비슷하니까 나쁜 짓을 해도 나쁜 짓인 줄 모르는 것처럼, 악마는 서로를 악마로 생각하지도 않는다는 뜻일까! 아이 모르겠어. 그런데 오래 살고 싶은 욕구도 너무나 소중한데! 우리가 말한 이 모든 것은 다 유한한 것이며, 그냥 결국 사라지는 것이 아닐까!'라는 생각의 꼬리가 이어졌다.

그때 작은 나비 한 마리가 창밖에 나풀거리며 날아다니고 있었다. 창가로 가까이 왔다가 살포시 멀리 가는듯하다가 다시 가까이 오는 나비는, 마치 엿듣기라도 하듯이 '이 악마들이 무엇을 하고 있을까?'를 궁금해 했다. 한 악마가 조용히 그 나비에게 말을 건넸다. "너는 무엇을 해야 잘 살수 있다고 생각하니?"

나비가 거꾸로 물었다. "무엇을 해야 하는 것이 뭔데?"

악마는 기다리기라도 했듯이 성급하고 격양된 목소리로 "우리는 지금 '무엇을 해야 잘 살 수 있는가!'라는 회의를 하고 있는 중인데, 무엇을 해야 하는 것을 모른다는 말이 도대체 무슨 말이냐?" 하고 물었다.

나비가 대답했다. "너는 참 성급하기도 하구나. 그건 바로 악마의 특징이기도 하지! 내가 모른다는 것은 말 내용을 모른다는 것이 아니라, 무엇을 하든 하지 않든 그것은 잘 살고 못 사는 데 중요하지 않는데…." 라며 말끝을 흐렸다. 잠시 조용해 졌다. 그리고 다시 나비가 계속 말을 했다.

"잘 살고 못 살고의 주도권은 '하느님'이 쥐고 있는 것이 아닐까! 너희들이 하느님을 무엇이라고 표현하는지는 모르겠지만, 그냥 '진실된 그 무엇'이라고 생각하면 돼! '지금-이 순간의 현실'이라고 생각해도 되고! '현재 주어진 삶'이라고 생각해도 되고! '있음'이라고 생각해도 되고! 아이 모르겠어. 그건 알아서 생각하고. 하여간 그것이 중요한 것은 아니고. 더 잘 살기 위해서 무엇을 하고 살아가는지가 중요한가 하는 기준은 하느님의 기준으로 봐야 하는 것이 아니니? 우리는 그냥 지금-이 순간을 살아가는 하나의 움직임일 뿐이지 않을까! 그냥 움직임의 순간을 살아가는 거란 뜻이지. 잘 살고 못 살고의 기준 자체가 과연 바람직한 것일까? 우리가 아무리 여기서 어쩌고저쩌고 하여도, 그냥 우리끼리 하는 담화가 아닐까!"

이 말을 들은 악마들의 의견이 여기저기서 튀어나왔다.

"아니, 뭐라고. 하느님이 우리의 주도권을 잡고 있다고? 그럼 우리는 뭘 한단 말이야?"

"그러면 우리는 아무 것도 안하고 살아가도 되겠네. 하느님이 다 알아서 주도해서 하시면. 그렇다면 도대체 무엇을 위해서 살아가야 하는 거야!"

"최선을 다해서 열심히 살아도 힘든 판국에, 그냥 그런 식으로 살면 해이해지고 나태해져서 안 돼!" 등등.

나비가 그럴 줄 알았다는 듯, 별로 큰 동요 없이 날갯짓하며 말하였다.

"그렇지. 무엇을 위해서 살아가는지도 모르면서 살아가니까, 늘 바쁘고 힘들고 고달프잖아. 하느님은 우리에게 순간순간 '과정'으로 인생을 주셨지, '결과'로 우리의 인생을 결정짓는 것은 아니라는 것을 느끼게 해 주잖아. 혹시 새벽에 동쪽 하늘에 한 폭의 그림 같은 불그스레한 해맞이 하늘을 보았니? 사실 그 순간의 빛은 너무 찬란해. 그러다가 짧은 시간에 서서히 해가 떠오르면서 온 하늘이 붉은빛에서 하얀빛으로 변하게 돼! 사람들은 별로 관심도 없이 그냥 일과처럼 지내지. 우리는 순간순간을 느끼지 못하면 그 어떤 것도 허무하게 되어 있어. 그래! 그냥 우리는 과정 과정을 느끼며 사는 거야. 하늘은 주도권을 쥐고 우리의 할 일을 그때그때 제시하고, 우리는 그 도구로서 사는 거라고 생각하면 돼! 내 것은 아무것도 없어. 난 옷을 입고 있지 않아. 그러나 사철 내 옷은 바뀌면서 가장 아름다운 색깔을 띠고 있지. 나의 색깔을 보고 다 이쁘다고 해. 난 그냥 하늘이 내린 옷을 입고 편하게 날갯짓 하고 있을 뿐이야. 하늘은 아무런 고민 없이 내 옷, 잠자리, 먹을거리 등 모든 것을 다 알아서 해 주시는 것 같아. 물론 나는 날아다니는 역할을 해야겠지. 그것이 내가 주인에게 받은 달란트와 소명이니까. 그 달란트와 소명을 행하지 않으면, 난 아마도 맛있는 꿀도 못 먹고 잠자리도 적절치 못할 거야."

악마들은 무슨 이상한 소리를 조그마한 나비가 날아와서 하느냐는 듯 듣고 있었다. 나비는 계속 말을 이어갔다.

"우리의 모든 것은 하늘이 주도하신단다. 그렇다고 우리가 아무것도 하지 말라는 뜻이 아니지. 우리는 그 소명을 받아 하루하루를 열심히 살아가는 '과정'을 즐길 뿐이야. 하늘은 무한한 사랑으로 우리에게 모든 것을 제공한단다. 이미 이 우주는 모든 것을 다 완전하게 마련해 놓고 있어. 단지 우리가 그것에 주파수를 잘 맞출 수 있느냐의 문제이지. 그리고 그 완전함의 일부를 조금씩 받아먹으면서 살아갈 뿐인 것 같아."

악마들의 회의는 이렇게 마무리는 되었으나, 그 회의의 여파는 계속되었다. 어떤 악마는 마음속으로는 고개를 끄덕였으나 사실 속으로는 인정할 수 없었다.

'난 그렇게 살 수 없어. 그건 이상일 뿐이야. 어디 자기들은 그렇게 살아보라지.'

어떤 악마는 속으로 외쳤다.

'말도 안 되는 소리…. 이상한 나비가 한 마리 와서 쓸데없이 비현실적인 말들을 지껄였어. 오늘 회의는 망쳤어. 앞으로 그런 나비가 오면 다 쫓아 버릴 거야. 괜히 이러쿵저러쿵 이야기를 시켜서… 에이, 잡쳤어. 얼마나 유익한 시간이었는데 쓸데없는 이야기로 시간 낭비했어.'

어떤 악마는 이성적으로 생각했다.

'아, 나도 그렇게 살고 싶지만, 그게 어디 쉬워? 아무래도 그건 나와는 상관없는 이야기 같아! 그러나 그렇게 살 수 있으면 참 편할 텐데…. 난 사실 악마로 살기도 너무 힘들어. 기쁘게 풍요롭게 살고 싶은데 그렇게 살기가 너무 고달파. 하지만 무엇이 문제란 말이야! 아직 난 잘 모르겠어. 그냥 오늘 좋은 말 한번 들은 것쯤으로 생각하지 뭐. 그 나비, 어디서 날아 왔을까! 내가 헛것을 본 건가? 나라는 존재가 헛것인가? 모르겠네!'

각종 생각이 생각의 꼬리를 물면서 회의의 여파는 계속 이어져갔다.

악마들은 어느 누구도 확실하게 인정하긴 어려웠지만, 한 가지는 고민되었다.

'왜 이렇게 평범한 우리를 두고 '악마'들이라고 표현할까! 그건 잘 모르겠다. 정말이지 내가 헛것을 좇아 살고 있는가, 내가 느끼는 진실이 헛것인가! 혹시 헛것이 그냥 내 생활이 되어 버렸는가! 잘 모르겠어. 그것부터 좀 고민해 봐야겠군.'

악마들의 회의는 이런 여운을 남기고 폐회되었다.

46. 어린이에게서 배우는 것들, 경이로움과 놀이

건강한 어린이의 두드러진 특징 가운데 하나는 경이로움과 놀이이다. 어린이는 삶을 충분히 누린다. 그들에게는 하루하루가 경이로움에 가득 찬 매혹적인 것이며, 모든 것이 신비하다. 어린이는 놀이와 웃음과 재미를 온 삶에서 느낀다. 위선이 없다. 정말 자연스럽고 흥미롭다.

요즘 손주들과 노는 시간이 많아서인지, 그들에게서 배우는 것들이 한두 가지가 아님을 느낀다. 나 자신의 마음 상태를 비춰주는 거울 역할은 말할 것도 없고, 삶의 근본적 방향을 생각하게 하는 것들도 있다. 가만히 지켜보고 있노라면 그들의 동작들이, 신의 움직임처럼 시간이 어떻게 가는지 알 수 없을 정도로 신비롭게 느껴진다.

건강한 어린이의 두드러진 특징 가운데 하나는 '경이로움과 놀이'라고 생각된다. 아이들은 모든 상황을 새롭고 놀랍게 받아들인다. 지나가는 119 긴급 차량을 보며 환호성을 지르고 경찰차를 보면서 힘차게 경례를 하는 모습, 가위바위보를 하며 깔깔깔 웃는 모습, 공사장의 각종 움직임들을 보며 무아지경인 모습, 나뭇잎을 만지며 장난치는 모습, 새로운 것들을 보면서 한없이 궁금해 하는 호기심어린 모습 등 우리가 당연하게 여기는 현상 앞에서 넋을 놓고, 상상하고, 움직이고, 창조한다. 아이들은 세상 모든 것이 놀이터요 놀이 그 자체이다. 삶이 바로 놀이터이다. 그들은 놀이를 결코 귀찮아하지 않는다. 어떤 놀이에 빠졌다가, 자연스럽게 자신의 몸과 마음의 상태에 따라 다른 놀이로 이동한다. 정말 삶을 충분히 누린다. 그들에게는 삶이 매혹적인 것이며, 모든 것이 기적이다.

어른은 그 반대이다. 시들하다. '그 날이 그 날'이라 지겹고 지치고 재미가 없는 모습이라고나 할까! 어른은 한마디로 삶의 경이로움과 매혹적인 하루를 잊고 사는 것이라는 느낌이 든다. 아이가 자라나 학교에 가고 세상의 요구에 순응하는 법을 배워 가면서 경이감은 점차 사라진다. 모든 일을 당연히 여기기 시작한다. 도구적 사고가 지배하고 실용적이 된다. 경이감은 더 이상 유용한 것이 못 된다. 경이감으로는 아무것도 성취할 수 없으니 그것을 억압한 채 살아간다. 아인슈타인이 이런 말을 한 적이 있다. "우리가 얻을 수 있는 가장 아름다운 체험은 신비체험이다. 이러한 감격을 낯설어하는 사람, 놀라움 앞에 멈춰 서서 황홀 속에 머물 줄 모르는 사람은 이미 죽은 사람이다." 경이감을 늘 간직하고 있는 사람들(혹은 되찾은 사람들)이 있는데, 그들은 바로 예술가와 시인, 신비가, 자연 애호가, 아인슈타인 같은 천재 과학자들이다.

최근 TV에서 '우주' 관련 천문학자의 이야기를 시청하면서, '아인슈타인 이후의 과학'에서 과학자들이 하루가 다르게 발견하고 있는 놀라운 현상들을 연구하고 있음을 실감했다. 억눌렸던 경이감을 회복하는 사람들이 점차 많아지고 있는 셈이다. 신과학 운동은 기계론적 세계관에서 탈피하여 우주가 신비로 가득 차 있다는 새로운 세계관에 주목하게 했고, 대다수 사람들 안에 있는 심원한 경이감과 황홀감을 일깨워 의식하게 했다. 어디 천문학자뿐이겠는가! 보통 사람들도 마찬가지이다. 무언가를 보고 듣고 경험할 때 놀라움을 느끼고 경이로움에 빠져 넋을 잃는 때가 있지 않은가! 경이로움은 특별한 느낌이나 정서라기보다는 어떤 상황에서도 느낄 수 있는 민감성을 동반한 심오한 체험이며, 더 중요하게는 일반적 의식의 한 형태라고 볼 수 있다. 경이로움은 열심히 일하고 노력한다고 얻어지는 결과가 아니라, 에고의 복잡한 생각에서 탈피하여 현재의 현상에 깊이 몰입할 때 일어나는 자연스러운 것이다. 어떤 현상에서, 자기식의 생각 속으로 빠져 들어가지만 않으면, 흘러가는 강물이나 구름을 보더라도 경이로움 속으로 들어갈 수 있다. 어쩌면 신비로운 의식(意識)에 잠겨 들 것이다.

물론 경이로움을 느끼는 것 자체가 우리의 성공이나 도덕적 성숙, 각자의 목표에 기여하지는 않는다. 다만 그런 느낌 속의 삶이 '진짜 살 만한 가치 있는 곳'으로 변한다는 데 있다. 경이감은 우리의 에고나 거짓 자기가 아니라 참 자기에서 나오기 때문일 것이다. 에고는 이기적 목적 때문에 참된 경이로움을 사용할 줄 모른다. 사실 에고는 우리의 경이로움을 전혀 조절하지 못하며, 다만 경이로움을 억누를 수 있을 뿐이다.

인격의 변화라는 내적 활동에서 중요한 부분은, 가능한 한 자주 자신을 경이로움에 따라 움직이도록 허락하는 일이다. 꽃을 피우는 식물에서부터 둥지를 트는 새들에 이르기까지, 자연은 이런 일을 시작하기에 훌륭한 환경이 될 것이다. 신과학은 매혹과 경이감을 위해 풍성한 자료를 제공한다. 예컨대, 인간의 각 세포마다 하나의 DNA가닥으로 엮인 유전자 지침은 6백 쪽짜리 책 1천 권 분량이 된다고 한다. 게다가 그 세포가 우리 몸에는 수십억 개나 있다. 인간의 뇌는 우수한 두뇌를 가진 인간이 만들어 낸 어떤 기술보다 더 복잡하며, 뇌에는 1천억 개의 신경중추가 있고 각각은 15만 개의 연결 고리를 갖고 있다고 한다. 아, 우리는 얼마나 놀라운 존재인가!

인간이 만든 기술도 경이로움의 대상이 될 수 있다. 컴퓨터는 인간의 재능이 이룩한 기적이다. 언어 역시 대단히 경이롭다. 세종대왕과 집현전 학자들이 우리의 글자를 만들다니, 너무 놀랍지 않은가! 글자 하나하나로 모든 문장을 연결시키며, 한 문장을 이해하기 위해 얼마나 많은

뇌의 움직임을 사용하겠는가! 어디 이것뿐이랴. 무궁무진한 것들이 있을 것이다. 말하자면 우리는 우주 안에 있는 모든 것을 하나의 기적이자 신비로 느낄 수 있다. 셀 수도 없는 대단한 것들에 대한 경이감을 당연한 것처럼 살고 있는 어른들… 놀랍게도 어린이는 아주아주 사소한 모든 것들에 대하여 경이감을 가진다. 그런 의미에서 어린이들은 그 존재 자체가 바로 '어른의 스승'이요 '예술'이요, '천재'이다!

어린이에게 배우는 대단한 것들 중의 또 다른 하나는 '놀이'이다. 정말이지 어린이들은 매일 논다. 삶 자체가 놀이이다. 매일 놀아도 놀 것이 있다. 놀이와 웃음과 재미를 창출한다. 어린아이는 흉내를 내면서 스스로 즐길 줄 안다. 엄마, 아빠, 간호사, 소방관, 보건선생님, 경찰관, 우주인, 의사 같은 어른들의 흉내를 내거나, 각종 중장비차를 운전하는 흉내를 내거나, 외계인을 상상하며 놀라는 시늉을 하기도 한다. 어른들이 함께 놀아주면 아이들의 웃음과 즐거움은 더욱 커진다. 위선이 없다. 정말 자연스럽고 흥미롭다. 겉으로만 보면 놀이와 위선은 유사하다. 둘 다 아닌 것을 가장하고 있으니까. 어린이가 재미를 느끼려고 흉내를 낸다면, 위선자는 진지하다는 것이 차이점이다. 위선자는 거짓으로 살지만, 어린이는 진실을 알고 있으며 그것을 재미있게 만든다.

놀이는 경이감과 마찬가지로, 우리가 자라면서 근엄해짐에 따라 잃어버리게 되는 어린이다운 자질 가운데 하나다. 우리는 때로 웃고 농담하지만 그러한 유머를 성숙함이나 해탈한 것과 결합시키는 사람은 거의 없다. 그러나 기쁨과 성숙함은 깊은 관련이 있다. 세상에서 일어나는 각종 문제는 웃을 일이 없는 것도 포함된다.

우리가 참으로 하늘의 뜻을 믿고, 우주의 위대한 활동에 희망을 가지고 온전히 참여하는 법을 배울 때, 우리는 어떠한 어려움에도 불구하고 다시 웃을 수 있고 어린이처럼 아무 근심 없이 기쁘게 존재할 수 있음을 깨닫게 될 것이다. 한번 관찰해 보라. 어린이는 완전히 양육자를 믿고 의지할 때 온전히 자신을 드러내고 모든 것에 참여하는 자세를 가진다. 어린이에게는 양육자가 바로 신이요, 하늘이요, 우주이다. 아이가 그렇게 느낄 때, 그는 온 몸과 마음으로 재미있고 유머스럽게 자신을 드러내는데 아무런 어려움이 없다.

우리가 본받고 배워야 할 모범으로 어른이 아닌 어린이를 제시한 대목이 성경에 나온다. 예수님이 이상적으로 꼽은 이미지는 영웅적 인물이나 엄청난 힘을 지닌 슈퍼스타가 아니었다. 현명한 노인이나 부처님 같은 명상가도 물론 아니었다. 제자들 앞에 내세운 진정 위대한 이미지는 바로 어린이의 그것이었다. 어른에게 인격 변혁이란 어린이처럼 되는 것을 의미했다. 왜일까?

심각하고 중대한 문제를 논의한답시고 제자들이 예수님에게서 어린 아이들을 떼어 놓으려 하자 예수님이 제자들을 꾸짖는다 "어린이들이 나에게 오는 것을 막지 말고 그냥 놓아두어라"(마르 10,13-14). 부모들은 축복을 받게 하려고 자녀들을 예수님 앞으로 보냈고, 예수님은 어린이들 안에서 더욱 고귀한 무엇, 참으로 경탄스럽고 사랑스런 어떤 것을 보았다. 하느님 나라의 무언가를 어린아이들 안에서 본 것이다. "사실 하느님의 나라는 이 어린이들과 같은 사람들의 것이다"(마르 10,14-16 병행). 어린이들은 보살핌 받아야 하고 무시당하기 쉬운 '보잘것없는 이들'이라 사랑받는 것이 아니다. 아이들은 그냥 사랑스러운 존재이다. 누군가 강압적인 통제만 이루어지지 않는다면 어린이들은 개방되어 있고 성실하며, 진정 놀라운 방식으로 꾸밈없이 세상을 신뢰한다.

제자들이 누가 가장 위대한지 논쟁하고 있을 때 예수님은 어린아이 하나를 품에 안았다(마르 9,30-37 병행). 그리고 "사회에서 제일 작은 사람, 제일 천한 사람이야말로 가장 큰 사람이다."(루카 9, 48)라고 하셨다. 예수님이 어린아이를 꼽은 것은 어린이는 철저한 겸손의 모범이었으니(마태 18, 3-4) 우리들도 어린이처럼 겸손해야 할 것이라는 의미도 있다. 겸손이라는 개념조차 없는 어린이들은, 그야말로 겸손하며 그저 삶을 놀이의 한 현장으로밖에 느끼지 않는다.

겸손함과 노는 재미를 느끼는 것은 관련성이 있다. 자연스럽게 놀이에 집중하려면 '자기'를 내세워서는 안 된다. 겸손해야 한다. 어린이들이 자연스럽게 가지고 있는 겸손! 어른이 되어가면서 자기애(自己愛)가 강해지면서, 즉 에고가 팽창하면서 겸손은 점점 사라진다. 사실 어른들은 그저 겸손하겠다는 결심만 가지고는 겸손해질 수 없음을 알아야 한다. 결심과 의지가 굳다고 해서 겸손해지는 것은 아니다. 노력하면 할수록 성공할 확률은 높아질지 모르나, 겸손이 없는 노력은 에고의 일이기 때문에 결국 성공하지 못한다. 우리가 할 수 있는 일은 자만심 많고 겸손할 줄 모른다는 사실, 즉 전자동적인 습관의 에고 작용을 잘 알아차리는 것이다. 겸손은 진실의 문제, 곧 우리 자신에 대한 진실을 인식하는 문제다. 실상은 그렇지 않은데도 다른 사람들보다 우월하거나 열등하다고 상상한다면 자기 자신에 대해 그릇된 이미지를 가지게 될 것이다. 자기 자신에 대한 진실을 알려면 우월과 열등 따위의 비교가 모두 쓸데없다는 것을 깨달아야 한다. 비교와 경쟁은 에고의 작품이다. 에고는 자기 자신에 대한 그릇된 이미지이므로, 에고의 토대를 허물고 활동을 막는 최선의 방법은 비교나 경쟁 없이 자기 자신에 대한 진실을 점차 깨우쳐 가는 것이다. 다시 말해, 참 자기를 더욱 또렷이 의식해 가면서 우리는 어린이처럼 겸손해져야 한다. 인간의 참 자기로 꼽은 이미지가 바로 어린이였다. 그렇게 될 때 진짜 재미있게 놀 수 있다.

자궁 속 태아와 갓난아기들에게는 '근본 신뢰(basic trust)'라는 것이 있다. 이것은 개념 이전의 무의식적인 것으로 자연스런 본능이다. 아기는 자신이 환경과 하나라고 느끼며 사람이나 사물을 불신할 만한 아무런 이유를 못 느낀다. 자라면서 점차 독립해 가고 거부를 겪으면서 어린아이는 불신을 배우고 타인과 환경에 의심을 품게 된다. 고립된 에고는 지배적이고 공격적이고 두려워하고 불신하며 자기 환경을 통제하고 싶어 한다. 그러면서 '경이로움'을 잃어가고, '재미로움'을 잃어간다.

그러므로 살아가면서 세상에 대한 근본 신뢰 즉 우주의, 신의, 하늘의 현상들이 참된 부모라는 것, 우리는 그 속에서 한껏 놀고 즐기며 살아가는 어린이 같은 마음으로 살아간다면 참으로 멋지게 한 생을 살다가 마감할 것이다. 어린이가 자연스럽게 가진 것들, 예컨대 경이로움과 노는 재미를 유심히 바라보며, 그곳에서 얼마나 큰 배움이 있는지를 다시 한 번 눈여겨보자.

47. 하늘이 나에게 내린 선물은 무엇일까!

나 자신에게 내린 운명 같은 일은 무엇일까! 나 자신이 어떤 고난 속에서라도 해야 하는 것이 과연 어떤 것일까! 남들이 뭐라고 하든, 사회적 경제적 기준이 무엇이든, 나의 심리적 상태가 어떠하든, '하늘'이 내게 내린 것들을 조용히 숙고하는 시간이 필요하다. 정말이지, 과연 하늘이 나에게 내린 선물은 무엇일까!

한 번쯤 '하늘이 내게 내린 운명은 무엇이었을까'를 생각해 본 적이 있는가! 우리는 좋은 능력과 하찮은 능력을 분별하며, 좋은 능력은 행운인 것처럼, 하찮은 능력은 불행한 것처럼 여기는 기준이 있다. 스스로를 조용히 되돌아보면 그 기준에서 자유로운 사람이 몇 명이나 있을까라고 생각될 정도로, 남에게는 '사람은 누구나 다 평등하다!'라고 외칠지는 몰라도, 내 가족에게 그 기준을 적용시키기는 쉽지 않다. '하늘이 나 자신에게 내린 중요한 선물'을 진정으로 있는 그대로 수용하여 활용하고 즐기기는 참으로 어려운 일이다. 우리들 대다수는 좋은 것은 수용하고 좋지 않다고 생각되는 것은 거부하는 가운데, 결국 좋고 나쁨의 경계를 가지게 된다.

아마도 이 글을 읽는 여러분은 역사 시간에 사마천의 '사기(史記)'를 한 번쯤 들어보았을 것이다. 어떤 내용인지는 몰라도 그런 것이 있다는 것은 들어본 적이 있을 것이다. 사마천의 삶을 통하여 진정 하늘이 한 인간에게 내린 운명 같은 선물, 이 선물을 과연 본인 스스로는 제대로 사용하며 살고 있을까를 느껴보는 시간을 가져보자. 아래의 글은 윤재윤님(2022)의 원문에다 필자의 견해를 삽입한 것이다.

'사기(史記)'는 기원전 90년경에 사마천이 쓴 방대한 서적이다. 기존의 틀, 즉 제왕의 연대기로 정리하여 편찬된 밋밋한 내용에서 탈피하여, 다양한 인물을 생생하게 묘사하고 사회의 구조와 변화에 대하여 일관된 해석을 제시한 최고의 역사책으로 꼽힌다. 130권이라는 방대한 책을 홀로 썼다는 사실이 경이롭게 느껴진다. 그가 고관이나 대학자가 아닌 평범한 관료, 즉 일반적인 공무원이었기에 더욱 놀랍다. 그렇다면 그가 이런 대단한 책을 집필한 배경을 살펴보자.

사마천에게 역사책을 쓰는 것은 운명이었던 것 같다. 전해 내려오는 바에 의하면 부친은 궁중에서 의례를 담당하는 관료였는데, 역사책이 필요하다는 생각을 갖고 있었다. 부친은 자식의 영특함을 알아보고는 철저하게 공부를 시켰고, 그가 20살이 되자 어렵게 여행자금을 마련하여 곳곳을 둘러보도록 하였다. 사마천은 그때부터 역사적 현장을 직접 보고 관련 인물들의 일화를 수집하면서 식견을 길러 나갔다. 그는 각종 문서와 책을 보고 역사 서술 방법을 연구하였다. 이전의 역사책들과는 달리 여러 인물의 행적, 사회제도와 경제 등을 함께 서술하는 기전체(紀傳體: 역사적 사실을 서술할 때 본기本紀, 세가世家 열전列傳, 지志, 연표年表 등으로 구성하는 역사 서술 체재로서 사마천의 사기에서 비롯되어 중국·한국의 역대 왕조에서 정사正史 서술의 기본 형식으로 자리 잡았다)라는 특수한 방식을 창안하였다. 그 내용의 인물로 건달, 점쟁이, 유세객 등 다양한 하층민들까지 뽑아서 생생하게 쓰기로 마음먹었다. 이런 구상이 끝나자 그는 42세에 본격적으로 집필을 시작하였다. 그러나 5년 가까이 지났을 때 엄청난 불행이 닥쳤다. 흉노족 토벌을 위해 참전하였던 이릉이라는 장군이 항복하는 일이 생겼는데, 이릉이 승리하였을 때는 앞다투어 칭찬한 대신들이 갑자기 이릉을 비난하기 시작했다. 사실 이릉이 패배한 것은 아무런 후속 지원이 없었던 상부의 전략 착오 때문이었다. 사마천은 대신들의 비겁함을 참을 수 없었고, 홀로 이릉에게 잘못이 없다고 변호하였다. 성격이 급한 한무제는 이에 격분하여 그 자리에서 그를 감옥에 가두었고, 사형과 궁형 중 선택을 하라는 결정을 내렸다. 궁형은 생식기를 제거하는 형벌인데, 사대부들은 궁형 대신 사형을 택하는 것이 대부분이었다. 궁형은 극한의 치욕이었기 때문이다. 그러나 사마천은 뜻밖에도 궁형을 택하였다. 오랜 시간이 지난 뒤에 그는 그 이유를 아래와 같이 밝혔다.

"제가 이런 모욕을 견디며 더러운 흙 속에서 뒹굴면서도 목숨을 버리지 않았던 까닭은 제가 하고자 하는 일을 다 하지 못한 한을 풀기 위함이었으며, 죽은 후에 제 문장이 세상에 나오지 못할까 두려웠기 때문입니다."

그는 몸이 풀려 난 후 다시 집필을 시작하였다. 몇 년 후 한무제는 미안했는지 그에게 다시 관직을 주었지만 그는 이미 사회적으로 죽은 사람과 다름없었다. "백 살이 되더라도 저의 수치심은 사라지지 않을 것입니다. 하루에도 아홉 번씩 창자가 뒤틀리는 아픔을 느낍니다. 집에 있으면 멍하니 무엇인가를 잊은 듯하고, 집을 나서면 어디로 가야할지 알 수 없습니다. 이 부끄러움을 생각할 때마다 등골에 땀이 배어 올라 옷을 적십니다."라고 쓸 정도였다. 이런 모멸감 속에서도 그는 집필을 이어 나갔다. 이런 경험 때문이었을까! 사기에는 인간의 비극적 운명에 대한 이야기가 유달리 많다. 인물 112편 중 57편이 비극적 운명을 맞은 사람들의 이야기이며, 이 부분에 특히 분노와 격정에 찬 문장이 많다. 또한 각 인물 전기의 끝에 자신만의 해석을 내리는데, 그 사람의 정수를 파악하여 공과(功過)를 고르게 평함으로써 후세 사람들에게 삶의 흐름과 결말을 생각하도록 하였다.

어쩌면 사마천이 궁형을 당하지 않았어도 사기는 쓰였을 수 있고, 그의 능력을 볼 때 최고의 역사책이 되었을 것이다. 하지만 그는 극한의 고통을 겪으면서도 하늘이 자신에게 내린 선물을 매우 소중하게 다루었고, 그것을 세상에 드러내었다. 오히려 자신의 비극을 깊이 있고 일관된 역사의식으로 승화시켰고, 이로 인하여 사기는 더 깊은 예지를 품은 책이 되었다. 한 사람의 비극이 다른 이들에게 큰 도움이 된다는 사실은 삶에서 부딪히는 역설 중의 하나가 아닌가. 그가 생존을 계속하며 책을 쓸 수 있었던 것은 책을 써야 한다는 운명적 힘을 깊이 느꼈던 때문이 아닐까 싶다. 하늘이 내린 선물을 사용할 때는 하늘이 돕는다는 느낌이 든다. 즉, 운명적인 힘이 그를 끌어 주었기 때문일 것이다. '역사를 통하여 인간의 본성과 세상의 이치를 밝히고자 세웠던 뜻' 그 자체가 그의 빛이며 하늘이 내린 중요한 과업이 아니었을까! 그는 그 과업을 어려움 속에서도 받아들이고 해낸 것이다.

우리 스스로를 한 번 느껴보라. 나 자신에게 내린 운명 같은 일은 무엇일까! 나 자신이 어떤 고난 속에서라도 해야 하는 것이 과연 어떤 것일까! 남들이 뭐라고 하든, 사회적·경제적 기준이 무엇이든, 나의 심리적 상태가 어떠하든, '하늘'이 내게 내린 것들을 조용히 숙고하는 시간이 필요하다. 정말이지, 과연 하늘이 나에게 내린 선물은 무엇일까!

세상에는 자연스럽게 운명 같은 일이 무난히 다가와 자신의 직업이나 과업으로 살아가는 사람도 있고, 뜻하지 않은 어떤 사고나 위험에 처해서 저절로 하늘이 내린 운명 같은 삶을 살 수밖에 없는 사람도 있을 것이다. 어쩌면 그 사고나 위험이 닥친 중요한 이유가 '하늘이 내린 운명'을 살펴보게 함이었을까! 정말 어쩔 수 없이, 더 이상 나아갈 곳 없이 부딪혀서, 피해갈 수 없는 막다른 골목에서, 그 길을 선택하는 사람들도 있다. 정말 싫은데, 하기 싫은데, 가장 싫어하는 것이었는데, 내가 원하는 것이 아니었는데, 왜 나에게 이런 것들이 닥칠까라고 한탄하지만 바로 그 일이 내게 맞닥뜨려진 바로 나의 현실이라는 것, 내게 주어진 지금-여기에서의 그 무엇이라는 것, 이런 점들을 생각해 보게 된다.

문제가 되는 점은, 그렇게 나에게 닥친 현실을 수용하지 않고 불행으로 여긴다는 것이다. 그렇게 되면 운명같이 내게 온 것들에 최선을 다하지 않고, 최대의 능력이 나오지 않는 것은 당연하다. 그리고 내 인생은 실패라는 느낌이 든다. 운명 같이 내게 온 것들을 피하고 싫어했으며, 재수 없다고 생각하며 복도 지지리도 없다고 거부하였던 것들을 성찰해 보자. 만약 그것을 그 당시에는 너무나 싫고 가능하면 최대한 피하고 싶었지만, 피하지 않고 마음을 가다듬으면 어떨까! 그것을 수용하고 인정하며, 즐기기 시작한다면 어떨까!

사마천과 같은 거대한 역사가에 대한 이야기에 이어, 우리 주변의 평범한 사람의 예도 살펴보자.

어떤 분이 돈 벌 생각으로 영·수 과외를 하고 있었는데, 너무나 고달프고 싫어서 어떻게 하면 이것을 하지 않을까 하고 생각했단다. 돈은 좀 벌지만, 아이들을 가르치는 것 자체가 너무 귀찮고 지겹고 싫었단다. 그래서 그만두고 다른 것을 하려고 몇 번이나 쉬고, 방과 후 교사도 했다가, 학원선생님도 했다가, 회사에도 취직했다가, 알바도 하는 등 이것저것 해 보았는데, 노력한 만큼 돈을 벌지 못하는 것도 속상하고 힘들어서 다 그만두고 또 과외를 시작할 수밖에 없었단다. 참고로 남편의 직장이 불규칙적이어서 경제적 안정이 되어 있지 않다는 것이 가장 큰 고통이었다. 불평불만 속에서 경제적으로 도움 되는 과외를 쭉 하고 있었던 참이었다. 남편은 끊임없이 직장을 물갈이하여 안정적이지 않았다. 남편에 대한 불신과 증오로 점점 부부사이도 나빠지고, 아울러 자녀에게도 좋지 않은 영향이 미쳤다. 너무 속상하고 괴로워서 '이번 생은 망했다.'라고 생각하며 얼굴에 늘 고민을 달고 다니고, 우울한 마음으로 몸과 행동에 지친 기색을 보이며 살았다. 그러던 어느 날 아이가 집을 나가고 공부를 제법 해 왔던 학교를 그만두면서 이상한 아이들과 어울리는 등 엄청난 어려움이 닥치기 시작하였다. 그래서 어쩔 수 없이 상담센터를 찾게 되었다.

상담을 하는 과정에서, 그는 자신의 일을 너무나 싫어한다는 것에 대하여 생각해 보기 시작하였다. 사실 그는 대단한 달란트로 학생들에게 성적을 올려주는 능력 있는 과외선생님이었다. 그에게 배운 학생들은 진학에 매우 큰 도움을 받고 있었다. 배웠던 학생들의 학부모가 계속 소개하여 약 15년 동안 지속적으로 학생들이 들어왔다는 것을 새롭게 느끼게 되었다. 그는 자신의 능력을 매우 하찮게 여기고 있었던 것이다. 얼마나 안타까운 일인가. 스스로는 별로 대단한 대학을 나온 것도 아니고, 그렇고 그런 지방대학을 나와서 평범한 영·수 과외를 한다고 생각했는데, 많은 학부모들이 "선생님이 가르치면 애가 굉장히 쉽게 알아들어요. 샘은 가르치는 능력이 우수하신 것 같아요. 좋은 대학을 나온 과외샘들에게도 배워보았는데, 아는 것과 가르치는 것이 다른 것 같아요. 정말 감사합니다."라는 후일담을 자주 들었지만 대부분의 이야기는 다 귓등으로 넘겼다. 말하자면, 하늘이 내린 자신의 달란트를 수용하지 않고 울며 겨자 먹기로 겨우겨우 버티며 해 왔던 것이다.

자신이 가르치는 능력이 매우 우수하고 대단하다는 인식이 들어오면서부터, 그는 자신의 일을 좋아하기 시작했다. 그리고 가르치는 학생들을 편하게 대하였다. 자신 스스로를 좋아하기 시작하니까 상대방을 좋아하게 된 것이다. 그리고 남편이 틈틈이 가사(家事)에 적극적으로 참여하는 것이 눈에 보였다. 늘 그래왔던 것인데 이제야 보였다. 가끔씩 불규칙적이지만 그래도 꾸준히 기본생활비는 벌어 왔었는데, 그의 생각에는 무능한 남편이라는 딱지를 달았기 때문에 한 번도 인정해 준 적이 없었다. 그의 마음이 변하기 시작하자, 남편을 대하는 태도가 달라졌다. 그러자 남편은 집안일을 더 열심히 하고, 직장도 나름 열심히 다니고 생활이 점점 편안해져 갔다. 이렇게 자신의 '하늘이 내린 선물'을 진정 알게 되고 수용하게 되자, 모든 것은 풀리기 시작했다. 큰돈도 벌었다. 남편이 고마웠다. 경제적 열등감을 느끼지 않고 자신감 있게 살아주는 태도가 너무 고마웠다. 아이도 서서히 가정으로 들어오기 시작했다. 그리고 모든 것이 좋아졌다.

우리가 '하늘이 내린 선물'을 안다는 것도 중요하지만, 그것을 수용하고 감사하게 받고, 발휘한다면 얼마나 편하고 즐겁게 일을 할 수 있을까! 진정한 성공은 바로 그것을 알아보는 것이 아닐까 싶다.

"하느님의 계획에 따라 부르심을 받은 사람들에게는 모든 일이 서로 작용해서 좋은 결과를 이룬다."는 성경 구절(로마서 8, 28)이 있다. 어쩌면 우리 모두에게는 스스로에게 가장 알맞은 어떤 부르심이 있을 것이다. 문제는, 그것을 받을 것이냐 거부할 것이냐이다. 가만 느껴보라. 하늘이 내린 아무리 좋은 것들도 우리 스스로가 인정하지 않고 수용하지 않으면 아무런 노력을 기울이지 않을 것이다. 그러면 그것이 이 세상에서 작용할 수가 없다. 우리에게 주어진 어떤 것을 받아들이고 사랑하면서 쓰임새가 작동되게끔 연구하면, 하늘의 부르심이었으니 하늘이 도울 것이다. 즉, 우주의 힘이 함께 작용하여 모든 것을 이루어낼 수 있다는 뜻이 아닐까 하고 생각해 본다. 하늘이 우리 자신에게 내린 선물을 다시 한 번 깊이 느껴보자.

- 위 내용의 일부는 윤재윤님(2022)의 글에서 인용, 재해석되었음을 밝힙니다. -

48. 셀프상담, 내부 두 항아리의 대화
(소소한 일상의 불편함)

"이렇게 자네처럼 내부에서 대화를 이끌어 내지 않는 이상, 정말 순식간에 자네의 왼쪽 항아리(에고 항아리)는 자네의 영혼을 정신없게 만들 걸세. 의식 성찰을 매일매일 하지 못할 경우, 우리 모두는 에고로 인하여 정신을 거의 차리지 못하고 살아가는 셈이지. 인간 세상에서, 바로 이것이 문제의 핵심이라는 점을 다시 한 번 말해 주고 싶네. 대부분의 사람들은 어떤 문제가 닥칠 때만 자기를 생각하거든! 평소에 의식 성찰 훈련이 되어있지 않으면 문제가 발생했을 때 당황하고 괴로워하는 것으로 끝나지. 근본적인 성숙을 이루어내긴 어렵지. 현실은 늘 우리를 영적으로 진보하도록 무엇인가를 제공한다네. 그래서 평소 의식 성찰 훈련은 정말 중요하다네."

아침에 일어나서 괜스레 기분이 우울하다. 뭐가 뭔지 잘 모르겠다. 왜 내 자신의 기분이 이렇게 꿀꿀한지! 잠시 조용한 시간을 내어본다. 앞의 글처럼 내면에 두 항아리가 있다고 생각한다. 왼쪽 항아리는 에고의 항아리라고 상상하여도 좋고, 경험적 자아라고 보아도 좋다. 즉 '에고 항아리는 내담자'라고 보면 된다. 오른쪽 항아리는 성령의 항아리라고 상상하여도 좋고, 관찰적 자아라고 보아도 좋다. 즉, '성령 항아리는 상담자'라고 상상해 보자. 두 항아리가 대화하면서 소소한 일상의 불편한 마음을 다스려보려고 한다. 말하자면 셀프상담이다. (왼쪽의 에고 항아리

는 '에', 오른쪽의 성령 항아리는 '성'으로 표기함)

성: 자네, 오늘 아침 인상이 안 좋아 보이는군. 무슨 일 있었나?

에: 아, 좀… 마음이 안 좋아요. 특별한 일은 없어요. [침묵]

성: 특별한 일은 없구나! 그럼 일상적인 일에서는 어떤가!

에: 일상이라고 하니까 문득 생각이 나네요. 늘 있는 일이긴 한데, 친정엄마가 손자의 요구를 너무 빨리 들어주는 것이 마음에 안 드네요.

성: 언제 그런 일이?

에: 가까이 살면서 제가 출근하면 집에 오시니까, 거의 한 집에 사는 것과 마찬가지이죠. 늘 우리 애(7살)에게 하는 태도 등 여러 가지가 걸리고 못마땅했었어요.

성: 늘 있었던 일이긴 하나 어제는 괜찮았었는데…! 오늘 아침, 인상이 이렇게 안 좋을 만큼 어떤 일이 있었는가?

에: 아, 어제까지는 애랑 놀 때 거기에 집중하니까 아무렇지도 않았고요. 밖에 볼일 보러 나갔을 때는 또 그곳 상황에 집중하다보니 잊어버렸어요. 아침에도 별일은 없었어요. 그런데 지금 생각해 보니, 어제 엄마께 살짝 그렇게 하시지 말라고 카톡으로, 내 딴에는 정중하게, 이런저런 말씀을 드렸어요. 그런데 왠지 어제의 내 카톡 내용을 보시고 썩 아침에 기분이 안 좋아 보이고, 또 기분 나쁘게 생각하실 것 같이 느껴지니까, 오늘 아침에는 엄마 얼굴 보기가 불편하고 안 좋네요.

성: 아, 그렇구나. 아무래도 부모님께 불편한 소리하고 나면 마음이 좀 안 좋지. 평소에 좀 착한 편에 속하는군. 불편한 말 했다는 것 자체가 내 마음을 이렇게 괴롭게 만드니…. 그건 그렇고! 그럼 오늘 아침의 자네 불편함은 손자에 대한 친정엄마의 태도 때문이라기보다는, 어제 보낸 카톡으로 어머님의 편치 않은 모습을 자네가 느끼니까 마음이 안 좋다는 말이군….

에: 그런 셈이네요.

성: 인상 쓴, 기분이 좀 안 좋은 지점이 엄마에 대한 자네의 불편한 소리, 그에 대한 느낌 때문이라는 것이지?

에: 아, 네. 그렇네요. 갑자기 엄마에게 갔던 포커스가 제 느낌으로 오니까 약간 얼떨떨하네요. 뭔가 방향이 다른 것 같기도 하고.
[둘 다 침묵]

에: 상대 때문이라고 생각했는데 일단 상대에게 전한 나의 편지에 대한 불편함… 내가 상대를 참 많이 신경 쓰네요. 사실, 엄마가 불편하실지 안 그럴지 정확한 것도 아니에요. 그것도 추측에 의한 나의 느낌인 셈이죠. 아…불편한 말을 해서 갈등이 일어난다는 것, 진짜 피하고 싶네요.

성: 갈등을 일으킨 본래의 상황보다, 일어나는 갈등 자체가 많이 불편하구나! [침묵] 여기까지 이야기하고 나니 자네 느낌이 어떤가?

에: 제가 많이 예민한 건가요?

성: 난 자네 느낌을 묻고 있네!

에: 제가 예민하다 대답했는데요.

성: 그건 느낌이 아니라, 자신의 느낌을 피하거나 못 알아차리고, 그냥 자신의 상태를 나에게 묻듯이 얼버무리는 것 같은데….

에: 네?

성: [침묵]

에: 음… 다시 한 번 물어주실래요? [침묵] 좀 멍해지네요.

성: 얼마든지 다시 물어줄 수 있으니 멍한 채로 1분만 좀 있어 볼까?
[1분, 가만히 멈춤] [둘 다 5분 가량 더 침묵]

에: 제가 친정엄마 심기에 대해 너무 눈치를 많이 보네요.

성: 자네는 또 자네를 분석 내지는 설명함으로써 자네의 감정을 느끼지 않고 있네. 아님 느끼지 못하고 있네. 난 자네의 느낌을 물었었네. 오늘 아침 친정엄마에 대한! 엄마 때문이 아니라 엄마에 대한 자네의 편지, 그리고 엄마가 느꼈을 감정 때문에 불편하고, 그 불편한 느낌 때문에 자네가 오늘 아침 편치 않다는 것을 이야기했고, 그러고 난 뒤 난 자네에게 여기까지 이야기하고 나니 느낌이 어떤가라고 물었었지.

에: 아, 그렇네요. 저의 기질대로, 습관적으로 하네요. 저 자신은 일부러 그러는 것이 아니라, 그냥 늘 하던 대로 하는 거예요. 음, 나의 느낌을 내가 방어하는군요. 진짜 자동으로 제가 그러네요. 일부러 그런 것은 진짜

아닌데….

성: 잘 알고 있네. 이해도 하고 있고…. 자네 느낌은 어떤가에 집중해 보게!

에: 음, 제 느낌은……. [침묵]

성: [기다림]

에: 상대 쪽만 생각하다가 제 쪽으로 포커스가 와서 그런지는 몰라도 뭔가 모르게 덜 답답? 약간 환해지는? 느낌 음… 잘 모르겠네요. 느낌을 말하기가 쉽지 않네요.

성: 아 그런가!

에: [침묵]

성: [조용히 더 기다리다 조그마한 목소리로 천천히] 덜 답답해지고 약간 환해? 라고 까지 난 들었네. 갈등이 일어나는 것이 싫다고도 이야기를 했네.

에: 진짜 엄마랑 갈등 일어나는 게 참 불편해요. 그것 자체를 피하고 싶어요. 뭔가 답답하고 깜깜하다고나 할까! 참 힘든 대상이에요.

성: 그래! [침묵] 나랑 이야기할 때는 피하지 말고 있는 그대로 말을 해 볼 용기를 내어보게.

에: 초점이 친정엄마가 손자를 대하는 태도보다는, 엄마에 대한 제 느낌에 대한 것으로 집중되니 한발 떨어져서 보이네요. 뭔가 깜깜했는데 약간 멀리 햇빛이 들어오는 느낌이라 할까. 사실 우리 엄마, 참 감사한 분이세요. 엄마 나름대로 적절히 조절 중이시고, 우리 엄마도 인간인데 시행착오를 겪을 수 있고, 그래도 정말 근면, 성실, 책임감 있게, 나름 지혜로운 태도로서 노력하시는 분이세요. 그리고 저를 무척 배려하시고, 솔직히 말해서 다른 할머니보다 지혜로우시고, 손자 말을 귀담아 들으려고 하고, 약간 걸리는 일도 참고 견디시고, 정말 노력하시는 분이세요.

성: 조금 전과 다르게 엄마에 대한 감사함을 말하고 있네. 자네 느낌이 좀 환해졌는가 보군!

에: 아…, 네.

성: 그러다보니 엄마의 다른 측면이 보이는 모양이네.

에: 네, 진짜 수고 많으세요.

성: 그렇지. 엄마에 대한 장단점 모두 나도 동감하네. 그 정도라면 훌륭한 편이라고 생각하네. 아주 여러 측면에서….

에: 저도 인정해요. 이야기를 하다 보니 제가 참 완벽함을 요구하고 있군요.

성: 너무 빨리 자책하거나 분석하지 말고! 감사한 것과는 별도로 좀 못마땅한 부분이 있을 수가 있네. 모든 사람은 완벽할 수 없고, 내 마음에 다 들 수 없으니. 사실 감사한 것과는 별도로 좀 못마땅한 부분이 있을 수 있지 않은가! 본래 말하고자 한 부분은 걸리는 부분이었던 것 같으니, 말하고 싶었던 부분을 이야기 해보게.

에: 네! 아무래도 한집에 살다보니 좀 걸리는 부분이 있어요. 불편하구요. 생활방식도 다르고요. 음식 취향도 달라서요. 엄마가 해 주신 음식은 저희 입에는 맞지 않아요. 그래도 자꾸 엄마가 해 준 음식 먹으라고 하는 것도 부담되고요. 떨어져 있을 때는 너무 감사한데요. 어떨 땐 죄송하기도 하고요. 제 직장 때문에 이렇게 수고해 주시는 점, 너무 고마운데요! 같이 있을 때는 여러 가지로 불편해요.

성: 충분히 이해하네. 어느 누구라도 좋은 부분만 있을 수 없고, 나쁜 부분만도 있는 게 아니니….

에: 이것을 일일이 말하기는 좀 곤란해요.

성: 그렇지.

에: 약간이라도 인상 쓰고 나면 죄책감 들고, 말 안하려니 좀 답답하고…. 늘 그런 편이에요. [침묵]

성: 이해하네. [침묵] 엄마에 대한 느낌은 이해할만 하지. 문제는 솔직하게 대화하면서, 걸리는 것을 풀 수 있는 관계 능력이 중요하겠지.

에: 엄마랑 이렇게 걸리는 것을 풀기가 쉽지 않은 것 같아요. 그건 꼭 엄마 때문이라기보다는 제 문제도 같이 있어요. 엄마랑 저랑 비슷한 면이 있어서 둘 다 자기가 생각한 대로 꼭 하려고 하거든요. 뭐라고 이야기하면 부딪치게 되어 있고요. 그리고 서로 풀려고 하지는 않아요. 갈등이 싫으니까요. 이야기하다보니 엄마 몫은 두고, 제가 조금 걸리는 것이 있으면 꼭 제대로 해야 하는, 빨리 수정하려 하는, 집착으로 빠지는 경향에 대해 생각이 나는군요. 애도 자기 하고 싶은 것이 있으면 꼭 당장 하려고

하는 것 때문에 징징거리고 떼쓰는데, 저랑 비슷하군요. 엄마도 애가 그럴 때 혼내시기도 하고, 속상해 하시기도 하고요. 솔직히 말해서 엄마도 그런 측면이 있고요. 우리 모두가 좀 비슷하네요. 엄마 것은 두고, 제 문제가 더 보이네요.

성: 그렇지. 어때…! 그렇다면 엄마에 대한 이야기를 하고 싶은가! 자네에 대한 이야기를 하고 싶은가?

에: 이야기하다 보니 자꾸 제 이야기를 하고 싶네요.

성: 집착으로 빠지는 경향, 빨리 수정하고 싶은 경향 등 말이지!

에: 네. 그런 것들이 자꾸 떠오르네요.

성: 자네가 좀 그런 면이 있지. 그래도 자네는 빨리 이렇게 자신을 성찰하는 태도가 있지! 사람은 누구나 다 자신이 짊어지고 가야 하는 십자가가 있는데, 대부분 자신 내부의 에고 농간에 의하여 자신을 방어하려고 하지. 자신의 그런 측면을 십자가로 여기고, 그 십자가를 지고 가려고 하지 않고, 상대를 바꾸려고 하거나 불평불만만 하고 살지!

에: 에고의 농간!이라고 했나요?

성: 그렇지. 그 에고로 현실을 살아나가지. 물론 에고는 정말 친구처럼 소중한 것이기도 하지만, 그 에고가 주인이 되어 나의 훌륭한 좋은 면을 부수고 자기 마음대로 하도록 둬서는 안 되지. 그러니까 필요할 때 에고를 쓰는 것은 좋으나, 그것이 자네 전부를 지배해서는 안 된다는 뜻이네. 스스로의 욕구 혹은 욕망에 지배당해서는 안 된다는 의미이지.

에: 네~~, 참 쉽지 않은 화두군요. 에고의 농간은 순식간에 저를 휘감는데….

성: 아마도 많은 사람들이 그럴 거야. 에고를 알아차리고 벗어나기는 쉽지 않아. 개인의 문제라고는 생각하지 말게! 얼마나 자신의 의식 상태를 성찰하는가, 즉 수행하는 자세를 가지는가가 관건일 뿐, 인간이라면 대부분이 그렇다네. 인간 조건의 하나일 뿐이라는 사실을 이해하고 수용해야겠지.

에: 네. 그런데 자의식이라 할까, 에고의 항아리라 할까, 이것들은 깨어있지 않는 순간 훅 쓰나미처럼 제 영혼을 어둡게 만드는 것 같아요

성: 정말 그렇다네. [침묵] 이렇게 자네처럼 내부에서 대화를 이끌어 내지 않는 이상, 정말 순식간에 자네의 왼쪽 항아리는 자네의 영혼을 정신없게 만들걸세. 의식 성찰을 매일매일 하지 못할 경우, 우리 모두는 에고로 인하여 정신을 거의 차리지 못하고 살아가는 셈이지. 인간 세상에서, 바로 이것이 문제의 핵심이라는 점을 다시 한 번 말해 주고 싶네. 대부분의 사람들은 어떤 문제가 닥칠 때만 자기를 생각하거든! 평소에 의식 성찰 훈련이 되어있지 않으면 문제가 발생했을 때 당황하고 괴로워하는 것으로 끝나지. 근본적인 성숙을 이루어내기가 어려운거야. 현실은 늘 우리를 영적으로 진보하도록 무엇인가를 제공한다네. 그래서 평소 의식 성찰 훈련은 정말 중요하다네.

에: 그런 것 같아요. 그런데 의식 성찰 훈련이라는 것이 뭔가요?

성: 그냥 하루를 회고하며 반성할 것은 반성하고 감사할 것은 감사하는, 일기를 쓰는 듯한 고요한 시간이지. 자네가 할 수만 있다면, 이 시간은 매우 소중한 결실을 맺게 해 줄 걸세. 내 말이 좀 길었네. 지금 자네 느낌은 어떤가?

에: 좀 편해지네요. 조금 전보다 훨씬!

성: 그렇다면 다시, 제일 처음 꺼냈던 이야기로 돌아가 보자고. 자네의 친정엄마에 대한 현실적 불만을 한번 다루어 볼 생각이 있는가? 아님 그냥 이 정도로써 편해졌으니 시간을 두고 지켜볼 것인가?

에: 사실 입장 바꿔 생각해보면 친정엄마는 다른 할머니들에 비해서는 지혜롭게 잘하고 계시고, 주변 여건도 훨씬 편하게 제공해 주세요. 그리고 저를 비롯한 우리 형제자매들의 현실을 보면, 자식들을 잘 키워 오신 편에 속해요. 미성숙한 젊은 나이였을 텐데도 말이죠. 아 뭐, 그렇다고 자식들이 대단히 성공하였고 완벽하다는 뜻이 아니고요. 그냥 제 앞가림 잘하고, 관계 방식이나 대화 능력, 성찰력 등 괜찮은 편이라고 봐요. 제가 보기에는 자식들이 좀 부족한 점이 있어도 진짜진짜 믿고 괜찮다고 보시거든요. 늘 자식들에 대해서 긍정적인 편이고요. 전 그것이 좀 과잉 긍정 아닌가 생각할 때도 있었지만 사실 인정되는 것도 있고요. 진짜 부족한 그대로 자식을 믿어요, 그보다 더 큰 신뢰가 어디 있겠어

요?

성: 그런 것 같아. 내가 보아도…, 정말. 그런데 친정엄마의 그런 마음이 자네를 대하는 태도, 손자를 대하는 태도도 마찬가지라는 생각은 해 보았는가?

에: 아…, 네?

성: 자네의 부족한 측면도, 손자를 보는 측면도, 그런 방식으로 보려고 노력하고 있을 거라는.

에: 아…, 네. 엄마는 저를 그렇게 보시는데, 저는 늘 완벽하게 잘하려고 애를 쓰고 살죠. 어쩌면 제 자신에 대한 걱정을 하는 편인데, 그렇게 생각해보면 제가 괜한 걱정을 하고 있는 거네요. 한 번씩 애를 그렇게 키우면 안 된다고 하실 때, 저를 못마땅하게 여기신다고 느꼈는데, 그건 못마땅함이 아니고 저를 진정 믿고 사랑하시는 마음으로 하신 거죠. 그것이 다 저를 진정 아끼고 안타까워, 자식을 생각하는 마음이잖아요. 사실 늘 손자를 위하여 기도하며 사시는데…. 제가 이런 말을 하면서도 너무 중요한 말을 제가 하고 있는 것 같아요. 지금!

성: 그렇네. 정말… 이 순간, 자네는 나와 하나 되어가고 있다네. 나와 하나 되면서 엄마에 대한 자네의 현실적 불만을 잘 소화하며 스스로 소멸시키는 과정에 있네. 말하자면 자연스럽게 스스로 다루어 나가는 중이라네.

에: 네, 그런 것 같아요. 편해지네요.

[둘 다 침묵]

성: 지금 현재의 일상은 그것 자체가 하느님의 수호천사처럼 인간이 이해할 수 없는 방식으로 우리의 영혼을 돕는 것 같네. 현실을 잘 성찰하면, 하느님은 바로 그곳에 존재하는 모든 것을 통하여, 모든 것을 깨닫도록 우릴 깊이 사랑하시니, 우린 그걸 믿고 또 다시 살아가는 거라네….

에: 감사합니다……!

두 항아리의 대화는 마치 진짜 상담을 하는 것처럼 나를 도와주었다.

차근차근 나의 내면과 대화를 나누는 일들이 묘하게 나의 마음을 안정시키고, 현실을 정리시킨다고나 할까! 관찰적 자아의 힘, 바라보기의 힘, 성령의 힘의 대단함을 느낀다.

49. "오늘, 너희 마음을 무디게 하지 마라!" (히브리서 4,7)

'오늘' 제대로 알면, '오늘' 나는 새롭게 태어난다! '제대로 안다는 것'은 자신에게 깊이 귀를 기울이고, 하늘이 나에게 무엇이라고 속삭이는지를 들을 수 있는, 하루하루의 삶 자체가 명상적이 되어야만 가능하지 않을까 싶다. 어쩌면 '결코' 우리는 다 알지 못한다. 조용히 자신의 마음에 혹은, 하늘의 목소리에 귀를 기울이지 않는다면…. 들을 수 없기 때문에 알아챌 수 없다.

평소 차분한 태도와 언행이 인상적인 어떤 젊은 보좌신부님의 강론 중에 나온 이야기이다(2019.1.17). 어느 날 새벽 그 신부님은 여느 때와 다름없이 미사를 준비하는데, 새끼손가락에 심한 통증이 갑자기 오면서 마비상태 비슷하게 많이 아팠다고 한다. 미사시간이 임박하여 그 통증을 어떻게 해 볼 수 없어서, 손가락을 잡은 채로 고해소로 향하여 손가락을 주무르면서 고해성사를 행하고, 겨우 미사를 드렸다고 한다. 손가락 때문에 분심이 올라와 어떻게 했는지도 모를 정도였지만, 정신을 잃지 않으려 애쓰면서 미사를 마치고 방으로 들어오셨단다. 손가락을 자세하게 보았더니, 아주 작은 유리컵 조각이 박혀있다는 것을 발견하게 되었다. 며칠 전 유리잔이 떨어져 깨졌는데, 그때 조각 하나하나를 살피며 엄청 깨끗하게 청소하였으나 어떻게 박혔는지도 모르게 아주 작은 조각이 손가락에 박혀있었던 것이었다. 평소 통증 같은 것을 예사로 넘기고, 별로 대수롭지 않게 생각하다보니 약간 통증이 있었는데도 아프지 않은 것처럼 느끼고 있었단다. 평소에 사람은 예민하지 않는 것이 좋다는 인식 아래 자신의 통증에 대한 무딘 자세를 조금도 문제로 생각한 적이 없었단다. "이 정도 아플 것 같으면 평소에 통증이 있었을 건데, 참 사람이 무던하기도 하네."라며 주변에서 말하면 '예민한 것보다는 무던한 것이 차라리 좋지!'라는 생각으로 통증에 대한 무던함을 그렇게 문제 삼은 적은 없었다. 하지만 그 통증이 없었다면 더 큰 고통을 안았을지도 모른다는 점을 생각해 보면, 그 통증에 참 감사해야 하는 것이 많다는 이야기였다. 그리고 세상살이에는 마음을 무디게 가져야 하는 것도 있지만, 예민하게 접하여 깊게 성찰해야 하는 부분도 많다는 것을 첨가하였다.

"오늘, 너희 마음을 무디게 하지 마라."라는 강론을 위하여 시작된 이 이야기는 많은 것을 생각하게 한다. 유추해 보건대, 통증을 호소한 새끼손가락이 말을 한다면 "당신이 조금만 예민하고 세심하게 느꼈다면, 유리조각이 박힌 이 통증이 오늘 아침에 갑자기 나타났을 리가 있었겠어요? 견디다 못해서, 도저히 안 되겠다 싶어서 이렇게 신호를 보내는 거죠. 통증을 감사하게 생각해야 해요."라고 했을 것 같다. 그렇다. 때로는 통증을 예민하게 여기고, 사전에 미리 조치를 취하는 것이 훨씬 지혜롭다는 것을 깨닫게 될 때가 있다.

손가락의 통증을 우리의 잘못된 마음의 습관이나 관습적인 행동으로 바꾸어 생각해 보자. 늘 일상처럼 다가오는 우리 자신 혹은 집안의 통증들은 무엇일까? 예사롭게, 통증이라고 느낄 수도 없이 존재하는 통증은 정말 많을 것이다. 느껴지지 않는 그 통증이 견디다 못해 큰일을 만들어서 표현해 낸다. 어쩌면 우리 내부 몸 구석구석에도 그런 부분이 많을 것이다. 오늘, 자신의 마음을 무디게 가지지 말고, 세밀하게 마음을 관찰하고 깨닫고 스스로 바꾸어보려는 의도를 가져본다면 어떨까! 특히 습관적으로 행하여 오는 태도나 행동은 그것이 문제점인지도 모르고, 계속 반복해서 평생을 사용하는 것도 있다. 관행은 그 자체가 수레바퀴처럼 돌아간다. '오늘', 즉 순간순간 자신의 상태를 잘 포착하지 않으면 아마도 거의 평생토록 그 관성의 굴레는 벗어나기 어려울 것이다. '지금은 바쁘니까 나이 들어 한가해지면 천천히 생각해 보지 뭐!'라는 말로 다시금 무디게 살아가는 굴레들…. 어쩌면 우리가 가장 고려해야 하는 점일 것이다. 그 시기는 언제인가? 바로 '오늘', 바로 지금 이 순간이다. 어제의 것들을 굳이 집착하여 고민하거나 괴로워 할 필요는 없다. 물론 습관적인 것을 한번 돌이켜본다는 의미에서 어제의 것들을 반추하여 오늘 이 순간의 나를 생각해 볼 수는 있다. 오늘의 날들은 자동적으로 내일이 되니까, 내일을 위한 고민은 정말 '걱정'이 '걱정'을 부르는 불필요한 일일 것이다. 바로 오늘, 이 순간이다. 순간순간이다.

대체로 많은 사람들은 이런 이야기들을 들으면, "나는 이미 그런 것들을 알고 있었다."라는 말을 많이 한다. 사실 필자도 그렇게 생각한 것들이 정말 많았던 것 같다. 남편이 나에게 무엇을 지적하면 "나도 옛날부터 이미 다 알고 있는 내용이에요."라고 예사로 말을 했었다. "다 알고 있다."라는 말, 도대체 무엇을 알고 있으면서 "다 알고 있다!"고 겁도 없이 말을 내뱉었을까! 정말이지, 다 알고 있다고 여긴 것들은 사실 무딘 상태로는 결코 알 수 없는, 마음이 섬세하고 예민하지 않으면 잘 모르는, 어리석음의 한 표현이라는 것을 세월이 갈수록 깨닫게 된다. 과거에 잠깐 알았던 것들을 오늘 모른다면, 그냥 '오늘은 모르는 것'이다. 진정, 오늘 제대로 알면, 오늘 나는 새롭게 태어난다! '제대로 안다는 것'은 바로 오늘, 이 순간의 자신에게 깊이 귀를 기울이고, 하늘이 나에게 무엇이라고 속삭이는지를 들을 수 있는, 하루하루의 삶 자체가 명상적이 되어야만 가능하지 않을까 싶다. 어쩌면 결코 우리는 다 알지 못한다. 조용히 자신의 마음에 혹은 하늘의 목소리에 귀를 기울이지 않는다면… 들을 수 없기 때문에 알아챌 수 없다. 즉 "오늘, 하느님의 목소리에 귀를 기울여라. 너희 마음을 무디게 가지지 말라."(시편 95.8)라는 가르침이 핵심이 될 것이다.

내 마음의 목소리에 귀를 기울이지 못하면 아는 것은 안다고 해야 하고, 모르는 것은 모른다고 해야 하는 너무나 평범한 진리를 놓치게 된다. 특히, 다 알고 있는 것 같지만 정말 잘 모르는 것 중의 하나가 '사랑'의 문제이다. 가장 가까운 사례가 바로 '부모 자식, 부부와 같은 친근한 관계' 즉 가장 가까운 관계에서 발생하는 '사랑'의 문제일 것이다. 예를 들어보자. 배우자나 자식의 문제점이 보이기 시작하면 바꾸었으면 하는 기대가 일반적인 마음이다. 그 대상이 가족이 되면 '필연적으로' 바꾸어야 할 과제가 되어 여러 가지 불협화음이 일어난다. 당연히 바꾸어야 할 것은 바꾸어야지 다른 무슨 문제가 있느냐라는 생각이 들 뿐, 다른 생각은 거의 없다. 우리가 '너무나 잘 알고 있다고 생각하는 사랑'이라는 것…. 사랑이 없는 가르침이나 조언, 충고, 설교 같은 것은 상대방을 바꾸기가 정말 어렵다. 사실 어떤 때는 부모 스스로가 자기 자식을 사랑하는지 하지 않는지도 모를 때도 많다. 대체로 부모들은 그런 세밀한 자기 마음을 모른 채로, 무디게 자신을 느끼는 경우가 많으므로 사랑하지 않아도 사랑한다고 생각하고, 사랑하는데도 미워한다고 생각한다. 그래서 '난 너를 사랑하기 때문에 너의 앞날을 생각해서 문제점을 고쳐주고 도와주려는 것이다.'라고 당당하게(!) 생각하고 말을 하기도 한다. 하지만, 오늘(어제 혹은 내일이 아니다!) 잠시 멈추어 느껴보라. 자식을 사랑하는 마음으로 꾸중을 하는지, 아니면 그냥 속상해서 일단 꾸중을 하는지, 자식의 앞날에 대한 불안으로 잔소리를 하는지, 아직 완성되지 않았다는 두려움으로 꾸중을 하는지, 스스로의 마음을 세밀하게 관찰해 보라. 그리고 표현하는 것에 대해서도 성찰해 보라. 정말 자녀의 인생을 위하여 표현하는지, 부모가 자식을 감당하지 못하여 한탄을 하는지, 스스로의 대처 능력에 대한 절망감으로 괴로워하는 징징거림인지, 스스로의 욕심에 의해서 요구하는 메시지인지, 무슨 마음으로 말을 하는지 관찰해 보라. 이것은 정말 자신의 마음을 무디게 하지 않아야 가능한 것이다. 말하자면 자신의 마음에 귀 기울이는 평소의 습관이 되어있지 않을 때는 '사랑'이라는 것 때문에 발생되는 어려움은 수없이 많을 것이다.

사랑이 들어갔더라도, 상대방의 상태에 따라서 그 말을 해야 할 때와 하지 않아야 할 때가 있다. 말하자면 대상의 수준에 '허락' 받아야 한다. 대상의 수준에 허락을 받는다는 것! 그것은 바로 하늘의 때와 시기를 맞춘 지혜로움이다. 상대방의 입장을 충분히 알고, 그 수준에 맞춘 사랑은 자비로움으로 가득 찬 하늘의 은총이기도 하다. 인간의 사랑은 처음에는 '사랑' 그 자체로서 시작하지만, 조금만 자아의 욕구가 올라오면 '집착의 산'을 올라가기 시작한다. 집착이라는 고개를 올라가게 되면, 그 때부터는 욕심이 드러나면서 불안과 두려움에 휩싸이게 된다. 결국 모든 것에서 삐걱거리는 소리가 난다. 부모는 "나는 너를 사랑하는데, 너는 왜 이렇게 행동하느냐!"라고 울부짖고, 자식은 "날 제발 내버려 둬 달라."고 항변한다. 참으로 안타까운 일이다. 집착은 나의 욕구를 위한 '채움'이요, 사랑은 상대를 진정으로 생각하여 해야 할 것과 하지 않아야 할 것을 판단하는 지혜로움을 동반한 '비움'이다. 말하자면 대상의 수준에 허락받아, 상대를 향한 사랑의 에너지를 내면서도, 때로는 고통과 직면하고, 견뎌내는 힘이기도 하다. 이것은 자신의 마음에 무디지 않아야, 분별할 수 있는 관찰력이 주는 선물이다.

사랑과 집착은 한끝 차이가 있기 때문에, 세밀하게 자기 마음을 관찰하지 않는 사람은 거의 대부분은 그 차이를 놓치기 쉽다. 어쩌면 자식은 분명하게 자신의 의사를 표명하고 있지만 귀를 기울이지 못하는 무딘 부모의 마음 때문에 듣지 못하고, 듣지 못하므로 알지 못하고, 알지 못하면서 안다고 생각하므로 귀를 닫고 자기의 앎에 집착하는 등, 악순환 속에 빠지기도 한다. 상대를 향한 사랑, 즉 '비움'을 위한 관찰의 자세로 자신을 조용히 성찰하는 힘이 없다면 곤란할 것이다.

"오늘, 너희 마음을 무디게 하지 마라!"

혹시 이 글을 읽는 분 중에서 예민하고 세심하여서 부정적으로 느꼈던 자신의 이미지가 있었던 분들은, 그러한 성격적인 부분을 장점으로 생각하여도 좋다. 어쩌면 스스로를 힘들게 하였다고 생각하는 예민한 부분들을 '타인의 탓을 돌리고 타인의 심리를 분석하는 방향'보다는 '자신의 마음을 잘 관찰하는' 방향으로 에너지를 승화시켜, 긍정적인 힘으로 작용되게끔 마음을 바꾸어도 좋다. 그러면 일상에서 발생하는 고통이나 통증을 통하여 세심하게 하늘의 목소리에 귀를 기울이는, 바로 순간순간에 깨어있는 마음으로 살아가게 될 것이다.

50. 자유로 향하는 길, '공동선(善)'의 추구

> 하늘의 뜻과 개인의 뜻이 충돌이 없을 때 그건 최상의 지혜일 것이다. 그것이야말로 참 자유다. 결론적으로 말해서 근원적 자유는 공동선을 위해 일하는 자유이며, 하늘이 우리에게 내린 일상의 일에 기꺼이 창조적으로 참여하는 것이라고 말할 수 있다.

'자유롭고 싶다.'라는 생각을 하지 않는 사람은 아마도 없을 것이다. 자유롭고 싶은데 '정말 자유롭고 싶은가!'를 자문한다면, 과연 무엇으로부터의 자유인가를 되묻게 된다. 현대인이 찾는 자유는, 가만히 들여다보면 에고로부터 벗어나려는 자유라기보다 또 다른 방식으로 에고가 취하려는 자유이다. 즉 얻고 싶은 것이 충족되었을 때의 만족감을 자유로 생각한다. 그건 또 다른 탐욕을 일으키고 계속 자유롭지 못하게 하는 도구인데, 충족되었을 때 모든 것이 자유로워진 것처럼 착각한다. 사실 그것은 조금도 자유롭지 않은 거짓과 착각으로 이끄는 셈이다. 거짓 자유이다. 언제나 도전의식을 가지고 충족하려는 것은 과거의 속박을 깨려는 시도로서 칭찬할 만하지만 이 시도가 주변에게 피해를 주거나 책임감을 회피하는 등, 말하자면 이기적 자기중심성의 새로운 속박에 묶여 버린다면 실패로 끝나고 말 것이다. 여기서 잘못은 자유를 갈망한데 있는 것이 아니라, 에고가 우리를 자유롭게 할 수 있다고 착각하는 것이다.

깊은 우리 내면의 심연에서 갈망하는 것은 무엇일까? 소유와 집착

등, 물질주의로부터 자유로워지려는 열망이 내면에 숨어있다. 보고 듣고 맛보고 만지고 냄새 맡는 것 너머의 어떤 것들, 예컨대 꽃과 공기와 햇볕과 같은 '자연'과 교류하고자 하는 바람이다. 이런 바람은 개인주의적이고 이기적일 수 있지만, 에고에서 해방되어야 할 필요성을 발견할 좋은 기회다. 현대의 수많은 심리치료자 혹은 영성가는 이 점을 의식하고 훈습하고 있다. 물론 이런 것도 영적 자유와 자기중심적 자유에 대한 잘못된 의식이 자리 잡을 경우에는 교묘한 착각 속에 빠질 수 있긴 할 것이다.

잘못된 생각 중의 하나는 한 개인에게 사회적으로 국가적으로, 즉 외부가 제공하는 무엇인가가 있어야 비로소 자유롭다는 생각이다. 예컨대 사회적인 문제가 해결되어야만 개인적인 문제가 해결될 수 있다는 단순한 사고방식이 그런 것이다. 물론 정치, 경제, 사회적 억압에서 자유로워지는 것은 현실적이고 본질적인 문제일 경우가 많다. 그런 사회를 주도하는 것도 지도층들의 인격의 문제와 깊이 관련되어 있으나, 외부가 인간 존엄을 위해서 줄기차게 변화되어 가야 하는 것은 사실이다. 그러나 에고의 굴레에서 벗어나는 인격적 해방은 무시한 채 사회적 자유만 추구한다면, 그것은 무너지기 쉬운 헛짓에 불과하다고 단호히 말하는 사람들도 있다. 사실 모두에게 필요한 것은 사회나 종교 공동체 구조의 변혁이라 할지라도, 인격의 자유는 외부의 변화로 말미암아 자동으로 따라온다고 볼 수는 없다. 따라서 개인적 해방을 위하여 사회적인 모순도 변해야 하지만, 자유롭지 못한 개인은 건강한 사회를 파멸시킬 수도 있기 때문에, 개인의 변화가 매우 중요하다.

우리에게는 다른 사람들이 필요하다! 타인의 도움과 협력 없이 자유로워질 수 있는 사람은 아무도 없다. 우리는 크고 작은 체험을 한 이들에게서 이런저런 것들을 배운다. 어린이를 포함한 천진난만한 이들에게서도 배운다. 우리가 자유로워지는 데는, 다른 사람들에게 배우는 부분이 한 개인이 성취한 것보다 훨씬 더 크다. 역으로 말하면 우리가 다른 사람에게 무엇인가를 가르쳐주고, 치유해 주는 그만큼, 우리 스스로가 다른 사람으로부터 자유로워진다는 뜻이다. 나와 타인은 거대한 우주 공동체로 에너지가 연결되어 주고받기 때문이다.

따라서 우리의 내적 자유를 위해 다른 이들의 도움을 받아들이는 것은 매우 중요하다. 자유를 추구하는 것은 이기적이고 자기중심적일 수 있다. 에고는 자유를 향한 우리의 갈구를 제멋대로 악용하고 개인적 성취를 한껏 떠벌리도록 인간 내부를 조종하여, 다른 이의 도움쯤은 필요 없다고 믿게 만들 수도 있다. 사실 우리는 높이 날아오를 수 있긴 해도 그런 도약은 혼자서는 불가능하다. 열린 마음으로 남의 도움을 받을 수 없는, 남에게 도움 줄 생각이 없는 인격은, 자유로 나아가는 데 너무나 큰 한계가 있다.

한편 근원적 자유는 우리가 지향하는 이상이지만, 거기에 도달하기는 쉽지 않을 것이다. 남들보다 앞서 나아가는 이들이 있는가 하면, 출발조차 못하는 이들도 엄청 많다. 내가 다른 사람들보다 자유로워질 기회가 많고 적고는 문제되지 않는다. 죽기 전까지 얼마나 진보할 수 있는가도 중요치 않다. 근원적 자유는 비교하거나 경쟁 없이 그러한 것들을 걱정하지 않는 자유이다. 남과 비교하지 않고 경쟁하지 않는다는 것… 얼마나 자유로울까를 상상하면 참으로 편안한 마음이 들지 않는가! 함께 상생하며 사는 세상을 생각해 본다.

이런 측면에서 '공동선'의 중요성을 살펴보자. 공동선이란 온 인류 가족이나 전체 생명 공동체, 광활하게 펼쳐진 전체 우주를 위해 가장 좋은 것을 의미한다. 우리는 격리된 개인이 아니다. 우리는 큰 전체의 부분이며, 부분들의 현존 자체를 결정짓는 전체다. 한 부분은 전체의 선을 위해 존재한다. 부분의 정체성은 전체의 한 부분이 되는 데 있기 때문이다.

개인주의와 에고가 지배하는 세상에서는, 공동선이 한 개인의 가치추구와 이익과 모순된다고 가정한다. 전체 사회를 위한 선은 내게는 대체로 선이 아니며, 나를 위한 선은 타인의 필요나 공동선과 충돌한다고 여기는 것이다. 그리고 타인의 선을 위해 나 자신의 선을 종종 희생해야 한다고 생각한다. 이것이 과연 진실일까? 진실이 아니다. 공동선과 개인의 선 사이에는 모순이 존재하지 않는다. 모든 이에게 최선이 나에게도 최선이다. 나의 이기적인, 자기중심적인 관념을 버리면 되지 내가 추구하는 어떤 것까지 희생시켜야 한다는 말이 아니다. 그건 어차피 전체에게도 나에게도 좋은 일이 아니다. 나를 위한 선이 공동선과 동일하다는 사실을 느끼기 시작할 때, 나는 에고에서 벗어나 다른 모든 것과 하나임을 깨닫게 된다. 그때야 비로소 우리는 '공동선', 다른 말로 하느님의 뜻을 위해 자유롭게 살고 처신하게 될 것이다. 이것은 우리 각자가 고유한 가치를 지니지 않았다는 뜻이 아니다. 개인의 가치는 매우 소중하게 다루어져야 한다. 개인이 소중하게 다루어지지 않는 공동선이 과연 제대로 된 공동선이겠는가! 따라서 공동선이야말로 각 개인이 궁극적으로 관심을 기울여야 할 과제이며, 그로 인해 개인의 참된 자유가 시작된다는 의미를 담고 있다.

억압적인 정부가 개인을 짓밟거나 개인의 권리를 묵살하는 데 공동선이 악용된 적도 있었고, 현재도 있을 것이다. 이는 공동선의 이상을 오도하는 것이라고 본다. 지배층의 이기적 관심사가 마치 모든 사람을 위한 선인 양 제시되고, 거기에 동의하지 않는 이들을 희생시키기도 한다. 그러나 이것은 분명코 공동선이 의미하는 바가 아니다. 참된 희생이 아닌, 은밀한 개인의 지배력을 위해서인 것을 공동선을 위해서라고 가장하는 것이 얼마나 많은가! 어리석은 많은 중생들이 이 '가장(假裝)'에 동조하며 분별심을 잃는 예는 사회 곳곳에 만연해 있기도 하다.

예수님은 공동선을 하느님의 뜻과 동일시하여 말했다. 하느님은 우리 모두와 온 우주의 최선을 원하신다. 하늘의 뜻과 개인의 뜻이 충돌이 없을 때 그건 최상의 지혜일 것이다. 그것이야말로 참 자유다. 결론적으로 말해서 근원적 자유는 공동선을 위해 일하는 자유이며, 하늘이 우리에게 내린 일상의 일에 기꺼이 창조적으로 참여하는 것이라고 말할 수 있다.

말하자면, 우리는 하늘의 뜻을 자유롭게 행하는 것에 관심을 기울여야 한다. 하늘의 뜻을 자유롭게 행하는 것에 대한 관심! 우리는 해내야만 하는 것을 '자신에게 주어진 일'로 보면서 각자가 믿는 절대자, 예수님 혹은 부처님을 우리 임무를 처리하도록 도울 수 있는 누군가로 여긴다. 그러면서 은총을 청하는 기도를 올리곤 한다. 쉽게 말하면 '제가 어떠어떠한 일을 하는데, 하느님 혹은 부처님! 자비를 베푸셔서 제발 저를 좀 도와주세요.' 하는 방식의 기도이다. 한번 되물어보라! 과연 '나의 어떠어떠한 일'에 예수님과 부처님이 협조해야 하는가, 나의 뜻하는 바가 무조건 이루어져야 이 세상이 살맛이 나겠는가!

아니다. 오히려 '나'의 일이 공동선을 위해서 '우리 모두'의 일인가를 되물어야 하며, 나의 뜻이 하늘의 뜻과 일치하는가를 자문해야 하지 않을까 싶다. 그렇다. 하늘의 일에 내가 협조를 해야 한다. 내 머리에서 나오는 일이 하늘의 뜻인지부터 살펴야 한다. 하늘의 일이고 뜻이라면, 내가 기꺼이 협조하여 최선을 다하는 것이다. 그것이 성공이다. 그러므로 우리는 바로 지금 이 순간에 주어진 일, 즉 하늘의 위대한 활동에 참여하게 해 주십사 청할 수 있을 뿐이다. 진정한 성공은, 하늘이 내린 뜻에 나 스스로가 적극적으로 참여하여 활동하는 것을 특권으로 받아들일 때 가장 잘 나타난다.

그러므로 보통 사람인 우리는 먼저 그 일을 실천하기에 합당할 만큼 겸손해져야 한다. 우리 자신은 그냥 활동하는 '활동' 그 자체이고, 다른 피조물과 공존하는 '움직임' 자체라는 사실을 깊이 알아차려야 하고 인정해야 한다. 우리는 전체 우주가 쉼 없이 손수 빚어내는, 작지만 고유한 예술품이다. 아울러 우리는 미래를 일궈 낼 공동 예술가요, 공동 창조자가 되도록 초대받은 '활동가로서의 존재'다.

우리는 우리 안에서 우리를 통해 작업하는, 하늘의 뜻을 받아들임으로써 이 '활동'을 수행한다. 우리가 온전히 자유로운 상태에 있거나 거기에 이르는 여정에 있을 때, 신적 에너지가 아무런 방해 없이 우리를 통해 흘러나올 수 있다. '성령'이라고도 부르는 이 신적 에너지는 끝없이 강력하고 창조적이며 우리를 치유한다. 성령의 항아리가 늘 작동되는 일을 한다면 엄청난 에너지가 나올 것이다. 우리 내면의 이 항아리는 많은 것을 수행해 낸다. 정말 유익하고 진실한 것들에 참여할 수 있다. 가끔 최고조의 의욕을 보이는 일들은 에고의 부추김을 받고 있고, 에고를 놓아 버릴 경우 커다란 실패와 좌절을 경험한다. 하지만 자신의 일이 하늘의 뜻이기에 멈출 수 없다는 의욕을 체험하기 전까지는, 성취했다고 할지라도 무기력한 번잡함이 계속된다. 성공했다고 할지라도 그건 진정한 자유가 아니므로, 자신의 느낌을 잘 살피면서 참된 에너지가 작동되도록 해야 할 것이다.

결국, 우리의 모든 일들은 하늘이 나에게 내린 일이어야 한다는 뜻이다. 바로 그때, 진정 자유로운 사람으로서 일을 수행하게 되는 것이다. 하늘이 뜻하는 바의 일은 때때로 서서히 드러난다. 아마도 우리가 하늘의 일에 무한히 관련되어 있음을 대부분 자각하지 못하기 때문이리라. 그러나 분명 하늘의 뜻이라면 미래는 안전하다. 우주와 우리 각자에게는 이 자유를 느낄 때 무한한 희망이 있다. 희망을 가진다면, 개인의 자아는 우주의 대자아(大自我) 안에서 영원한 생명처럼 살아 움직일 것이다.

51. "어떻게 이런 일이… 도망가고 싶다"

정말이지, 뜻하지 않는 어려움이 도래했을 때는 '도망가고 싶다….'라는 말이 저절로 나오기 쉽다. 무엇으로부터 도망? 에고의 마음으로부터 도망가자! 어디로? 진리의 품 안으로! 다른 곳은 도망갈 데가 없다. 도망갈 필요도 없다. 마음만 바뀌면 된다고 하지만, 그 마음이라는 것은 현실을 보는 '안목'이 바뀌고, 지혜가 나와야 한다.

살아가다 보면, '나'랑은 전혀 상관없는 일이 '나'에게 일어나는 경우가 있다. 내가 잘하거나 잘못한 것도 없고, 내가 뭘 관여하거나 하지 않거나 한 일도 없는데, 뜻밖에 나에게 큰 고통을 안기는 일이 생기는 것이다. 특히 가족이라는 이유만으로 스트레스를 받는 일은 진짜 괴롭고 막막하다. 어떤 상담자나 주변인은 단호하게 "가족과 떨어져라! 멀리하라! 인연을 끊어라!"라는 말을 하기도 하고, "서로 어른이 되었으니 각자의 인생을 책임지도록 하라! 가족이라는 인연에 연연할 필요 없다."라고도 한다. 모두 다 일리가 있고 또 그렇게 해야 마땅할 것이라는 생각은 든다. 하지만 감정적으로 그리 쉽지 않고, 아무리 애를 써도 마음 한 구석이 편치 않다는 점이 사실이다. 아래의 사례는 가족 내의 현실적 어려움이 발생한 어떤 일로 인하여, 이 글의 주인공이 이 문제를 '단톡'방에 생생한 느낌으로 올린 것이다. '집단상담'을 하는 집단원들과 공유하기 위해서이다. 혼자서 감당하기에는 너무 힘들어 '고통스런 마음'을 함께 나눈다는 의미일 것이다. 직접 상담을 신청하지는 않았으나 만약 이 분이 내담자라면 우리는 이 문제를 어떻게 보아야 하고, 또 어떻게 마음으로 혹은 행동으로 대응해야 하는지, 가상적인 사례로서 다루어 보기로 한다. 우선, 아무런 선입견 없이 xx님이 직접 올린 글을 살펴보자. (xx님의 허락을 받고 원문 그대로 실었으며, 이 문제를 다루는 것에 대하여 흔쾌히 감사한 마음을 전하였음)

"좀 전에 남동생에게 전화가 왔다. 몇 달 만이다. 이 인간의 전화는 늘 불쾌한 친정 소식을 나에게 쏟아내고 싶을 때이다. 그럴 줄 알았다. 친정엄마가 또 몰래 하던 주식으로 재산 다 까먹고, 죽는다고 싸고 누웠단다. 사채는 또 얼마나 썼을지… 수없이 반복되었던 징그러운 일이 또 일어났다. 몇 달 전부터 징조는 있었지만 손을 쓸 도리가 없었다. 늙은 엄마는 우리보다 영악하고 부지런했다.

동생은 펄펄 뛰며 자기 열받은 것을 나에게 다 쏟아 놓는다. 마치 자기 재산 날려먹은 것처럼 지랄이다. 동생이 이미 받은 돈이 수십억인데도. 나는 하나도 못 받았는데…. 속으로 생각만 하면서 '그래그래… 토닥토닥…' 들어준다. 이러고 있는 나도 참 답답하다. 나는 도대체 뭔가 싶다. 나는 무엇을 원하지? 무슨 말을 하고 싶지?

동생에게 남은 재산을 계산해보고 파산 신청하고 너랑나랑 요양비용 반반씩 내면 되니까 너무 신경 쓰지 말라고 했다. 맞는 말 같다. 그런데 나는 정말 그렇게 하고 싶은가? 모르겠다. 머리로는 그래야 할 것 같은데 감정은 열받는다. 좋은 것은 자기들끼리 나눠 가지고(엄마는 재산의 많은 부분을 이미 동생에게 넘겼다!) 나는 늘 찌꺼기, 쓰레기만 받았다는 기분이다. 이들은 힘들 때는 나를 가족이라 한다. 하지만 나는 늘 이 집에 억지로 입양된 마당에 묶어 키우는 유기견 같은 느낌이다. 개도 가족이란 말을 하기는 하지만, 지들 먹고 남은 찌꺼기 주고, 놀러 갈 때는 마당에 묶어 놓고 자기들끼리 놀고 오고. 더럽게 애매한 상태…….

내가 정말 동생에게 하고 싶었던 말은 무엇일까? 정말 정말 엮이고 싶지 않다. 그럼에도 친정 꼴을 생각하니, 앞으로 벌어질 일을 생각하니 가슴이 아프다. 아직 아빠는 자기가 쫄딱 망해서 다시 거지가 된 것을 모른다. 아직도 부자인줄 안다. 조만간 알게 될 수밖에 없고 그때부터 술 마시고 집안 다 때려 부수고 죽어버린다고 난리를 칠 것이다. 그러다 식음전폐하고 울기만 하겠고…. 이미 85세인 아빠는 이제 더 이상은 못 버티겠지…. 그나마 내 마음속에 가족은 아빠뿐인데…. 이 과정을 나는 살아가면서 정말 수없이 본 것 같다. 강도의 차이는 있었지만… 지옥이 따로 없다. 도망가고 싶다."

우선 이 xx님의 심정은 어떨까! 솔직한 마음 표현은 매우 중요하다. 만약 상담 장면에서 상담자가 "그냥 있는 그대로 솔직한 마음을 좀 표현해보시겠어요?"라고 묻는다면, "이런 난리도 아닌 집으로부터 그냥 완전 떠나고 싶어요. 도망가고 싶어요. 너무 지겹고 싫어요. 생각하면 할수록 화가 나고요. 진절머리 날 정도로 싫어요. 너무너무 화가 나요!" 라고 할 것이다. 당연하지 않겠는가! 그런데 화만 날까? '나에게 해 준 것이 뭐 있다고 나에게 전화를 하고 난리야?'라고 분노에 찬 얄밉고 억울함을 외치고 싶을 것이고, 그 와중에 그나마 마음속의 가족인 아빠에게는 가슴이 저미도록 안타깝고 안쓰러울 것이다. 하루이틀도 아닌, 살아가면서 수없이 경험하였던 엄청난 금액의 수지(收支), 반복되는 금전적인 문제로 인한 불안함을 조성시킨 엄마, 그 혜택의 중심에는 아들 남동생…. 얄밉고 열받고, 치사해서 말 못한 감정들이 얼마나 많겠는가! 또한 '정말 불안해서 살 수 없다!'라는 말이 저절로 나올 것이다. 아울러 엄마에 대한 심정 또한 어디 분노감만 있겠는가! 엄마의 삶을 뻔히 다 알고 있는데 가슴 아프고 쓰리고 괴로울 것이다. 복잡한 양가적인 감정 상태이지만 그나마 좀 진정하며 살고 있는데, 또 반복적인 과거일 같은 것이 터진 것이다.

사실 금전적인 문제로 인한 상황은, 엄마의 내면의 불안함이 투사된 대표적인 경우이다. 약 70대 중반으로 보이는 엄마는 젊은 시절부터 이러한 주식·부동산사업 등의 문제로 집안을 풍비박산 내듯 놀라게 하였고, 또 어떤 때는 대단한 재력을 과시하는 등 거의 양극성적 감정상태를 보여 왔다고 한다. 지금도 그런 부분은 그대로 지속되는 것 같다. 즉 엄마의 이러한 내적 불안은 금전적인 도전으로 투사되어 현실화시켜나간 세월이 꽤 된 듯하다. 엄마의 심리치료 필요성을 느껴서 내담자는 엄마에게 상담을 권하고 또 조금 발을 들여놓으려고 했으나 지속하기 어려웠다. 엄마의 핵심 부분을 건드리기에는 아직은 역부족이며, 큰 장벽이 있다.

지금-여기에서의 문제는 xx님이다! 내담자를 xx님으로 가상처리 한다면 항상 그 중심은 xx님이다. 그 속에서 자란 xx님의 마음상태는 정신을 차리기가 힘들 정도로 '정신이 없었을' 것이다. 그 와중에 정신을 차려보겠다고 '심리치료적인 작업과 꾸준한 학습'을 해 왔던 것이 그나마 현재의 가정을 지키고 있다. 즉 아이, 남편과 함께 보통의 가정처럼 살아가는 원동력이 되고 있고, 동생에게 본능대로 퍼붓지 않고 '그래그래…' 하며 현실적인 대응책을 마련하는 정도의 자아기능을 갖추고 있음을 느낀다. 하지만 궁극적인 문제는, 가족 전체가 엄마의 이러한 불안한 정서로 인한 현실투사를 막아내지 못한다는 것이다. 물론 손댈 수 없게 아무도 몰래 저질러 버린다고 말 할 것이다. 가족 모두는 엄마의 '불안한 정서의 강력한 힘'을 아무도 막아내지 못하고, 그 힘에 지배당하고 있는 것이 가족 내에서 큰 어려움으로 작동되고 있다. 가족 중 한 개인의 문제는 가족의 총체적인 문제이며, 그 가족의 역사이기도 하다. 그러므로 가족 전체가 안고 가야하는 것이지만 거의 많은 사람들은 '도망가고' 싶어 한다. 회피한다! 그리고 가족 전체가 다시 고통에 빠진다.

사실, 이 분의 엄마뿐만 아니라 인간 모두는 내면에 두 개의 강력한 힘이 들어있다. 하나는 에고가 작동하는 힘이고, 다른 하나는 성스러움이 작동하는 힘이다. 에고 항아리는 과거 어릴 적부터 형성된 핵심역동의 강력한 영향 아래 있으며, 그 한가운데 기질적인 부분이 가세하여 '자아(ego)'기능이 병리적으로 혹은 미성숙하게 작용될 가능성이 매우 크다. 보통의 사람들은 이 기능으로 인한 고통을 호소하지만, 성령의 힘이 작동되는 항아리로 늘 자신을 추스르고 살아가는 것이 대부분이다. 그런데 엄마는 스스로 추스르는 힘이 이기지 못하고, 병리적으로 작동되는 에고의 힘이 강력하게 이기고 있다는 사실이며, 그 힘에 가족들의 심리도 함께 무너지고 있다는 점이다.

삶의 괴로움을 가만히 보면 두 가지로 나누어 생각해 볼 수 있다. 하나는, 지혜롭게 살고 싶은데 제대로 못하는 것 같아서 괴로워하는 경우이다. 또 다른 하나는 에고 마음대로 하고 싶은데 그것이 안 되어 괴로워하는 경우이다. 전자는 괴로워하면서 발전하지만, 후자는 괴로워하면서 후퇴한다. 그 이유 중 하나는, 두 괴로움의 목적이 다르기 때문이다. 전자의 괴로움은 목적이 '더 지혜롭고 싶다.'이다. 그런데 후자의 괴로움은 '더 가지고 싶다. 더 마음대로 하고 싶다.'가 목적이다. 또 하나의 이유는, 두 괴로움의 색깔이 다르기 때문이다. 전자는 '어떻게 하면 제대로 성숙하게 살아갈까!'를 고민하는 색깔이므로 많은 연구와 배움의 기회를 가지려고 한다. 말하자면 그런 고민을 한다는 것 자체가 성령의 항아리가 작동되는 힘이다. 그런데 후자의 색깔은 '어떻게 하면 '나의 소유'를 더 불리고, 그 돈을 자식에게 넘기고 등등 내 욕구대로 할까!'를 고민하는 것이다. 결국 에고를 배불리기 위한 고통을 겪는 것이므로 괴로워하면 할수록 욕심이 과하게 작동되는 것이기 때문에 점점 더 병리적이 되어 간다.

약간씩 정도와 방향은 다르다 할지라도 누구나 고통의 한가운데에 있을 것이다. 두 가지 괴로움이 공존하며 지내고 있을 것이다. 이때, 자신이 어떤 방향으로 괴로워하고 있는가를 잘 알아차려야 한다. 예컨대, xx님의 엄마의 괴로움은 후자이며, 그 괴로움은 더욱 더 병리적으로 되어가는 고통이다. 사실 좀 괴로우셔야 한다! 더 이상의 통로가 없어서, 어쩔 수 없이 괴로움의 방향이 전자가 되도록 유도해야 한다. 후자의 괴로움이 크면 클수록 다른 문제는 반복적으로 일어난다. 아, 이미 일어나고 있다! 그 괴로움의 방향을 바꾸어야 한다. 그것을 도와줘야 하는 것이 바로 상담자 혹은 성숙한 주변인의 자세이다. 후자의 괴로움이 극에 달하여 전자의 괴로움을 가지는 경우가 종종 있다. 엄마도 후자의 괴로움을 통해서 전자의 괴로움을 가지면 참으로 값진 십자가가 될 것이다. 가족 모두가 사실 이 괴로움을 겪어야 한다! 그런데 아마도 현재의 엄마는(혹은 동생은?) 후자 때문에 괴로워하실 것이다. 그 괴로움은 아무런 도움이 되지 않는다. 그저 병리적이 되어갈 뿐이다.

그러므로 가족 중 누구라도 좀 더 지혜로워야 할 필요가 있다! 어떻게 하면 지혜롭게 이 문제를 바라볼 것이며, 직면할 것인가에 대한 고민을 해야 하는 것이다. 만약 가족들의 관점 자체가 전자의 고민으로 바뀌었다면, 아마도 이 문제 자체가 이미 고통스럽게 여겨지지 않을지도 모른다. xx님이 이런 관점을 잘 성찰한다면, 어쩌면 xx님의 가족에 대한 감정 자체부터 오히려 좀 풀려 나갈지도 모른다. 사실 가족에 대한 감정적인 부분은 충분히 공감되고도 남고, 많은 박탈감과 배척감으로 인하여 가슴 쓰릴 일들이 많았을 것이다. xx님은 어린아이가 아니라 어른이다. 뚫고 나갈 힘이 있는 어른이 되었다. 그런 마음들은 '수용 공동체'와 충분히 나누고 이해받으면 좋아질 수 있다. xx님은 마음을 추스른 후, '길'을 나아가기 위한 용기를 내는 것이다. '길'의 핵심을 보면 지혜와 자비에서 오는 것이 대부분이다. 만약 xx님의 감정이 계속 좋지 않다면, 지혜로움과 자비로운 마음을 일으키기는 어렵다. 하지만, 그건 xx

님의 몫이다. 엄마의 몫이 아니다. 동생의 몫도 아니다. xx님이 스스로가 참된 길로 방향을 틀 것인가, 같이 정서적으로 함몰될 것인가는 본인 스스로의 선택이다.

만약 참된 길로 방향을 튼다면 자연스럽게 지혜와 자비스런 사람으로 나아간다. 단언컨대, 일상의 일은 깨달음의 장이다! 예를 들자면 동생과도 '두 고통에 대한 방향'에 대한 대화를 나누어야 하고, 남편이나 아빠와도 이런 대화를 통해서 이 난국을 해결해 나가야 한다. 그 분들이 이런 이야기들을 나눌 수 있는 마음 그릇이 되어 있는지는 모르겠으나, 할 수 있는 것은 그릇만큼 시도하는 것뿐이다. 또한 금전적인 손실이 있다면 그냥 있는 것이다! 그것은 그냥 현실이다. 당연하게, 손실을 보았을 수밖에 없는 조짐은 처음부터 늘 있어 왔던 일이 아닌가! 일어날 일이 일어났을 뿐이다! 사실 새삼스러울 것도 없다. 충분히 예측가능하게 입을 수 있는 손실을 입었을 뿐이다. 이 문제는 매우 객관적으로 '일어날 일이 일어났구나!'라고 보아야 한다. 그로 인하여 재정적인 어려움이 있다면 그 문제는 현실적으로 풀어나가면 된다. '원하는 대로 되지 못한 고통'은 '고통'으로 그대로 두고, '더 지혜로워야 하는 고통'에 머무르면 좋다. 그리고 현실은 현실로 풀어나가야 한다.

"이건 우리 친정 가족 모두가 오랫동안 겪어 온 문제점이었어. 즉 엄마의 불안한 경제활동으로 우리 모두가 얼마나 힘들었니…. 엄마가 이 일을 그만두지 않고 이런 식으로 지속하는 한, 이건 반드시 터질 수밖에 없는 고통이었어. 사실 예정된 것이었지. 솔직히 말해서 새삼스러울 것도 없어! 그런데 막상 터지면 우리 모두는 정말 너무 힘들었어! 지금도 마찬가지야! 그래! 이 고통은 차라리 당연히 받아야 할 고통이고, 당연히 치러야 할 고통이야. 이제 고통의 의미를 다른 방향으로 돌려야 해. 즉, 지혜롭게 살지 못해서 우리가 큰 고통을 겪는구나 하고 생각하자!

지금부터라도 어떻게 지혜롭게 살 것인가에 대한 고민을 해야 한다는 뜻이겠지. 자, 지금부터. 모든 것은 지금부터야! 더 늦기 전에 차라리 이제라도 일어난 일들이라 다행스럽다!"라는 이야기들이 가족 안에서 오고가야 한다. 물론 동생이 엄마의 금전적인 문제로 스스로에게 손해를 볼 것 같은 마음 때문에 괴로워한다면, 그것 또한 동생도 엄마와 비슷한 고통을 안고 있는 것이므로 스스로의 짐이 된다는 사실 또한 깨달아야 할 것이다.

정말이지, 뜻하지 않는 어려움이 도래했을 때는 '도망가고 싶다….'라는 말이 저절로 나오기 쉽다. 어떤 한 수사님이 새 신부로서 첫 강론에서 하신 말씀이다. 그 신부님이 기도하면서 "저는 신부가 될 자격이 안 됩니다. 너무 부족하고 못나서 그냥 도망가고 싶습니다!"라고 울었더니, 마치 예수님 같은 분이 나타나셔서 "그래! 괜찮다. 도망가도 된다! 다 버리고 가도 된다. 나를 버려도 된다!"라고 그 마음을 있는 그대로 수용해 주시는 느낌을 받았단다. "부서지고 낮은 우리를, 주님께서는 낮추어 보지 않으신다!"라는 말과 함께. 아마도 이 신부님은 결국 도망갈 곳은 '진리' 안으로, '하느님의 품' 밖에 없다는 것을 깊이 깨달으셨던 것 같다. 그날 밤 밤새 울었다는 말씀을 하시고, 좋은 신부가 되어야겠다고 생각했단다.

그렇다. 뜻하지 않는 어려움이 왔을 때 우리는 어디로 도망갈 것인가! 에고의 마음으로부터 도망가자! 어디로? 진리의 품 안으로! 성령이 담긴 '참 나'로! 다른 곳은 도망갈 데가 없다. 도망갈 필요도 없다. 마음만 바뀌면 된다고 하지만, 안정된 마음이라는 것은 현실을 보는 '지혜로운 안목'과 '걸리지 않는' 마음이다. 그런 마음 상태가 된 후, 현실을 타개해나가는 방향이 잡힐 때 어두운 터널에 빛이 보이기 시작한다. 만약 '걸리지 않는' 마음 상태가 되기 힘들다면, 감정은 억제시키고 이성적인 판단으로 현실에서 해야 할 일을 해 보자! 마음이 안 될 때는 행동을 먼저 해 보는 것도 적절한 방법이다. 그냥 '지금-여기'에서 해야 할 것을 찾자.

막막한 일들이 닥쳤을 때, 지혜로운 관점을 위하여 우리 모두가 생각해 볼 과제를 이 사례를 통해서 깨달았으면 한다.

52. "에고! 너에게 휘둘리고 싶지 않아!"

> 거짓 이미지를 바라볼 뿐 거기에 동화되지 않겠다는 '의지적 행위자', '참된 관찰자'가 된다. 관찰하는 입장으로 노력하는 것을 넘어서서, "거짓 이미지는 내가 아니다."라고 선언해 버리는 것이다. "나는 관찰자이며, 이 관찰자가 나의 참 자기다."라고.

어제, 어떤 책의 글 내용이 깊이 마음에 와 닿았다. 오늘 아침까지 마음의 평온이 유지되었다. 출근 후, 뜻밖에 직장에서도 좋은 강의를 듣게 되는 기회가 있었다. 내용은 정말 유익했고 여운이 계속 이어졌다. 세상이 달라 보이는 듯 마음이 편안했다. 운전을 하고 집으로 돌아오는 길이 이렇게 평화로울 수가 있을까 싶을 정도였다. 감사와 환희로 모든 것들이 아름답게 보였다. 가로질러 가는 차도 웬만해서는 짜증이 날 만한데, 전혀 상관없었다. '그럴 수도 있지 뭐! 그까짓 추월 좀 하면 어때! 바쁜 사람은 바쁘게 가고, 난 그냥 이대로 너무 좋아! 천국이 따로 없구나. 바로 여기가 천국이구나!' 싶었다.

집으로 돌아와서 현관문을 열었다. 하교시간이 아닌데도 중 2짜리 큰 아이가 뜻밖에 집에 와 있었다. "웬일이니?" 하고 물으니 다짜고짜 학교를 그만 두겠다고 선언했다. 무슨 일이냐고 말을 건넸으나 묵묵부답! 더 이상 내 인생에 관여하지 말라는 말까지 했다. 문을 열고 이야기 좀 하자고 하니, 문 닫지 않으면 집을 나가겠다고 엄포를 놓았다. 아…, 그 순간 그렇게 행복하고 편안했던 5분 전까지의 마음은 완전히 돌변하였다. 아이의 태도에 불같이 화가 나고 깜깜한 절벽을 마주한 느낌, 불안이 엄습하고 도대체 어떻게 이런 일이 있나 싶어서 미칠 지경이었다. 모든 것이 회색빛처럼 암담해진다. '아, 지옥이 따로 없구나. 바로 여기가 지옥이구나!' 싶다.

위의 내용은 가상적으로 적어 본 것이다. 에고를 벗어난 열린 상태와 에고 속에 들어간 닫힌 상태는 천국과 지옥의 차이라는 느낌을 표현하기 위해서다. 두 상태의 간격은 엄청나다. 이는 현실의 상황 속에 파묻히지 않고 한발 떨어져 '바라보는(=관찰자)' 입장인가, 현실의 늪 속에 '파묻히는(=경험자)' 입장인가의 차이를 말한다. 나의 생각, 나의 입장, 나의 기준, 나의 미래, 나를 투사한 상대방의 생각 미래 등, 즉 에고의 틀 속에 들어가면 모든 상황들이 복잡해지지만, 그 틀을 벗어나 전체를 바라보기 시작하면 순식간에 마음이 달라지기도 한다.

대부분의 우리는 순간순간, 거의 자아(ego)의 틀에 휘둘리고 산다. '늘 깨어있어라!'는 경전의 내용은 익히 알고 있지만, '아는 것'과 '경험하는 것'은 천지(天地) 차이이다. 에고의 틀을 벗어난 깨어있기는 그리 만만찮다. 특별한 프로그램이나 좋은 기회를 통하여 에고를 벗어난 상황이 되면, 나도 모르게 마치 우주를 품은 듯 품이 넓어지고, 평화롭고, 행복하다. 그러다가 현실의 어떤 불편한 상황이 도래되는 순간, 즉 에고 작동이 일어나는 순간, 모든 것은 물거품이 되면서 몸과 마음이 긴장되고, 조급해지고, 불안해지고, 두려워지며, 좁쌀처럼 속 좁은 상태가 된다.

무수한 금욕가가 시도해 왔지만, 손쉽게 에고를 정복하거나 제압하는 길은 먼 여정이었고, 지금도 그렇다. 톨레(2013)는 '고통체'라는 용어로 에고의 집합체를 언급했는데, 고통체는 주로 자신의 생각을 먹이로 삼는다고 말했다. 그런데 이 생각이라는 것은 긍정적인 것과 부정적인 것이 있다. 둘은 완전히 다른 느낌을 가져다준다. 말하자면 전혀 다른 주파수로 진동한다고 볼 수 있다. 주파수는 에너지 장(場)이다. 우리의 모든 행동과 태도는 일종의 에너지 장의 한 표현이다. 생각의 종류가 에너지를 다르게 만든다는 뜻이다.

스스로 경험해 보신 분들은 알겠지만, 부정적 생각이 지배하는 사람에게는 어떤 어려움이 닥치면 긍정적으로 누군가가 말을 해 줘도, 내면의 고통체가 소화하는 것이 불가능하여, 잡다한 생각으로 긍정적인 것을 밀어내려고 하고 저항하려고(!) 한다. 말하자면 에고는 고통체를 먹이로 해서 크게 확장하려는 시도를 하므로 긍정적인 생각들을 거부하는 셈이다. 예컨대 집단 심리치료의 장면에서, 어떤 상황에 대한 부정적인 생각을 꼬리에 꼬리를 물고 휘몰아가는 내담자에게, 다른 관점이나 긍정적인 의미의 말을 해 주면, 오히려 저항하는 모습을 보이는 경우가 종종 있다. 본인에게 저항하는 마음이 진심인지 아닌지는 두고라도, 만약 집단 구성원이 "가만히 보면 참 따뜻한 사람인데…, 거부하는 태도는 진심이 아닌 것 같은데…."라고 하면 오히려 더 저항하며 "나는 이런 부정적인 생각이 진심이고, 난 별로 따뜻하지 않은 사람이다! 왜 내 생각을 마음대로 생각하느냐!"라고 오히려 항변한다.

말하자면, 고통체의 먹이는 부정적인 생각이다. 생각이라고 해서 무조건 다 나쁜 것이 아니라, 긍정적인 사고는 자주 하는 것이 더 좋은 것이고, 부정적인 사고는 긍정적으로 돌릴 수 있는 어떤 솔루션을 갖추어야 한다는 의미이다. 세상 만물은 끊임없는 움직임 속에서 작동하는 에너지 장이기 때문에 긍정적 생각은 긍정적인 에너지로, 부정적인 생각은 부정적인 에너지로 작동된다. 예컨대 물질도 일종의 에너지이기 때문에, 집안에 어떤 물건이 있으면 보기 좋고 어떤 물건은 보기 흉할 수 있다. 물질보다 더 강력한 에너지가 생각이다. 따라서 '생각'이라는 것은 매우 중요한 에너지이다.

생각은 감정을 만들어내는 것이 일반적인 패턴이지만, 거꾸로 된 방식도 많다. 즉, 부정적 감정 때문에 부정적 생각들이 꼬리에 꼬리를 물고 일어나는 경우이다. 고통체로부터 나온 감정이 빠르게 우리의 생각을 지배하고, 고통체에 사로잡히면, 그 이후의 생각은 부정적으로 돌아가면서, 그때부터 머릿속 목소리는 불안, 슬픔, 두려움, 걱정, 비난, 불평불만 등의 각종 감정을 불러일으킨다. 그렇다. 정말 참으로 순식간에 일어나는 이 에고의 고통체 속에서 우린 살고 있다.

미국 국립과학 재단의 한 연구에 따르면, 사람은 하루에 수만 가지 생각을 하는데, 그 중 80%가 부정적인 생각이라고 한다. 흥미로운 점은 그 중 95%가 어제의 생각과 일치한다는 것이다. 이는 대부분의 사람들이 부정적인 생각에 집중하고, 그것을 반복하는 경향이 있다는 것을 시사하는 연구다. 어떤 일을 앞두고 있다고 가정해보자. '나는 잘 할 수 있어! 전혀 걱정하지 않아.'라는 생각이 드는가? '내가 과연 할 수 있을까?', '다른 사람들도 실패했다는 데 나도 그러면 어쩌지?', '잘 되겠지만, 그래도 혹시나….' 등 부정적인 생각부터 먼저 떠오르는가! 머리가 아닌 가슴에 손을 얹고 한번 물어보라! 사실 '어떠어떠한 일이 닥치면 어쩌지.'라는 예측 불안 심리가 다반사일 것이다. 어쩌면 지극히 자연스러운 반응이 아닐까 싶다. 인간은 누구나 불확실한 미래에 두려움을 느낀다. 그래서 새로운 일을 시도하기보다는 현재의 안정을 지키는 데 신경을 쓴다. 자신을 '실패했다는 느낌'으로부터 보호하려는 것이다.

이는 자녀양육에서도 똑같이 적용된다. 부모는 자식이 새로운 것을 하려고 하면, 기존의 것들을 따르기를 바란다. 다가올 것부터 걱정하기 때문이다. 건강한 아이들일수록 미래에 대한 걱정보다는 우선 현재에서 이런저런 시도를 해 보려고 한다. 자기에게 가장 알맞은 것을 찾아내는 '자기실현의 힘'이 있다. 하지만 기성인은 그것을 말린다. 잘 닦여진 길을 가도록 한다. 안정을 바라는 마음이다. 불안하고 두려운 것이다. 그래서 아이는 아이대로의 나름의 창조적인 생각을 표출해 내고 싶으나 막혀버린다. 심리적인 지지도 부족하고 경제적인 지원조차 없어질 때는 새로운 시도가 처음부터 폐쇄된다. 이것이 반복되다 보면 아이는 어른처럼 걱정부터 앞서서 아무것도 시도하지 않으려는, 어른이 부추겨도 더 이상 꼼짝하지 않으려는 무기력한 상태로 진입된다. '방구석' 사람이 되어, 주변의 걱정의 대상이 되기도 한다.

왜 우리는 부정적인 생각이나 미래의 걱정부터 할까! 간단하게 생각해 보면 '현재의 나를 지키고자 함'이다. 현재를 그대로 두고 싶어 하는 것이다. 어차피 현재는 또 다른 현재를 맞이하는데 말이다. 놀랍게도 우리는 고정된 채로 살기를 원한다. 즉 변화를 두려워하는 것이다. 경험해 보지 않은 것은 더욱 더 그렇다. 그러므로 부정적인 생각으로 인해 오히려 더 나은 미래, 바꿀 수 있는 기회를 놓칠 수도 있다. 참으로 안타까운 일이다.

"그렇다면 고통체가 작동하는 에고에 어떻게 휘둘리지 않을 것인가! 쉽게 휘둘리는 에고의 고통을 어떻게 할 것인가!"라고 성급하게 해결책을 알고자 하는 분들이 많다. 그것을 개념적으로 익힌다고 해서 해결될 수 있을까? 안다고 해서 해결되는 것도 아니다. 하지만, 그 원인을 탐색해 가다보면 머리로나마 이해됨으로써, 감정이 다소 편해지는 것이 사실이기도 하다. 재빠르게 무엇인가를 좋게 해결하려는 조급한 마음 자체가 인간적으로는 공감된다. 그런데 조급한 나머지 고통을 없애기 위해서 싸우거나 정복하는 것은, 그것 자체가 곧 에고의 역할이므로, 정복하려고 애를 쓰면 쓸수록 그 노력은 에고만 더 강화시킬 뿐이다. 특히 에고는 복잡하고 조급한 '나의 생각'을 먹이로 삼아 내부에서 나를 조종하며 살아가기 때문에, 극복하려고 머리를 쓰면 쓸수록 더 혼란스럽고

어지럽다고나 할까! 가끔 누군가 무슨 피드백을 해 주면, 금방 알아차린 듯이 말하고 재빨리 기분이 좋아지는 사람들이 있는데, 그런 사람들일수록 다음에 똑같은 상황을 반복 또 반복하며 문제를 일으키는 경우가 흔히 있다. 그리고는 '알아도 잘 안 된다.'는 말을 하며 자책하기도 한다. 멈추어야 무엇인가를 바라볼 수 있는 순리가 정답이다. 일단 멈추어 보자!

부정적인 생각과 머릿속에 복잡하게 뒤엉킨 생각을 정리하지 않으면 앞으로 나아갈 수 없다. 집을 정돈해야 공간을 제대로 쓸 수 있듯, 머릿속 생각도 정리해야 어떤 일이든 시작할 수 있다. 상황이 막막하고 답답하면 끙끙 앓지만 말고, 생각부터 정리해 보자. 노트를 꺼내어 하나하나 번호를 매기며 적어보는 것도 도움이 될 것이고, 있는 그대로 바라보아 줄 수 있는 누군가에게 복잡한 생각들을 표현해 보는 것도 도움이 될 것이다. 그리고 난 뒤에 '이건 정말 쓸모없는 생각이군. 이건 고려해 보아야 하는 타당한 생각이군. 이건 도움이 되는 생각이군.' 등으로 분류를 할 수도 있을 것이다. 단 5분이라도 시간을 내면 될 것이다. 현실적으로 이런 시간들을 습관적으로 가진다면, 아마도 스스로에게 큰 도움이 될 것이다.

우리가 에고에 휘둘리지 않기 위한 갈망이 있다면, 근본적으로 소멸하지는 못하더라도 묶어두거나 걸리지 않는 것은 가능하다. 우리는 제 눈에서 들보를 제거할 수 있다. 참 자기에 대해 예수가 빗댄 이미지는 투명한 눈, 그러니까 들보나 다른 어떤 방해물이 없는 눈이다.

> "먼저 네 눈에서 들보를 빼내어라. 그래야 네가 형제의 눈에 있는 티를 뚜렷이 보고 빼낼 수 있을 것이다."(루카 6,42) "네 눈은 네 몸의 등불이다. 네 눈이 맑을 때에는 온몸도 환하고, 성하지 못할 때에는 몸도 어둡다."(루카 11,34)

참 자기는 에고나 거짓 자아, 다시 말해 들보 아래 묻혀 있다는 뜻이다. 내 안의 들보, 고통체로 총칭하는 에고에 대한 지금까지의 핵심내용을 우선 정리해보자.

첫째, 에고는 생각을 먹이로 살고 있는데 그 중에서도 특히 부정적인 생각이 먹잇감이라는 것에 대한 개념적 인식이다.

둘째, 멈추어 보자. 그리고 하루에 단 5분이라도 생각 정리 노트에 메모해 보자. 그리고 난 뒤 다음의 작업을 의식하자.

셋째, 에고의 모든 간계와 이중성을 온전히 의식하는 것이다. '아, 에고야. 네가 이렇게 하고 있구나. 그건 유혹이야! 네가 저렇게 하고 있구나. 그건 너의 과거 습관이 너의 현재를 침범하는 거야! 헷갈리지!'라는 식으로 앞의 메모된 생각들을 정리하며, '관찰자'의 입장에서 분별하려는 시도로 전환한다. 그것이 지독한 허식이고 말도 안 되는 부적절한 것일지라도, 아무런 질책이나 비난 없이 그냥 있는 그대로 봐 주는 셈이다.

넷째, '이것은 진정한 나가 아니다.'라는 것을 의지적으로 내뱉는다. 왜곡된 것을 진실로 되돌리는 작업이다. 머릿속으로 '난 알고 있는데!' 라고 마치 이미 알고 있는 사람처럼 생각 속으로 빠지지 말라! 자신을 속이지 말자. 생각하지 말고 가능하면 말로 읊는다. "이건 너 자신이 아냐! 그냥 너의 생각이야!" 세 번 정도 말로 내뱉는다.

다섯째, 에고와 우리 자신을 떼어 놓는 것이다. 에고 중심에서 물러나 객관화시킨다. 일단 자신의 거짓 이미지를 자기 밖에 있는 객체로 여기면, 자신을 그것과 동일시하기를 멈출 수 있다. 예컨대, 이렇게 말로 읊는다. "너의 생각과 너 자신을 동일시하지 말거라. 생각은 생각이고, 너는 너야."라고 앞에 누군가가 있든 없든 이 우주가, 하느님이, 부처님이, 신이 말씀하시듯 내뱉는다. 우리는 거짓 이미지를 바라볼 뿐 거기에 동화되지 않겠다는 '의지적 행위자', '참된 관찰자'가 된다. 세 번째의 관찰하는 입장으로 노력하는 것을 넘어서서, 이번에는 거짓 이미지는 내가 아니다 라고 선언해 버리는 것이다. "나는 관찰자이며, 이 관찰자가 나의 참 자기다."

거짓 이미지는 유혹의 형상을 취한다. 그 유혹은 너무나 달콤하기 때문에 거의 속임수와 간계에 넘어가듯 휘둘리기 쉽다. 그러므로 매일매일 의식적으로 관찰자가 되는 습관을 길러야 한다. 이미 관찰자가 된 듯 의지적 행위를 하는, 수행자적인 작업은 식사하듯 반복적으로 규칙적으로 해야 한다. 성과를 거두려면 대다수 사람들이 그러하였듯이, 몇 해에 걸쳐 꾸준히 해 나가야 한다. 에고를 극복해 보기 위하여 노력하는 대부분의 사람들은 그 과정에서 자기 자신과 에고를 동일시하기를 반복하며 줄곧 헤매는 것이 일반적일 것이다. 넘어지고 일어나고 또 넘어지고 일어나는 것을 반복한다. 에고에 휘둘리지 않기 위하여 습관적으로 위와 같은 행동을 하게 되면, 자신의 행위를 의식하면서 빨리 에고의 유혹을 멈출 수 있고, 자신에 대해 웃을 수 있으며, 관찰자의 위치로 돌아올 수 있는 법이다. 이 과정은 만트라 명상과 무척 비슷하다. '습(習)'은 무섭게 질긴 것이므로 반복 또 반복하며, 매 순간 자신이 주의 집중해야 하는 몇 마디의 말이나 글로 다시 '원 상태의 자기'로 돌아오는 훈련을 해야 한다.

여섯째, 이런 과정에서 매우 중요한 것은 어떠한 경우라도 죄책감을 느끼지 말아야 하며, 자신을 나무라서는 안 된다. 규칙적으로 하지 못했다고, 작심삼일이라고, 제대로 못했는데… 등의 이유로 자신을 심히 비난하는 사람들은 대체로 재기하기가 힘들고, 다시 하는 것 자체를 두려워한다. 아이들의 걸음마를 보면, 수없이 반복적인 행위와 자주 넘어지는 과정을 통하여 발걸음이 씩씩해진다. 인간이 살아가면서 실수는 당연한 것이므로, 그것에 휘둘려서는 아무것도 할 수 없다. '실수하지 말아야 해! 잘해야 해!'라는 것도 바로 에고의 유혹이다. 그냥 하는 것이다. 실수하면 '실수했구나!'라고 하면 되고, 잘못했으면 '잘못했구나!' 하면 되고, 제법 잘 했으면 '이번엔 잘했구나!' 하는 것일 뿐, 그 이외의 것은 아무것도 없다. (물론 남에게 해를 끼치고 자책감과 죄의식을 느낄 때 따라오는 진솔한 슬픔과 후회의 감정은 참 자기의 또 다른 현시[顯示]다).

이런 과정을 거치다 보면, 우리는 참 자기가 지닌 표징을 깨닫게 될 것이다. 자신에 대해 진실을 알고자 하는 강한 욕구가 생기기 시작하면, 그 진실이 얼마나 보잘것없는 것이냐 와는 무관하게 참 자기가 드러난다. 에고의 어처구니없음을 보고 웃을 수 있을 때, 웃는 주체가 바로 참 자기다.

일곱째, 가난한 이에게 연민의 감정을 가지고 진실로 다가간다면, 그것은 진정한 자기다.

여덟째, 삶이 안겨주는 숱한 선물을 참으로 고맙게 느낀다면, 우리는 이런 감정이 에고에서 오는 것이 아님을 확신할 수 있다. 에고는 결코 감사할 줄 모르고, 늘 더 나은 것을 추구하므로 현재가 불만이지만, 현재에 대한 감사 인사를 통해서 우리는 에고에 휘둘리지 않을 수 있다.

인간의 행위를 공부하는 것만으로는 자신에 대해 알 수 없음을 명심해야 한다. 성찰을 심화하려면 고독과 침묵의 시간이 필요하고 구체적인 실천이 필요하다. 다른 사람들의 도움도 있어야겠지만, 결국 우리는 고요한 시간을 갖고, 스스로가 실천적 행위를 하는 가운데 제 눈에서 들보를 빼내고 기나긴 맹목의 밤에서 벗어날 것이다. 그리고 세상을 있는 그대로, 똑바로 보기 시작할 것이다.

- 이 글은 앨버트 놀런(2011))의 일부 내용이 인용, 재해석되었음을 밝힙니다 -

53. 아이의 부모는 아이를 키우기엔 아직 '아이'일 수밖에 없다!

> 성숙한 연장자들은 진리에 가까운 삶 속에 있다. 그들은 중요한 게 무엇이고, 중요하지 않은 게 뭔지를 안다. 우리가 자식들을 가졌을 때, 그리고 그들을 가르치기 시작해야 한다고 느낄 때, 우리 대부분이 '아이'에서 '학생'으로도 옮아가지 못했던 것이 사실이다. 그래서 우리는 자신을 바로 세우지 못한 채로 자식을 기르다 보니, 우리 부모가 우리에게 가르친 걸 자식에게 그대로 가르치기 시작한다.

'아이의 부모는 아이를 키우기엔 아직 아이다! 아이일 수밖에 없다!', '부모 자신이 아직 아이일 수밖에 없는 것이 현실이라면, 그럼 누가 아이를 키워야 한단 말인가?' 사실 이런 주제는 조금 예민한 문제인 것 같다. 천차만별인 부모의 인성, 각 집안의 다양한 환경, 복잡다단한 현실 여건, 아이를 둘러싼 주변 상황 등을 두고 섣불리 단언하듯 이야기한다는 것 자체가 조금은 난감한 느낌이 있기 때문이다. 하지만 한 번쯤 이런 내용을 논함으로써, 좀 더 확장된 양육 개념과 주요 양육자를 새로운 측면에서 이해하고, 그 배경에 있는 성(性)문제에 대한 다른 시각을 엿보는 데 도움이 되지 않을까 하는 생각으로 조심스럽게 꺼내어본다.

누군가가 "여건이 어쩔 수 없어서 주변의 도움을 받긴 하지만, 자녀는 당연히 그 부모가 길러야 되는 것이 아닌가요?"라고 묻는다고 하자. 너무나 당연한 것을 왜 묻느냐는 듯, 오히려 질문하는 사람에 대해서

뜨악함을 느낄 수 있다. 부모가 직장생활을 하거나 몸이 아프거나, 기타 여의치 못한 사정에 의하여 아이를 다른 사람이 키워야 하는 경우는, 요즘의 추세이기도 하고 어쩔 수 없는 방안이기도 하다. 하지만 부모 아닌 다른 사람이 양육하는 것은 다양한 이유로 인한 하나의 대안책이지, 원칙적으로 자녀는 그 자녀를 낳은 부모가 길러야 한다는 '관념'을 대부분의 사람들은 가지고 있기 쉽다. 그렇게 해야 잘 기를 수 있고, 아이에게 안정감을 줄 수 있다고 느낀다. 아마도 그 '당연함'에는 애착이라는 깊은 심리적 연대, 사랑하는 마음, 전통적인 육아 형태, 불안과 두려움으로 인한 소유욕 등 여러 측면이 작용될 것이다. '왜 부모가 직접 자녀를 길러야 좋은가?'라는 이유도 배경도 모른 채로 그냥 자녀는 자연스럽게 부모가 길러야 정상적이고, 사랑을 주며 건강하게 클 수 있다는 생각을 고정시켰을 가능성이 크다. '그렇다면 이러한 기본 생각이 잘못되었단 말인가?'라는 조급한 의문과 답을 요구하는 사람이 있다면, 함께 연구해보는 마음으로 이와 같은 내용을 살펴보면 좋을 듯하다.

이 이야기를 논하기 전에, 누구나 다 알고 경험하고 있지만 입에 잘 올리려 하지 않는 섹스문제를 우선 언급해야 할 것 같다. 왜냐하면 '자녀'는 부모의 짝짓기 행위로부터 탄생되기 때문에 결코 이 문제를 논하지 않을 수 없다. 또한 짝짓기 본능은 인간뿐 아니라 모든 유기체의 지극한 본성인데, 유독 인간은 그 행위의 책임을 매우 복잡하게 느끼고 두려워하며 짊어지기 때문이다. 물론 사랑스럽고 귀하고 행복한 느낌으로 육아의 책임을 짊어지는 경우도 많을 것이지만, 동시에 다른 한쪽에서는 불안함과 부담감과 힘듦으로 양육 전쟁을 꽤 오랫동안 하는 부모도 많을 것이다. 더욱이 간혹 그 대상이 일찍 부모가 되어버린 10대, 20대 청소년 혹은 청년이 될 수도 있는 현실도 있다.

인간은 10대 중후반 정도부터 성적인 욕구를 느낀다는 것이 생물학적으로 정설이다. 너무 자연스러운 에너지 흐름이라 어느 누구도 입을 댈 수 없는 우주의 이치이다. 하지만 가정에서, 사회의 어른들이, 환경이, 문화가, 사회도덕이, 기존 세대의 기준에서 이른 시기 성적 욕구를 매우 죄악시하고 수치스러워하고 입에 올리지도 말아야 하는 것으로 억압하는 것이 대부분의 분위기이다. 이 글을 읽는 여러분들은 어떻게 생각하는가! 만약 성적인 행위가 10대 자녀에게 일어나면 대부분의 가정이나 학교에서는 엄청나게 통제하고, 아주 잘못된 것으로 치부하며, 정말 몹쓸 인성 정도로 배척하고 수치감을 느끼도록 종용한다. 부모는 자식농사 망쳤다는 절망감과 좌절감과 배신감을 느끼기까지 한다.

성욕은 아주 자연스런 창조적 행위로 말 그대로 '자연' 그대로의 에너지, 즉 하늘에서 내린 작용이다. 말하자면 천성이다. 그런데 성적인 천성을 재난으로 돌려버린다! 하늘이 자연스럽게 선물한 성욕을 부적절하다고 판단할 경우에는 구정물 같은 느낌으로 타락의 선두 주자처럼 취급한다! 만약 이 천성을 10대가 사용하였을 때는 어떠한가! 부모의 심정은 쪽팔리는, 부끄러워 고개를 들 수 없는, 남에게 차마 말할 수 없는, 남이 알까 쉬쉬해야 하는, 남부끄러워 살 수 없는 것쯤으로 느낀다. 끔찍한 재난이 일어난 청천벽력 같이 느낀다. 과연 본성이 재난인가?

대부분의 어른들은 왜 이렇게 본성을 재난으로 생각하기에 이르렀을까! 이것은 한 개인의 특수한 문제가 아닌 것 같다. 너무나 오랫동안 내려온 집단적 도덕관이며, 문화적 가치관이 작동되므로, 모든 것을 개인의 문제로만은 볼 수가 없다. 사람들은 때론 외국과 우리나라는 다르다는 점을 이야기하며, 머리로는 어느 정도 이해하는 척 한다. 하지만 자식의 문제가 될 경우엔 수용하기가 곤란하다. 곤란한 정도가 아니라 결코 용납이 되지 않는다! 유럽 쪽의 국가에서는 이미 사회적으로 만연되어 있고, 피임약이나 피임 방법을 오히려 알려주어서 임신 예방을 하도록 하는 등, 일반적인 것으로 생각한다고 한다. 하지만 우리의 문화에서는 아직 그렇지 않다. 그들이 옳고 우리가 문제다, 혹은 우리가 옳고 그들이 문제다 하는 것이 아니라, 서로 이렇게 문화적으로 차이가 있다는 것이다. 물론 요즘의 10대, 20대들의 문화 형태나 생활방식이 급속도로 바뀌어 가고 있다는 것을 피부로 느낀다. 하지만 기존 세대의 부모들은 그러한 개방적인 현실에 저항하는, 수용할 수 없는 어떤 기준점을 지니고, 그 범위를 고착시키고 있으므로, 그 선 이상은 잘못된 것으로 확실하게 각을 세우고 있는 것 같다.

이렇게 천성을 가지고 자녀를 억누르고 몹쓸 아이라고 단정 짓는 '나쁜 아이' 취급은, 그것이 '잘 한다 못 한다'를 가리는 차원이 아니라, 부모로 대표되는 어른들의 개념 미숙에서 온 것이 많다. 프로이트는 인간 내면의 엄청난 억압된 분노는 본능, 즉 신체의 자연스럽고 기본적인 본능과 애정 욕구들을 억압시키는 데서 나온 뿌리 깊은 분노일 거라고 언급했다. 이것은 사실 매우 의미 있는 말이었으나, 후대 학자들에 의하여 엄청난 비난을 받게 된다.

프로이트를 비판하는 그 이면은 대부분 '성적인 문제'와 '심리적 문제'를 연관 지었다는 데서 비롯되었다. 사실 프로이트 외의 선각자들도 일찍이 이 점을 간파하였으나, 합리적(?)인 도덕과 양심 등 초자아의 강력함에 의하여, 혹은 결정론적인 입장으로 인하여 음지로 밀려나서 입도 열지 못했고, 프로이트의 제자들은 그를 비판하며 떠났다는 생각이 든다. 어린 시절의 성추행이나 성폭행이 자신의 잘못이 전혀 아닌데도, 그 경험을 마치 자신이 죄인인 것 마냥 수치스럽게 여기고 잘못된 멍에처럼 메고 다닌다는 것이 얼마나 기가 찬 일인가! 평생 트라우마처럼 간직하고 있는 성적 관련 문제는, 진정으로 잘못된 '성적 개념'에서 오는 것이 많다.

심리치료 장면에서 이렇게 본능적인 기능의 억압으로 인한 문제점은 한두 가지가 아니다. 한 예로 인간 내면에 있는 수치심과 죄의식은, 정말 많은 분노를 유발시키는 근본 원인이다. 자신에 대하여 늘 수치스럽고 잘못한 것 같은 마음 때문에 한시도 편안할 수 없고 힘겹고 우울하다. 그건 사실상 자신에게 늘 화가 나 있다는 뜻이다. 정말이지 늘 화가 나 있다! 그러다가 누가 살짝 "이런 것 조금 잘못된 것 같은데…."라고 한다거나, "이건 이렇게 하면 더 좋을 것 같아요." 정도의 말에도 "내가 뭘 잘못했느냐? 나를 왜 그렇게 대하느냐! 당신이 뭘 안다고!" 하면서, 자신 내면의 죄의식과 수치감을 건드린 상대방에게 불같이 화를 내어버리는 것이다. 자존감이 바닥으로 내려앉는 자신을 타인에게 투사시키는 순간이다. 이런 수치심이나 죄의식의 원인에는 성적 억압으로 대표되는 '본능을 지나치게 억압'한 무의식적인 것들이 상당히 많다.

여기까지 이야기하고 나면, 마음이 다급해진 사람은 "그렇다면 10대 아이가 성행위를 해서 아이라도 덜컥 배면 어쩝니까!", "아직 책임도 질 수 없는 10대, 20대 자녀가 성행위를 해도 자연스러운 것이고, 자식을 낳아도 된다는 말입니까?", "그런 도덕관을 옳다는 식으로 하면 이 사회가 어떻게 문란해지는지 상상조차 할 수 없는데, 말이 된다고 봅니까?"라는 질문이 나올 만하다. 이런 질문을 직접 하지 못하는 비슷한 연령대의 부모들도 마음속에서는 이런 극단적 상황에 대한 두려움이 도사리고 있을 것이라고 느껴지고 충분히 공감이 가기도 한다.

도널드 월시(2009)는 신(神)이 자신에게 직접(!) 전달한 내용이라고 하며, 명쾌하게 딱 잘라 말했다. "바로 이것이(본능을 재난으로까지 여기며 억압하는) 이 모든 것을(낳고 기르고 먹이는 등의 전반적인 양육) 친부모가 육아까지 다 책임져야 한다는, 단 하나의 사고방식에서 비롯된 결과들이다." 그렇게 낳아버린(!) 아이를 누가 책임지고 양육할 것인가! 하는 현실적 측면을, 마치

'그런 나이에 본능대로 성적 행위를 해서 아이를 낳아버린 젊은 너희는 정말 잘못되었어. 아주 나쁜 짓을 한 거야!'라는 식으로 매도한다는 것이다. 본성은 매우 자연스러운 것인데도 불구하고 책임의 문제 때문에 본성 그 자체를 심히 나무라는 셈이다. 그러므로 본성 자체를 문제시할 것이 아니라, 그 책임을 어떻게 지느냐의 문제를 다 같이 연구하는 것이 마땅하다는 뜻이다.

성적 행위가 가장 활발한 연령대에 아이를 낳았을 경우, 그 아이를 기를 만한 경제적, 정신적 연령대가 전혀 되지 않았다는 점은 너무나 당연하다. 말하자면 성적 욕구가 최대치인 시기에 억제하지 않고 성행위 후 출산하게 되면, 그 시기에는 사회적으로 그 아이를 책임질 수 있는 그 무엇도 갖추고 있지 않은 것이 당면한 현실이다. 현실적인 책임과 심리적인 성장을 균형 있게 이루어내지 못한 부모(10대 청소년, 20대 청년, 30대 40대 성인 모두를 포함하여)가 부모 역할을 한다는 것 자체가 모순일 수밖에 없다. 위험한 일이고 두려운 마음이다. 그것이 일반적인 현상이다. 그들이 잘못된 것이 아니라, 어쩔 수 없는 연령별 수준이라고나 할까!

이러한 의견에 의문을 갖는 분들은, '그렇다고 30대에 자녀를 낳은 사람은 과연 제대로 된 부모역할을 할 만한 심리적·정신적 성숙, 현실적 능력을 갖추었다고 볼 수 있는가?', '정식으로 결혼해서 아이를 낳은 20대, 30대의 연령의 부모는 아이를 잘 기를 만한 수준이라고 느껴지는가?', '합법적인 혼인관계는 좀 더 유능하고 편안하게 아이를 잘 양육할 수 있는가?' 등의 질문을 던지며 포괄적으로 느껴 보라! 솔직하게 생각해 보라!' 이와 같은 관점으로 살펴본다면, 성행위 자체를 기존의 도덕관념으로 무조건 제압하는 것이 과연 젊은이들에게 합리적으로 이해받을 수 있을까를 생각해 보게 된다.

아직 사회적, 심리적 책임을 지지 못하는 젊은 청년(?)부모가 본성대로 짝짓기를 하는 것을 '본성적으로는 충분히 가능한 연령대이므로 있는 그대로 이해해야 하고, 단지 그 책임을 어떻게 질 것인가를 생각해 봐야 한다.'는 개념, 이것을 과연 우리 자신은 있는 그대로 받아들일 수 있는가! 아님 저항이 오는가! 스스로 솔직히 자문해 보길 바란다. 우리의 관념은 매우 뿌리 깊은 전통적 문화 속에서 키워져 왔다. 아무리 현대적으로 생각한다고 하여도, 뼛속까지 깊이 묻혀 있는 기존의 가치관을 바꾸기란 그리 녹록지 않다.

'혼전 성관계이든, 혼후 성관계이든, 임신 후 출산하게 되었을 때 그 자녀양육을 누가 책임질 것인가!', '친부모가 육아를 책임지지 않는다면 누가 책임을 진다는 말인가?'라는 본래의 질문으로 다시 돌아오자. 이 점은 너무 당연하면서도 참으로 진지한 질문이다. 이에 대하여 월시가 언급한 신(神)은 "공동체 전체가! 그 중에서도 특히 연장자들이!"라고 단박에 대답한다. 그는 진보된 문명들에 대한 이야기를 다음과 같이 언급하였다.

이미 정신적으로 앞서 간 문명에서는, 부족의 연장자들이 아이를 기르는 덕분에 짓누르는 양육 책임감이나 부담감 같은 게 전혀 없고, 어린 나이에 자식 낳는 걸 '잘못'이라 여기지 않는 사회가 있었다고 한다. 그 사회는 성적 억압이 뭔지도 모른다고 했다. 그런 사회는 강간과 성도착증, 사회적 성적 기능장애에 대해서도 들어본 적도 없다고 단언적으로 말한다. "과연 이 지구상에서 그런 사회가 있습니까?"라는 작가의 질문에 대한 대답을 한번 들어보자.

> "너희는 그들을 야만인이라고 여겼다. 지금도 여긴다. 소위 비야만적이라는 너희 현대 사회는 아이들을 재산, 개인 소유물로 여기지 않는가? 개인 소유라는 말에 거부감이 든다면, 진정 양심에게 물어보라! 과연 개인 소유로 느끼지 않고 아이의 존재를 이 우주의 전체적, 공동체적 존재로 느끼는

부모가 과연 몇이나 되는지를. 자녀를 개인 소유로 여기는 개념이 있으므로, 친부모들은 아이의 양육자가 되어야 한다고 굳게 믿을 수밖에 없다. 자신들의 소유물이니까 자신들이 보살필 수밖에 없다고 생각하기 때문이다. 너희 현대 사회가 지닌 문제들 중 대다수의 근저에 깔린 뿌리 깊은 생각이 배우자와 자식들을 개인 소유물, 말하자면 '내 것'으로 보는 관념이다. 신체적으로 아이를 가질 준비가 된 연령대에, 정말 감정적으로 아이를 기를 준비가 된 사람이 과연 누가 있겠는가? 아니, 있다고 생각하는가?"

참으로 자신감 있게 내뱉은 답변이다. 진실을 말하건대, 대다수의 사람들은 3,40대가 되어도 자녀를 기를 경륜을 갖추지 못한다는 것이다. 아이가 아이의 부모가 되는 셈이다. 아이의 부모는 아이를 기르기엔 아직 아이다! 그리고 이건 사실이며 현실이다. 그걸 기대할 수도 없고, 기대해서도 안 된다. 사실 그들은 아직 자식들에게 심오한 지혜를 전해줄 만큼 충분히 어른으로 살지 않았다. 그들은 바쁘다. 돈 번다고, 일한다고, 성취한다고, 무엇을 배운다고, 스스로를 개발한다고! 그들은 심리적으로 미숙한 시기다! 아직은 더 자신을 가꾸어야 하는 시기이지, 자식을 가꾸기엔 이른 연령이다.

말하자면 젊은 시절은 진리를 모아들이기 시작하는 시기이지, 진리를 가르칠 수 있는 연령이 아니다. 아직은 어렵다. 미처 모아들이지도 못한 진리를 무슨 수로 자식들에게 가르칠 수 있단 말인가. 이에 대하여 어떤 사람은 아니라고 고개 저을 것이다. 가르칠 수 있다고! 나름대로 공부를 많이 했고, 마음 수양도 했다고! 사실 이 시기의 가르침은 진실로 스스로가 배우고 느끼고 체험에서 오는 가르침이 아니다. 남들의 진리, 즉 우리의 미성숙했던 윗대 아버지 어머니가 제시한 내용, 혹은 사회·문화가 가르친 것들, 종교가 제시했던 것들 등등 여러 가지 외부의 것이 섞인, 이것저것으로 메꿔진 미숙한 가르침일 뿐이다. 진정 자기가 무엇을 느꼈는가는 빼고, 이것저것 외부의 가르침을 열심히 전하려고 할 것이다.

성숙한 연장자들은 진리에 가까운 삶 속에 있다. 그들은 중요한 게 무엇이고, 중요하지 않은 게 뭔지를 안다. 우리가 자식들을 가졌을 때, 그리고 그들을 가르치기 시작해야 한다고 느낄 때, 우리 대부분이 '아이'에서 '학생'으로도 옮아가지 못했던 것이 사실이다. 그래서 우리는 자신을 바로 세우지 못한 채로 자식을 기르다 보니, 우리 부모가 우리에게 가르친 걸 자식에게 그대로 가르치기 시작한다는 것이다. 잘못된 것인 줄도 모르고 가르치고, 잘못된 것을 알면서도 다른 길을 몰라 그대로 가르치기도 하고, 잘한 것이라고 생각하여 더 강조하기도 한다. 바로 그 점 때문에 부모님의 부모님, 그들 부모님의 부모님… 어른들의 죄는 자손들에게 대대손손 이어진다.

"육아를 존경스런 노인네들 손에 맡겨라."라고 단언하는 것! 참으로 많은 점을 생각하게 한다. 존경스런 노인네가 우리의 할머니 할아버지여야 한다. 끝없이 자신을 성찰하고 열려있는 마음으로 배우는 노인네가 되어야 하며, 바로 그러한 부모들에게는 원할 때마다 아이를 보게 하라. 원한다면 아이와 함께 살 수 있으면 더 좋다. 어느 누구라도 아이를 보살피고 기르는 일을 부모가 전적으로 책임지는 것은 한계가 너무나 분명하다. 그러므로 주변의 성숙한 연장자들이 제공하는 교육과 가치관을 가지고 공동체 전체가 아이들의 신체적, 사회적, 영적 비료들을 제공해야 한다. 성숙한 연장자가 주변에 없다면, 부모 스스로가 성숙한 사람이 되기 위한 꾸준한 학습을 게을리하지 않아야 한다. 집안에 성숙한 어른이 존재한다는 것은 좋은 공기가 있는 가정이다. 건강해지는 환경을 맞이한 것이다.

아이의 부모는 아이를 기르기에는 아이일 수밖에 없는 것이 현실이다! 이 점을 부정적으로 생각할 것이 아니라, 그냥 현실로 받아들여야 한다! 보편적인 현상으로 받아들여야 하는 것을 심각한 문제점으로 생각하는 것도 어려움을 일으키는 하나의 문제점이다. 주어진 현실은 그냥 자연스럽게 수용하고, 바람직한 대응책을 연구해 보는 자세를 길러야 할 것 같다.

- 이 글은 D.월시(1999)의 일부내용이 인용, 재해석되었음을 밝힙니다 -

54. 보이는 것이 전부가 아니다!

내가 아는 것만이 마치 전부인 것 마냥, 내가 본 것만이 대단한 것인 것 마냥 살아가기 쉬운 우리네들에게, 관심도 흥미도 별로 없는 듯한 소소한 이야기를 통해서, 우리가 혼자 살고 있지 않다는 것, 서로가 긴밀하게 연결되어 있다는 것, 보이는 것이 전부가 아니라는 것을 깨닫게 해 준다.

요즘 어린이가 보는 책을 읽을 기회가 많은데, 이렇게 재미있는 세상 이야기가 많다니! 무수하게 많은 동물, 식물, 은하수 등 피조물에 대한 신비함에 새삼 놀라움을 느끼며 호기심을 가지고 읽는다. 특히 과학적으로 설명하는 전문가의 견해가 완전 비과학자인 내가 생각하는 측면, 즉 '근거가 있는지 없는지는 알 길 없으나 왠지 아마도 그럴 거야!'라고 생각하는 것들과 어떻게 연결되는가를 깨닫게 되는 대목들이 많다. 예컨대, 필자는 늘 이 세상의 모든 것이 거대하게 연결되어 있다는 생각을 한다. "어떻게?"라고 물으면 딱히 납득할 만한 논리적인 설명은 할 수 없다. 정확한 지식이 부족한 상태로 막연하게 상상하는 것이 '편견'이 아닐까 하며 스스로 제어하지만, 마음이 늘 그렇게 기울어지는 뭔가가 있다. '이 세상에 내가 모르는, 보이지 않는, 평생토록 모르다 죽을 너무나 많은 어떤 존재가 있을 것인데, 단지 내가 잘 느끼지 못할 뿐이지만 세상은 분명 거대한 연결망으로 되어 있는 것 같아!'라는 생각이다. 즉 그 유기체들을 뭐라고 이름 붙일 수는 없고, 딱히 무엇이라고 알 길 없지만 엄연히 존재한다는 믿음이다. 이 세상을, 지구를, 인간의 삶을, 이 우주를 큰 틀에서 움직이는 무엇인가가 있을 것 같다. '그 무엇인가'를 무엇이라고 이름 붙여도(신, 하느님, 무아, 한 등) 상관없다. '무엇', 그것을 지구의 한 모퉁이에 먼지보다 더 작지만, 너무나 위대하게 사는 우리를 존재케 하는, '보이는 것만이 전부가 아닌, 거대한 우주의 에너지'라고나 할까!

내가 아는 것만이 마치 전부인 것 마냥, 내가 본 것만이 대단한 것인 것 마냥 살아가기 쉬운 우리네들에게, 관심도 흥미도 별로 없는 듯한 소소한 이야기를 통해서 우리가 혼자 살고 있지 않다는 것, 서로가 긴밀하게 연결되어 있다는 것, 보이는 것이 전부가 아니라는 것을 깨닫게 해 주는 것 같아서 이 글을 쓰게 된다. 다음의 내용은 어느 과학자가 전문적 용어가 별로 없는 상태로 편하게 쓴 과학 이야기(이지유. 2020. 2022.)를 인용하여, 필자의 생각을 덧붙인 것이다.

인간의 위장, 소장, 대장에서는 우리가 먹은 음식을 흡수하기 좋은 형태로 분해하는 미생물이 산다. 인간뿐만 아니라 모든 동물의 장에서도 양분을 분해하는 미생물이 산다. 인간은 가보지 않은 우주나 눈에 보이지 않는 원자에 대해 알만큼 대단하지만, 그 미세한 미생물이 한 마리라도 없으면 사람이 당장 하루라도 살 수 없다는 사실은 잘 모르기 쉽다. 말하자면 인간은 우주를 탐험하는 위대함도 있지만, 먼지 티끌만 한 미생물 세포에 맥없이 무너지는 약한 존재이기도 하다. 말하자면 미생물은 눈에 보이지도 않는 미미한 존재 같지만, 사실 우주와 다름없는 거대함을 띠고 있다. 눈으로 보이지도 않는 이 미생물이라는 존재가 우리의 생명을 훌륭하게 유지시키고 있는 셈이다.

이런 사실은 인간 세상에 직접 적용된다. 어떤 사람의 직업이 하찮게 보이고 너무나 평범하여 아무도 봐주지 않는 것처럼 보이나, 그 일을 누군가가 하지 않으면 모든 체계가 무너져 내리는 것을 느낄 수 있다.

이런 상상도 할 수 있다. 만약 우리가 식물을 섭취할 수 없는 상황이 된다면 어떻게 될 것인가! 각종 식물류를 얻을 수 없다면 육식동물도 생존할 수 없다. 육식동물은 초식동물을 먹고 살아야 하고 초식동물은 각종 식물을 먹고 살아야 하는 생태 체계이므로 식물이 없으면 고기도 먹을 수 없다. 과연 우리 인간은 무엇을 먹고 살 수 있을까! 인류의 생명 유지 자체가 불가능하여, 감히 상상도 할 수 없을 것이다. 그렇다면 식물의 삶은 어떻게 유지되는가!

식물은 미생물이 없으면 땅이 아무리 비옥해도 양분을 흡수할 수 없다. 식물의 뿌리는 땅속 세균과 공생한다. 식물은 종에 따라 각기 다른 균류와 짝지어 평생을 함께 산다. 땅 속에서 균이 나무와 살아가는 모습은 흥미롭다. 예컨대, 단풍나무와 공생하는 균근은 단풍나무의 뿌리에 붙어 뿌리가 길게 자라도록 유도하면서 세력을 넓힌다. 참나무 뿌리에 사는 외균근은 뿌리 대신 자신들 스스로가 잔뿌리처럼 사방으로 퍼져 양분을 흡수하며 다른 나무들과 나누어 가진다. 균은 물과 인산, 질산, 아연 등 흙 속에 있는 영양소를 알뜰하게 챙겨 주변 식물에게 준다. 이는 유전자를 구성하는 데 꼭 필요한 물질이다. 식물은 균에게 광합성으로 만든 탄수화물, 곧 당을 공급한다. 살아가는 데 서로가 요구되는 것을 충족하는 공생관계는 4억 년 전 식물이 바다에서 육지로 올라올 때부터 지속된 것으로 보인다고 과학적 연구들은 전한다.

얼마나 대단한 공생관계인가! 눈에 보이는 것은 따로따로인 것 같아 보이지만, 실로 땅 밑에서는 거대한 연결망을 통하여 공동체를 이룬다. 그리고는 서로서로에게 필요한 영양소를 나누어주고 있는 거대한 생명체의 연결망이 있다는 사실, 그리고 그들은 결국 인간을 먹여 살리면서 생명을 유지시키고 있는 셈이다. 그런데 자연스럽게 이루어지는 그 질서를 인간이 함부로 지배하려고 하는 이기적인 생각을 한다면, 한마디로 누가 누구를 먹여 살리는지에 대한 무지가 낳은 적반하장이 아닐까! 인간은 자기중심적인 생각들로 인하여 분리해서 소유하고 비교하는 것이지, 전 인류 공동체는 어느 것 하나 연결되지 않는 것이 없다는 것이다. 보이지 않는다고 결코 그 중요성이 떨어지지 않는다. 만물의 영장이라고 일컫는 인간이, 눈에 보이지 않는 아주 미세한 미생물 한 마리, 땅 밑 세계의 공존에 의지하며 살아가고 있다는 것을 느낀다면, 그 무엇 하나 소중하지 않은 것이 있을까 싶다.

어디 이것뿐이겠는가? 식물과 미생물의 나눔 생활은 인간에게 더욱 더 많은 것을 느끼게 한다. 땅속의 균에 대하여 조금 더 살펴보자. 균은 배달부 역할도 한다. 균은 뿌리째 뽑혀 팔려 갈 날을 기다리는 나무에게 싱싱하게 생산한 탄수화물과 자신이 흡수한 양분을 전달해 죽지 않도록 돕는다. 엄마 나무는 곁에 있는 아기 나무에게 양분을 나누어 준다. 시들어가는 나무는 자신의 몸에 남은 양분을 옆에 있는 나무들에게 나누어주고 떠난다. 이렇게 식물과 균이 공생하는 숲은 거대한 생명체와 같다. 나무 한 그루, 꽃 한 송이도 따로따로 존재하지 않는다. 식물의 지지대 역할을 하는 흙과 그 속에 사는 균이 한 덩어리가 되어 남은 자원을 부족한 곳으로 옮기고, 죽어가는 것을 살리며, 위험이 닥치면 함께 이겨낸다. 숲은 그 자체가 '초유기체'인 셈이다. 과학자들은 이 놀라운 관계를 우드 와이드 웹(The Wood-Wide-Web, WWW)으로 부르기로 했단다.

사람들에게 보이지 않는 커뮤니티 공간이 있듯이, 나무들에게도 그들만의 WWW가 있는 것이다. 나무들이 대화를 나눈다는 것, 어릴 적 상상 속에서만 있는 일이 실제로 있다는 것이다(네이처, 1997). WWW는 캐나다 브리티시 콜로비아주 산림과학자 수잔 시마드(Suzanne Simard)가 발견한 것으로 숲속의 나무들이 땅 속에서 균(버섯과 같은) 망을 통해 서로 정보들을 주고받는다는 것이다. 과학자 시마드가 이 이야기를 했을 때 모두가 미쳤다고 했단다. 그렇게 말한 사람들은 모두 책상에서 연구만 하던 사람들이었고, 시마드는 숲속 나무들의 이야기를 직접 듣기 위해 위험한 상황을 무릅쓰고 필드로 나섰다고 한다. 실험은 자작나무, 전나무 그리고 삼나무 80그루를 대상으로 이루어졌다. 그래서 각각 비닐봉지를 씌웠다. 첫 번째 자작나무에는 탄소14의 방사성 가스를 주입, 두 번째 삼나무에는 탄소13의 이산화탄소를 주입(쌍방향 소통이 있는지 알고 싶어서 서로 다른 탄소를 주입), 세 번째 나무는 그냥 일반 봉투를 씌워 둔 전나무이다. 1시간 후, 나무들은 광합성을 통해서 탄소를 당분화시켜 다른 나무들에게 전달시켰을 것이라고 가설을 설정하였는데, 자작나무 곁에서 확인하니 크크크크크크 하는 탄소 소리가 들렸단다. 전나무도 자리를 옮기니 크크크크크 탄소 소리, 바로 자작나무가 전나무에게 말하는 소리였단다.

> 자작나무: 어이, 내가 좀 도와줄까?
> 전나무: 응, 탄소 좀 나눠줄래? 누가 나한테 그늘 천막을 씌워서 광합성을 할 수가 없거든.

하고 대화하였다. 과학자 시마드는 나무들이 서로 연결되어 있다는 것을, 심지어 그 숲 안에서 사는 모든 생명체들이 하나로 연결되어 있음을 발견하게 되고, 나무들이 더 건강한 집단이 되기 위해서 서로 대화를 하는 것이라고 했다. 이쯤에서 또 사람들은 은근히 믿지 못할 것이다. 설마… 나무들이 대화를 한다고? 괜히 숲 과학자가 하는 자신만의 이야기가 아닐까! 그냥 느낌이겠지! 너무 과장해서 말을 하는 게 아닐까! 직접 보고 듣는 것이 아니면 믿지 못하는 우리의 근시안적인 안목은 또다시 '보이는 것만이 전부가 아니다'라는 사실에 저항한다.

정말 많이 느끼게 하는 대목이다. 초유기체의 힘은 전혀 보이지 않는 것 같지만, 보이는 모든 것들을 생존케 하는 우주의 신비함을 담고 있다. 어디 그 뿐이랴! 한 가지만 더 예를 들어보자.

인간이 비를 부를 수 있는가? 무슨 소리를 하느냐고? 그냥 하늘에서 비가 내리는 것이지 어떻게 비를 만든다는 것인가? 이게 무슨 소리인지 감이 잡히지 않는다. 일단 기본 과학책에서 배운 것으로 하자면 대기권의 수증기, 물방울, 구름, 비 정도로만 알고 있는데 누가 비를 내리게 한단 말인가!

그런데, 아마존 열대우림 숲의 나무들은 스스로 비를 만든다고 한다. 놀랍지 않는가! 열대우림이라는 거대한 숲들이 비를 만든다는 사실…. 어떻게 비를 만드는 것이 가능한가! 1년 동안의 강수량이 2,000mm가 넘고, 빽빽한 숲을 이루고 있는 곳을 열대우림이라 부르는데, 그곳은 대부분 적도를 끼고 있어 덥고 습하며 인간이 아직 만나 본 적이 없는 동식물이 엄청나게 많이 살고 있다. 열대우림은 상상할 수 없을 정도로 다양한 생물의 밀집지역으로 여러 측면에서 큰 공헌을 한다. 같은 면적에 얼마나 다양한 생물이 살고 있는지를 따지면 1위는 단연 열대우림이다. 현대인은 덥고 습하며 모기와 뱀이 있는 그곳에서 사는 것을 선호하지 않기 때문에 열대우림에 대해 잘 모른다. 열대우림 근처에 가 본 사람은 아마 알 것이다. 하루만 지나도 사라지는 길, 비가 조금이라도 오면 늪으로 변하는 땅, 어마어마한 수의 모기와 개미, 어떤 인간도 이런 곳에서 살기를 원하지 않을 것이다. 그러나 인간이 살기 힘들다는 것은 다른 생물에게는 희소식이 될 수 있다. 적어도 미지의 생물이 인간에게 돈을 벌어준다는(!) 사실이 알려지기 전까지 그 생물은 안전하게 살 수 있으니까 말이다.

아마존 쯤 되는 열대우림이라면 비를 부르는 굉장한 일을 할 수 있다. 이 일이 얼마나 대단한 것인지 짐작이 가지 않겠지만, 지구인들을 위해 살짝 부연 설명을 하자면 이러하다. 비가 내리려면 우선 수증기가 있어야 하고, 그 수증기가 아주 작은 물방울로 응축되고 모여서 비구름을 만들어야 하고, 이 비구름이 인간이 원하는 바로 그곳까지 계절풍이라는 거대한 바람을 타고 와야 한다. 설명을 찬찬히 읽은 지구인은 이해하겠지만 여기에 인간이 개입해서 무언가를 바꾸어 놓을 수 있는 구석은 조금도 없다. 그런데 열대우림은 한다. 아마존은 나무와 식물이 내뿜은 수증기로 항상 자욱하다. 의심이 많은 사람은 물을 것이다. 그 수증기가 나무들이 뿜어낸 것인지, 대서양에서 불어온 것인지 어떻게 구분하느냐고! 물론 구분할 수 있다. 바다에서 만들어진 수증기에는 중수소가 거의 포함되어 있지 않다. 수소보다 무거운 중수소는 바다에 남겨두고, 가벼운 수소로 만든 수증기가 증발되어 구름을 만들기 때문이다. 반면 아마존의 나무들이 뿜어내는 수증기에는 중수소가 포함되어 있다. 그래서 이들이 만들어 낸 수증기는 더 무겁다. 아마존 우림은 대서양에서 가벼운 물방울이 오기 전에 무거운 물방울을 만들어 스스로 비를 뿌린다.

이렇게 인간이 생각할 수도 없는 기후변화도 열대우림이라는 거대한 자연은 생성한다. 거꾸로 생각해 보면, 우리가 지구를 파괴하는 예사로운 행위나 무지한 생각으로 인한 지구 오염 행위가 우리 자신에게 어떤 거대한 영향을 미치는지, 그리고 그것이 기후나 생활 변화에 얼마나 큰 악영향을 미칠지 코로나 시대를 겪으면서 느끼며 살고 있지 않을까!

처음에 이 글을 시작할 때는 '이 세상은 모두 연결되어 있는 것 같다.' 하는 막연한 생각으로 시작하였다. 다른 말로 하면 나의 소유라고 일컫는, 내게 일어나는 모든 것들, 나의 우연한 일상 같은 일들, 나쁜 일이든 좋은 일이든… 이 세상에 일어나는 모든 것들은 그냥 일어나는 것들이 없다는 생각이 든다. 보이지 않는 것들에 의해서 지금-여기에 무엇인가가 발현될 뿐이지 일어날 일은 일어나야 하고, 일어나지 않아야 하는 일은 그냥 일어나지 않는 것이다. 정말이지 다시 한 번 깨닫는다. 보이는 것이 전부는 아니라는 느낌은 분명 있지만, 한편 근거 없는 믿음을 함부로 말하기가 쉽지 않지만, 다시 한 번 언급하자면 눈에 보이는 것은 보이지 않는 어떤 것의 한 현상이라는 느낌이 든다. 지금-여기에서 전체가 움직이는 존재양식, '현존', '지금 있음'이 신(神)의 또 다른 표현이 아닐까라는 생각이 든다. 정말이지 보이는 것이 전부는 아니다!

- 위 내용의 일부는 이지유(2020, 2022)의 글에서 인용, 재해석되었음을 밝힙니다 -

55. 관계, 쉬운 것 같으면서도 어려운 그물망

관계란 '나'와 '너'의 '사이에서' 혹은 '사이로' 일어나는 관련성이다. 그러므로 관계를 이해하기 위해서는 세 가지의 주제로 살펴보아야 한다. 첫째 주제는 '나'이다. 둘째 주제는 '너'이다. 셋째 주제는 '사이'이다. 잘 풀리지 않고 힘겹거나, 평범한 사이라도 좀 더 편안하고 성숙한 관계를 탐구해 보고 싶다면, 이 세 가지 점을 구체적으로 살펴보면 도움이 될 것이다.

현대사회는 100년 전보다 훨씬 복잡하고, 그 속에서 우리는 수많은 사람과 좋든 싫든 관계를 맺고 살아야 한다. 관계를 맺고 사는 것 자체가 삶의 중요한 형태라는 점에서, 관계를 어떻게 하고 사느냐가 한 사람의 삶이라고 볼 수 있다. 관계 자체에 대한 회의감으로 아예 단절을 하고 사는 사람도 있지만, 절친을 만나고 싶은 애착관계로 인해 어려움을 겪는 사람도 만만찮게 많다는 측면도 있다는 점을 생각해 볼 때, 관계의 문제는 우리의 깊은 내면을 바라볼 수 있는 계기를 마련해 준다. 오랫동안 만나도 늘 불편하고 꺼림칙한 사람이 있는 반면, 자주 만나지 않아도 그리고 아무런 목적 없이 만나도 오랜 시간 편하게 앉아 있을 수 있는 사람이 있다. 정말이지 짧게 만나든 길게 만나든, 어떤 이야기를 나누든 나누지 않든, 편하게 마주할 수 있는 관계는 과연 어떤 것일까 라는 생각이 든다.

'관계'를 몇 가지로 정리해 보면 소원한 관계, 갈등적 관계, 단절 관계, 친한 관계, 밀착 관계 등으로 나누어 볼 수 있을 것 같다. 언뜻 생각할 때는 소원한 관계나 갈등 혹은 단절 관계는 인간관계에서 문제가 되는 느낌이 들고, 친한 관계나 밀착 관계는 좋거나 만족하는 수준일 것 같다. 하지만 현실을 살다 보면 소원하거나 갈등이 일어나거나 단절할 수밖에 없는 관계도 상당히 많이 있으며, 그것 또한 지극히 합리적이고 비례적인 경우도 많다. 물론 가까운 관계에서 끊임없이 갈등이 일어나고 단절되어 있는 관계는 많은 고통을 야기한다. 또 서로가 친근해야 할 가족끼리 소원한 느낌으로 지낸다는 것도 보이지 않는 불편함과 부자연스러운 행동 등 어려움이 내재되어 있다. 물론 어려움이 있지만 이런 과정을 통하여, 즉 소원하고 갈등이 심각하여 단절할 수밖에 없는 상황 속에서 있는 그대로 받아들이거나 감수하며, 새로운 관계를 형성하며 살아가는 길을 터득하는 기회가 마련되기도 한다. 어쨌든 그 갈등이 가족 혹은 공동체 안에서 끊임없이 일어날 경우에는 '좀 다른 방법이 없을까!'라는 고민을 하는 것이 성장을 위한 길이 될 것이다.

친밀한 관계나 밀착된 관계가 모두 바람직하기만 할까? 시기와 때와 장소에 따라 적절히 분리해야 하는 관계에서 늘 친밀해야 하는, 서로 밀착된 관계를 유지하는 것이 과연 긍정적이기만 하고 서로에게 좋은 것일까? 가장 대표적인 밀착 관계, 즉 부부관계나 부모-자식 관계, 공동체 안에서의 인간관계 등에서 어려움을 느끼는 경우는 너무나 많다. 어쩌면 오히려 소원한 관계보다 더 힘든 것은, 밀착되어 일어나는 갈등 관계가 아닐까라는 생각이 든다. 한 집에 살거나 가족이라는 울타리 안에서 단절하기도 쉽지 않아, 어쩔 수 없이 밀착 관계가 되어 있다면, 이것 자체가 오히려 서로 의존적이고 병리적인 관계일 가능성이 많을 것이다. 이와 같은 점들을 느껴볼 때, 관계가 무난하지 못하고 이런저런 인연으로 얽힌 어려움은 많은 것들을 생각하게 한다. 또한 어디서부터 이렇게 되었는지 의문점이 생겨나고, 어느 지점부터 풀어야 하는 문제인가를 생각해 보게 된다.

최근 2023년 새해를 맞이하여 신뢰할 만한 통계기관에 의뢰된 내용을, 공영방송의 뉴스와 신문에서 대대적으로 보도한 바를 우연히 듣게 되었다. 그 내용은 사람들이 행복해지는 조건으로 명예, 부, 학벌, 권력보다 '관계'를 더 중요하게 꼽았다는 것이 핵심이었다. 이건 사실 특별한 뉴스거리는 아니며, 이미 대부분의 사람들이 느끼고 있다. 다만 이제는 관계의 중요성이 현실적으로 피부에 와 닿는다는 점이다. 막연하게 생각하는 것이 아니라, 일상의 한 가운데서 대부분의 사람들에게 직접적으로 느껴진다는 사실이다. 이것은 우리가 더 이상 미룰 수 없는 '관계 방식' 혹은 '과연 우리는 진짜 행복의 의미를 알고 살까?'에 대한, 즉 '잘 살아가는 학습'의 관심과 필요성을 느끼게 한다.

그렇다면 매우 기본적인 것부터 고려해 보자. 쉬운 것 같으면서도 어려운 그물망인 관계, 그 '관계'라는 것의 구성요소가 무엇인가! 관계(關係)란 용어적 개념으로는 둘 이상의 사람, 사물, 현상 따위가 서로 관련을 맺는 것이다. 이렇게 정의하면 대부분의 사람들은 관계의 구성요소를 '나', '너(외부의 모든 것들)'로 나누기 쉽다. 이것은 매우 중요한, 어쩌면 가장 탐구되어야 하는 한 가지를 빼 먹은 느낌이다. 두 가지로 정의하다 보면 뭔가 풀리지 않는 한계가 있다. 빠져있는 한 가지는 바로 '사이'이다. '틈', '간격'이다. 말하자면 관계(關係)란 '나'와 '너'의 '사이에서' 혹은 '사이로' 일어나는 관련성이다. 그러므로 관계를 이해하기 위해서는 세 가지의 주제로 살펴보아야 한다. 첫째 주제는 '나'이다. 둘째 주제는 '너'이다. 셋째 주제는 '사이'이다. 잘 풀리지 않고 힘겹거나, 평범한 사이라도 좀 더 편안하고 성숙한 관계를 탐구해 보고 싶다면, 이 세 가지 점을 구체적으로 살펴보면 도움이 될 것이다. 막연하게 '저 사람과 관계하기가 정말 어렵고 힘들다.', '어떠어떠한 상황은 정말 싫다.'라고 푸념

섞인 말을 하는 것보다는, 관계의 어려움이 왔을 때 이 세 가지를 분리해서, 어떻게 상호작용 되고 있는가를 차분하게 객관적으로 고려해 볼 수 있으면 좋을 듯하다.

첫째, 관계 속에서 '나'에 대한 것이다. 가장 먼저 생각해야 하는 점은 '나 자신'이다. '자신'이 '자신'으로서 관계하는가라는 문제를 생각해 보아야 한다. '자신'이 빠진 '남'과의 관계가 제대로 된 관계가 될 수 있는가의 문제이다. 실로 이것은 너무 당연하고 평범하기 그지없다. 그런데 이토록 평범한 내용을 우리는 항상 빠뜨린다. 예컨대, 자기를 버리고 남을 먼저 배려해야 하고 남을 잘 맞추어 주어야 관계가 좋다고 생각하는 사람들이 예상 외로 많다. 배려심과 자비심 등, 자신을 죽이고 타인을 위하여 살아가야 하는 것을 종교단체나 도덕과 규율을 가르치는 전통적 입장에서 거의 세뇌되다시피 강조해 온 것이므로, 지금 이 순간에도 '아! 그렇다면 너무 이기적인 것이 아닐까?'라고 생각하는 사람이 있을 것이다. '자기를 비워라. 자기를 완전히 놓아버려라. 자신을 없애라'라는 경전적 내용을 문자적인 해석으로 '나' 라는 존재 자체를 인식하지 못하고 사랑하지 못하는, 어쩌면 '나'를 느끼지 않는 문제, 이 점은 정말 많은 부분에서 어려움 혹은 오해의 시작이 된다. 대부분의 오해는 기존의 사고방식이나 가치관에 대한 배경과 참 의미를 미처 생각하기도 전에, '잘못된 것이야. 그렇게 살면 안 돼! 맞아 그것이 옳아. 이렇게 살아야 해!' 하는 식으로, 잘잘못으로 평가해 버리는 입장에서 부터 시작된다.

한 번쯤 생각해 보자. 배려하고 자비스런 마음을 가지는 것이 상대방에게만 향하여야 하는 것일까! '자신'에게는 적용되면 안 되는 것일까! '자신이 잘 되길 바라는 마음'을 이기심이라 할 수 있을까? 우리는 흔히 이기심과 이타심을 반대되는 것으로 생각하기 쉽다. 남을 위하는 마음은 좋고 자신을 위하는 마음은 나쁘다고 간주하기 때문이다. 이런 생각 탓에 다른 사람에게는 친절하지만 자신에게는 불친절하고, 다른 사람은 잘 돌보지만 정작 자신은 잘 돌보지 못한다. 과연 자기를 위하지 않고 상대만을 위하는 것을 이타심이라고 이야기할 수 있을까? 이는 엄밀히 말하면 이타심이 아니라 희생이다. 진정한 이타심은 상대를 위하는 일이 곧 자신을 위하는 것이라고 느낄 때 발휘된다. 즉, 자기만족에 기반을 둔다. 물론 늘 그럴 수는 없다. 때로는 양보와 희생도 필요하다. 그러나 희생은 사랑의 한 요소일 뿐, 본질은 아니다. 희생에 바탕을 둔 사랑은 오래갈 수 없다. 자신도 모르게 지치고 힘들어지면서 피해의식이나 보상 욕구가 커지고 상대가 자신의 기대대로 행동해 주기를 바라게 되기 때문이다.

우리는 누구나 다 자기만을 위한 욕구로부터 시작하여 생존한다. 애착본능이다. 아이들은 살아남기 위하여 수단 방법을 가리지 않고 애착대상에게 매달린다. 자기가 원하는 것을 다 해 달라는 식으로 치근대고 요구한다. 끝없이 요구한다. '자기만'을 위한 나르시시즘적인 차원이다. 어른이 되어서까지 이렇게 하면 이기심인 것이다. 그러나 어릴 때는 발달과정으로서 정상이다. 그러다가 차츰 자기도 위하고 남도 위하는 사랑의 힘이 나오는 것이다. 애착 손상은 이러한 자기사랑으로서의 발달이 안 된 상태이다. 성인이 되어서도 받기만을 바라는 자기편애에 빠지거나 혹은 정반대로 자기는 내버려 두고 타인만 위하는 자기희생으로 살아가게 된다. 이러한 자기희생은 상대가 잘되기를 바라는 것처럼 보이지만 사실은 근본적으로 훼손된 자기존재감을 채우고자 하는, 자기편애를 강하게 바라는 투사된 모양새이다.

혹시 이런 내용을 접할 때, 어린 시기에 애착 손상의 경험이 많은 분들이나, 자녀에게 안정된 애착을 형성하지 못한 것에 대한 자책감을 가진 분들이 있을 수 있다. 만약 이 글을 읽으면서 조금씩 죄책감이 들고 어쩔 수 없는 과거 경험으로 인하여 좌절하기 시작한다면, 그렇게 생각하지 말길 바란다! 수많은 애착연구 결과는 성인이 된 뒤에도 자기편애와 자기희생에서 벗어나 자기사랑으로 나아갈 수 있음을 보여준다. 물론 좋아지기 위해서는 두 가지 점을 생각해야 한다. 첫째는 애착 손상된 마음이 안정되게 애착되기 위하여 '안정적인 대상'을 만나는 것이다. 상담자가 되었건 가족이 되었건 친구가 되었건 누구라도, 안정적인 대상이라고 느껴지는 누군가를 신뢰감이 생길 때까지 지속적으로 관계하는 '인내와 용기'가 필요하다. 꾸준히 그 대상과 안정된 애착을 형성시키면서 내부를 점차적으로 회복해 가는 셈이다. 둘째는, 스스로가 자신을 학대하거나 방임하지 않고 돌봐주는 '자기 돌봄', '자기 챙김'의 자세이다. '인내와 용기'를 통하여 끝없이 피해의식 혹은 자기비하로 빠지는 어려움을 극복해야 한다. 자기를 돌보고 챙기기가 쉽지 않다면, 가까운 누군가 혹은 공동체의 위로, 격려, 지지, 안심 등의 도움을 청해야 하고 그 도움을 받으면서 자기 돌봄의 능력을 키우게 될 것이다. 이런 두 가지 방식으로 자신에 대한 탐구를 해 가면서, '너'에 대한 문제를 생각해 봐야 하는 시점에 도달된다.

둘째 '너'에 대한 문제이다. '너'라 함은, 사람뿐만 아니라 외부에서 일어나는 각종 상황이나 현상도 포함된다. 그 모두가 '나'의 외부 대상이기 때문이다. 일반적인 관점에서 보면 '너'에 대한 기본적 대상은, 탄생 때부터 생겨난, 돌보는 '가족'과 주어진 '환경'이다. 이것은 이미 너무나 많은 이론에서 중요하게 다루는 것이므로 여기에서 일일이 나열하지는 않겠지만, 분명한 것은 한 인간에게 외부의 모든 세계는 최초의 애착대상에 대한 신뢰, 불신뢰부터 시작된다는 점에서는 이론의 여지가 없는 듯하다. '나'란 사람은 차차 커 가면서, 자기밖에 모르는 애착본능에서 벗어나 자신도 위하고 남도 위할 줄 아는 '자기사랑'으로 나아가는 것이 사회성 발달의 핵이다. 말하자면 일방적으로 사랑을 갈구하는 데서 벗어나 사랑을 주고받을 수 있는 상호적인 관계로 나아가는 것이 바로 자기사랑이라고 할 수 있다. 자기를 사랑하기 위한 매우 기본적인 대상, 즉 일차적 대상물이 바로 '너'이다.

관계의 문제에서 '너'를 제대로 이해한다는 측면은 어쩌면 자신의 가족관계 혹은 양육환경을 제대로 이해하고, 있는 그대로 느낄 줄 아는 것에서부터 출발된다고 보아야 한다. '사랑'이라는 감정 교류는 외부 대상과 어떻게 상호작용 했느냐의 문제이기도 하다. 어릴 때의 관계는 전이적인 현상으로 인하여 타인에 대한 관계에까지 직접적인 영향을 미치므로, 기회가 되는 대로 '나'와 관계하였던 대상관계 즉 '가족', '환경' 등에 해당하는 '너'를 집중 탐구해 보는 것이 좋을 것이다. 그리고 현실적으로 관계하는 외부 대상에 대한 정서, 각종 생각들, 나의 마음을 살펴보는 것이 도움이 될 듯하다. 예컨대 어느 누가 나보다 특별히 나을 것은 없는 듯한데, 뭔가 잘 되어가는 사람이 있다고 하자. 시기심과 질투심이 올라오면서 그 사람의 일거수일투족이 눈에 거슬리고, 정말 남에게 들키기는 곤란하지만 '잘 되지 않기를 바라는 마음'이 가득할 수 있다. 그런 마음을 가지려고 하지 않아도 저절로 그런 마음이 들어서, 아예 그 사람과 관계 단절을 시도할 수밖에 없다. 하지만 가까운 친척이 되기도 하고 저절로 들려오는 친구의 소식이기도 하여, 단절 자체는 거의 불가능하다. 끊임없이 마음속에서는 그 사람의 안부(?)에 관심이 가고 걸리는 감정이 있다. 이럴 때 차라리 '내가 정말 잘나고 싶구나. 열등감으로 인한 시기심이 정말 많구나.', '나도 이만하면 충분히 잘났는데…. 꼭 내가 더 잘나고 싶은 것도 아닌데, 왜 나는 이럴까! 아냐, 나 자신만 진짜 잘되기를 바라는 마음인 것 같아. 이런 나 자신이 정말 싫어! 그런데 객관적으로 나도 이만하면 괜찮잖아! 어쩌면 지금 잘되어 있는 나 자신에 대한 충만감을 못 느끼는 문제가 있을까?' 등으로 상대에 대한 '나'의 마음 상태를 있는 그대로 바라보는 것이다. 즉 나를 탐구하기 위하여 너를 본격적으로 솔직하게 느끼는 것이다. '너'를 진짜 정직하게 느끼는 것이 바로 '나'를 속이지 않고 바라보는 것이다! 만약 솔직한 자기 마음을 느꼈다면, 즉 '나는 내가 너무 잘나고 싶어서 이런 마음이 든다.'라고 했을 때, 자신이 잘되기를 바라는 마음을 이기심으로 볼 수 없다. 그런 것을 이기심이라고 한다면, 별로 걱정할 거리는 아니라고 본다. 사회적 존재의 이기심은 이타심으로 전환되는 중요한 감정이기 때문이다. 또한 우리는 자신을 잘 돌볼수록 자신과 관계 맺은 사람들도 더 잘 돌보는 연결된 존재이기 때문이다.

이렇게 '너'란, '나'란 존재가 있음으로부터 시작됨을 인식하는 것이 가장 일차적인 측면이라고 본다. 그리고 '나'와 관계없이 '너'에 대한 연구가 필요한 것도 있지만, '너'로 인한 '나'에 대한 연구가 동일하게 이루어지는 것이 당연한 현상이다. 상대방의 성격이 어떤가, 상대방은 어떻게 살아 왔는가, 상대방은 어떤 가치관과 생각을 하고 사는가 등이다. 그리고 그에 대한 나의 기질과 살아온 방식, 가치관 생각 등은 어떤가 등을 고려하면서, 나와 너는 어떻게 상호작용 되었는가를 살펴보는 작업이다. 심지어 나무나 풀의 성격도 있고 생명이 없는 것 같은 물체의 성질도 있다. 그런 것들을 제대로 살펴보고, 그에 따라서 '나'가 그것을 어떻게 이용하고 응용해야 하는가 하는 것이다.

'나'란 사람에게 어떤 '너'가 필요한가도 생각해 볼 수 있다. 예컨대, 나 자신이 슬픔이 많은 사람이라고 하자. 사람들은 예사로 시간이 약이라고 말하고, 지나가다 보면 저절로 사라질 거라고 하지만, 막상 자신 스스로는 그렇지 않다. 어떤 사람에게는 슬픔은 몸에 붙은 그림자와 같아서, 맑은 날 더욱 뚜렷해지고 잔뜩 흐린 날에도 잠시 없는 척은 할지언정 절대로 사라지지 않는다. 그래서 어떤 사람에게는 심리치료자나 절친 같은 사람이 '너'이다. 또 다른 사람에게는 그런 치료자나 전문가 같은 것은 전혀 필요 없다. 차라리 공원의 조용한 벤치가 필요하다. 그러면 '너'는 벤치이다. 공원의 숲이 '너'이다. 이렇게 '너'에 대한 연구는 진정 '나'에 대한 연구이다. 즉, 너는 나를 깊이 느끼게 하는 도구이다.

셋째, '사이'에 대한 이야기이다. 관계를 논하면서 '사이', '공간', '틈'을 이야기하는 것은 정말 소중한 것이다. 하지만 사실상 대부분의 사람들은 이것을 놓친다. 이 세상의 일체의 유기체는 '공간'이 없는 물질이 없다! 물질의 요소를 이루는 원자, 분자, 미립자 같은 것들을 최대로 성능이 좋은 현미경으로 살펴보면 모든 것은 공간이 있다고 한다. 사실 공간이 거의 대부분을 차지한다. 즉 우주의 근본 뿌리가 '공간'이라는 이해부터 시작되는 듯하다. 이와 관련된 전문적 내용은 생략하기로 하고, 일반적으로 우리는 '어느 정도'의 공간이 필요하다. 아니, '어느 정도'가 아니라 '반드시' 필요하다. 가만히 주변을 둘러보라! 공간이 없는 곳이 있는가! 여백이 없는 곳이 있는가! '사이'가 없는 유기체가 있는가 말이다. 그런데 사람들이 생각보다 이 '사이', '공간', '경계'를 의식하지 못한다는 것은 그만큼 오감으로 느끼는 감각적인 '물질' 그 자체에만 국한된 삶을 살아가기가 쉽기 때문이다. 말하자면, 배경(背景)을 의식하지 않고 전경(前景)만을 느끼며 살아간다! 평범한 하나의 예를 들어보자. 누군가의 얼굴을 혹은 어떤 물건을 본다고 하자. 사이 없이, 공간 없이 그것들을 보는 것이 상상이 되는가? 딱 붙어서 사물이 보이겠는가? 그 어떤 사물도 제대로 바라볼 수 없다. 그 사물을 사용할 수도 없다. 모든 것은 어느 정도의 '사이'가 벌어져야 그것을 이용하고 응용하고 느낄 수 있다. 그렇지 않고서는 어떤 외부 대상도 사용할 수 없다. 마찬가지로 사람과의 관계도 그 '사이'를 잘 살펴보아야 한다. 어느 정도의 사이가 가장 적당한지, 어느 정도의 거리가 가장 비례적인지를 생각해 보는 지혜이다. 부모 자식 간의 거리, 부부 간의 거리, 직장에서의 동료 간의 거리가 다르다. 모든 인간관계의 사이는 그에 알맞은 적절한 '사이'가 있다. 이 '사이'를 적절히 유지하지 않는 것은, 그것 자체가 삐거덕거리는 소리이다. 어느 정도 붙어야 하는 거리인데 너무 떨어져 있는 것도 문제가 있지만, 어느 정도 떨어져야 하는데 붙어있는 것도 문제가 발생한다는 뜻이다. 예컨대 부모 자식 간에도 어릴 때는 붙어있어야 하는 관계이지만, 10대 20대 30대 등 나이가 들면서 떨어지는 거리가 서서히 달라진다. 결혼 전의 자녀와 결혼 후의 자녀와의 거리는 당연히 달라진다. 점점 간격이 넓어진다. 사이가 멀어졌다 하여 깊이가 얕아지는 것은 아니다!

그렇다면 과연 나와 너의 사이를 어느 정도까지 선을 그어야 하는가! 즉 어느 경계까지가 가장 비례적인 것인가를 생각해 보는 것은 매우 지혜로운 처사이다. 시장에 물건을 사러 가면 구매자와 판매자의 사이가 있고, 엘리베이터 안에서 만나는 사람과의 사이가 있고, 가족 안에서의 사이가 있다. 그 사이는 모두 다 크기가 다르다. 그 다름을 적절하게 비례적으로 하는 것이 건강한 사회성을 이룬다. 이 경계를 제대로 긋지 못하면 불필요하게 타인의 영역을 침해하고, 타인이 나의 영역을 침해하는 어려움에 봉착한다. 이 사이를 제대로 이해한다면 많은 부분을 도움 받을 수 있다. 예컨대, 애착회복을 위하여 절친을 만들어야 할 때가 있다. 진짜 내 사람, 진짜 나를 생각해 주는 안정된 사람, 상황 등이다. 그렇다면 어떻게 그 절친을 만들 것인가를 고민해야 한다. 즉 사이를 좁혀야 하는 관계를 위한 노력을 해야 하는 것이다. 이럴 때는 친구에게 시간을 투자하는 것이다. 그 친구가 심리상담을 위한 '도반'이 될 수도 있다. 역설처럼 들리겠지만 자신의 사교 시간의 많은 양을 투자해야 한다. 절친은 돈으로 살 수 없다. 오직 시간으로 만들 수 있다. 물론 아무하고나 긴 시간을 긍정적으로 보낼 수 있는 것은 아니다. 삐거덕거리는 사이에서도 절친을 유지한다면, 그 사이에는 비슷한 종류의 도파민을 만드는 유전자가 있어 서로에게 끌릴 수 있다. 절친을 알아보는 방법은 바로 내 마음의 소리를 잘 듣는 것이다. 또 거꾸로 사이를 벌려야 하는 대상이 있다. 자식이 부모와 이제는 좀 떨어져서 생활하고 싶어 하고, 연락도 덜 하고 싶어 한다면 이제 그 사이는 조금씩 벌어져야 한다. 언뜻 섭섭하게 느낄지 모르겠으나, 점점 사이가 멀어져야 서로가 잘 살 수 있다. 이와 같이 사이를 어떻게 적절히 하고 사느냐는 관계의 중요한 과제이다. 옛날에는 친한 친구였거나 가까운 형제자매였으나, 이제는 각자의 가정이 있고 서로의 인간관계 양상이 달라졌다면 그 거리가 떨어져야 할 때가 된 것이다.

나와 나 자신의 내면 관계도 마찬가지이다. 톨레는 '내적 공간'이라는 표현으로, '사이'를 표현했다. 우리 내면에 공간이 필요하고, 조용히 그 공간을 응시하는 '바라봄'의 자세를 중요하게 여긴 것 같다. 우리의 내면에 '공간'이 없다면, 우리는 강박증적인 사고와 헐레벌떡 살아가는 전쟁 같은 삶으로 아마도 금세 지치고, 쓰러지고, 마침내 무기력한 하루하루를 보내게 될 것이다. 지나치게 과거와 밀착되어 있고, 미래의 불안을 수시로 느낀다면, 그것은 우리 내면에 '사이'가 없는 셈이다. 과거와 미래와 밀착되어 현재에 집중하기가 어려운 셈이다. 심지어 현재의 상황조차도 바라보는 '사이'가 있어야 한다. 즉 에고와 그 에고를 바라보는 자(者), 그 둘은 '사이'가 있어야 한다. 말하자면 내적 공간이 있어야 한다. 이런 것들이 잘 이루어지지 않으면, 그 어떤 관계라도 조금씩 조금씩 삐걱거리는 소리가 난다. 우리 모두가 지금부터라도 관계를 연구하면 할수록 성장의 열쇠를 지니게 될 것이다.

쉬운 것 같으면서도 어려운 그물망처럼 엮여있는 관계, 이 관계는 이렇게 '나'를 가만히 느껴보고, '너'를 조용히 연구하고, '사이'를 느껴가면서 이어져 간다. 변화를 느껴간다. 그리고 나와 너가 하나 되는 경험의 수준 높은 관계로 올라간다. 이 관계는 자연스럽게 모든 실마리를 풀어가는 마술 같은 힘이 될 것이라 생각된다.

56. ‘멈춤’, 편안함의 시작

> 심리치료 장면에서 ‘본마음은 무엇인가요!’라는 것도 결국, 진짜 자신의 마음은 어디서부터 출발되었는가에 대한 근원적 알아차림을 위한 ‘멈춤’을 일컫는다. 멈출 줄 알아야 만족한다. ‘열심’을 가장해 제어하지 못했던 탐욕은 없었는지 잠시 숨을 돌리고 멈춰야 할 때다.

문득 가만히 멈추어 공간을 바라본다. 아무 생각 없이 창밖을 바라본다. 어떠한 판단 없이 있는 그대로 조용히 응시하는 모습…. 어떤 사람이 편안해질 수 있을까를 느껴볼 때, 복잡한 많은 내용들을 빼고 나면 멈출 줄을 아는 사람이 편안함의 문턱에 들어서는 것 같다. ‘멈추어 바라보라. 그러면 모든 것이 보인다.’라는 선각자들의 말이 생각난다.

가만히 느껴보라! 우리의 일상을…. 끊임없이 무엇인가를 한다. 멈추어 있는 시간이 거의 없다. 우리의 손에 쉴 새 없이 작동되는 휴대폰, TV, 책, 손으로 움직이는 모든 것, 맛을 느끼고, 재미있는 무엇인가를 보고, 몸을 움직이고, 생각하고 등등…. 우리는 가만히 결코 있지를 못한다. 어느 누구든지 인간적인 욕구가 움직이는 한, 멈춤을 한다는 것은 결코 쉬운 일이 아니다. 그렇다. ‘아무 생각 없이’ 가만히 멈춘다는 것… 과연 이것은 수행의 경지이다.

멈춤을 못하는 핵심 원인은 그 이유를 막론하고 탐욕에서 비롯된다. 탐욕은 어디서부터 생길까를 생각해 보면, 일단 행동적으로는 멈출 바를 모르거나 쉽지 않기 때문인 것 같다. 멈출 수가 없으니 항상 어떤 욕구에 나의 존재가 노예처럼 허덕이며 쫓아가고, 탐스럽게 그 욕구를 채우는 것에 몰입한다. 그냥 달려가기만 해야 하니 늘 불안하고 걱정스럽다. 지금 이 순간에 무한히 평화로운 무엇인가를 즐길 여유가 허락되지 않는다. 아기들이 가만히 있으면서 아무런 욕심 없이 그냥 방긋 웃는 모습을 보라. 평화로움 그 자체이다.

사실, 탐욕은 인간이 갖기 쉬운 맹목적인 것이다. 맹목적이라고 하는 이유는 겉으로는 어떤 목적이 있는 것 같이 보이지만, 사실상 그것의 정체가 불분명하고 궁극적인 것이 아니기 때문이다. 즉 탐욕은 개인의 허기짐을 채우기 위한 것, 임시 해결적인 것, 강박증적 습관이나 잠깐의 목마름을 위한 방편일 뿐, 결코 '영원한 샘물'이 아니라는 의미이기도 하다. '그렇다면, 현실에 살면서 탐욕을 없애라는 말인가!'라는 의문도 생기고, '그런 탐욕이 없는 생활이 이 세상에 가능한 일인가!'라는 저항감을 느낄 수 있다. 탐욕이 없이는 생동감이나 적극적인 태도가 나오지 않을 텐데! 하는 합리적인 의문도 생긴다. 어떤 의구심이나 저항감이 일어나는 것 역시, 인간들의 조건화된 습관적인 '생각 패턴'에 의한 마음이다. 지극히 보편적인 감정이기도 한 것 같다.

우리는 너무나 깊은 탐욕에 빠져 있어서, 이것이 얼마나 큰 탐욕에 의한 집착인지를 감지하지도 못하기 쉽고, 잠깐 자각한다 하더라도 그것에 대한 그럴듯한 이유로 합리화하는 것이 훨씬 더 자연스럽게 되었다. 물론, 개인적인 탐욕을 '승화'라는 방어기제로 사회에 환원하는 대승적인 에너지로 전환시키는 사람은 좋은 길을 택한 것 같다. 하지만 대부분의 우리는 어려움이 닥치고, 예상치 못한 갈등이나 고통이 닥쳤을 때, 바로 그때 이런저런 생각을 한다. '아, 내가 너무 욕심을 부렸나? 저 사람에게 내가 너무 집착하며 매달렸는가? 불필요한 탐욕 때문에 과한 낭비를 하였는가? 불안하고 두려운 마음 때문에 유비무환이라는 '합리화된 합리적 이유'로 탐욕스런 소유를 하는가? 그렇게까지 매달릴 것은 없었는데….' 등 많은 고민을 하게 된다.

아무런 일이 없을 때라도 평소에 '멈춤과 탐욕'에 대한 성찰을 할 수만 있다면, 앞으로 닥쳐올 수많은 일들을 미리 예방할 수 있지 않을까! 예컨대 부모의 입장에서 자녀에게 향하는 탐욕을 미리 성찰할 수 있다면, 아마도 자녀는 자연스럽게 하늘이 주신 달란트를 세상일에 마음껏 실현하면서 자유롭고 편안하게 살아갈 것 같다.

이렇게 말하면 어떤 이는 '그렇다면, 그 탐욕을 없애버리기 위하여 어떻게 해야 하나요?'라는 질문을 불쑥 던진다. 바로 그런 질문 자체가 마치 전쟁 치르듯 해결책을 재빨리 얻어 답을 구하는 '탐욕' 그 자체라는 느낌이 든다. 탐욕을 없애려고 탐욕과 전쟁을 치를 필요는 없지 않은가! 모든 문제를 전쟁 치르듯 해결하면, 그 후유증으로 더 오랜 전쟁을 치러야 하는 일들이 생기지 않았는가! 일단 멈추어보자. 가만히….

그냥 탐욕하는 자신을 조용히 멈추어 느껴가면서 알아차릴 필요가 있을 뿐이다. 그리고 난 후 한 번쯤 '왜 탐욕 하는가?'를 스스로에게 물어보면서 자신의 탐욕을 알아차리고, 그 탐욕 내용을 차분하게 더듬어가면 좋을 것 같다. 멈출 줄 모르는 내 자신, 편안함을 평소에 못 느끼는 내 자신, 어느 지점에서 이렇게 탐욕을 부리는가! 어떤 상황에서 탐욕하는가! 어떤 미해결된 욕구로부터 출발된 탐욕일까! 등을 차분하게 느껴보는 시간이 필요하리라 본다. 심각하게 자책하면서 탐구하는 것은 자제해야 할 것이다. 인간이라면 누구나 다 가지고 있는 '인간적인 모습 그 자체'를 너무 심각하게 여기고, 학대하듯 스스로를 괴롭힐 필요가 없기 때문이다. 탐욕을 알아차리는 시간, 바로 그 지점에서 지혜가 내면에서 서서히 다가올 것이다. 답은 자신 안에서 구하여질 것이고, 그 답을 스스로가 실천하면서, 지혜의 열매를 맺을 것 같다.

탐욕하는 일반적인 이유를 한번 더듬어보자. '왜 탐욕하는가?'를 물으면 개인마다 워낙 다양한 과거의 미해결된 욕구, 선천적으로 타고난 수많은 욕구가 있어 특별한 답을 내리기 어렵다. 사실 꼭 탐욕이라는 이름을 붙이지 않더라도, 그냥 일상처럼 우리의 감각기관은 무엇인가를 끝없이 자극받기 위하여 브레이크가 없는 엔진처럼 움직이기도 한다. 브레이크가 망가진 내연기관과 같다. 그러한 엔진은 연료가 떨어지기 전까지 기계적으로 움직이고 멈추지 않는다.

장자(莊子)가 만족할 줄 모르는 마음을 기심(機心), 즉 기계적 마음이라고 부른 것이나 유가경전 중의 '대학(大學)'에서 참다운 선(善)에 이르는 것의 시작으로 '멈출 바를 아는 것(知止)'을 제시하는 것도 같은 이유에서이다. '안분지족(安分知足)', 자신의 분수를 편안히 여기며 만족할 줄 아는 것을 뜻하는 말이다. 만족은 탐욕과는 다르게 있는 그대로, 현재 존재하는 모습 그대로 기뻐할 줄 아는 것일진대, 이때 중요한 것이 '멈춤'이다. 이는 현존의 상태를 느낄 수 있는 가장 핵심적인 방법이 아닐까 싶다.

평화로움을 지니기 위한 '멈추어, 모든 것을 하늘에 맡기는 믿음'은, 그것 자체가 하늘 높이 있거나 저 땅 깊숙한 곳에 있지 않고 바로 우리의 '입'과 우리의 '마음'에 있다고, 성경의 '사도 바오로'는 말한다. 복된 하늘의 음성, 즉 복음(福音)은 내가 아닌 누군가에 의해 대신 성취되거나 혹은 고원(高遠)한 곳에 따로 떨어져 있는 것이 아니라 지금 내가 서 있는 곳에서 성취되고 있다는 뜻이리라.

특별한 체험이나 높은 경지의 '도'를 접어두고, 평범한 일상에서 느끼는 체험들에서 우리는 '멈춤'을 시작해야 한다. 물론 특별한 소명으로 인해 아주 신비한 체험이 허락된 사람들이 있긴 하지만 그것은 일상의 구원을 위한 하나의 수단이지 목적이 아니라고 한다. 특정한 사상이나 종교가 사이비(似而非)인지 아닌지는, 그들의 깨달음이나 신적 체험이 일상을 긍정하게 만드는지 부정하게 만드는지를 통해 가려낼 수 있는 것도 그런 이유라고 한다. 즉 멈춰야 할 곳이 어디인지 모른다면, 바로 그것이 '사이비'라는 뜻이리라. 멈추지 못하고 탐욕에 사로잡힌 '믿음'이 강박증적 집착으로 되면, 궤변과 왜곡된 고정관념으로 치달으면서 문제가 될 것이다.

구약성경(신명 26,4-10)에서는 '이스라엘'이 하느님을 저버리고 떠나 있던 지난날들, 다시 말해 자기의 분수를 망각하고 우쭐대던 과거를 반성하는 그 날, 세상의 참된 주인은 바로 하느님이심을 고백하도록 가르치고 있다. 우리는 이것을 회심(回心)이라 부른다. 마음을 돌이키는 것이다. 회개(悔改)라고 부르는 말의 어원도 '뉘우치고 돌아서는'이라는 뜻이다. 신(神)적인 일의 시작은 탐욕이라는 기계적 맹목에서 멈추는 것(止), 그리고 회심하는 작업으로 느껴진다.

명나라 때 일부 유학자들은 이 멈춤의 순간을 기(幾)라고 불렀다. 일종의 전환점이다. 그들은 이 기를 우주의 운행 원리와 본질적으로 동일하다고까지 칭송했다. 지나간 과거의 악습, 혹은 기계적 생활에서 멈추는 순간, 기(幾)가 운행되는, 우주의 힘을 느끼는 신비한 에너지를 말한다.

물론 이 멈춤은 '멈춰 서 있으라.'는 것은 아니다. 멈춤은 새로운 길을 가기 위한 시작이고 그래서 첫 마음이 된다. 지속적으로 일궈내는 값진 삶은 회개해 돌아섰던 그때의 마음, 즉 첫 마음과 동일한 것이다. 언제부터인가 덕담으로 자주 등장하는 '첫 마음으로 돌아가자.'는 것도 결국에는 생각 없이 가던 길을 멈추자는 이야기며 회개하자는 말이기도 하다. 심리치료 장면에서 '본마음은 무엇인가요!'라는 것도 결국, 진짜 자신의 마음은 어디서부터 출발되었는가에 대한 근원적 알아차림을 위한 '멈춤'을 일컫는다. 멈출 줄 알아야 만족한다. '열심'을 가장해 제어하지 못했던 탐욕은 없었는지! 잠시 숨을 돌리고 멈추어 보자!

57. 집착에 대한 소고

집착을 내려놓는 일은, '상실'에 대한 문제를 생각해 볼 필요가 있다. 집착을 떨쳐 내려면 '내려놓는' 수련이 필요하다. 수련을 통해 무언가에 초연해지는 안도감이라는 큰 기쁨을 얻을 수 있기는 하나, 이는 결코 쉬운 일이 아니다. 집착과 버금가는 힘, 끈질긴 성실성을 요구한다. 어떤 면에서 중독을 끊는 것과도 같다. 중독을 끊고 나서 금단현상에서 회복했을 때, 우리는 비로소 평온해진다.

깨달음을 추구하는 사람들에게 많은 영감을 준 마이스터 에크하르트(Meister Eckhart)는 사랑 자체보다 더 근본적인 것은 '집착하지 않음'이라고 역설했다. 집착에서 자유로워지지 않고서는 온전하고 무조건적인 사랑은 불가능하기 때문일 것이다. 이런저런 유무형의 많은 것들에 대한 집착을 기꺼이 버릴 때까지 우리는 자유롭게 사랑하지 못한다. 집착을 버리지 않는다면 아무리 모든 것을 가진 사람일지라도 순수한 사랑과 자유는 줄곧 방해받게 될 것이다. 사실, 어느 누가 '집착하지 않으면 정말 평화로울 텐데….'라는 생각을 하지 않겠는가! 내려놓아야 한다는 것은 알지만, 집착하는 것들을 하나하나 세심하게 바라보지 않으면, 일상 속에서 일어나는 것들에 대한 성찰력이 부족하여 늘 되돌이표가 된다. 개인의 핵심역동에서 온 것이든, 사회문화적인 집단 형태로 온 것이든, 집착의 구체적인 내용들을 하나하나 살펴봄으로써, 우리 스스로에게 주로 많이 적용되는 집착의 형태를 느껴보도록 한다.

첫째, 돈과 소유물은 보통 사람들이 가장 집착하는 것에 속한다. 재물은 우리에게 쾌락과 안락과 즐거움을 보장하는데, 이것들 자체는 잘못된 것이 아니다. 우리가 그것들에 필사적으로 집착하기 때문에 노예가 되어 버리는 것이다. 삶을 즐기는 것은 문제가 아니며, 쾌락과 욕구도 마찬가지다. 문제는 다른 이들, 예컨대 자녀나 배우자와 같은 친근한 대상이 '이제 그만 저를 좀 놓아주세요. 저는 당신의 소유물이 아닙니다. 저도 한 인격체로서 살아가려고 합니다.'라는 요구가 있을 때조차 이것들을 놓지 못하게 부여잡는 개인의 이기적 에고이다. 자녀를 소유물로 취급하는 형태는 깊은 무의식에서 우러나오는 애착 심리와 관련되어 엄청난 집착의 굴레라고 보아야 한다.

강력한 통제적 집단과 상황에서 어쩔 수 없는 일이 닥치지 않는 한, 우리는 돈을 포기하거나 소유한 전부를 팔아야 할 이유가 없다. 그럼에도 우리는 거기에서 자유로워져야 한다. 물론 초연하게, 필요하다면 무엇이라도 포기하겠노라고 '생각'하기는 쉽다. '생각'하기는 하겠지만, 기꺼이 '행동'하기는 쉽지 않다. 우리가 내적으로 자유롭다는 것은 다른 이들의 소유물의 요청에 관대하고 자발적으로 응답할 때 증명된다. 만일 우리가 모두를 위해 생활수준을 낮추라는 요구를 받는다면, 과연 그렇게 할 수 있게 될까! 정말 쉬운 것은 아니지만 남들과 나누어야 함, 그것이 나를 위한 진정한 자유임을 다시 한 번 새겨본다.

둘째, 청결, 정돈, 질서 같은 것에 대한 집착이다. 그 자체로는 좋은 것들이다. 하지만 청결과 정돈과 질서에 너무 집착한 나머지 그렇지 않은 사람들의 상태나 감정을 고려치 않고 청결, 정돈 자체를 더 중시하게 된다면 그때는 굴레가 된다. 정확하게는 자신 스스로에게도 굴레다. 청결 자체가 잘못된 것이 아니기 때문에 타당하다는 이유로 더욱 집착하기 쉽다. 다른 이들의 방식도 사랑할 수 있어야 한다. 그들에게도 나름의 정돈과 질서가 있으므로 존중해 주어야 한다.

셋째, 좋아하고 싫어하는 것, 선호하는 음식이나 음료에 있어서도 마찬가지다. 이러한 선호도는 그 자체로 해로운 것은 아니지만, 우리는 너무나 쉽게 그것들에 강박적이 되고 양보할 줄 모르게 될 수 있다. 내가 선호하는 것이 제일 좋다는 식, 내가 먹는 것이 가장 몸에 좋다는 식, 이런 것도 일종의 집착이다. 역시 타인을 구속하게 되고, 타인을 자유롭게 해 줄 수도 스스로 자유로울 수도 없다.

넷째, 사람에 대해서도 집착할 수 있다. 이 혼란스런 세상에서 사랑으로 간주되는 많은 것이, 사실은 소유에 해당한다. 우리는 필요에 의해 사람에게 얽매인다. "나는 네가 필요해."라는 말을 사랑의 표현으로 받아들인다. "너 없인 살 수 없어."라는 말을 듣고 좋아하기도 한다. 참사랑은 자기에게 필요한 것에 뿌리내리지 않는다. 참사랑은 소유가 아니다. 참사랑은 다른 이에게 숨 쉴 자유와 그들 자신이 될 자유를 준다. '그들 자신이 될' 자유란, 그들을 존재 자체로서 있는 그대로 둘 수 있는 마음가짐을 뜻한다. 다른 이에게 집착하고 지나치게 의존하는 것은 사랑이 아니다.

다섯째, 많은 이가 시간에 대해서도 포기하려 들지 않는다. 소중한 보물이라도 되는 양 시간에 집착하기란 얼마나 쉬운 일인가! 진정 자유로운 사람은 자기를 찾아오는 사람 모두를 반기며, 어느 때 찾아오든 기꺼이 맞아들인다. 성경 속에는, 예수님이 이따금 제자들과 함께 조용한 시간을 가지려 할 때도 시간을 내어드리는 장면들이 있다. 군중이 그들을 뒤따르면, 예수는 초연히 그들의 요구에 응답하면서 조용한 시간 갖기를 다음으로 미루었다(마르 6,20-34). 물론 여러 사람과 함께 살고 있는 경우 자신만의 시간을 할애할 필요가 있기도 하고, 자신만을 위해 특별한 시간을 보내야 될 때도 있다. 그런 상황에 대한 것을 합리적으로 고려하는 가운데, 우리 마음 한 가운데서 시간을 빡빡하게 이끌어가지 않고 조금 여유롭고 느긋하게 보낼 수 있는가 라는 점이다.

여섯째, 강력한 집착 가운데는 평판에 대한 집착도 있다. 명성을 얻을 수만 있다면 다른 모든 것을 기꺼이 포기할 수 있을 정도로 우리의 명예욕은 대단하다. 많은 부모들이 자녀를 기를 때 가슴 밑바닥에 양보할 수 없는 것이 '건강' 다음으로 '명예'다. '잘 되기를 바란다.'는 것이 사실 명예다. 근원적 자유는 '자기 명성을 대가로 지불할지언정 사람들을 위해 최선을 다할 수 있는가'이지만, 이런 것은 거의 어렵다. 예수님은 창녀와 죄인들과 어울리며 스캔들을 일으키는가 하면, "먹보요 술꾼"(마태 11,19)이라는 비난도 받았다. 공적 이미지에 집착하는 이들에게는 이런 행동은 생각할 수조차 없는 정도의 '절대 안 되는 제한점'이다. 사람들이 어떻게 생각할까? 뭐라고 말할까? 덕망 있고 친절하고 신용 있는 나의 명성에 혹시 금이 가는 것은 아닐까? 수없이 타인의 평판에 대한 의구심이 뒤따른다. 과연 '나의 명예를 뒤로 하고 기꺼이 낮아질 수 있는가'라는 점이 핵심이다.

참으로 자유로운 사람은 자신의 직무나 직업에 대해서조차 초연하다. 즉 남의 평판, 직업의 귀천 등에 크게 흔들리지 않는다. 끊어 낼 수 없는 굴레, 그것이 바로 남의 평판이어서 우리는 성공하길 원한다. 성공하려고 기를 쓰고 평생을 살아야 하고, 만약 실패하면 어떻게 될까를 늘 염려한다. 실패라는 개념이 사실 '남의 평판'이지 않겠는가! 실패를 받아들일 내적인 자유가 우리 내면에 있을까를 다시 한 번 생각해 본다.

일곱째, 어떤 사람은 자기 생각에 유독 강하게 집착한다. 또 어떤 사람은 실천에 유달리 집착한다. 살다보면 생각을 바꾸어야 할 때도 있고, 실천할 수 없을 때도 있건만 '반드시 반드시' 하며 집착한다. 실천을 제대로 하지 않은 자신을 무수히 질책하고 자책하며 다시 일어설 수 없을 만큼 강하게 비난한다. '그러면 그렇지. 내가 뭘 제대로 꾸준히 한 적이 있어?', '나 같은 사람은….' 등으로 스스로의 실천 능력에 대한 강한 실망감, 이것은 실천에 대한 집착의 문제점이다. 아울러 자기 자신과 자기 생각을 완전히 동일시하면서, 생각을 바꾸면 정체성을 잃고 죽어 버릴 거라고 여긴다.

진정 자유로운 사람은 열린 마음을 지니고 있다. 그들은 진리가 어떻게 밝혀지고 어디서 오는지, 진리를 받아들이기 위해 자기가 가장 소중히 간직해 온 생각과 확신을 얼마나 바꿔야 하는지와는 관계없이 오직 진리, 그 자체에만 헌신한다. 그 밖의 것들은 '쓰레기'로 여기고 '쓰레기의 노예'가 되지 않으려고 '늘 깨어있는' 사람으로 살려고 노력한다.

생각과 실천과 관련하여 어떤 사람은 오랫동안 고수해 온 확신이 무너지는 것에 엄청난 당혹감을 느끼는 이들이 있다. 그들이 직면하는 도전은 이 생각을 저 생각으로 바꾸는 것이라기보다는 확신을 불확실로 대체하는 것인지도 모른다. 지난날 당연시되어 온 일들이 숱하게 의문에 부쳐지고 있는데, 위대한 과학자들조차 답을 내놓지 못하고 있다. 자기 생각과 확신에 진정 초연할 수 있어야만 이런 상황에 대처해 나갈 수 있다. 생각이 지나쳐서 이제는 절대적 확신에 사로잡히는 것도 또 다른 노예화의 모습이다. 이것은 '궁극적 진리'에 전적인 신뢰를 두지 않고 인간적인 안전을 찾는 방식이다. 안전을 위해 소유물에 매달리는 것과 근본적으로 다르지 않다.

여덟째, 종교에 대한 집착이다. 자기가 믿는 종교에 마음을 담고 있는 분들 중 초연해야 할 대상에는 '하느님', '부처님'과 같은 명칭과 그에 대한 나름의 해석에 대한 확신도 들어 있다. 각자의 종교에서 추구하는 절대자에 대한 생각을 개인의 감정이 개입된 확실성을 가지고, 타인에게 무조건 강요하는 것은 곤란하다. '내가 알고 있는 것이 다 아는 것이 아닐 거야!'라고 자각할 때, 오히려 신앙심은 제대로 진전된다. 과거에 확신하던 것들을 일부나마 포기할 수 있는 자유를 지녀야 한다. 이로써 우리는 '겸손과 열린 마음'을 가질 수 있다. 어쩌면 이것이야말로 하느님과의 참된 일치, 불교에서 말하는 '참 나'로 나아가는 유일한 방향인지도 모른다.

이 같은 굴레와 집착들은 생각일 뿐만 아니라 행동이기도 하며, 문화적이고 종교적이고 영성적인 것일 수 있다. 진정 건강한 영성가는 종교에 집착하는 현상을 경고한다. 특정 신심 행위가 우리에게 도움이 되고, 이를 포기하지 않아도 될지 모르지만, 필요한 경우 우리는 과연 굳게 믿고 있었던 '자기 식의 종교'를 자유롭게 포기할 수 있는가를 스스로에게 물어보아야 한다. 예컨대, 명상도 마찬가지다. 어떤 이유에서든 포기하도록 요구받을 때, 그것 없이는 내적 자유를 누리지 못한다면 명상마저도 내 목을 조르는 굴레가 될 수 있다. 아침식사 준비를 하지 않고 명상을 한다? 식구들의 바쁜 출근시간에 방에 앉아서 조용히 있으며 명상을 한다? 한 가정의 가장이 경제적 활동을 하지 않고 종일 명상을 한다? 과연 그것이 내적 자유일까! 이웃이 도움을 요청한다고 가정해 보자. 누군가 지금 당장, 또는 장기간 나의 도움을 필요로 한다면, 그 도움을 주는 것이 과연 명상보다 덜 가치로운 것인가? 명상과 신비적 기도에 대해 설교했던 마이스터 에크하르트는 이와 같은 명상으로부터도 초연해지라고 주장한다.

그 외 개인적 사회적 문화적 정치적 상황에 따라서 얼마나 많은 집착의 대상들이 있겠는가! 그렇다면 집착을 버리는, 버린다기보다는 '덜 집착하는', '다소 내려놓는' 작업과 관련하여 이야기해 보자.

집착을 내려놓는 일은, '상실'에 대한 문제를 생각해 볼 필요가 있다. 집착을 떨쳐 내려면 '내려놓는' 수련이 필요하다. 수련을 통해 무언가에 초연해지는 안도감이라는 큰 기쁨을 얻을 수 있다. 하지만 이는 결코 쉬운 일이 아니다. 집착과 버금가는 힘, 끈질긴 성실성을 요구한다. 어떤 면에서 중독을 끊는 것과도 같다. 중독을 끊고 나서 금단현상에서 회복했을 때, 우리는 비로소 평온해진다.

때로는 집착을 자발적으로 떨쳐 내기 전에, 그것들 스스로 떨어져 나가기도 한다. 예컨대, 우리는 여전히 돈과 소유에 붙들려 있는데 갑자기 그것들을 몽땅 잃어버릴 수 있다. 집착하던 사람이 죽어 버릴 수도 있다. 우리의 공적 이미지나 평판도 우리가 통제할 수 없는 외부 요건들로 인해 무너질 수 있다. 우리의 견해가 틀린 것으로 공공연히 드러날 수 있다. 한마디로 모든 것을 상실하는 기분이다. 이 같은 상실은 대개 비극과 비참함 등의 기분이 들겠지만, 보다 더 초연해지는 데 도움이 되기도 한다. 그토록 집착하던 것들 없이도 살아갈 수 있음을 깨닫게 되는 것이다. 물론 힘든 일이다. 그러나 어떤 이에게는 이것이 유일한 길일 수 있다. 그래서 '고통'도 '축복'이 되는 계기가 된다.

상실은 개인으로서는 마치 '죽음'과 같은 느낌이다. 모든 것을 다 끝내버리게 되는 낭떠러지라고나 할까! 실제 자살을 하는 사람도 있는데, 오죽하면 그랬을까 하는 인간적 이해는 되나, 그것은 집착을 끊어내지 못한 무기력한 절망의 끝이 아닐까 싶다. 모든 집착을 끝내버리는, 죽음과 다름없는 삶의 고통을 이겨내는 죽음이다. '나'의 존재가 완전히 무시당하고 업신여김을 당하는 듯한 죽음이다. 과연 어떤 죽음이 남은 가족에게도 편안하고 거룩하고 좋은 죽음일까! 한번 쯤 '죽음'이라는 것에 대해서 생각해 볼 수 있다. 우리가 죽음을 끌어안는 법을 배울 수 있다면, 죽음에 자연스레 대처하게 되고 참으로 자유로워질 것이다. 기꺼이 죽는 것, 즉 기꺼이 집착을 끊어내는 상실의 고통을 극복하는 것, 그것이야말로 초연함으로, 다른 모든 형태의 초연함을 통합한다. 에고를 궁극적으로 놓아 버리는 것이기 때문이다. 그런 의미에서 가끔 '나는 매일 매일 죽어가고 있다.'라고 생각하는 것도 좋지 않을까! '내일 죽는다면…', '한 달 후 죽는다면…'이라고 가정하고, 무엇을 놓아버릴 수 있는지를 스스로 생각해 보는 것도, 집착을 끊어내는 하나의 방도가 될 것이다. '내일 죽더라도 여한이 없도록 오늘 하루를 살았는가!'라고 잠자리에 들기 전에 조용히 5분 만이라도 느껴보는 것은 어떨까 싶다.

나의 어떠어떠한 것, 즉 우리 자신과 우리 삶을 기꺼이 전 우주에 내어 드리는 것이 죽음이라고 한번 생각해 보자. 영육(靈肉)의 모든 것을 우주의 먼지와 같이 뿌리는 것이다. 집착과 내어드림은 완전히 다르다. 집착은 손을 움켜쥐는 것이고, 내어드림은 손을 펴는 것이다. 모든 것은 다 지나가고 다 흘러간다. 우리 모두는 결국에 가서는 각자 자기가 굳게 믿고 있는 많은 것들로부터 초연해지지 않을 수 없다. 얼마나 일찍 초연해지는가가 얼마나 일찍 행복해지느냐이다. 부처님은 돌아가실 때 '진리'를 지팡이로 삼으라고 했지, 스승을 지팡이로 삼으라고 하지 않았다. 꼭 붙잡고 늘어져서는 안 된다. 붙잡지 않음으로써, 완전히 신뢰할 수 있는 '참된' 품 안에, 우주의 품 안에, 참된 하느님의 품 안에 어린아이처럼 안기게 될 것이다.

어떤 것에 지나치게 목을 매는, 즉 집착하는 사람들은 아마도 두려움과 불안이 깊은, 즉 상처가 깊은 그들의 의존심이 작용할 것이다. 조건 없이 기댈 곳, 내면의 어린아이였을 적의 부모를 찾는다. 충분히 이해할 수 있는 일이고, 누구라도 있을 수 있는 일이다. 두려움에 떠는 에고는 우리 모두의 모습이니까 말이다.

이제, 더 나은 길이 있다. 우리는 놓을 수 있다. 우리는 내어 줄 수 있다. 내어 맡기고 신뢰하는 힘이 내면에 있다. 진짜 '힘'이 이미 존재한다. 모든 것을 있는 그대로 내어놓는 것이다. 바로 그것이 진정 집착으로부터 자유로워지는 길이다. 있는 그대로 바라보고, 있는 그대로 머무르며 지켜보고, 있는 그대로 내려놓고 넘어서는 여정, 지금 이 순간, 순간순간을 행복하게 여기자.

58. 스스로에 대한 믿음, 가장 큰 재산

> 인간적인 차원에서는 분명히 믿을 만한 근거를 충분히 느낀 후 제대로 된 믿음을 가지는 것은 분명히 중요한 것 같다. 그리고 조금 더 차원이 높아진다면, 우리의 믿음이 이처럼 인간적인 이해와 근거에 바탕을 둔 차원에만 머물지 않는다는 사실 또한 느껴보아야 한다. 우리의 존재가 우주가 거저 내린 선물의 수혜자이기 때문이다.

자식을 길러본 사람은 잘 알 것이다. "자식을 믿으라."는 말을 듣기도 하고, 누군가에게 말을 하기도 하지만, 이 믿음이라는 것이 머리로 하는 것이 아니라, 저절로 가슴으로 되어야 하는 것이니 그리 녹록지 않다는 것을…. 아기 때의 자녀는 정말 그냥 아무런 조건 없이 사랑스럽고 이쁘다. 하지만 아기가 자라면서 어린이로의 변화를 맞이하는 과정에서, 점점 자아가 발달하는 과정을 겪으며 욕구가 왕성해지기 시작하므로 요구사항이 늘어나고, 하지 말아야 할 것을 하려고 하고, 어른들이 원하는 것을 거부하는 등 어른들의 욕구와 상충되기 시작한다. 그러면서 갈등이 생기고, 청소년 시기에 들어서서는 그 갈등이 점점 증폭되면서, 부모는 '믿을 수 없는 자식'이라고 하고, 자식은 '말이 안 통하는 부모'라고 하며 서로 힘들어 하는 과정을 겪는다. 무슨 말을 해도 무슨 행동을 해도 믿지 못하는 정도가 되면 부모-자식 간의 갈등은 극에 달하기도 한다. '조건 없이 믿을 만하다.'라는 말은 책에서나, 남의 자식, 혹은 다른 사람에게나 할 수 있는 말이지 정작 내 자식, 배우자에게는 그리 쉬운 말이 아니다. 누군가가 "자식을 믿어 보아라! 그러면 자식은 저절로 잘 클 것이다."라고 하면, "믿을 만한 근거가 있어야 내가 믿죠! 왜 나도 자식을 믿고 싶지 않겠어요! 그건 직접 경험해보지 않으면 몰라요."라고 항변하거나 남의 속도 모르는 소리 한다고 답답해 할 것이다. 어디 부모자식 관계뿐이겠는가? 부부관계나 친척들과의 관계 혹은 크고 작은 조직 공동체에서도 '서로 간의 믿음과 신뢰'에 대한 어려움은 비슷한 문제일 것이다.

만약 우리 스스로가 스스로에 대한 '믿음'이 생긴다면, 우리는 진짜 자신을 믿어주는 '세상에 둘도 없는 내 편, 하느님과 같은 존재로서의 내 편'이 내면에 든든하게 버티고 있으므로, 스스로 자기 책임감을 가지고 하늘이 내린 달란트대로 자기실현을 해 나갈 것이다. 이건 매우 이상적인 것이지만 사실이다. '자신 스스로에 대한 믿음'이라는 것은 아주 큰 재산이다. 그런데 그 믿음이라는 것은 아주 어릴 때부터 부모나 주변인으로부터 무한하고 확실한 믿음을 받아 본 세포(!)가 들어있어야 한다. 또한 그 믿음에 부응하는 성취 경험이나 지속적인 존중의 경험이 뒷받침되어야 하고, 욕구가 다양해짐에 따라 어른과의 욕구 갈등에서 어떤 식으로 바람직하게 해결되었느냐 등, 다양한 측면에서 '믿음'이라는 소중한 나무가 자라야 된다. 아마 부모도 이것을 모르는 것은 아닐 것이지만, 부모 자신의 욕구조차도 다스리기가 쉽지 않다 보니 그리 만만치 않다는 것을 느낄 것이다. 보편적인, 너무나 보편적인 인간으로서의 부모는, 불안과 걱정이 많은 채로, 자식을 위하여 "이것 해라, 저것 해라." 했을 때 제대로 하지 않거나 거짓말을 하거나 미루거나 게으름을 피우거나 하는 모습을 자주 접하다 보면, 믿을 수 없는 마음이 생기는 것은 어쩔 수 없지 않겠는가! 그렇게 되면 믿음을 받지 못하는 자녀도 힘들고, 믿지 못하는 부모의 마음도 여간 힘든 것이 아니다.

이 '믿음'이라는 것…, 물건이라면 어디 가서 얼른 사 보겠지만 물건도 아닌 순전히 마음의 문제로 취하고 싶다고 금방 취할 수 있는 것이 아니다. 너무나 소중하다는 것은 다 알고 있다. 생각해 보면, 사람들은 사실 자신의 욕구를 조금도 양보하지 않으려 할 때 늘 싸운다. 외부와 싸울 수도 있고, 자기 내부에서 끙끙 앓으며 싸우기도 한다. 내적, 외적 갈등이 범벅이 되기 쉽다. 나의 욕구를 배우자나 자녀가 채워주지 않을 경우에, 상대방 탓을 하면서 매우 강하게 화를 내기도 한다. 짜증이나 신경질을 내며 해야 할 자신의 일을 안 해 버리기도 한다. 밖으로 내든 안으로 내든, 외부로 투사되어 나타나는 자기 욕구와의 싸움이 일어나는 것이다.

과연 자신의 욕구를 채우지 못하면 안 될 것 같은 강한 불안감이 있다는 것은 무엇을 의미할까! 무엇인가를 채워야 한다는 것은, 좋은 방향으로 간다면 '진리'에 대한 추구로 이어질 수도 있다. 하지만 그 욕구를 누군가가 무엇인가가, 즉 외부가 채워주지 않으면 안 될 것 같은 마음, 즉 의존심이 일어난다면 어떨까! 이것은 '자기에 대한 약한 믿음'이 아니겠는가! 자신을 제대로 믿는다면, 즉 당장 그 욕구를 채우지 않아도 '내가 무엇을 해야 할지 잘 생각해 보자. 난 한다면 할 수 있는 사람이니까.'라는 마음이 든다고 하자. '이건 될 일이라면 자연스럽게 될 거야. 안될 일이라면 안 되는 것이 나에게 더 좋을 거야.'라는 믿음이 있다고 하자. 어떨까! 그렇게까지 갈등하고 괴로워할 필요가 있을까!

믿을 만한 근거가 확실하고, 눈에 정확하게 보이는 것만 믿을 수밖에 없다는 우리의 근시안적 생각은 정말 많은 것에 대한 문제점을 야기한다. 자식에게 이렇게 말들 한다. "너를 위해서 엄마, 아빠가 이러는 거야. 너를 위해서 공부하라는 거야. 노는 것을 참고 견디다 보면 훗날 너에게 도움이 될 거야."라고. 그리고 계속 이어간다. "누구누구야! 제발 엄마아빠가 믿을 수 있도록 행동해 주면 좋겠어! 나도 너를 믿고 싶으니까!"라고. 믿을 만한 근거가 있어야만 너를 믿겠다는 간곡한 요구와 부탁을 한다. '네가 믿을 만한 근거를 행동으로 보여줄 때, 비로소 내가 안심하고 너를 믿을 수 있겠어.'라는 뜻이다. 믿을 만한 이유가 있을 때 믿을 수 있다는 고정된 관념을 가지고 있다. '너의 안전을 위하여, 너의 건강을 위해서, 너의 앞날을 위해서'라며 '믿지 못하는 마음'을 투사시켜 계속 두려워한다. 그리고 상대방의 자유를 방해하고 상대방을 통제해야만 될 것으로 생각한다. "이 애는 이런 행동을 하여도 반드시 자기 할 일은 하게 될 아이야. 이 아이의 미래는 내가 어떻게 해 볼 수 있는 게 아니라, 그 스스로가 개척하게 될 거야. 스스로의 운명은 스스로가 맞이하며 살아가게 되어 있어!"라는 근본적인 믿음을 가진다면 어떨까!

한번 스스로에게 물어보라! '당신은 상대방이 어떤 조건을 갖추지 않아서 믿음이 가지 않나요? 아니면 당신의 마음속에 의심과 불신이 많아서 믿기가 어렵나요?'라고. 이 두 가지는 모두 이해되고 누구라도 공감할 수 있는 내용이므로 판단이나 비판 없이 자문해 보자. 그리고 아래와 같이 곰곰이 스스로를 탐구해 보자.

첫 번째, 상대방이 어떤 조건이 되지 않을 때 믿을 수 없다는 것은 그 조건에 대한 불안감이 있다는 해석이 가능하다. 여기에서 한 가지 생각해 볼 점은 대체로 일반적인 관계에서 대상을 믿지 못할 때의 심리는 조건 자체를 믿지 못하는 것인데, 전달되는 느낌은 조건 그 자체보다는 조건을 갖추지 못한 사람을 믿지 못한다는 것이다. 조건과 존재를 구분해서 보아야 하건만, 그 구별에 대한 인식과 자각이 부족하다. 믿을 만한 근거 그 자체는, 그 사람의 존재 자체가 아니다. 존재로서 굳게 믿음을 가질 때, 사실상 조건도 서서히 변해가지 않을까 싶다.

두 번째, 내 마음 안에 있는 의심과 불신의 씨앗들은, 그건 순전히 내 마음의 문제이다. 어쩌면 자신 스스로도 자신을 믿지 못할 것이다. 자신 스스로가 늘 의심투성이니까 그 마음이 투사되어 상대방의 일거수일투족이 의심스럽게 보이고, 그리고는 의심의 눈초리로 상대방을 고정화시키고, 심하면 모든 상황을 망상적으로 보는 것이다. '나의 불안한 마음 때문에 상대방을 있는 그대로 보고 믿지를 못하는구나.' 하는 자각이 요구된다. 조금도 자신의 욕구를 양보하지 않으려는 내 탐욕을 잘 들여다보거나 자신의 욕구 억제를 위하여 자신을 보는 것, 상대방의 욕구를 존중하지 않고 상대방이 나에게 맞추어야 한다는 것 등 이런 심리현상이 우리 내면을 습관처럼 지배하고 있으므로, 늘 깨어있는 자세로 자신의 모습을 의식해야 할 것이다. 위의 두 가지 관점으로 일반적인 믿음에 대한 성찰을 해 보는 것은 일상에서 유익할 것이다.

한편, 조금 더 깊이 이 믿음의 문제 즉 믿을 만한 근거에 대해서 생각해 보자. 모든 인간은 근본적으로 믿을 수 있는 능력이 있다! 사람들은 대체로 이성으로 곰곰이 따지고 살펴서 믿을 만하다고 판단될 때 믿게 되지만, 때로는 그 믿을 만한 근거가 부족할 때에도, 정말 그런지 아닌지 고개를 갸웃하면서도 믿고 싶은 마음 때문에 믿기도 한다. 바로 이렇게 믿게 되면서, 시간이 흐르고 난 뒤에 나의 믿음이 바람직했다는 체험을 하면서 넘어가는 경우도 많다. 또 다른 관점에서 본다면, 무조건 믿는 것만이 다 좋은 것도 아닐 때가 있다. 근거 없는 믿음으로 오히려 문제를 일으킬 수 있다는 점을 생각해 보게 된다. 예컨대, 성경 혹은 불경에 쓰여 있는 말씀이 아무리 해도 이해되지 않고 받아들여지지 않는데 경전 말씀이니까 무조건 믿어야 한다고 해서, 앞 뒤 맥락이 맞지 않는 '병리적 의존심'이 의심되는 정도로 믿는 것이라면, 이는 건강한 믿음이 안 될 수도 있다. 그저 맹목적인 믿음 또는 그릇된 신념으로 걸러지지 않는 비이성적이고 비현실적인 믿음이 될 수도 있다. 그래서 프란치스코 교황님께서도 "질문하지 않는 신앙은 그 자체로 질문을 받아야 할 신앙"(교황청 고위 관료들에게 한 성탄 인사, 2017)이라고 말씀하셨다. 우리가 신앙을 정말로 삶의 중심에 놓고 살고 있는지, 하느님 혹은 부처님을 어떻게 믿고 있는지를 계속해서 물어보고 성찰하지 않는 신앙이라면, 먼저 그 신앙이 제대로 된 신앙인지를 물어봐야 한다는 말씀이다.

이처럼 믿음이라는 행위가 시작되기 위해서는 우리 인간의 기본적인 이해와 상식에 맞는 근거들이 필요하다. 예수님도 마찬가지다. 군중에게 하느님 나라의 복음과 구원을 선포하시면서, 그저 말씀만으로 당신을 믿으라고 하지 않는다. 하느님 나라가 어떤지에 대해서 가르치실 뿐만 아니라 수많은 병자를 고쳐주시고 마귀를 쫓으시고 그 밖에 다른 기적을 많이 행하신다. 그를 통해 사람들이 보고 듣고 믿게 하시려는 것이었다. 예수님 말씀을 들으면서 '정말 그럴까?' 하고 믿지 못하던 사람들이 그분께서 행하시는 기적을 체험하면서 '아, 정말 그렇겠구나!' 하고 믿게 된 것이다. 수천 년 세월이 지난 후의 우리는, 그 기적을 직접 체험하지 않았기에 근거 자체가 피부로 와 닿지 않아 이리저리 의심하고 고민하는 것은 당연한 것이라고 본다. 복잡다단한 현실 생활을 하면서 서서히 '아, 이것이 바로 기적과 같은 것이구나.'를 느낄 때 조금씩 가랑비에 옷 젖듯 믿음이 생기는 것이다. 말하자면, 이해 없이 맹목적으로 믿는 것은 '그릇된 신념'이 될 수 있으므로, 근거를 중요시하는 믿음의 과정도 필요할 것이다. 그러다 보면 종교뿐만 아니라 많은 부분에서 믿을 만한 근거에 대한 체험을 겪으면서 성장하지 않겠는가! 이렇게 인간적인 차원에서는 분명히 믿을 만한 근거를 충분히 느낀 후 제대로 된 믿음을 가지는 것이 중요하다. 그리고 조금 더 차원이 높아진다면, 우리의 믿음이 이처럼 인간적인 이해와 근거에 바탕을 둔 차원에만 머물지는 않다는 사실 또한 느껴보아야 한다.

결국 인간적인 차원에 주어지는 근거들을 체험하면서 우리의 믿음은 성장하게 되고, 더 나아가서는 그 근거를 뛰어넘는 신비의 차원에까지 이르게 되는 것이 아닐까! 그래서 종교를 믿는 분들은, 우리의 지성으로 잘 이해할 수 없는 신비나 예수님 부처님 같은 신성, 부활의 신비, 해탈의 경지 등을 믿으며 기도하는 마음을 가지는 것 같다. 이렇게 인간적으로 믿을 수 있는 대상을 넘어서서 알 수 없는 신비의 차원까지 나아가는 것은 바로 하늘의 은총을 받는 차원이 되는 것이리라! 말하자면, 보통 사람들이 상대방을 특별한 근거가 없어도 무조건 믿을 수 있는 경지가 된다는 것은, 바로 하늘의 은총을 받는 것이나 다름없다는 말이다.

하늘의 은총, 즉 우주의 기운이 나를 돕는 것 같은 현상은 인간의 협력이 요구된다. 어떤 협력일까? 우리의 믿음은 그 믿을 만한 근거에 대한 체험과 함께 성장하게 되는데, 이 체험이라는 것 자체는 모두에게 주어지는 것이 아니다. 똑같은 상황에서 똑같은 일을 겪었더라도 그 일을 받아들이는 모습은 사람마다 다르다. 어떤 사람은 그 사건 안에서 특별한 의미를 발견하기도 하고 또 어떤 사람은 별 상관없는 것으로 받아들이기도 한다. 그 이유는 매우 다양하다. 각자가 살아온 삶의 역사가 달라서 그 안에서 형성된 사고방식이나 감정적인 반응, 또 추구하는 바가 다르기 때문이다. 다시 말하면, 똑같은 일이 주어져도 받아들이는 자세에 따라서 믿는 사람도 있고 믿지 못하는 사람도 있으며, 아무리 좋은 일이 주어져도 기쁨으로 느끼는 사람과 그렇지 않은 사람이 있다는 것이다. 결국 본인 스스로의 느낌이 핵심이며, 바로 이것이 '하늘의 도움에 대한 인간의 협력'이다. 인간의 '느낌'은 우주의 에너지를 느끼는 일차적인 통로이다.

그렇다. 믿을 만한 근거를 가지고 믿어야 하는 지성은 필요하다. 하지만 때로는 하늘이(하느님이, 참 나[眞我]가, 우주가, 삶의 현실이) 아무런 근거 없이 무조건적으로 내리는 은총이 있다는 사실을 느끼는 것도 필요하다. 즉 우리 자신에게도 조건 없이 남을 사랑하고 믿어주는 자세가 요구되는 것이다. 그 이유는, 우리 자신이 바로 이 우주가 거저 주는 선물(햇볕, 공기, 물, 생명 등)을 무궁무진하게 받고 있는 은총의 수혜자이기 때문이다. 우리가 무슨 근거로 하늘의 무한한 은총을 받겠는가! 아무런 조건 없이 있는 그대로의 모습 자체로 그냥 선물을 받고 사는 셈이건만, 이것을 과연 우리는 느끼면서 살고 있는가! 그 선물을 우리 스스로가 알아차리느냐 못 알아차리느냐에 따라 삶의 색깔이 달라지지 않겠는가! 근거가 있든 없든 진짜 제대로 믿게 되면, 우리는 하늘의 절대적인 사랑의 힘을 제공받는 셈이고, 놀랍도록 내 존재에 대한 새로운 시각이 열릴 것이다.

59. 지금 여기에 깨어 있다는 것!

예수는 "주인이 돌아오기를 기다리는 하인처럼 되라."라고 말했습니다. 하인은 몇 시에 돌아올지 모르는 주인이 도착하기를 방심하지 말고 기다리며 침착하고 고요하게 깨어 있어야 합니다. 성경의 어떤 비유에서 예수는 다섯 명의 부주의한(무의식적인) 여인들이 등불(현존)을 켤 수 있는 충분한 기름(의식)을 준비하지 않았다가 신랑(현재)을 놓치고 결혼 피로연(깨달음)에 참석하지 못하는 이야기를 합니다. 예수는 그들 다섯 명을 충분한 기름(의식)을 준비한 다섯 명의 현명한 여인들과 비교했습니다.

지금 여기에 깨어 있다는 것, 즉 현존이란 무엇인가? 우리가 과거의 극복과 미래의 불안 제어를 위하여 지금 현재에 집중하라는 말은 많이 듣고 있다. 그러나 과연 지금 여기에 깨어 있다는 것이 무엇인지, 어떻게 해야 하는 것인지, 톨레(Eckhart Tolle, 1996)의 이야기를 중심으로 살펴보고자 한다.

어떤 사람이 이렇게 질문하였다. "톨레, 당신은 계속 현존하는 상태의 중요성에 대해 이야기하군요. 머리로는 이해할 것 같은데, 제가 체험하고 있는 것이 맞는지 어떤지는 모르겠군요!"

톨레의 대답은 이러하다. "현존은 당신이 '생각'하는 그런 것이 아닙니다! 우리는 현존에 대해 생각할 수 없으며, 마음으로는 그것을 이해할 수 없습니다. 현존을 이해한다는 것은 현존하는 상태에 있는 것입니다. 한마디로 경험 그 자체입니다. 자세한 설명을 하기 전에, 작은 실험을 해보겠습니다. 눈을 감고 자신에게 말하십시오. '다음에는 내가 무슨 생각을 하게 될까?' 그런 후 주의력을 집중하고, 다음에 올 생각을 기다리십시오. 쥐구멍을 지켜보는 고양이처럼, 그곳에서 어떤 생각이 나오는지 지켜보십시오. 지금 해보십시오."

여러분도 이 시점에서 독서를 잠깐 멈추고 가만히 눈을 감아보길 바란다. 빨리 읽고 싶어서 멈추지를 못하는 분들일수록 멈추기를 바란다. [침묵] 눈을 잠시 감고 가만있어 보자! 호흡을 집중하며 잠깐 멈추어 보자! [침묵] 도대체 내가 무슨 생각을 많이 하게 될 지를… 마음 속으로 스스로의 상태를 한번 짚어보자. [침묵]

가만히 있어보면 강한 현존 상태에 있을 수 있다. 잡생각이 떠오르지 않을 때 까지는. 생각이란 고요한 상태를 뚫고 올라오는 것이다. 고요함이 '본래의 집'이고 뚫고 올라오는 것이 '발생된 외부의 것들'이다. 하지만 우리는 거꾸로인 듯하다. 즉 평소에는 내 집처럼 늘 '외부의 것들'이 일어나고 있고, 가끔 남의 집처럼 '본래의 집'으로 돌아온다고나 할까! 고요해야만 느낄 수 있는 본래의 집은 분주함에 쫓기어 혹은 내면의 불안과 산만함에 젖어 '외부의 것들'이 난립되어 있는 듯하다.

그래서 우리가 완전히 현재에 몰입하기가 그리 쉽지 않다. 고요한 상태에 머물면서 강한 현존 상태에 있는 한 우리는 생각에서 벗어나 있게 된다. 예민하게 깨어 있을 수 있다. 그러다가 주의력이 어떤 수준 밑으로 내려가는 순간, 조금 방심하는 순간, 생각의 꼬리들이 스멀스멀 밀려드는 것이다. 잡념이 돌아오면서 고요함은 사라지고, 몸을 움직이든 그렇지 않든 산만하고 정신이 없어지게 된다. 그리고 자기가 만든 시간 속으로 들어간다. 자기 속으로 함몰된다. 자기가 만들어 놓은 프레임 속에 갇힌다. 감옥 속으로 들어간다!

톨레는 이어서 이렇게 표현했다. "현존의 정도를 시험하기 위해 어떤 선사들은 제자들의 뒤로 살금살금 다가가서 갑자기 몽둥이로 내려치는 방법을 씁니다. 얼마나 놀라겠습니까. 만일 그 제자가 예수의 비유에서처럼 깨어 있는 상태에서 '준비를 하고 램프불을 켜고' 있었다면, 스승이 뒤에서 다가오는 것을 눈치채고 몽둥이를 막거나 옆으로 피했을 것입니다. 하지만 스승의 몽둥이에 얻어맞았다면, 그것은 그가 생각에 빠져서 방심한 채 무의식 상태로 있었다는 의미입니다."

절에서는 스님들이 제자를 다스릴 때 죽비로 내려친다. 일상 속에서 현존을 유지하기 위해서, 우리의 깊은 '습'을 물리치기 위해서는 죽비로 등짝을 매섭게 후려 맞듯이, 잡생각을 귀신 쫓듯 후려갈기고 늘 깨어 있어야 하기 때문이다. 그렇지 않으면 엄청난 타성을 지닌 마음의 급류에 휩쓸리게 될 테니까!

우리의 의식은 진정한 자신, 참 나, 우리 내면의 하느님께 깊이 뿌리 내려야 한다. 그러려면 어떻게 해야 하는가! 많은 선각자들이 일제히 공통적으로 하는 말이 있다. 자신의 몸에 충분히 거주함, 즉 항상 의식의 일부를 몸 안의 에너지 장에 집중하고 있어야 한다는 것이다. 다시 말해 안으로부터 몸을 느끼라는 것이다. 몸을 의식하면 현존 상태를 유지할 수 있다. 우리를 '지금'에 붙들어 둘 수 있게 되는 셈이다. 예컨대 호흡을 의식한다든가, 자기 몸의 움직임을 의식한다든가, 아픈 곳을 의식한다든가, 몸의 특정 부위(눈, 코, 무릎, 머리, 장기 등)를 의식한다든가 하는 등이다. 이것이 잘 훈련되면 생각과 느낌도 의식하게 된다.

성경에 나오는 유명한 말씀을 이렇게 비유적으로 톨레는 이야기한다. "예수는 '주인이 돌아오기를 기다리는 하인처럼 되라.'라고 말했습니다. 하인은 주인이 몇 시에 돌아올지 모릅니다. 그래서 방심하지 않고 주인이 도착하기를 기다리며 침착하고 고요하게 깨어 있습니다. 성경에서 비유로 이렇게 적고 있습니다. 예수는 1)다섯 명의 부주의한(무의식) 여인들이 2)등불(현존)을 켤 수 있는 3)충분한 기름(의식)을 준비하지 않았다가 4)신랑(현재)을 놓치고 5)결혼 피로연(깨달음)에 참석하지 못하는 이야기를 합니다. 예수는 그들 다섯 명을 6)충분한 기름(의식적인 건강한 훈습)을 준비한 다섯 명의 현명한 여인들과 비교했습니다."

이 비유는 1)'다섯 명의 부주의한 여인들'은 '무의식적인 습관적인 행위, 핵심역동에 의한 조건화된 습'에 비유한다. 2)'등불'은 '현재 상태에 머무르는 힘'을 의미한다. 3)'충분한 기름'은 '깨어 의식하는 에너지'를 의미하고, 4)'신랑'은 바로 '현존, 그 자체'를 의미한다. 5)'결혼 피로연'은 '깨달음의 장, 깨닫기 위한 장면'을 뜻한다. 마지막으로 6)'충분한 기름을 지닌 다섯 명의 여인들'은 '깨어있기 위한 지속적인 훈습을 해 나가는 사람들'을 비유한다. 결국, 깨달음에 이르는 가장 중요한 것은 지금-현재에 깨어있는 의식적인 수행이라는 것이 핵심이다.

꼼꼼하게 비유한 이 성경구절에 대한 해석은 다른 각도에서 보면 전혀 이해되지 않을 수 있다. 하지만, "복음을 기록한 사람들조차 이러한 비유들의 의미를 이해하지 못하는 것을 보면 그것은 처음부터 잘못 해석되고 왜곡된 것입니다. 그리고 오해가 점점 더 커지면서 그 진정한 의미는 완전히 사라졌습니다."라는 말처럼 너무나 오랜 세월동안 다르게 해석되어 와서 오히려 더 복잡하게 느껴질 정도이다. 심지어 '세상의 종말이 아니라 심리적 시간의 종말'을 이야기하는 것으로, 우리가 자아의 마음을 초월해서 완전히 새로운 의식 상태에서 살 수 있는 가능성을 시사한다고 해석하기도 한다. 그런데 이 말은 많은 오해를 풀어준다. 세상의 종말은 개인의 심리에 작용하는 각종 무의식적인 감정이나 패턴, 자아(에고)라고 규정되어 있는 각종 심리현상 집합체의 종말이며, 동시에 새로운 세상, 즉 무의식적인 감정이나 패턴으로 작동되는 핵심역동의 극복, 다시 말하면 지금 현재에 가장 적절한 것들을 맞이하는 것이다. 과거에서 깨어나서 새롭게 태어나는 현상과 같다. 지금-여기는 바로 새로운 세상의 창조이다.

우리가 존재를 의식할 때는 사실, 존재가 스스로를 의식하는 것이다. 존재가 자신을 의식하게 되는 것, 바로 그것은 스스로가 자신의 존재를 객관적으로 관찰하여 바라보는 입장을 말한다. 존재, 의식, 그리고 삶은 동의어이기 때문에 케이티(Byron Katie)는 삶, 즉 현실이 바로 신이라고도 표현했다. 삶, 일상의 움직임 그 자체는 생명이 있는 이름으로 불리지 않아서이지, 사실 그것 자체가 자의식을 획득하는 것이다. 좀 어렵다면 굳이 이해하려고 노력하지 말자! 멈추어 현재에 집중하기 전에는, 무엇이든 굳이 알려고 할 필요는 없다. 왜냐하면 그것은 안다고 해서 '제대로 아는 것'이 아니라, 그냥 무조건 경험해야만 하는 것이기 때문이다. 사람들이 이 말 자체는 이해하지만, '이해하는 것'과 '실제로 지금-여기를 살아가는 것'과는 다른 차원으로 보인다. 그러므로 어쩌면 우리 모두는, 생명체이든 무생물체이든, 모든 유형 무형의 유기체는, 지금도 발전 과정을 겪고 있다는 의미를 함축하고 있는 듯하다. 일체의 모든 것들은 모두가 이 과정 속에 있지 않을까 생각된다. 물질화된 세상에서 제한된 시각으로 보자면 그렇다는 뜻이다.

"나는 알파요 오메가이다. 나는 살아 있는 유일자이다." 시간을 초월한 신이 거주하는 왕국이자 '우리의 집'이기도 한 그곳에서는 시작과 끝, 알파와 오메가가 하나이다! '우리의 집'이라는 표현이 인상적이다. 진짜 우리의 집! 우리의 진짜 집은 어디일까! 만물의 본질은 일찍이 인간의 마음으로는 결코 상상할 수도 이해할 수도 없는 온전하고 완벽한 상태로 물질화되지 않은 채 존재해 왔으며 영원히 존재하는 그런 집이다. 이 말은 전체적인 자기를 느낄 때 가장 '완전하다'라는 사실을 느낄 때 가능하다. 서로가 분리되어 있다고 느끼는 우리에게 시간을 초월한 완전함이란 불가해한 개념이다. 개별적 자기를 느낄 때는 모든 것이 부족하다. 자기를 전체와 분리된 존재로 느끼는 한, 우리는 그냥 늘 발전 과정에 있는 미숙한 존재처럼 느껴진다. 이것은 자신의 진짜 존재가 무엇인가에 대한 이해가 부족하기 때문이고, 나의 진짜 집은 어디인가에 대한 이해가 부족하기 때문이다.

만물은 '존재'를, 신의 본질을, 어느 정도의 의식을 갖고 있다. 돌멩이 같은 무생물조차도 미미한 정도나마 의식을 갖고 있다고 한다. 그렇지 않으면 존재할 수 없으며, 원자와 분자로 흩어질 것이다. 모든 것은 살아 있다! 태양, 지구, 행성, 동물, 인간 등 만물은 다양한 의식의 표현, 즉 모습을 갖고 물질화된 의식의 표현이다. 세상은 의식이 사고 형태와 물질적 형태를 취하면서 생겨난다. 이 지구상의 수많은 생명체들이 바다 속에서, 땅 위에서, 대기 중에서, 생명체가 오랜 세월동안 되풀이해서 만들어지고 사라지고 또 만들어지고 사라지는 게임을 끝없이 한다. 마치 신이 벌이는 신성한 게임 같은 것이라고나 할까!

"그 게임에서 개별적인 생명체들은 그다지 중요하지 않은 게 분명합니다. 바다 속에서는 대부분의 생명체가 태어난 지 몇 분도 되지 않아서 죽고 맙니다. 인간의 형태 역시 꽤 빠른 속도로 먼지로 변하며 언제 존재했느냐는 듯이 사라집니다. 이것이 비극적이거나 잔인한 것일까요? 우리가 스스로 분리된 개체라고 느끼는 한 그것은 진실입니다. 저마다의 의식이란 신의 본질이 형상 속에 스스로를 표현하고 있는 것임을 잊고 지내는 한, 인생은 분명 비극입니다. 그럼에도 당신이 당신 자신 안에 있는 순수 의식으로서의 신의 본질을 깨닫기 전에는 진정으로 그것을 알 수 없습니다."

이 말은 깊은 의미를 담고 있다. 우리가 분명히 고통스럽고 힘든 이유가 바로 자신의 존재 가치를 제대로 느끼지 못하는 것이라는 점을 개념으로는 알면서도, 진정으로 깊이 깨닫고 스스로 알아차리기 위한 실천의 시간을 가지기 전에는 어쩔 수 없는 비극을 맛보게 될 수밖에 없다는 말이다. 지적 통찰은 한계가 있으며 반드시 깊은 정서적 통찰과, 구도적인 통찰 수준이 되어야 함을 뜻한다. 즉, 우리 모두가 신의 본질이 형상화 되었다는 믿음이 있다면! 인생은 편안함, 자유 그 자체가 된다. 아주 쉬운 일상의 예를 들어보자.

> "당신의 수족관에서 물고기 한 마리가 태어났다고 합시다. 당신은 그 물고기를 '존'이라고 부르고, 출생증명서를 작성하고, 족보를 만듭니다. 그러고 나서 2분쯤 후에 그 물고기가 다른 물고기에게 잡아먹힌다면 그것은 비극입니다. 그것이 비극인 이유는 당신이 '물고기에게 분리된 자아가 있다'고 생각했기 때문입니다. 당신은 역동적인 과정에 있는 하나의 단편, 하나의 분자가 추는 춤을 보고 거기에서 분리된 개체를 만들어낸 것입니다."

이 세상 모든 한 동작 한 동작은 전체적인 흐름 속에서 본다면, 그냥 하나의 춤과 같다. 춤을 추듯 진동과 파동에 의한 하나의 과정이라고 볼 수밖에 없다. 그러므로 여러 가지 형태로 변장되면서 살아간다. 오늘날의 인간들에게 의식은 그렇게 변장된 형태의 것과 거의 동일시되어 있다. 자신을 오로지 변장된 모습으로만 알고 있으므로, 육체적이고 심리적인 모습이 소멸될까 봐 두려워하면서 살고 있는 것이다. 이것이 에고의 마음이며, 그로 인해 심각한 부작용이 일어나기 때문에, 무언가가 심각하게 잘못된 것이 아닌가 싶을 정도로 두려움도 크다. 어쩌면 이것도 신이 하는 게임의 일부일 것이다. 결국 이렇듯 명백한 부작용에 의해 만들어지는 고통의 중압감으로 말미암아, 그 중압감이 극에 달했을 때는 더 이상 견딜 수 없어, 왜곡된 것과의 동일시에서 벗어나려는 의지가 생기고, 자신이 형상일 뿐이라는 꿈에서 깨어나게 될 것이다. 만약 이렇게 될 수만 있다면, 그 자의식은 그것을 잃어버릴 때보다 훨씬 차원이 깊어질 것이다.

좀 더 쉽게 말하면 에고의 마음은, 놀랍게도 명백한 부작용으로 인한 고통이 현재에 존재한다. 사회적 성공을 이루었든 그렇지 못하든 심각한 일들이 혹은 처리되어야 할 일들이 지속적으로 발생한다. 그 모든 것들이 삶의 게임이다. 삶의 과정이다. 끝없이 자신의 것들이 소멸될 것 같아서, 더 가지지 않으면 안 될 것 같아서, 사랑이나 인정을 받지 못할 것 같아서, 누군가가 나를 좋지 않게 볼 것 같아서 전전긍긍한다. 그 고통의 중압감이 끝없이, 정말 끝없이, 더 이상 견디지 못할 만큼 되기 전까지는 이러한 중압감이 있음에도 불구하고 에고를 채우기 위한 노력에 오히려 더 집중한다. 그러다가 사건이 심각해져 이제 더 이상 견딜 수 없을 정도가 되면, 밑바닥을 칠 정도가 되면, 환경 자체가 파괴적으로 되면, 심신에 큰 이상이 오게 되면, 어쩔 수 없이 그것과 자신의 인생이 동일시되지 말아야 한다는 것을 어렴풋이 깨닫게 된다. 깨달음이 심화되면서 점점 더 깊은 차원의 인격체로 발돋움 한다. 이와 같이 지독한 고통 끝에 기꺼이 발돋움 하는 사람이 있는 반면, 어떤 사람은 깨닫지도 못한 채로 그대로 죽음을 맞이하거나 불행 속에서 살기도 한다.

지금-여기에 깨어있다는 것, 즉 현존한다는 것은 사실 에고의 장난에 놀아나지 않는 가장 강력한 방법이며, 역동에 휘둘리지 않는 매우 간단한 핵심적인 길이다. '지금-여기'는 우리 안에 내재된 신성한 에너지를 끌어내는 소중한 장소이다.

- 위 내용은 톨레(1997)의 일부 글이 인용, 재해석되었음을 밝힙니다 -

60. 행복의 열쇠를 여는 두 가지 문구

> 저항하지 않고(무저항), 판단하지 않고(무판단), 집착하지 않는 것(무집착), 이 세 가지는 진정한 자유와 깨달음의 측면이다. 모든 것은 무상(無常), 즉 변화가 불가피함을 알고 받아들인다면, 즐거운 것을 잃게 되지 않을까 두려워하거나 미래를 걱정하지 않게 된다. 즐거움이 사라져도 불안하지 않고 여여하게 즐길 수 있다.

필자는 우리 내부의 비밀을 어떻게 말하는 것이 잘 이해될 수 있을까라는 생각에서 두 항아리 이야기를 교육생들이나 내담자들에게 자주 언급한다. 내면에 두 개의 항아리가 있다고 상상해보자! 하나는 '에고(ego)'의 항아리이다. 또 다른 하나는 '성령'의 항아리라고 느껴보자.

에고의 항아리 속에는 무엇이 주로 담겨있을까! 에고는 끊임없이 생각 또 생각을 하며, 특히 과거에 일어났던 것에 대한 집착이 대단하다. 그리고는 미래에 대한 고민과 염려도 많다. 한마디로 지금-현재에 집중이 잘 안 된다. 개인의 핵심역동에 의한 영향을 가장 많이 받고 있으며, '진짜의 자기'를 알아차린다기보다는 '만들어진 자기'를 '자기'라고 생각하며, 끊임없이 자신에 대한 불평불만, 상대에 대한 원망, 자기 과잉사랑, 자기도취 속에 파묻힌다. 불안과 두려움이라는 안개 같은 항아리이다. 또한 이 항아리가 없으면 현실을 제대로 살아갈 수 없을 정도로, 모든 사회생활이나 보통의 인간관계 속에서 자신을 지키는 방어작용이 함께 들어 있다. 흔히 '자아 방어기제(ego defence mechanism)'라고 부르는

데, 이 기제를 담고 있는 현실적인 기능을 하는 항아리이다. 무조건 부정적으로만 볼 수 없는 매우 사실적이고 필요한 내용물들이기도 하다.

성령의 항아리 속에는 '지금-현재'를 성스럽게 여기는 자세가 들어있다. '지금-여기'의 존재 그 자체다. 과거나 미래에 초점을 맞추는 것이 아니라, 어떤 과거의 경험이 있었다 할지라도 그것은 지나가는 한 과정이었을 뿐, 그것 자체가 내 존재에 영향을 미치지 않는, '지금 이 순간'을 사는 자세이다. 핵심역동이 내부에 존재한다 할지라도 그것에 먹이를 주려는 지나친 회고나 고통스런 되새김질 등을 하지 않음으로써 '진짜의 자기'를 좀 더 깊이 느낀다. 이것은 성스러운 영혼 그 자체를 진짜의 나로 깊이 느끼는 상태이다. 에고 항아리가 작동하여 괴롭고 힘들 때, 조용히 눈을 감고 먼 산을 보거나 하늘을 보게 되면, 슬며시 성령의 항아리가 에고를 위로하고 토닥여주는 역할을 한다. 절이나 성당, 교회의 한 구석에 조용히 앉아서 이 항아리의 속삭임을 느껴보면 그 진가를 느낄 것이다.

에고의 항아리는 이렇게 늘 속삭인다.

'내가 평화롭거나 행복해지거나 만족하려면 앞으로 더 좋은 일이 생겨야 해. 아직은 나에게 오지 않았어. 언제쯤 나에게 그런 일이 올까! 과연 나에게는 그런 일이 일어날까 의심스럽다.'

'내가 더 탐구하고 고민하고, 생각 또 생각을 하면 언젠가는 그런 좋은 일이 일어날 거야'

'나의 과거에는 일어나지 말았어야 할 일이 일어났어. 바로 그런 나의 과거 때문에 지금의 나는 망친거야. 정말 원망스러워. 그 일이 일어나지 않았다면 얼마나 좋았을까!'

'여보, 당신이 이렇게 했어야지. 당신이 그렇게 했기 때문에 내가 이렇게 힘든 거야. 다른 사람들에게 다 물어봐. 뭐라고 하는지. 당신이 이

렇게 하기 때문에 내가 이런 감정이 들 수밖에 없잖아.'

'예전에 당신이 한 것, 말한 것, 또는 하지 않은 것 때문에 난 늘 마음이 편치 않아. 그것이 늘 걸려! 자꾸 원망스러워!'

'나는 왜 이것밖에 안될까! 아무리 해도 잘 되지 않아! 아직 부족한 것이 정말 많아. 이 생은 틀렸어. 자식이나 잘 되어야 할 텐데….'

이런 각종 생각들이 에고의 항아리에서 마치 사실처럼 터져 나온다. 에크하르트 톨레(2013)는 두 항아리에 대한 것을 이렇게 언급했다.

> "에고가 수없이 말하는 것들은 모두 실제와 혼동된 가정들, 점검되지 않은 생각들이다. 그것들은 우리가 지금 평화로울 수 없는 이유, 혹은 지금 충분히 자신으로 존재할 수 없는 이유로 우리 스스로를 확신시키기 위해 에고가 만들어 낸 이야기들이다. 평화롭다는 것과 자신으로 존재한다는 것, 즉 본래의 자신이 된다는 것은 같은 말이다. 자신으로 존재한다는 것 자체가 바로 평화로움 속에 있다는 뜻이다. 에고는 말한다. '아마도 미래의 어느 시점에 나는 평화롭게 있을 수 있을 것이다. 이러이러한 일이 일어난다면, 혹은 이러이러한 것을 얻는다면, 혹은 이러이러하게 된다면!' 이런 식으로 에고의 항아리는 늘 지금 현재를 벗어난다. '앞으로 무엇이 된다면….'을 외치며, 미래를 예견하고 염려하고, 과거를 되씹으며 시끌벅적하다. 평화로운 시간이 거의 없다."

그렇다면 어떻게 하면 지금 평화로울 수 있는가! 내 존재 자체로서 살아갈 수 있을까! 달리 말하자면, 성령의 항아리로 들어갈 수 있을까!

현재의 순간은 삶의 놀이가 일어나고 있는 장이다. 삶의 놀이는 다른 곳에서 펼쳐질 수 없다. 현재의 순간에 저항하지 않고 받아들이는 자세가 필요하다. 혹시 현실이 못마땅하고 팔자타령하고 싶을 정도로 괴롭다면, 바로 그 현실과 화해하면 무엇이 일어나는지 보라. 자신에게 무엇이 가능한지, 어떤 행동을 선택할 수 있는지 가만히 느껴보라. 더 정확히 말해, 삶이 당신을 통해 무엇을 하는지를, 삶이라는 무대가 어떻게 펼쳐지는가를 보라. 그에 대한 비밀은 놀랍게도 우리 가까이에 있다. 모든 성공과 행복의 비밀을 전하는 세 단어가 있다. '삶과 하나 되기'이다. '삶과', '하나', '되기'…. 삶과 하나가 된다는 것은 무엇을 의미하는가! 바로 '현재의 순간과 하나가 되는 것'이다. 그때 당신은, 자신이 삶을 사는 것이 아니라 삶이 당신을 살고 있음을 깨닫는다. 삶은 춤추는 자이고, 당신은 그 춤이다. 알 듯 모를 듯, 이 뜻을 알 수 있는가? 춤추는 주체는 '삶' 그 자체라는 것이다. '나'가 아니다. '삶' 그 자체가 '나'를 추게 한다. '나'란 그냥 춤이다. 바이런 케이티가 언급한 '나에겐 현실이 바로 신(神)이다.'라는 의미이다. 현실이 나를 움직이고 있는 주체로 생각하면 되고, 그 주체가 순간순간을 움직이고 있는 것으로 받아들일 수 있다.

에고는 현실을 원망하는 것을 좋아한다. 현실이란 무엇인가? 지금 일어나고 있는 것을 말한다. 붓다는 그것을 '타타타(여여함)', '삶의 본래 그러함'이라고 불렀다. '삶의 본래 그러함'이란 '지금 이 순간'의 본래 그러함일 뿐이다. 있는 그대로일 뿐이다. 있는 그대로의 '본래 그러함'에 대해 저항하는 것이 에고의 주된 특징 중 하나이다. 그렇게 해서 부정적인 마음 상태가 만들어지고, 에고는 그것 때문에 번창한다. 그리고 그것이 만들어 내는 불행을 에고는 사랑한다. 이런 방식으로 자신도 타인도 고통스럽게 만들지만, 자신은 그렇게 하는 것조차 알지 못하며, 자신이 지상에 지옥을 창조하고 있다는 것을 모른다. 모르는 채 고통을 만들어 내는 것, 이것이 무의식적인 삶의 본질이다. 완전히 에고의 지배 속에 살아가는 삶이다. 자신을 알아차리지 못하고 자신이 무엇을 하고 있는지도 보지 못하는 에고의 무능력은 놀라울 정도이며 참으로 믿기 어려울 정도이다. 에고는 타인에 대해 비난하는 바로 그것과 똑같은 방식으로 자신이 하고 있으면서도 그것을 보지 못한다. 그 사실을 지적하면 분노하고, 부정하고, 교묘하게 반론하며, 자기 정당화를 위해 사실을 왜곡한다. 개인도 그렇게 하고, 기업도 정부도 그렇게 한다. 그리고 모든 방법에 실패하면 소리를 지르거나 심지어 물리적인 폭력까지 휘두른다. 우리는 이제 십자가 위의 예수가 "저들을 용서하십시오. 저들은 자기가 무엇을 하고 있는지 알지 못하기 때문입니다."라고 한 말에 담긴 깊은 지혜를 이해할 수 있다.

수천 년 동안 인간의 상황에 영향을 준 불행에 종지부를 찍기 위해서 우리는 자기 자신에서부터 시작해야만 하며, 어떤 주어진 순간에도 자신의 내면 상태에 대해 책임을 져야만 한다. 그것은 바로 '지금'을 의미한다. 일상에서 매일매일 스스로에게 물어봐야 한다. "지금 이 순간 내 안에 어떤 마음이 움직이는가? 부정적인 마음 상태가 있는가?" 그런 다음 자신의 감정과 생각을 주의 깊게 살펴보라. 앞에서 언급한 불만, 초조, '지긋지긋함'처럼 낮은 차원의 불행이 자신 안에 없는지 관찰해 보라. 특히 그 불행을 정당화하거나 설명하는 생각들을 관찰해 보라. 사실은 그 생각들이 불행의 원인이다.

자신 안에 부정적인 마음 상태가 있음을 알아차린다 해도 그것은 실패가 아니다. 그것이야말로 성공이다. 그것을 알아차리지 못하는 한, 자신의 내면 상태와 동일화된 것이며, 그러한 동일화가 에고이다. 알아차림과 함께 생각, 감정, 자동적인 반응과의 동일화로부터 벗어나게 된다. 이것을 거부와 혼동해서는 안 된다. 거부가 아니라 생각, 감정, 반응의 알아차림이며, 알아차림의 순간에 그것과의 동일화가 자동적으로 막을 내린다. 당신의 자아의식, 자신이 누구인가에 대한 의식에 하나의 전환이 일어난다. 그전까지 당신은 생각이고, 감정이고, 자동적인 반응이었다. 즉 동일화되어 있었다. 그러나 지금 당신은 그 알아차림이며, 그런 상태들을 지켜보는 깨어 있는 의식의 '현존'이다.

'나는 '언젠가' 에고로부터 자유로워질 것이다.'라고 생각하는 사람이 있다면, '언젠가'가 아니라 '지금'이다. '지금 상태'를 알아차리는 것이다. 에고로부터의 자유는 사실 큰 일이 아니라, 아주 작은 일이다. 우리가 해야 할 일은 생각과 감정이 일어날 때 그것들을 알아차리는 것이 전부이다. 그것은 정말로 하나의 '행위'가 아니라 깨어 있는 '바라봄'이다. 그런 의미에서 에고로부터 자유로워지기 위해 할 수 있는 일이 아무것도 없다! 그저, 그 순간 생각으로부터 알아차림으로의 전환이 일어나면 에고의 영리함보다 훨씬 위대한 지성이 우리의 삶 속에서 작용하기 시작한다. 그 알아차림을 통해 감정과 생각마저도 개인적인 것이 되지 않는다. 그것이 본래부터 개인적인 것이 아님을 알게 된다. 또한 그곳에는 '자기'라고 할 것이 없다. 다만 인간의 감정, 인간의 생각만 있을 뿐이다. 궁극적으로는 하나의 이야기, 한 묶음의 생각과 감정들에 지나지 않는 개인이 살아온 이야기는 이제 두 번째로 중요한 것이 되고, 더 이상 의식의 전면을 차지하지 않게 된다. 과거는, 우리의 핵심역동은, 더 이상 우리 정체성의 기초가 아니다. 그럴 때 우리 자신은 '현존'의 빛이 되고, 생각과 감정보다 앞선 더 깊은 알아차림이 된다.

끊임없이 자신도 모르게 과거의 기억들이 스멀스멀 올라오는 사람들은 이렇게 말할 수 있다. "나도 과거의 기억이 나지 않고 싶다. 그런데 어쩔 수 없이 올라온다. 그건 나 자신도 통제하기 어려운 무의식적인 요인이라 나 스스로도 원치 않는다."라고. 충분히 이해될 수 있는 인간적인 감정이다. 그럴 때는 올라오는 것을 저항하지 말자! 그냥 그대로 두자. 그리고 "아, 지금까지 그래왔던 것처럼, 이것 또한 지나가리라."라고 스스로에게 되뇌어 보자. '다 지나가는 과정이지….'라는 이 단순한 말은 매우 큰 힘이 있다. 그건 진실이기 때문이다. 그건 지극히 단순하면서도 확실하고 불변의 진실이기 때문이다. "삶은 과정이다." 이 단순한 말에 그토록 큰 힘이 있는 이유가 무엇일까! 논박의 여지가 없는 진실이기 때문이다.

언뜻 표면적으로 보면 이 말은 어려운 시기에는 약간의 위로가 되지만 좋은 일이 생겼을 때는 오히려 삶의 기쁨을 감소시키는 것처럼 들린다. '좋은 것을 너무 좋아하는 것도 문제다. 그것이 다 지나갈 테니까. 그러니까 너무 기뻐하지 마라! 너무 좋아하지 말라! 왜냐하면 오래가지 않을 테니까.' 하고 말하는 것처럼 들리기 때문이다. 하지만 그것은 오해이다. '모든 것은 다 지나가는 과정이다.'라는 이 말은 삶의 좋은 것들을 즐거워해서는 안 된다고 말하는 것이 아니다. 고통의 시기에 약간의 위안을 주려는 것도 아니다. 더 깊은 목적이 있다. 모든 상황의 덧없음을 자각하도록 하기 위함이다. '덧없음'은 허무가 아니다. '참으로 이 세상이 덧없구나.'라고 할 때의 '덧없음'은 '허무하구나.'라는 뜻으로 많이 쓰이지만, 사실 그 말은 좋은 것이든 나쁜 것이든 모든 형상이 가진 무상(無常)함을 뜻하는 매우 귀중한 단어이다. 즉 무슨 일이 일어났던 간에, 언제나 "아, 그런 일이 일어났구나! 그렇구나." 하고 반응하는 자세를 말한다. 좋은 것은 좋아하고, 기뻐할 것은 기뻐하고, 즐거워할 것은 즐거워하고. 마찬가지로 슬프거나 괴로운 것도 그대로 느끼면서, 흘러가는 과정 자체를 담담하게 그냥 바라보는 것이다. 이 무상(無常)함을 깨닫는 것은 행복의 큰 비밀이다. 이 깨달음이 생활화되면 지혜롭고 현명한 자들의 재산이 된다. 어느 누군가가 혹은 어떤 상황이 아무리 나를 힘들게 하여도, 이 깨달음을 지속할 수 있다면, 이것은 엄청난 재산을 비축하는 셈이 되므로 모든 현실에 여여하게 대응할 수 있다. 일어나는 일들에 전혀 마음의 저항을 하지 않는, 그 일들과 하나가 되는 자세의 위대함을 보여 준다. 모든 것의 무상함을 알아차리며, 집착하지 않고 살게 됨을 가리켜 보이는 '이것 또한 지나가리라!'라는 말은 행복을 느끼는 큰 무기가 된다.

저항하지 않고(무저항), 판단하지 않고(무판단), 집착하지 않는 것(무집착) - 이 세 가지는 진정한 자유와 깨달음의 단어이다. 모든 것은 무상하고 변화가 불가피함을 알고 받아들인다면, 즐거운 것을 잃게 되지 않을까 두려워하거나 미래를 걱정하지 않게 된다. 즐거움이 이어지는 동안 누릴 수 있다. 즐거움이 사라져도 불안하지 않고 여여하게 즐길 수 있다.

행복의 열쇠를 여는 두 가지 문구를 느껴보자!
첫째, '지금-현재 나에게 일어나는 것을 알아차리기만 하면 된다!'
둘째, '지나가는 것을 그대로 지나가도록 지켜보기만 하면 된다!'

- 위 내용은 톨레(2013)의 글 일부가 인용, 재해석되었음을 밝힙니다 -